国家万人计划教学名师阚雅玲团队系列丛书

成为一名优秀的高职教师

CHENGWEI YIMING YOUXIU DE GAOZHI JIAOSHI

阚雅玲 著

广东高等教育出版社
Guangdong Higher Education Press
·广州·

图书在版编目（CIP）数据

成为一名优秀的高职教师/阚雅玲著．—广州：广东高等教育出版社，2017.9

（国家万人计划教学名师阚雅玲团队系列丛书）

ISBN 978-7-5361-5921-1

Ⅰ．①成… Ⅱ．①阚… Ⅲ．①高等职业教育-教师-师资培养-研究 Ⅳ．①G715

中国版本图书馆 CIP 数据核字（2017）第 131078 号

出版发行	广东高等教育出版社 地址：广州市天河区林和西横路 邮政编码：510500　电话：（020）87551597　87551163 http://www.gdgjs.com.cn
印　　刷	佛山市浩文彩色印刷有限公司
开　　本	787 毫米×1 092 毫米　1/16
印　　张	17.25
字　　数	420 千
版　　次	2017 年 9 月第 1 版　2017 年 9 月第 1 次印刷
定　　价	40.00 元

作者简介

阚雅玲，1967年12月出生，河北唐山人，教授，高级经济师，国家万人计划教学名师。曾在特大型企业工作10年，2000年来广州番禺职业技术学院任教，先后任工商企业管理专业、连锁经营管理专业和市场营销专业带头人，是学校创业教育中心创始人，教师发展中心创始人，校企共建华好学院、百果园学院、职业店长学院、店长职教集团的筹建人，现任管理学院院长、职业店长学院副理事长、店长职教集团副理事长。

阚雅玲主持的“工商模拟市场实训”“职业规划与成功素质训练”分获2008年度和2010年度国家精品课程和2016年国家精品资源共享课程，“职业规划与成功素质训练”还获评国家精品视频公开课；主持的“商科学生‘实战型、体验式、网络化’技能与素质并进的课程创新与实践”获2014年国家教学成果奖；参加的“基于职业发展的高职素质教育体系构建与实践”获2009年国家教学成果二等奖。阚雅玲带领市场营销专业入选高职院校100所现代学徒制试点项目，其主持的“现代学徒制市场营销专业教学标准的研制项目”获得广东省教育厅立项。她带领的工商企业管理专业被评为广东省重点专业和广东省优秀教学团队。阚雅玲先后发表论文30余篇，其中发表在核心刊物10篇，编著教材8部，完成各级各类课题10余项。她曾兼任香港公开大学、澳门公开大学客座教授、MBA导师，先后担任多家企事业单位的企业管理咨询顾问和人力资源管理顾问；曾为中高职职业教育开设课程建设、专业建设、示范建设、中层领导力等公开课程，并应邀为80余所中高职学校及相关机构讲学，培训近2万人次。

序

路口、门口与心口

本套丛书即将付梓，本人作为其中一本书的作者，有交差后的释然，也有收获前的欣喜；作为阚老师的朋友，看到她将数十年来的点点滴滴整理出来与大家分享，不知为何，开心之余，却有一丝莫名的惆怅。或许这套书所蕴含的“总结”意味，让我感受到逝者如斯的沧桑。

阚老师不主张用繁复的制度去管人，更偏爱文化的影响力，无论是对学院的发展，还是对同事间的关系，如此柔性的环境带来了更多的可能性，丰富了工作的故事性。

阚老师将写序言的任务交给我，使我颇有受宠之感，但总是很忐忑，因为印象中的序言似乎都是出自大家手笔。她一向不会轻易给人布置任务，想想这也是一次回顾过往的好机会，也就欣然答应。提笔之时已是深夜，白日的聒噪渐远，间或传来的车声人语反倒让人觉得越发安静，想起到广州番禺职业技术学院的几年，记忆如丝如缕，翩翩栩然。

> 时间一直走，没有尽头，只有路口。
>
> ——张嘉佳《摆渡人》

2010 年，我从浙江宁波应聘来到广州番禺职业技术学院，自己当时处在人生的十字路口，对家庭、孩子、工作等都有许多想不通的地方，何去何从，颇有犹疑。

在我从事教育工作的前十年，虽然也有前辈和领导指导，但从未遇到像阚老师这样如此痴迷于与人沟通和分享的人。她会很坦诚地与其他老师聊天，每次会议她都会非常用心地准备自己的发言，每次发言都会从帮助其他老师成长的角度去分析现象、梳理问题、给出建议。她不仅会谈工作，也会谈自己的孩子、房子装修、家人关系等生活方面的事情，她坚持在行动中找寻解决问题的办法，她会想办法让每个人都站出来表达自己的想法。

所有这些都触动我向自己提问，促使我更用心地思考什么是工作、什么是爱人、什么是家庭教育、什么是今天、什么是明天……

不能说已经找到了答案，但在持续询问自己、给出解释、行动与修正的过程中，稍微完整的、为人处世的原则框架逐渐形成。比如关于工作方法，从她身上我学会了通过增强工作之间的相关性与协同性来提高效率。再比如关于工作与家庭的关系，她会很坚定地说自己会将家庭放在第一位，虽然我不是完全认同，但这提示我应当建立自己的、关于工作与家庭关系的标准。

时间一直在走，路口仍然会有，凭借这些原则，我可以做出选择。有选择的感觉很好，前提是有自己的原则。

有人说，十年太长，什么都有可能改变。一辈子却太短，一件事也有可能做不完。

——张嘉佳《摆渡人》

兴趣即事业。这是我努力坚守的信条，在工作中、在课堂上，在与女儿的交流过程中，我会不失时机地传达这几个字。如果能够找到值得你倾尽一生去做的事情，而且不会因为这件事情没有完成而感到沮丧，这是非常幸福且幸运的。

职业院校与自己以往服务的学校差别比较大，在进入职业教育领域的最初几年，我并没有找准工作定位。有一次在全院教师大会上，阚老师直接指出我对于职业教育的看法仍然囿于传统学术型大学体系之窠臼。当时的感觉是很没面子，但让我能稍许心安的就是，身边有在职业院校工作好多年的老师对于什么是职业教育的本质也把握不准。我能感受到阚老师的焦虑，她希望转变教师们的观念。怎么开发课程，怎么设计教学单位，怎么制作微课、如何组织翻转课堂，怎样能成为一名优秀的高职教师，等等，她不厌其烦，通过各种形式，反反复复地向大家渗透几条简单而关键的职业教育原理。

2014 年，当管理学院通过深度的校企合作将人才培养体系推动到一个崭新的阶段，在开放的系统之中，我更加明确了职业教育的意义。特别是在现代学徒制自主招生面试的时候，我看到学生因为能进入广州番禺职业技术学院而激动落泪，那滴泪水洗去了我对职业教育的朦胧。

彼时彼刻内心的悸动来自此前阚老师的熏陶。俗话说：“师傅领进门，修行在个人。”让一个人建立起对本门事业的兴趣，由被动地工作到主动地承担，这样才是真的将徒弟领进门了。给她当“徒弟”和“助手”都是有不小压力的，幸运的是我们还是朋友，更是带领各个专业建立职业店长学院的亲密伙伴。

有一天，她会退休，我也会，但职业教育会继续，我们共同敬畏的教育使命也会继续。想想其中有大家的携手努力，我们的生命印记其中，那将是多么幸福的事情啊！

我知道我不是他的明天，我唯一可做的，就是把他送到彼岸。

——张嘉佳《摆渡人》

写这篇序言的时候，恰逢毕业生离校之季，不知道阚老师送走过多少学生，也不知道她曾经“摆渡”了多少个像我这样的人，经过了这么多，她是否还依然在乎分离。

我想她会的！

支撑执着与热情的往往不是理性坚强，而是心口柔弱之地。

从路口到门口再到心口，这是我的人生与她的人生交互的轨迹。从心口到门口再到路口则是她扶助每个“弟子”前行的历程，循环往复，不舍不弃。

谨以为序。

谭福河

2017 年 6 月 3 日

前　言

2016年9月，获悉自己入选第二批国家“万人计划”教学名师，内心无限感慨。成为一名教师是我儿时便有的梦想，那时有位老师因为家远体弱，常不能按时到校上课，每每此时，我总会站上讲台替她执掌课堂。待老师赶到，我便若无其事、不动声色地退到一旁，那一年我不到10岁。高中毕业考大学时我想报考师范院校，但当了一辈子教师的父母对我说，咱家太清贫了，为了让我过上较为富足的日子他们帮我选了一个看似很有前途的专业，从此我与教师这个职业失之交臂。但20岁的大学时光，令我难以忘怀且又为我教师生涯奠基的是自己场场演讲传递的正能量。三十而立后，终于圆梦做了一名教师，从此天下桃李，幸福着“青出于蓝而胜于蓝”的职业意义。

那是2000年的10月，为了自己的职业理想，我毅然决然地离开工作了10年的国有特大型企业，南下来到了广州番禺职业技术学院，走上了高职院校教师的工作岗位。开始执教后，我决定用5年的时间解决我的教学问题，再用5年的时间解决我的科研问题，希望10年过后我能成为一名教授、一名优秀的高职教师。欣慰的是，2005年我当选为学院首届教学名师，2008年初我晋升为工商管理教授并当选广东省教学名师，2012年当选南粤优秀教师，2014年当选广东省首批特支计划教学名师，2016年成功入选第二批国家“万人计划”教学名师。

目前我虽担任管理学院的院长一职，但更喜欢站讲台，喜欢听大家叫我老师，也许是好为人师，喜欢分享，不关炫耀与谦虚。眼看自己就要五十知天命，总觉得人生有一条直线通往我们要到达的地点，却见很多人还在漫无边际地找寻甚或渐行渐远。看到有的教师愿意干但不会干，有的教师能干却不愿意干。如何让教师自觉成为既愿意干又能干的人呢？年轻教师受过的往往是面向精英的研究生教育，他们本能地将其所受教育的方式移植到高职教育，要如何改变？而有些老教师传统的教学理念和方法却又根深蒂固，要如何给这些人充电加油？课程建设是人才培养的落脚点，如何进行课程改革、设计与实施？专业建设是学校发展的灵魂，如何点面结合地进行专业建设从而实现面上保质量、点上出特色？四年一次的国家教学成果奖如何从现在起就做好顶层设计？如何一步步培育，力争四年后有好的成绩？

为此，我基于高职教师的工作岗位，结合自己的成长历程，开发了一门全面提升高职教师综合能力的培训课程，本书作为它的配套教材，希望能对一些年轻教师有帮助。本书包含六方面内容：一是把握职场方向，二是更新职教理念，三是上好每一堂课，四是学会开发课程，五是做好专业建设，六是培育教学成果，层层递进地阐述如何成为一名优秀的高职教师。本人虽然从教已有16年之久了，但依然在路上，且刍议之言必有疏漏，诚望各方同仁批评指正。

在此，感谢支持、指导我进入职业教育领域的各位领导与前辈，感谢广州番禺职业技术学院对我的多年培养，感谢我的团队、我的同事给予我的大力支持以及不懈努力与辛勤付出，感谢学校领导给予我尝试的空间和发展的条件。

阚雅玲

2017年1月

目　录

第一部分　把握职场方向

第二部分　更新职教理念

第三部分　上好每一堂课

第四部分　学会开发课程

第五部分　做好专业建设

第六部分　培育教学成果

第一部分 把握职场方向

我从小就渴望做一名教师，但职业生涯起点却是父母选定的。高中毕业考大学时我很想报考师范院校，但当了一辈子教师的父母对我说，做教师太清贫了，我们给你选一个更有前途的职业吧。也许是阴差阳错，我以很高的分数却不知为何上了自己并不满意的中国矿业大学，专业则是父母喜欢的计算机。当我每天非常努力地学习这个专业时，迷茫与困惑不断袭来，难道今生就要如此面对着这冰冷的机器，编着没有生命的程序吗？我出色的语言表达能力如何施展，我渴望的“言为师表、行为师范”如何实现……于是我决定对自己的职业人生重新规划。首先我以超常的毅力和优秀的成绩在大学第三学期期末以全班第一的成绩获准选修第二学位企业管理专业。大学毕业后，我用了10年的时间积累了丰富的企业管理经验，又考入西安交通大学攻读MBA，获得硕士学位，后几经努力，在32岁那年评上了高级经济师。为了实现自己做教师的理想，我做好了各项充分的准备。2000年10月，我放弃了很多很多，毅然决然地离开我工作了10年的国有特大型企业，南下来到了广州番禺职业技术学院，走上了高职院校教师的工作岗位。开始执教后，我决定用5年的时间来解决我的教学问题，再用5年的时间来解决我的科研问题，希望10年过后我能成为一名教授。欣慰的是，2005年我当选为学院首届教学名师，2008年年初我晋升为工商管理教授并当选为广东省教学名师，2012年当选为南粤优秀教师，2014年当选为广东省首批特支计划教学名师，2016年成功入选第二批国家“万人计划”教学名师。以下是学校要闻的报道。

阚雅玲入选第二批国家“万人计划”教学名师

（新闻来源：党委组织部 2016－09－02）

番职网讯：（孔彤　报道）经学校推荐、广东省教育厅遴选、教育部组织专家初评、国家“万人计划”专项办复评，并报中央领导同意，历时近一年的第二批国家“万人计划”教学名师评选工作尘埃落定。在中共中央组织部办公厅公布的98名教学名师名单中，我校阚雅玲教授名列其中。包括入选第一批教学名师的渠川钰教授，我校是广东省唯一一所连续两届均有人员入选的高职院校。

阚雅玲教授热爱高等职业教育事业，敬业乐业，十几年来一直从事高等职业教育的教学与管理工作，工作中积极探索教育教学改革，充分发挥省重点建设专业带头人和省优秀教学团队带头人的影响和作用；在人才培养模式改革、教学内容和教学方法改革、课程建设、教材建设等方面做出了突出贡献，取得了优异成绩；2008 年荣获广东省高等学校教学名师奖，2012 年获评南粤优秀教师，2014 年获评广东特支计划教学名师。

国家高层次人才特殊支持计划，简称“国家特支计划”，亦称“万人计划”，是面向国内高层次人才的支持计划。2012 年 8 月 17 日，经党中央、国务院领导批准，由中共中央组织部、人力资源和社会保障部等 11 个部门和单位联合印发。总体目标是从 2012 年起，用 10 年左右时间，有计划、有重点地遴选支持 10 000 名左右自然科学、工程技术、哲学社会科学和高等教育领域的杰出人才、领军人才和青年拔尖人才，形成与引进海外高层次人才计划相互补充、相互衔接的国内高层次创新创业人才队伍开发体系。

下面，我将自己写在博客中关于职场上如何把握方向、如何遵守职场法则的 10 篇文章拿来与大家分享。

一、方向比努力更重要

努力确实重要，但有比努力更重要的那就是方向。如果方向选错，越努力越会背道而驰，越会南辕北辙！其实很多时候，如果方向选错，可能会让人不再愿意付出更大的努力，因为他没有信心、没有兴趣，他看不到希望！如果方向选对，也许你慢点走都不一定落在别人的后边，因为方向是效率的基础，当然方法是效率的根本。你有时会看到别人很轻松地获得成功，那并非偶然，其实走对的路、做对的事真的非常重要！

方向不只是指人生的职业方向，也指人生的恋爱、家庭方向，还指你带领一个团队要走的方向、你做一件事的方向、教一门课的方向，等等，方向无处不在，方向无时不在。大的方向由许许多多小的方向组成，小的方向正确，但若把它放到大的方向上也许它会是一条相反的向线，这样会使你本来向前的行进变为倒退，这就是我们常常看到的有些人“因小失大”！在一些小的事情上你看他的决策没错，但要放到大的方向上，它确实南辕北辙，至少没有起到协同的作用。

试想你人生的轨迹如果是一条近似直线地通向你想到达的地方，你的人生该多么有效率。我知道你会反驳我，你可能说，那人生只走了这一条路岂不太单调，枉费在世界上走一遭。这个问题涉及的是价值观的问题。你是想一心向着自己的目标前进，还是无所谓目标，只想做一个过客或是游客？世界很大，人生舞台很广，即使走遍所有的路，你最多也只是在半山腰，无论如何也体会不到无限风光在顶峰的豪情。更何况任何一条路上都有峰峦叠嶂，都有秀丽风光，都会让你目不暇接，让你美不胜收。我不反对放慢脚步停下来去享受人生，但正是因为你走对了路，你才不必那么辛苦地摸索跋涉，不必风雨兼程，不必日夜赶路，你完全可以停下脚步去欣赏路上的景致，感受途中的风情。

如何才能找准方向这是关键。其实对于个人而言，我从不赞成摸着石头过河。邓小平提出摸着石头过河那是指偌大中国的改革开放的方向，它前无古人，后无来者，它环境复杂，形势严峻。但对于我们个人的成长与发展、我们所带领的团队的进步以及我们要做的每一件事，我一直都相信一定会有一条直线或近似直线通往我们要达到的目标，它一定客观存在着，只是我们缺乏发现它、找到它的智慧而已。我要让自己有这种智慧、让我的学生有这种智慧、让我的团队有这种智慧、让我的孩子有这种智慧。如果我真的有这种智慧，我愿意向更多的人去传播，让更多的人实现自己的愿望！

找准方向首先要确定目标，方向是从起步的地方到达目的地。其实很多人不知道自己的目的地，不知道自己的目标又谈何方向？那结果一定是别人希望你怎么走你就怎么走，别人往哪里走你就跟着往哪里走，走出去很远才发现别人指的路并不适合自己，而跟着别人走也并不是志同道合。此刻，有人会执迷不悟，有人会迷途难返，当然也会有人下决心，决定回头是岸，只可惜浪费了多少时间！别人觉得在特大型企业做高管比做教师更风光，那只是别人的想法，我的目标就是做教师，你不知我有多喜爱，我有多擅长！别人觉得我应该找一个比我学历高、比我有才能的人做伴侣，我觉得又不是开公司，组成家庭找一个对自己好的人那才最重要。女儿去香港读书，谁都觉得广东人去那里必定要学商，但我们却对文化研究情有独钟，你不知我们这种选择有多正确。

大的方向取决于人的价值观，但在子目标、子方向的把握上除了时刻不要忘记大目标，不要让自己迷失以外，有效思维就变得非常重要。如何才能找到或发现那条正确的道路呢？我一般的思维方式是：要做成这件事的关键制胜因素有哪些？这个一定要想全、想准。比方说，恋爱结婚的目标对一般人来说都是“幸福”，当然每个人对幸福的理解不同。你想要获得幸福，必须要想清楚，保证我的婚姻家庭幸福的关键因素是什么呢？一、二、三、四、五……你找的这个人能帮助你达成几项呢？哪些已经具备？哪些需要你们共同努力？哪些需要你去接受、去包容？哪些是根本达不到必须要分手的呢？再比如你想跟别人谈合作，你事先必须想清楚，要保证谈判及合作成功必须具备哪几项，哪些已经具备？哪些还需努力？等等。如果分析了关键制胜因素后，我发现即使我努力了也达不到时，我会选择放弃，因为我还记得“殊途同归”一说，正确的路不只有这一条，否则就不会有条条大路通罗马了。

我不愿意带着我的学生、我的团队和我的孩子没有明确目标地去探索，我最讨厌那种来回瞎折腾，浪费了自己的时间，也浪费了别人的生命。我希望有我的引导，我的学生、我的孩子、我的团队成员的生命效率更高。

二、幸福比成功更重要

成功的确很重要，但有比成功更重要的，那就是幸福！成功与幸福都没有一个标准答案，有人说成功了才算幸福，我说幸福了才是真正的成功。没必要玩文字游戏，我们只从通俗说起。一般而言，成功需要自己努力，但同时也需要别人认可；但幸福则不是，它虽然也需要自己去追求，但它不需要别人来证明，只需自己去感受。成功往往是外在的、客观的、有形的，而幸福则往往是主观的、唯心的、无形的。

成功是重要，但它往往是阶段性目标；而幸福则是人生的终极目标。这一点无论是对个体还是对整体都应该是真理。不是说两者不可兼得，而是说我们一定要知道哪个是道，哪个是术；哪个是本，哪个是末。我们需要经常让自己的心灵回到原点，目的就是要溯本求源，我们需要经常纠偏，否则迷失方向便会适得其反。试问你追求的成功是帮助自己达成幸福，还是帮助自己削减幸福呢？当然成功与幸福不一定是在同一时点的产物，它们会有时差。

幸福与成功到底是什么关系？有无确定的关系？对每个人是否都是一样的关系？显

然没有。它对某些人可能是正相关，对某些人可能是负相关，而对某些人两者则可能是抛物线。所以幸福与成功对不同时期不同的人、对相同的人不同时期会有不同的关系。但是既然叫“成功学”“幸福学”，那么它们在一定程度上总是有规律可循的。有一点可以确定，只要你用心努力，你可以画出一条令自己满意的幸福与成功关于时间的关系曲线。

中国的高考制度虽有弊端万千，但毕竟是最公平的。我不反对孩子 18 岁前为了追求自己的幸福而以学习为绝对中心。当然有不少人没能在高考中有出色表现依然有非常幸福的人生，但我们还是需要找寻规律而不是个别现象。但当孩子进入了大学后，如何才能获得人生的幸福则绝不是“学习”就可以主宰的，未来人生有比学习和工作更重要的，那就是恋爱和家庭。学会表达自己的感情和亲情，学会跟别人建立友情，产生爱情，组成家庭，学会经营自己的情绪，经营自己的生活，这是幸福最最重要的内容。

有人认为人生应该“成大功、立大业”，有人则认为人生应该“淡泊名利，平淡是真”，哪一个更容易获得幸福呢？从人们的成功观中可以看出，有些人是不断进取、高歌猛进，有些人则生性淡泊、知足常乐。前者看后者是不思进取、贪图安逸；后者看前者则是追名逐利、不懂淡泊。我认为当一个人有了名利之后才有资格去谈淡泊，没有名利说淡泊那叫“吃不到葡萄就说葡萄酸”。名利是人的欲望使然，欲望既可以使人成就大的事业，也可使人欲火烧身。对于以合理、合法、公正、公平的方式追名逐利在一定程度上对个人对社会都会有益，但它需要一定的度，因而在确定成功观时，对于富贵强者，要知足常乐，知足方能安泰，安泰方能惜福。对于贫穷弱者，则要高歌猛进、不断进取。

成功与幸福其实不是很可比，因为构成成功的因素与构成幸福的因素有很多不同。从一般规律来讲，成功所带来的财富与名望确实是幸福的重要组成部分。但是幸福毕竟是主观感受，当然不是所有人有了财富与名望都会感觉幸福。成功即使和幸福正相关，它也只不过是幸福的一部分，而随着年龄的不断增长，它占的比例会越来越小。幸福除了成功，它还包含健康、友情、爱情、亲情以及爱好等。可我们又有多少人为了学习、为了工作、为了成功、为了出人头地损害着健康！为了成功淡漠着友情，冷却着爱情，疏远着亲情！

而健康、感情和爱好最大的成本是时间，当然有时也需要金钱，但在时间为稀缺资源的时代，时间往往比金钱更重要。我们需要舍得花时间在自己和家人身上、在朋友身上、在爱人身上、在亲人身上。但我们却常常在无意识地权衡后，把自己时间的天平倒向成功那一边，进而是无休止地学习、工作、奋斗、拼搏。最后当没了健康、感情和爱好时，才觉得自己只是一个为学习和工作而努力的奴隶，得到的都是身外之物，而失去的则是那些影响内心幸福最最宝贵的东西，它却随时间流逝不复再来。

我不希望人们走极端，我只是希望当时间有限、能力有限、资源有限时，能寻找到一个平衡点。工作与生活的平衡、理性与情感的平衡、勤奋与休闲的平衡、学习与交往的平衡、美丽与智慧的平衡、事业与家庭的平衡……所有这些需要的不只是能力，更需要取舍。谁的时间都有限，谁的欲望都无穷；谁的精力都有限，谁的追求都无穷。明确自己的价值观，坚定人生的终极目标，做一个能搞定、能摆平的人才会是一个成功的人，一个幸福的人。

幸福除了成功、健康、友情、爱情和亲情以及爱好以外，还需要一种技能，那就是快乐！这是每个人都必须培养的技能。因为我们无论再努力，健康、友情、爱情和亲情以及爱好有时都会远离我们，只有自己学会快乐才会让我们的内心变得更加强大，让我们能勇敢、坦然和乐观地面对失败、病痛、孤独、失恋……而快乐的技能需要我们用一生的时间去不断地修炼。

幸福的人是快乐的人，幸福的人是包容的人，幸福的人是成功的人。幸福是人生的目标，也是管理的手段。让我们努力修炼，成为一个幸福的人吧！这于人于己，都是一件共赢的好事、善事。

三、动力比能力更重要

我常对学生说：方向比努力更重要；做人比做事更重要；能力比知识更重要；情商比智商更重要；改变自己比改变他人更重要；幸福比成功更重要！可最近发现还有一样没说，那就是："动力比能力更重要！"

"动力"问题几乎是所有人都关心的问题。领导需要下属有动力努力工作，老师希望学生有动力刻苦学习，家长期盼孩子有动力早日成才，商家渴望顾客有动力大量购买……每个人都希望自己有动力成功和幸福。不少人达不到目标或要求，不是智商问题，不是知识问题，不是能力问题，甚至不是方向的问题，其实就是动力的问题。

作为一个教师，一个教给学生成功和幸福的教师，我可以教给学生知识，培养学生能力，提升学生智慧，指引学生方向，但想要非常有效地解决他们的动力问题竟是一个难题。虽然多年来我已经致力于此，但怎样解决大多数人的长期动力问题对我而言却仍任重道远，如何破解需要研究和实践。

作为一个二级学院的院长，一个管理者，我对于下属的"动力"问题解决得相对比较好，其表现是我们管理学院绝大多数教师属于既愿意干活又能干活的人，只要给他们一个好的环境，提供必要的支持，他们就可以干成事。但对于我的学生来讲，要解决他们的持久动力问题却不易。原因何在呢？难道是成功不可复制吗？

原因之一，自我反省，我是否足够付出？确实不敢肯定。我一直秉承着这样的理念："我只有带好我的教师团队，教师们才能带好他们的学生。"我与其将主要精力放在一个班的学生身上，不如放在全系教师的身上，这样得到的回报会更大，这是一个不断放大的效应。因此，我只能遗憾我的精力有限。

原因之二，需要对比教师和学生这两个群体的不同。能成为我校教师的人大多是精英教育的产物，他们自我内心的驱动力要比我们职业院校的学生强得多。另外，教师们都是成人，是社会人，他们的需求更现实、更具体，我知道如何去了解，如何去满足或者如何去适应、引导他们的需求，从而增强外在的驱动力。

找到原因往往可以找到解决问题的办法。假期我也曾试图接触一些动力不足的孩子，分析、了解他们，从而谋求答案。我的孩子没有多少天分，但进取心和自我激励能力很强，只要我协助她找到正确方向，她就可以高歌猛进。进入香港中文大学竞争那么激烈的学校，第一学期她竟然以 3.644 的 GPA（满分为 4）圆满收官。

而我哥哥、弟弟和妹妹的孩子都比她聪明，先天条件都比她好，可现状却不能让父母和他们自己满意。我弟弟的儿子上初三，期末考试前进了 100 名，若能保持，有望考上本市最好的高中，这一次问他是否加足了劲，他说远没有。何时他能加足马力无人知道，弟弟只好给予外在的动力，对儿子说：你若能考上唐山一中，省下的 3 万元择校费我全奖励你，你看看，不到半年你就可挣 3 万元，比你老爸挣得还多。我不知道这一招是否奏效。

我哥哥的孩子那份聪明让我羡慕，如果女儿也有那份天资，估计这辈子都不会特别辛苦。可惜已经上大三的他还不曾真正发过力，就连高考都不曾让他全力以赴。问他为什么，是没有方向，还是吃不了苦，他说都不是，是没有动力。我问女儿，她为何就有动力。女儿回答：这是一种责任。我想起女儿曾说过的一句话：优秀不只是一种习惯，更是一种责任。可如何才能让他们也有这份责任感呢？女儿说：如果我是表哥，别人都期待着自己的优秀，自己也有足够的天分做到优秀，为什么浪费天资？为什么不努力地去尝试呢？

假期我与一个自己教过但已从广州番禺职业技术学院毕业多年的学生做了一下午的长谈。她毕业后打工两年，后来去新加坡留学和工作三年，现在回国在一家银行做客户业务。她不仅有很好的做市场开发和客户管理的潜质，而且有很重要的家庭背景作为资源，但她目前最大的问题依然是缺乏动力之人的病症：不能全力以赴去做事情。我是学管理、教管理也是做管理的，很明白解决一个人的动力问题必须从他的“需求”入手。

我和她谈个人需要，她对房子、车子甚至票子这类物质东西都没有多少需求，也就是说这些东西都不能唤起她内心的驱动力。这和我们美容会所管理班那些贫困家庭的孩子不同，支持他们努力学习的动力就是让自己和父母过上体面富足的生活。那我又问她工作中最渴望得到什么？别人的肯定、表扬和奖赏吗？她说，是又不完全是。那到底是什么呢？在我的启发下，她告诉我，她非常喜欢那种被需要的感觉，非常害怕那种可有可无的感觉。这是她的成长过程中家庭和外界环境造成的。她说：“老师，你知道我为什么喜欢去做义工吗？我喜欢那种被人需要的感觉。”

我曾经把那些志愿者想象得非常伟大和崇高，为自己身为一个教师都不能去做志愿者和义工感到汗颜，现在我明白了，去做义工也不是无所欲无所求。她说：“可惜我的老板不知道我需要什么。”我和她讲她不能要求老板满足她的需要，而是要尽全力满足老板的需要。她说：“问题是我现在经常满足不了老板的需要，因为他要求很高啊。”

谈到这里问题又出来了，不少人总想一下子就达到自己的目标，实现自己的需要，否则就说看不到希望，所以也就缺乏足够的动力朝着目标去奋斗。现在看来动力需要信念、毅力、执着来做燃料，然后是脚踏实地一步一步前行。这样的动力才能爆发，爆发后还能落地，也才能持续。看来优秀和卓越是要从一点一滴做起的。

任何一个领导、老师或家长都喜欢那些自我激励能力强的人，也就是说这些人不管外界或他人是否给予物质或精神上的满足或激励，他们自有来自内心的自我驱动力，甚至无论他们的付出是否得到认可、得到表彰、得到回报，他们都能凭借自己的长远目标或职业习惯保持一份前行的定力和动力。

但这种人毕竟是少数，大部分人需要来自外界的激励。特别是孩子小的时候，他的内心并没有多少能量，没有正的能量也没有负的能量，在他们成长的关键时候帮助他们逐步建立起自己内心的驱动力，长大后家长就会省很多心力。员工也如此，对于新员工外在的激励也很重要，但问题是一些老员工随着年龄的增长，岁月会将其内心的能量消磨殆尽，如何给这些人充电加油也是管理者必须考虑的问题。

我并不是要求我的所有学生和我的下属都有超强的动力，因为比动力更重要的是价值观。不是每个人都需要成大功、立大业，也不是每个人都需要追求卓越。有人喜欢平淡是真，这没有错，这也是社会和谐的重要组成部分。但幸福是所有人的共同目标，每个人都需要有追求幸福的动力，对幸福的理解不一样，当然动力也不同。只要你幸福了，做父母的就满足了。对于员工，守住自己的职责，过着自律、自由、自在的幸福生活，这也就达到了人类的终极目标！

四、责任比兴趣更重要

谁都知道“兴趣是最好的老师”这句话，但现在看来它并不是真理。我在研究“动力比能力更重要”的过程中，不断寻找动力源，发现“兴趣”是双刃剑，它可能是老师，也可能是巫师；它可能会成就人的一生，也可能会让人一事无成。我曾经向不少同行建议，对于下属需要投其所好，用其所长，但曾遭到很多反驳和质疑。现在看来，木桶原理对我而言，依然难以规避。这不由得让我有了新的感悟，责任比兴趣更重要！

在工作中，有人只喜欢做他有兴趣的事情，这本没错，但前提是一定要将自己该做的事情做好，这就是责任。我们在“择业”的时候可以选择兴趣最大的工作，但“择业”之后就该“敬业”。而“敬业”靠的不是“兴趣”，而是“责任”。不是每一项工作你都喜欢，也不是每一个领导都能投你所好，如果只做自己喜欢的事，有时会连底线都不保。即使在某一方面再突出，也只能是那只由长短不一的木板组成的木桶，评价你的整体水平不是那条长板，而是那条短板。

这类人在日常工作中很难被人“重用”，而往往是被人“利用”。当确实需要发挥他的爱好和特长时，其才能就会被充分“利用”。但这种人不能让人放心，不能让人省心，因为保不准会碰到他的短板，会给人带来很大的麻烦。而有些时候，他干了他喜欢却不该他干的事情，出了问题，还得帮他收拾残局。所以领导常常会伺机寻找替代者。不是领导过河拆桥，也不是用着人朝前，用不着人朝后，而只是这种人实在不保险，没准哪天会掉链、会抛锚。

追溯这种人的成长历程，不由得想起孩子上学时的成绩，一种是各门成绩都齐头并进，大致平衡；另一种是喜欢的就好，不喜欢的就差，偏科现象严重。究其原因，不一定是不同学科表现出的能力不同，而是孩子只按兴趣做事，喜欢的就用心去做，不喜欢的就草率行事。也许他的总体成绩并不差，但这的确不是一件好事情，因为这表现出的就是缺乏“责任心”。无论哪一门功课，学好它都是自己的责任，不能只由着自己的性子去做，长此以往养成习惯就会很难改变。

责任是什么？自己分内的事，要全力以赴做好。当然哪些是分内的事，哪些不是，有时不一定有明文规定。有些责任是客观的，是外在赋予的，而有些责任是主观的，是自己赋予的。女儿上学期间一直将“优秀”作为自己的一种责任，这种责任有主观的方面也有客观的方面。工作中的每一个人都需要有责任感，这是职场法则。对于有兴趣的工作要做到很好，对于分内的没兴趣的工作也至少得做到“合格”。如果工作中能“忘我、无我”，不由着自己的性子，而是根据需要做人做事，那才叫“专业”和“职业”。

有兴趣是好事，但兴趣单一往往不是好事。当人们对某种兴趣投入过多的精力时，他就会出现偏执。这类人中会有少数人取得巨大成功，但更多的人未能将这种兴趣与职业很好地匹配起来，反而让兴趣成为某种难以克服的“瘾”，而为了“过瘾”他们可以不惜代价地花掉金钱、时间和精力，甚至可以不顾健康、家庭和工作。

未成年时期的孩子，如果兴趣没有得到有效引导，特别是不懂得承担责任，这样成人后将很难改变，无论是对工作、对家庭都会缺乏一种责任感。所以有意识地去引导孩子的兴趣是多么重要的一件事！首先，兴趣不是第一的，责任才是第一的。其次，对大多数人来讲兴趣需要是广泛的，这样才不至于偏执。再次，兴趣是自己可控的，让它成为人们工作和生活的助力，而不是成为人们工作和生活的阻力。

对于职业人来讲，只有兴趣还不够，还要有责任。工作，经常是一部分让你感兴趣，一部分让你不感兴趣。比如，你喜欢和人打交道，但是不一定喜欢和各种类型的人打交道。所以每个人都会在工作中遇到兴趣和工作的冲突，这个时候，成熟的职业人会采取“暂时忍耐”的策略，以工作需要为重。

有兴趣的人会经常在职业中受挫，因为很多事情不符合自己的兴趣。于是很多人疑惑：我应该选择自己感兴趣的工作，还是做工作中感兴趣的事情？于是，对于兴趣的看法也是衡量职业人成熟度的一个话题。

对于职业人来讲，兴趣和职业的匹配是一个渐进和艰难的过程，很多时候不得不暂时放弃自己的兴趣。成功的人经常讲，自己是如何感兴趣自己的工作，但是在成功的道路上，更多时候很难做到兴趣和职业的匹配。比如，你喜欢自由，但是职业会有很多约束；你喜欢管理，但是经常被人管；你喜欢创意，但是经常要循规蹈矩；你喜欢做事，但是经常陷入“办公室政治”中不能自拔。

职业规划的道路上，太多的职业人面临着“如何接纳一个不喜欢的职业状态”的挑战，有的时候甚至是改变自己的核心价值观的问题。在多年摸索的道路上，职业人必须明白一个事实，那就是：兴趣是可以培养的，也是可以管理的；有的时候，可以放弃一种旧兴趣来焕发一种新兴趣。

选到一个自己非常感兴趣的工作真的是一件幸事，但再有兴趣的工作都会遇到让你感到没兴趣的事情，更不要说很多人不知道自己喜欢什么，或者只知道自己的生活兴趣而并不知道自己的工作兴趣。如此，如果只按兴趣做事不按责任做事，到头来也只能是让人利用，甚或不用，不可能得到重用。

所以我要说：对于职业人来讲，只有兴趣还不够，还要有责任；兴趣和职业的匹配是一个渐进和艰难的过程，很多时候不得不暂时放弃自己的兴趣。

五、你是职场中的第几种人

无论是在企业还是在学校，当招聘员工进行面试时，我必问的一个问题是：“请你以过往经历说明，你是职场中的第几种人。”

第一种人，能够做到积极进取、自我实现，无论做什么事都积极主动，不需要别人催促，更不需要别人的监督就能把事情做到最好。这一类人能够自动自发地完成各项任务，最明显的特点是，他除了完成领导交办的任务外，还会自发地、主动地去完成领导没交办但对组织有益的任务。

第二种人，做事方式仅次于第一种人。他们也能够做到有事不推诿，一旦领导告诉他们该做什么事，他们能立即去做，并且能保质保量地完成领导交办的各项任务。但他们只做领导安排的事或岗位职责的事。

第三种人，比起第一种和第二种人就被动得多了。这一类人做任何事都要别人的督促，典型的特征就是拖延，一旦没有人监督，他们就懈怠了。这一类型的人做事犹如挤牙膏，别人挤一下他才动一下。

我一直认为“进取心”是人成功的第一要素。以上三种人，哪一种最有可能得到企业的赏识和重用？哪一种人最有可能获得不凡的成就？企业最需要的是哪一种人呢？毋庸置疑，第三种人是任何一个企业都不需要的，因为他做事被动、拖拉，缺乏主动的进取精神，这种做事风格使他们很难把工作做好，更不用说取得不凡成就了。至于第一种和第二种并没有标准的答案，并不是说所有的企业都是第一种人越多越好，事实上大部分企业需要最多的是第二种人，特别是劳动密集型的制造业。当然，任何企业都需要第一种人，就我而言，我常常希望这种人占到我员工比例的20% ~30%，为什么太多反而会不好呢？

第一种人会超过领导的预期去做事，在一些领导岗位、需要创新的岗位必须要拥有第一种人，但有些第一种人做事时需要组织给予支持的资源会较多，而组织的资源一方面恰恰是有限的，另一方面领导在资源分配时要考虑平衡。但我在工作中遇到的很多第一种人，他们不向组织争取额外的资源，不给领导找麻烦，不让同事感觉手伸得长，即使木秀于林也是高调做事、低调做人，能平衡好各方的关系和感受，这种人无论对于什么样的组织，我想都是多多益善。

虽然我认为进取心是最重要的，但光有进取心是不够的，还必须有平常心。如果没有平常心，即使是第一种人，也可能会出现认为自己无所不能，甚至可以改变整个世界，而不愿意一步一个脚印地踏踏实实做事；总是抱怨命运对自己不公，一旦在工作中遇到困难或者挫折，就想着跳槽，却不知道常挪的树长不大；常常忌妒他人的才能，却不知道怎样去学习他人，提高自己；常常会指出别人的错误，抓住别人的小辫子不放，却不知道自己身上也有缺点。有些人总是喜欢在人们面前自我标榜，摆出一副高人一头的架势，却不知道在生活中保持低姿态是一种智慧的处世艺术，也是成熟的标志。有的人把领导重视看得比生命都重要，却不知道把冷板凳坐热更需要扎实的功夫和出色的能力；有的人未用功而先期效，稍用功而即期成，原因就是他们不懂得欲速则不达。只要注重自身知识的积累，厚积薄发，自然会水到渠成。

“进取心”是一种人生追求，“平常心”是一种处世心态，这是两个不同层面的问题。进取心是成功的第一要素，但若没有平常心这种超脱的心态，不能从容地面对自己，就会常常哀怨自己的怀才不遇，慨叹命运的不公。以平常心做人，一个人就能够从容地接受现实，就能够认识到自己的不足与缺点，就能够不断地激发自己的进取心，不断地战胜自己、改变自己，进而改变周围的环境，获得较大成就。

六、优秀不只是一种习惯，更是一种责任

我一直以为优秀是一种习惯。一天和女儿聊起“进取心”的问题，她告诉我：“优秀不只是一种习惯，更是一种责任。”

为了培养学生的综合素质，大概10年前我就开发了一门课程——“成功素质训练”，2010年这门课入选为国家精品课程。我很在乎这门课的教学效果，女儿一回家，我常与她探讨和求证相关的问题，毕竟她和我的学生基本同龄。“进取心”是我这么多年来恪守的“成功”的首要因素。一个人有了进取心不一定都能成功，因为还需要智慧，特别是获得成功的方法；但如果没有进取心，则很难成功。即使有也是个案，不代表普遍规律，也就是说这种人的成功难以复制。我现在最关心的是“进取心”到底能否培养，如何培养。

我和女儿讲，我希望我的学生能养成一种优秀的习惯，也就是要从培养进取心做起，我求证女儿“进取心”是否真的可以培养。女儿说：“优秀不只是一种习惯，更是一种责任，你要知道这种习惯是怎样培养成的。进取心是可以培养的，我的进取心不就是你培养的吗?”我记忆力不好，她儿时的很多事我都忘记了，她帮我回忆了很多。

她说：“记得我来番禺后第一次写作文，我根本不知怎样写，好歹写完后，你帮我一字一句地改。第二天老师阅完后将我的作文当范文在班上念，那是我第一次收获老师无比赞许的表情和同学们非常羡慕的眼光。我告诉自己，明天的作文我一定要写得更好，如果写不好感觉会对不起别人对自己的认可。从此无论做什么，优秀对我不只是一种习惯，更是一种责任，为自己，也为别人。”

对女儿从小的培养，我确实是从手把手教开始的。她不是一个天分非常高的孩子，很多作业都是我帮她一起完成的。有朋友曾质疑我的教育方式，他们认为我应该放手，才能培养孩子的独立精神。每个孩子是不一样的，不用管的孩子确实有，但我们很多人都没有这么好的运气，而对我来说，确实一分付出，一分收获。如果有一段时间我忙于自己的事情，无暇顾及她，那结果一定是她的各方面状况都会下降。但当我陪孩子走过小学后，到了初中我基本上就不用陪她了，只要每天找时间多点和她沟通就行了。

孩子刚上学时，我也曾经认为好孩子不是管出来的，我小时候父母没管我，那我的孩子也不用管。可当我要来番禺，去学校给孩子转学时，她的班主任的话深深地触动了我：“你家孩子一看就是那种父母经常不在家的孩子，她孤独但耐得住寂寞。”当然那时孩子的成绩也是中等，从未得到过一张奖状。起初我并不太在意孩子的成绩，后来才明白，成绩的重要并不在于它本身，而在于，如果孩子成绩是二流的，她在这个班中老师和同学们心目中的地位就是二流的，有的孩子可以身处二流的地位健康成长，但我的孩子却不能。

转学来到番禺后，她的新班主任樊老师带我参观她们的教室，我多少有些震撼，随之而来的是压力和不安。因为教室展出了她的学生的绘画、手工、书法、作文、电脑报、各种各样的获奖奖状等，我之前从未想过这么小的孩子可以做出这么有水平的作品来，这是我从未看到过的，当然这之前我也没有去过几次孩子的教室。震撼之余我在想，孩子的差距不只是在学习成绩上啊，这些体现特长的东西我的孩子好像也不行啊！人家能

做出那么好的电脑报，我的孩子还不会打字啊！老师看出了我的不安，安慰我说，其实这里好多作品都是家长帮着做的！这句话仿佛给了我一颗定心丸，原来不是孩子之间的竞争，而是家长的竞争啊，我就不相信我这个研究生家长不如别人。后来虽然我觉得这个教师的教育方式多少有些拔苗助长，但在社会激烈竞争的今天，适度的拔苗助长也许是超越他人的良方。

从此，无论是孩子的数学、语文、英语作业，还是手工、报纸、钢琴、舞蹈等，我全部把关作陪，每一次都是以上乘的质量完成老师交给的任务。几年下来，孩子获得的远不只是学习成绩的提高，更重要的是自信心的增强和进取心的培养以及综合素质的全面提高。当孩子的进取心完全培养起来后，我的重点就转移到“传道”以及做事方法上来。从此不再用盯人战术，我就变得轻松了许多。这时孩子已经升初中了。而“优秀不只是一种习惯，更是一种责任”一直陪伴着她。

人们常说的是“优秀是一种习惯”，但问题的关键是如何培养这种习惯，习惯是如何养成的呢？它需要坚持、毅力和定力，而这些都需要“责任”做基础，如果你认为优秀是一种责任，你就会有一种内心驱动力，就有担当、会坚持，久而久之就成为一种习惯。

七、我的人生哲学——改变与适应

“适应你不能改变的，改变你不能适应的。”这是我的人生哲学。如果既改变不了又适应不了，怎么办？一定要离开它！不管它是一个事实、一个朋友、一个领导抑或是一个单位。我不喜欢愤青，因为我总觉得那是一种幼稚；我也不喜欢牢骚抱怨，因为这往往解决不了问题，甚至会影响自己和他人的情绪，影响自己的形象，影响自己的成功，最终影响自己的幸福。

那是做一个适应环境的人，还是做一个改变环境的人呢？前者往往会改变自己，赢得幸福，而改变历史和改变世界的人则往往属于后者。两者均需要能力。前者需要承受，需要忍耐，需要包容，需要大度，然后才能够从容淡定、心安释怀，最终才能够逆来顺受，能够扬长避短，能够择我所爱、爱我所择，当我们与这个环境真正地相融相通相长，幸福就会不期而至。

如果我们真的不能适应这种现实或这个环境，那就需要改变，而改变他人往往比改变自己更难；改变现实往往比创造未来更难；改变环境往往比适应环境更难。但的确有人做到了：那些追求真理的人、那些改变世界的人、那些不向命运屈服的人、那些不向权势低头的人……这需要的不仅仅是勇气和魄力，更需要智慧和实力，有时还需要身份和影响力……

如果觉得上述两者都难，选择离开是否就一定是明智的选择呢？明智与否取决于我们是否有“此处不留爷，自有留爷处”的能力。而不少人恰恰不具备这样的能力。这个地方的问题不解决，换个环境就没有其他问题了吗？就能够适应了或能够改变了吗？对有些人也许，但对大多数人则不是。那些怀才不遇到处碰壁的人就是最好的诠释。我从来不认为怀才不遇的人是缺少伯乐。

也许你觉得父母没有给你一个天生丽质的容颜，但这已成事实，千万别愁眉苦脸，那样我们的模样会更惨。平和、从容、淡定会让我们变得美丽，而知识、能力和素质会让我们变得更有气质。再不行还可彻底改变——去整容。如果你所在的单位、所处的环境实在不能让你顺心顺意，千万别牢骚满腹，因为任何一个环境都有契机、有风险。如何将优势资源和机遇淋漓尽致地加以利用，如何将劣势资源和风险小心谨慎地规避，这是我们要做的事。

我们学校万人师生选区镇人大代表。几个候选人首先要接受选民代表的提问和质询。有选民问：作为人大代表你认为番禺垃圾焚烧厂应该建在哪里？你如何为我们选民争取利益？我明白谁都不希望建在自己学校、自己家门口。我想回答的是：第一，最后建在哪里不是我这个代表决定，一定要有科学的研究报告，一定要由权威人士提出合理的意见和建议。我尊重科学。第二，一项公共决策很难让所有人满意，请问大家，是希望满盘皆输、垃圾围城，还是希望少输多赢。如果番禺垃圾焚烧厂真的建在我们所处之地，我作为代表会向政府建议给予当地居民一定补贴。最后我会大力倡导当地居民加强保健、养生和锻炼，积极应对环境给我们带来的不利影响，在现有环境下最大限度地追求我们的健康和幸福，这就是我的逻辑。

我不是那种喜欢抨击时弊的人，作为人大代表也绝不只是进言献策，绝不只是向政府为选民争取利益。代表他应有能力代表这个群体，向社会和政府展示这个群体，也许他不能争取到具体的、直接的利益，但他的言行会塑造他所代表的选民的形象。若此，无论是我们学校的声誉、学生的声誉、老师的声誉就会被社会所认可，那潜在的利益也就不言而喻。政府无论是资源和能力都有限，它无法满足我们广大选民的各种要求，如何适应你不能改变的，改变你不能适应的，这的确需要能力。

我只是一个高职院校的教师，针砭时弊不是我的职责；我也不是公众人物，即使像拥有众多粉丝的微博大户那样天天不停写微博，也做不成一个公共知识分子，因为我没有那样的知名度和影响力。所以我们大可不必做自己力不从心的事情，骂几句贪官、发几句牢骚，好像既解决不了问题，也不能让我们开心。踏踏实实做我们力所能及的事情，我们就可以对得起自己的良心；真真切切地去寻找并努力实现自己的幸福，这才是重中之重，这也算是帮政府实现幸福广东。

而“适应你不能改变的，改变你不能适应的”，可以让我们很多人找到幸福。若此，我觉得我也不只是独善其身，虽然还做不到兼济天下，但至少我可以让一些人从中受益。

人的一生会不断面对你难以改变或难以适应的人和事，对此有人怀才不遇，有人无所事事，有人牢骚满腹，有人怨天尤人，有人终其一生一事无成。将“适应你不能改变的，改变你不能适应的”作为人生和职场的信条吧，它会给你带来好运和幸福。

八、成功与幸福的三个关键因素

每个人都想成功、都想幸福，进而总在寻找达至成功和幸福的关键因素，“能力、关系和运气”是人们常常归纳的三个条件。至于三者各占比重，可谓仁者见仁、智者见智。对我个人而言，我不懂请客送礼、不会拉关系，不是不屑，而是自己在这方面确实弱智。我也从来不觉幸运之神会无缘无故宠爱于我，所以几近天命的我一直都认为能力是最最重要的。但最近作为评委参加职称评审、名师评选、公开招聘等，面对人们关于“关系和运气”的猜想或运作，还是让我重新审视三者的关系。

我不敢说全国各地用人、选人和评审等都是以能力为先，但我所生活的广东的的确确给那些靠能力发展的人提供了一个平台、一个空间。作为他乡人我来广州11年了，之所以没有再离开这个城市，是因为它是一个非常包容的城市，你有关系可以生存，你没有关系靠自己的能力也可以过上自己想要的生活。如果运气足够好且能够坚持，你靠买彩票也可以发财。你如果没有意外之财的好运，靠自己的努力和智慧也可以致富。而那些天天抱怨政府、抱怨社会、抱怨他人的人，只能说明他三者一样也不行。

如果三者皆有，当然合力最大、效率最高、效果最好，但三者兼备的人少之又少，进而人们往往是主攻“能力、关系和运气”中的一方。有人主攻能力，结果有三：如果能力达到和他人一样水平或略高一筹，不一定会有胜算，因为会被关系好、运气好的人抢占先机。如果能力远高于他人，你大可不必在意关系和运气，无论是社会还是领导总需要有这样能干的人。如果很努力也未达到大多数人的能力水平，一定是方向选错，这本不是你擅长的领域；要么改变方向，要么改变策略。

有人说能力强还会受排挤、受打压，我认为那只能说明你的能力还不够强，你可能只知道如何做事，还不知道如何做人，也许还只会锋芒毕露，还不能内方外圆，有效地保护自己。你比别人高一点，别人会忌妒你；你比别人高两点，别人会羡慕你；但如果你比别人高出三点，别人就会依靠你！不要抱怨自己因为能力强而受打压，而是要反思是否自己的实力和内心真的可以强大到自己可以保护自己。

有人觉得自己再努力也达不到这样的能力，进而去寻求关系。千万别以为“关系”就那么容易建立。正是因为“关系”对我高不可攀，我才望而却步，主攻能力。真正的“关系”一方面难以建立，另一方面搞不好还会引火烧身。如今这个社会，关系绝不是靠请客送礼、溜须拍马就能获取的，我想一定是通过自己的真诚、友善、努力和付出赢得的。

有人觉得前两者难度系数都很大，故退而求其次，求神拜佛。但他不知佛教真正的内涵和信仰所在，如果平日不能积德行善，不能自律内敛，不能用心勤勉，只求上天赐福自己，这恐怕也难以如愿。有句话虽然很老套，却是真理：“机会和命运总是恩赐那些有准备的人。”

能力、关系和运气三者有着辩证的关系。这里的“能力”指的是个人的能力，而“关系”也是一种能力，是利用他人能力的能力。千万别鄙视那些“关系”强的人，其实那是一种能力更强的体现，同时他需要做出的努力，付出的心思、辛苦和代价一定会比你多。而无论是个人能力强还是关系能力强，它都可以为自己带来更多的运气和机遇。我从不相信谁会无缘无故地得到命运的垂青，即使他自己说“傻人有傻福”，那也只是一种谦辞，也是一种“人智若愚”的特质。

“机会和命运总是恩赐那些有准备的人。”这句话真的是真理，无论是能力还是关系，它都可以为自己带来更多的运气和机遇。而建立关系、经营关系又都需要很强的能力，只是能力有很多种，就看你擅长什么而已。提升自己的能力吧，这才是人生最重要的资本。

九、职场需要“扬长避短与趋利避害”

曾经受邀作为专家去帮一所高职院校招聘校中层管理岗位及专业带头人，两天的面试让我们感触颇深。既为该校领导报恩之心和爱才之情而感动，为优秀应聘者的学识能力和业绩成果而赞叹，也为某些应聘者的人生缺憾和实力不足而惋惜。

该校是以所在地级市命名的高职院校，当地政府对其尤为重视，在金融危机爆发之年给该校拨款10亿元用于建设与发展。校领导班子誓将学院做大做强的那份深重的责任感和报恩心溢于言表，而对人才的渴望更是情真意切。学校光广告费就花掉30万，而为保持招聘的公正公平和信度与效度更是邀请广东三个国家示范院校的专家来做评委。受该校领导那份使命感的感染，我也对这份任务充满敬畏，深知自己的责任所在。两天下来，整个面试过程给我最大的感悟就是“扬长避短与趋利避害”。

尽管学校花重金不拘一格聘人才，但十全十美的还是一票难求。有些本是“将”才却要应聘“帅”才，不是说将才不能成为帅才，而是做了十年的系副主任，专业精通、工作敬业，但是十年过去竟还是不知如何定战略、如何带队伍；有些只会承上不会启下，作为中层承上、启下、平行，这是角色职责所在，但现实中有人不能成为充电器，反而是耗电器，甚至是横在高层与基层之间的一堵墙；有些确实是匹好马但也是匹烈马，不知何时会脱缰，不知谁人能驾驭；有些眼界很广、涉猎很宽但思维却缺乏深度，没有深度就没高度，而高度决定格局，格局决定结局；有些人见解精辟却常露偏激，但凡偏激的人可能会有一鸣惊人之举，但往往缺乏足够的定力；有些确有才能但却常怀才不遇，这类人往往不能适应自己不能改变的，也不能改变自己不能适应的，所以就走为上策，但这样的人必须要想清楚自己是否真的具备“此处不留爷，自有留爷处”的能力。令人欣喜的是总有些人懂得“扬长避短”，也总有些人懂得“趋利避害”。这一点不只是应聘者要遵循的，招聘者也应采纳。毕竟招聘不是选最优秀的，而是选最合适的，“用人之长”是王道。

有一个不足33岁的年轻人给我留下深刻印象，他来应聘工商系主任。我问他：“从你的简历和汇报看，你的年纪很轻，你所学的专业与工商系的专业不是很相关，你也没有企业经历，你又是政工干部出身，但我确实看到你在你校做系主任的两年时间里取得了非常大的成就，请问你的成功制胜因素是什么？你来应聘的这家学校各方面与你现在的学校都有很大不同，你过往的成功能在新的学校复制吗？以你的资历和条件与其他应聘者竞争你的优势是什么？”这么年轻的一个后生，面对我一口气抛出的几个问题竟然淡定自若，回答更是条理清晰、掷地有声。他说：我的成功一是取决于我校领导对我的厚爱与支持，二是取决于我的进取心和我的逻辑思维能力，三是取决于我的团队的大力配合。我的成功可以在新学校复制，因为我制胜的因素是科学的，科学的东西是可以复制的。和其他竞争对手比，我的优势一是年轻，年轻让我更有激情、更有精力。二是我的专业与工商系各专业都不相关，这让我不会更偏重或偏向哪一个专业，让我决策更客观、更公平。三是我的学习能力非常强，从我的经历和成果中可以说明。

虽然我并不认为他很适合该校招聘的工商系主任这个岗位，但这个年轻人的答辩是所有20多个候选人中我最满意的。他有很多优点，但我最欣赏的是他的思维，而且他能扬长避短、趋利避害、化危为机。但他最后暴露的一个问题却让我很是失望。他今年才申报副教授职称，但他却在简历中写上他已是副教授。

还有一个人给我印象也很深刻。他年纪和我相仿，但却换过很多工作，每每不如意便很有魄力地一走了之，他也知道这是他简历中的短板，故面试时他说这是他的最后一次机会，我能感受到他的真诚。但存在即是合理。大凡到了四十几岁尚未达到自己人生理想状态的人一定会有其自身的原因。换一个地方未必真的可以解决问题，任何地方都有其利、有其弊，更何况趋利避害是本能，但恰恰有些人未能抓住“利”却被“弊”害得很惨。到了这个年纪，想改变缺点并不是件容易的事，与其改变自己真不如“扬长避短”。

最后的招聘结果还是令人满意的，毕竟该校的领导班子有足够的能力驾驭人，有足够的胸怀包容人。招到什么人当然重要，但还有更重要的就是塑造人。也许我的招聘任务已完成，如何塑造并不是我的责任，但我还是谏言：该学校目前若想获得快速发展，需要培养一批既会唱戏又会搭台的人。只会搭台不会唱戏不行，因为学校各专业目前还没有多少领军人物，这个舞台还没有多少名角，没有一个示范作用，即使有舞台其他人也唱不出多高水平。只会唱戏不会搭台也不行，因为如果只唱独角戏，不能给更多的人提供舞台，根本不能保证学校全面快速地发展。我很庆幸我自己已经完成了个人唱戏、给他人唱示范戏、和大家一起唱戏、退到幕后为大家搭台让别人唱戏这个过程。但完成这个过程后，我目前又螺旋上升到一个新的起点，现在是各教研室开始在一个高的水平上搭台，请我来唱戏。希望这个轮回我能早日顺利完成，让我真正可以退到幕后，过我恬淡清雅的人生。

任何一个人都有所长、有所短，任何一个环境都有其利、有其弊。于自己而言你可以补短，但更要扬长；对他人而言“用人所长”就显得更为重要。对于自己所处的环境都有利于自己成长和不利于自己发展的一面，如何合法合规、公正公平地谋求自己与团队的协同发展是每个人在职场上必须面对的事情。

十、致《青蓝》——为管理学院教师发展中心《青蓝》创刊写卷首语

一部《致我们终将逝去的青春》引发多少人感同身受的喟叹。而于我，想来想去却不知自己是否有过青春。没有年少轻狂，也没有青春迷茫；没有玉洁冰清，也没有烨烨才情。“青春”，总觉这个“青”字很有分量，不敢轻易使用。到了快知天命之年，终于明白，我本不属于“青”，命中注定只可为“蓝”。

儿时有位老师因为家远体弱，常不能按时到校上课，每每此时，我总会站上讲台替她执掌课堂。待老师赶到，我便若无其事、不动声色地退到一旁，那一年我不到10岁。20岁的大学时光，难以忘怀的是自己场场演讲传递的正能量。三十而立后，终于圆梦做了一名教师，从此天下桃李，幸福着“青出于蓝而胜于蓝”的职业意义。以为自己从此与“青”无缘，四十不惑之年做了全校当时最年轻的教授，不曾想过与谁争艳，却豁然感觉自己也可青出于蓝。眼看就要五十知天命，总觉人生有一条直线通往我们要到达的地点，却见很多人还在漫无边际地找寻甚或渐行渐远。

作为管理学院的院长，我更喜欢大家叫我老师，也许是好为人师，但我真的喜欢分享，不关炫耀与谦虚。成立教师发展中心是我多年的一个教育理想，一群深怀公益心的教师帮我得以实现，谢谢你们，真的爱你们！是你们在管理学院筑起了一个“取之于蓝而青于蓝”的家园，是你们和我一道甘愿为“蓝”。当然，“青”之所以堪称“青”，不只是因为它“出于蓝”，而是因为它经过反复的捣炼，达到了“胜于蓝”。我多希望管理学能有更多的人敢为“青”，更多的人愿为“蓝”，更多的人又“青”又“蓝”。

不要担心“蓝”不及“青”，无人可长青，与其褪色，不如孕育再生。更何况蓝到极致也可归青，因为予人玫瑰，手留余香。不必担心别人比你更“青”，更“青”之人总会脱颖，层出才能不穷，也才能方显你“青”。20 年的管理学院送走了多少才子佳人，现在不也依旧郁郁葱葱？

教师发展中心的《青蓝》今天正式创刊。站在管理学院发展的历史长河中，很多年后回想起，也许我们只是沧海一粟，但无论我们是“青”过还是“蓝”过，都证明我们曾经来过，生命将永不褪色！

附件：

2015年“万人计划”
教学名师（高等学校）候选人推荐表

（高等职业学校）

候　选　人　阚雅玲

教学专业领域　工商企业管理（620501）

学校名称（盖章）　广州番禺职业技术学院

学校举办单位　广州市教育局

主　管　部　门　广州市教育局

推荐部门（盖章）　2015年7月6日

中华人民共和国教育部　制

填表说明

1．本表用钢笔填写，也可直接打印，不要以剪贴代填。字迹要求清楚、工整。

2．封面总编号由教育部教师工作司统一编写。

3．申请人填写的内容，所在学校负责审核。所填内容必须真实、可靠。

4．如表格篇幅不够，可另附纸。

一、候选人基本情况

学校：广州番禺职业技术学院　　　　　　　　　　　　　院（系）：管理学院

<table>
<tr><td>姓　　名</td><td>阚雅玲</td><td>出生年月</td><td>19××年××月</td><td>性别</td><td>女</td></tr>
<tr><td>政治面貌</td><td>无党派民主人士</td><td>民　　族</td><td colspan="3">汉</td></tr>
<tr><td>职业资格证书及获取时间</td><td>1. 2000 年 6 月，高级经济师资格
2. 2003 年 9 月，通用管理能力职业培训师
3. 2005 年 3 月，国家职业素质测评师</td><td>专业技术职务及晋升时间</td><td colspan="3">2008 年 2 月晋升教授</td></tr>
<tr><td>行政职务</td><td>管理学院院长</td><td>从事相关专业领域教学时间累计（年）</td><td colspan="3">15 年</td></tr>
<tr><td>固定电话</td><td>××××××××××</td><td>移动电话</td><td colspan="3">××××××××××</td></tr>
<tr><td>传　　真</td><td>××××××××××</td><td>电子信箱</td><td colspan="3">××××××××××</td></tr>
<tr><td>联系地址、邮编</td><td colspan="5">广州市番禺区沙湾广州番禺职业技术学院管理学院　511483</td></tr>
<tr><td>何时何地受何奖励</td><td colspan="5">（一）荣誉称号
1. 2008 年获评广东省教学名师。
2. 2012 年获评南粤优秀教师。
3. 2015 年获评广东省首批特支计划教学名师。
4. 2015 年获评广东省优秀教学团队（本人为团队负责人）。
（二）教学方面
1. 2014 年本人主持的“商科学生‘实战型、体验式、网络化’技能与素质并进的课程创新与实践”获国家教学成果二等奖。（排名第 1）
2. 2008 年本人主持的“工商模拟市场实训”获评国家精品课程，2013 年获国家精品资源共享课程。（排名第 1）
3. 2010 年本人主持的“职业规划与成功素质训练”获评国家精品课程，2013 年获国家精品资源共享课程。（排名第 1）
4. 2007 年本人主编的《大学生成功素质训练》获评国家“十一五”规划教材。
5. 2009 年本人参加的“基于职业发展的高职素质教育体系构建与实践”项目获国家级教学成果二等奖。（排名第 5）
6. 2014 年本人负责的“以课程研发与建设为抓手打造高质量工商管理专业群的创新与实践”获评广东省教学成果一等奖。（排名第 1）
7. 2012 年本人主持的“职业规划与成功素质训练”获广东省精品视频公开课程，已通过国家精品资源共享课审核且已在爱课网上发布。（排名第 1）
8. 2010 年本人负责的“工商模拟市场实训”获广东省网络课程三等奖。（排名第 1）</td></tr>
</table>

续上表

何时何地受何奖励	9. 2014年本人负责的“工商企业管理专业”获评广东省重点专业。(排名第1) 10. 本人负责的“华好学院校外实训基地”获评广东省大学生校外实践教学基地。(排名第1) 11. 2008年本人负责的工商企业管理教学团队获评校首届优秀教学团队，2014年被推荐为广东省优秀教学团队。(排名第1) 12. 2008年本人主讲的“通用管理能力”获评广东省精品课程。(排名第2) 13. 2011年本人主持的“以‘高素质、强技能’为本位的高职工商管理类专业特色课程建设”课题获得广州市教学成果特等奖。(排名第1) 14. 2010年本人主持的“工商模拟市场实训”获广州市网络课程评比一等奖。(排名第1) 15. 2008年本人负责的“管理基础与实务”获评校级精品课程。(排名第1) 16. 2004年本人主持的“工商管理类专业实训教学改革”获学校教学成果二等奖。(排名第1) 17. 2001年以来先后多次年终考评优秀，多次被评为优秀教师、教学评估工作积极分子，获优秀教学质量奖、优秀教案一等奖、大学生“挑战杯”指导教师奖等。 18. 2000年前在企业工作的十年中，被评为省优秀企业管理工作者，获企业改制特别贡献奖，获得优秀工作者等称号。 （三）科研方面 1. 2004年入选广东省高等学校“千百十工程”人才培养对象。 2. 2006年本人撰写的《新时期高职教师的角色定位研究》获广东省高职优秀论文一等奖。(排名第1) 3. 2010年本人主编的《管理基础与实务》获广州市优秀教材二等奖。(排名第1) 4. 2003年本人主持的“以就业为导向的高职质量研究”课题获广东高等职业技术教育研究会科研成果二等奖。(排名第1) 5. 2010年本人主编的《工商管理类专业综合实训教程——工商模拟市场实训》获广州市优秀教材二等奖。(排名第1) 6. 2007年本人撰写的《高职教师的专业能力研究》获广东省高教学会优秀论文三等奖。(排名第1) （四）指导技能大赛等方面 1. 2011年本人指导的《广州老年人生活幸福状况的调查》获广东省“挑战杯”大学生课外学术科技作品竞赛二等奖。 2. 2005年获广东省大学生职业规划大赛指导教师奖。 3. 2006年获广东省第五届“挑战杯”大学生创业大赛指导教师奖。
学生评价情况	1. 主要讲授“管理基础与实务”“工商模拟市场实训”“职业规划与成功素质训练”“人力资源管理”“顶岗实习与毕业调研”等课程，学生评价平均分达94.78分(注：我校标准是85分为优秀)。 2. 在2012年、2013年麦可思数据有限公司对我校毕业生调查中，本人被工商系学生选为对个人成长最有帮助的老师，主讲的“职业规划与成功素质训练”“工商模拟市场实训”两门国家级精品课程被选为对学生人生成长最有帮助的课程。

续上表

学生评价情况	3. 学生们的具体评价是：能做阚老师的学生，我们非常荣幸。阚老师对高职教育有着深入、透彻的理解，有先进的高职教育教学理念、以学生为中心的教学方法和教学手段，上课中的教学魅力和教学技巧呈现出很强的气场，而其丰富的人生阅历和企业现场管理经验更让我们受益匪浅。阚老师以其“爱生如子”之心以及强烈的责任感为学生的职业发展做出了自己最大的努力。——根据学生座谈会记录整理

主要学习培训经历

起止时间	学校/培训单位	所学专业/培训项目
1986 年 9 月至 1990 年 12 月	中国矿业大学	计算机应用、企业管理双学位
1999 年 3 月至 2001 年 12 月	西安交通大学	工商管理硕士
2004 年 1—2 月	英国布洛青赫斯特学院	以学生为中心教学方法培训
2005 年 3 月	广东省职业技能鉴定指导中心	CETTIC 职业素质测评师培训
2009 年 12 月	德国巴符州教育部	德国职业教育教学管理与质量保障
2010 年 8 月	新加坡南洋理工学院	NPY 职业教育理念及教学管理
2011 年 1 月	清华大学	KAB 大学生创业教育讲师培训班
2013 年 7 月	清华大学	中层领导干部教育教学改革及领导力
2014 年 7 月	华东师范大学	中层领导干部教学与管理培训
2015 年 1 月	中国职业教育学会	现代学徒制的理论与实践

相关产业领域主要工作经历

起止时间	工作单位	所从事专业领域及岗位
1990 年 12 月至 1997 年 9 月	山西晋城矿务局企业管理处	企业管理
1997 年 10 月至 1999 年 6 月	山西晋煤集团改制办	股改上市　副主任
1999 年 7 月至 2000 年 10 月	山西晋煤集团政策研究室	公司战略研究　科长
2005 年 2—11 月	广州市金房物业管理公司（兼职）	人力资源管理改革工作顾问
2006 年 3 月至 2008 年 12 月	广东省生产力促进中心（兼职）	培训专家
2007 年 5 月至 2008 年 5 月	英国驻广州总领事馆（兼职）	培训发展规划顾问
2010 年 1—12 月	河南晋开化工投资控股集团有限责任公司（兼职）	企业管理顾问
2010 年 9 月至今	广东华好集团有限公司（兼职）	人力资源管理顾问
2014 年 12 月至今	深圳百果园实业发展有限公司（兼职）	企业管理顾问
2015 年 5 月至今	广州市政府	重大行政决策论证专家

续上表

近十年主要教学工作经历			
起止时间	工作单位	所从事教学专业领域及岗位	年教学时数
2005—2015 年	广州番禺职业技术学院管理学院	工商管理、专任教师	256
2005—2008 年	香港公开大学、澳门公开大学驻内地办学机构（兼职）	MBA 导师	108
2013—2015 年	广州番禺职业技术学院继续教育学院	师资培训、主讲专家	80

二、候选人教学工作情况

1. 专业教学资源建设

教学内容与课程开发改革

（1）本人作为省示范专业、省重点专业负责人和专业带头人构建了以“高素质、强技能”为本位的课程体系。

工商企业管理（创业管理专业方向）主要面向小微企业、中小型企业，培养具有创新创业精神，具有创业管理、企业管理等方面的知识和能力，能进行小微企业创业或岗位创业的“高素质、强技能”管理型人才。为此确立了“以服务为宗旨、以就业为导向”，以培养通用职业能力、专业群职业能力、专业核心能力和个性化发展能力为核心，构建“公共课程 + 专业群平台课程 + 专业核心课程 + 专业选修课程”，体现“高素质、强技能”的课程体系。如表 1 – 1 所示。

表 1 – 1　工商企业管理专业素质、能力、课程对应表

培养规格		具体的素质与能力	对应的课程模块
综合素质		思想政治素质	全院性课程
		职业素质	
		人文素养与科学素质	
		身心素质	
职业能力	职业通用能力	职业规划与实施能力	专业平台课程
		经济活动分析与判断能力	
		企业营运的基础能力	
		创业管理能力	
	职业专门能力	团队管理能力	专业核心能力课程
		市场分析能力	
		财务分析能力	
		创业机会识别能力	
		商业模式分析能力	

续上表

教学内容与课程开发改革

职业能力	职业综合能力	资源计划管理能力	职业综合能力课程
		企业综合管理能力	
	职业拓展能力	特定企业服务与管理能力	拓展系列课程（任选其一）
		创业项目开发与管理能力	

（2）完成了专业课程的项目化改造工作，确立了人才培养模式。

工商企业管理专业（创业管理方向）确立了“素质与技能层层递进、工作与学习反复交替”的人才培养模式。“高素质”是分五个学期按照“规划篇、基础篇、成长篇、成熟篇、就业篇”层层递进的方式进行培养的；而创业与管理人才的“强技能”则通过“项目导向、任务驱动”的课程体系来实现。通过专业认知、初级项目、中级项目、高级项目以及“先做后学”“边学边做”“学完再做”的综合实践课程层层递进、工学交替地培养学生的创业、创新能力以及中小企业基层管理能力。具体见图 1－1。

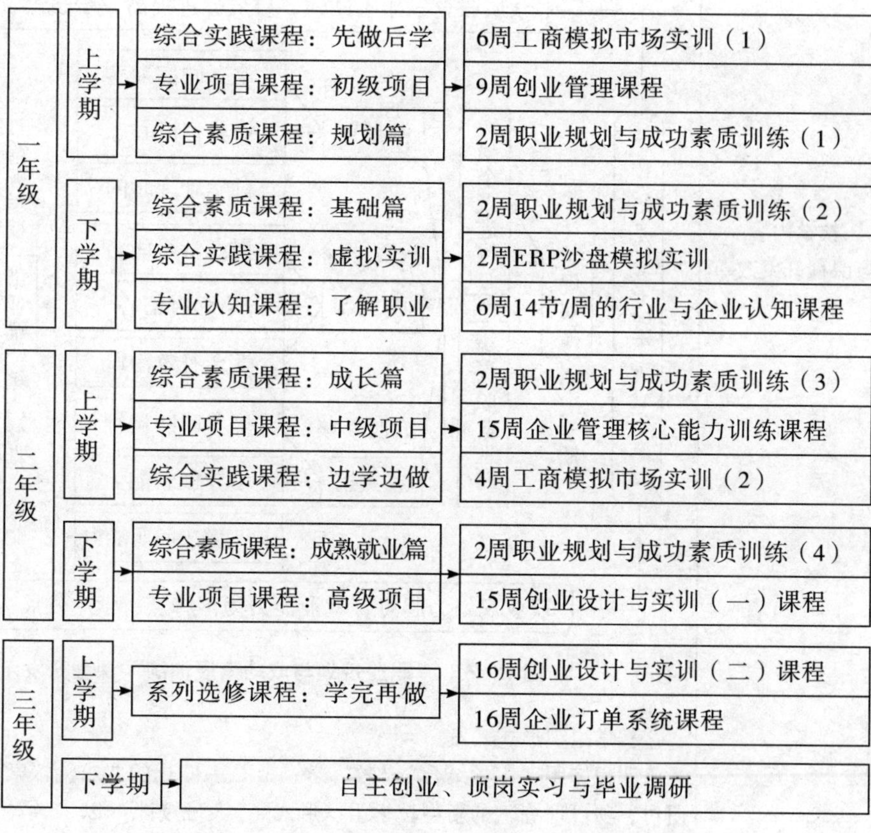

图 1－1 工商企业管理专业项目化课程示意图

（3）以本人负责开发的国家精品课程“职业规划与成功素质训练”为例说明如何做好课程的开发与改革。

续上表

<table>
<tr>
<td>教学内容与课程开发改革</td>
<td>
有人说：综合素质是个筐，什么东西都能装，而用人单位要求必须解决素质教育落地、聚焦以及传统说教的教学方式改革问题。为此，在对企业广泛调研并深度合作的基础上，运用体验式学习理论，2002 年研发出了“职业规划与成功素质训练”课程，并进行了 10 余年的实践与完善。
①课程总体及内容开发。
在广泛调研的基础上，与广东大隆集团、广东华好集团等企业合作共同开发出 12 项素质作为大学生职场成功的必备要素及课程体系的主要内容。这一体系是以学生职业规划为起点，以就业能力为落脚点，中间有 10 项素质需要长期训练，它们是：增强个人进取心，建立诚信素养，培养积极心态，科学管理时间，提高学习能力，培养自信心，学会有效沟通，培养团队精神，培养创新能力，提高解决问题能力。该课程分设于五个学期，按照规划篇、基础篇、成长篇、成熟篇和就业篇层层递进开设，并通过线上线下课程研发、翻转课堂教学改革来持续改进和提升教学质量。具体见图 1－2。
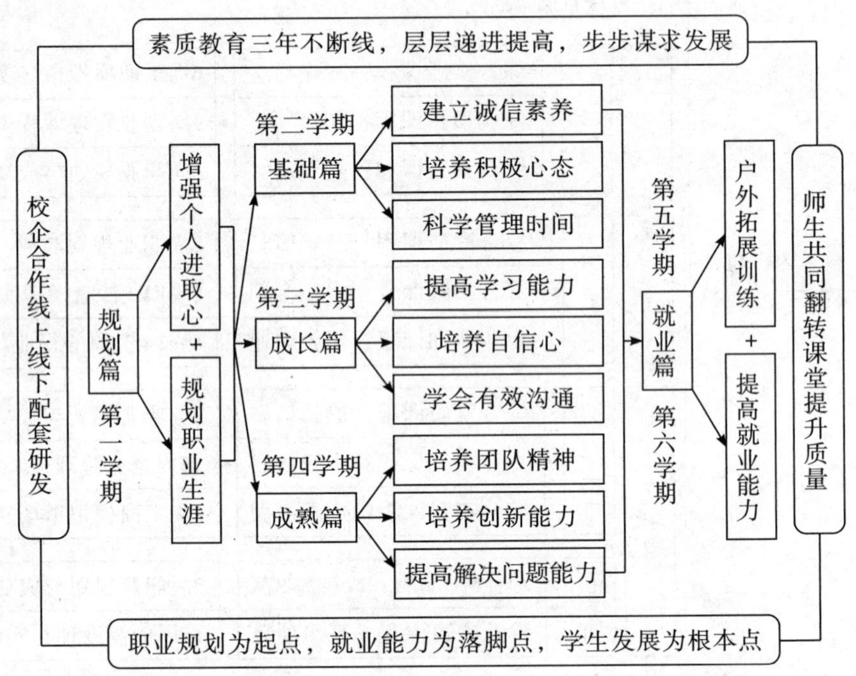

图 1－2　“职业规划与成功素质训练”课程研发示意图
②教学组织形式开发。
该课程按照“工学结合”“教、学、做”一体化的要求，探索“大班授课、小班研讨、项目训练”的新型教学组织形式。“大班授课”以“教”为重点，充分发挥名师教授的作用；“小班研讨”以“学”为重点，充分发挥学生探究学习的作用；“项目训练”以“做”为重点，充分体现“工学结合”的要求。“大班授课、小班研讨、项目训练”是教学组织中的三种形式，其间并无确定的顺序关系，有的课程需要先大班、后小班、再训练；有的课程也会打乱这一顺序，先项目、后讨论、再讲授。具体见图 1－3。
</td>
</tr>
</table>

续上表

<table>
<tr>
<td>教学内容
与课程开发改革</td>
<td>
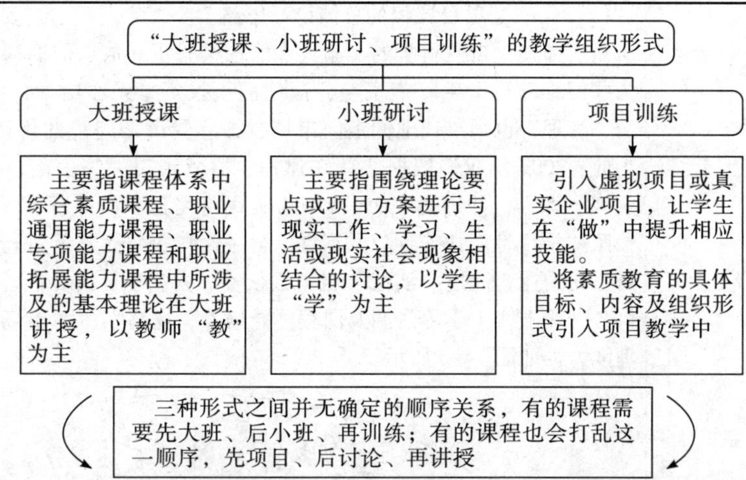

图 1－3　“大班授课、小班研讨、项目训练”的教学组织形式

③学生学习策略开发。
“知易行难”是这一课程的难点，为此开发出“体验式”学习的“六步走”策略。所谓“体验式”学习，就是让学生主动亲历或虚拟亲历某件事并获得相应的认知和情感的活动。它是一个非常不同于说教式教学方式的学习训练。它使学生在综合素质训练中通过对身心的挑战、游戏与模拟练习、团队训练、共同分享、冥想反思、互动交流等实现主动学习、寓教于乐与学以致用，并能解决学习和生活中的问题。如图 1－4 所示。这“六步走”成功素质的训练中同时融入了“失败”经历与反思对成功的帮助。
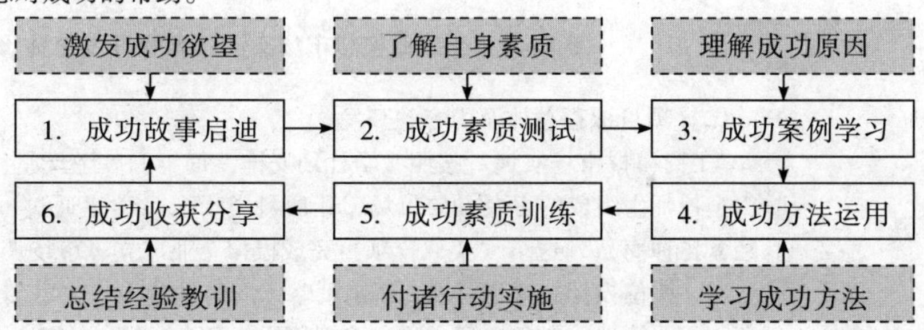

图 1－4　学生“六步走”学习策略
</td>
</tr>
<tr>
<td>实训实习
项目设计</td>
<td>工商企业管理专业的实践教学环节分为四个层次，层层递进与工学交替地实现学生创业创新与企业管理能力的提升。一是网上虚拟实训，以“ERP① 沙盘模拟实训”课程为代表；二是理实一体化学习，以企业管理核心能力训练和创业设计与实践为代表；三是生产性实训，以工商模拟市场实训课程为代表；四是订单培养与顶岗实习。本专业与广东大隆集团、广东华好集团、深圳百果园实业发展有限公司共同开发实践课程，下面以本人开发的第二门国家精品课程“工商模拟市场实训”课程为例说明实践教学环节项目设计。</td>
</tr>
</table>

① ERP：Enterprise Resource Planning，即企业资源计划。

续上表

<table>
<tr>
<td>实训实习项目设计</td>
<td>

（1）实战型项目课程的总体设计思路。

众所周知，自然科学的实验大多能在实验室完成，但商科的实验却很难进行。因为我们难以给学生一笔资金，让他们去投资；无法给学生一个企业，让他们去经营、管理；也很难让他们走向市场，去感受市场经济的规律以及市场运行的规则。为此，2002 年我们依据“认知建构、情境认知”等理论，研发出“工商模拟市场实训”课程，并进行了 10 多年的实践与完善。该课程就是在校内创建一个市场，按照“情境性、协作性、共享性、自主性和探究性”等进行教学设计，让学生成立自己的企业，通过“实战”自主去投资、去竞争、去合作、去经营、去管理，并提供各种线上线下学习资源及课程辅导培养、提高学生的市场经济意识和企业经营管理能力。如图 1－5 所示。

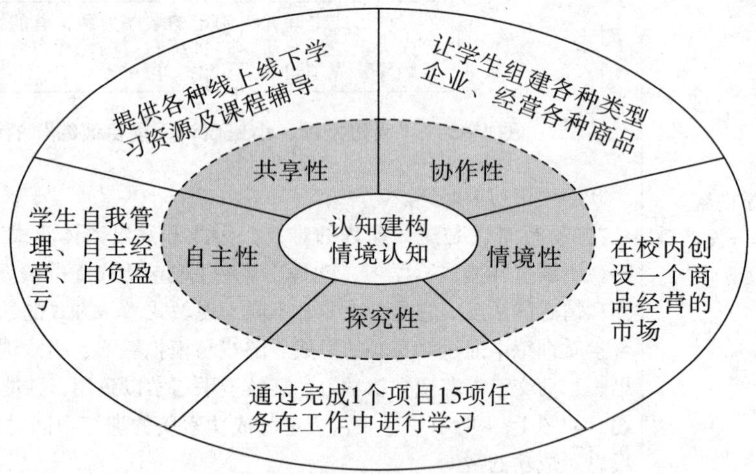

图 1－5　“工商模拟市场实训”课程开发总体设计思路

（2）项目课程总体及内容的开发。

“工商模拟市场实训”按照教学计划安排，每年 11 月份校企合作在校园构建一个由全校师生组成的万余人的市场，让商科类千余名学生通过“组建各种类型企业、经营各种商品”这个“实战”项目完成模拟企业成立、市场调查、资金筹集、企业注册、摊位投标、摊位策划、营销策略、采购进货、广告宣传、市场开业、商品经营、企业管理、财务核算、照章纳税和总结完善等 15 项任务，切实培养学生的市场经济意识、创业创新能力以及商品经营和企业管理的能力。该课程分三年层层递进地开设 3 次，每一次重复的是企业经营管理的过程，而不是内容，表现在每次经营范围不同、企业的规模不同、经营与管理的水平不同。该课程至今已开设 10 多年，每年有 200 余个学生企业自主经营，教师线上线下予以全力支持和辅导，学生的经营水平不断提高，盈利能力不断增强。课程考核采取全新方式，既考核经营业绩，也考核学习收获，既对个人考核，也对团队考核，既有校企双方老师考核，也有学生自评与互评。具体如图 1－6 所示。

</td>
</tr>
</table>

续上表

实训实习项目设计	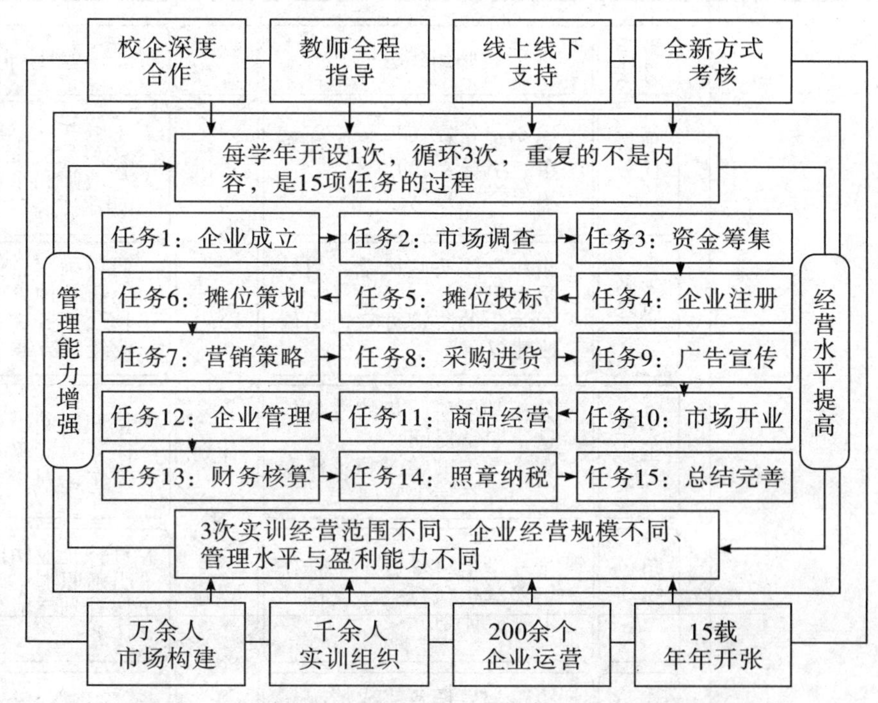 图1-6 “工商模拟市场实训”课程总体及内容开发示意图 (3) 项目课程的教学组织。 实践教学基本是以项目为载体，以工作任务为驱动，将理论与实践有机结合，让学生在完成任务的过程中掌握知识和技能。它是在教师的指导下，学生自主寻找得到这个结果的途径，并进行成果展示和自我评价。为此按照“资讯—决策—计划—实施—检查—评价”这一完整的行动模式对教师的教学组织和学生的自主学习过程、内容和方式进行设计与实施，按照“以学生为中心”的教学理念对实践教学环节进行组织管理。具体如图1-7所示。 “工商模拟市场实训”就是让学生通过“成立一个企业进行商品经营和企业管理”这个真实的大项目，来完成企业成立、市场调查、资金筹集、企业注册、摊位投标、摊位策划、营销策略、采购进货、广告宣传、市场开业、商品经营、企业管理、财务核算、照章纳税和总结完善等15项任务来达成本课程的教学目标。而这15项任务的完成就是通过上述“资讯—决策—计划—实施—检查—评价”这一完整的行动模式进行实践教学环节组织管理。

续上表

<table>
<tr>
<td>实训实习项目设计</td>
<td>
<table>
<tr><th>教学方法</th><th>教师组织教学</th><th>教学过程</th><th>学生自主学习</th></tr>
<tr><td>项目任务法</td><td>·布置项目任务，下发任务单、引导文
·解答学生疑问</td><td>资讯</td><td>·了解开办企业的信息，初步确定企业成员
·与教师和企业成员沟通，明确工作任务</td></tr>
<tr><td>头脑风暴法</td><td>·组织学生头脑风暴，引导学生思考
·对学生的决策方案提出修改建议</td><td>决策</td><td>·研讨确定企业组建、商品经营各种事项
·填写任务决策单，制定企业经营方案</td></tr>
<tr><td>小组工作法</td><td>·分析学生所收集的资料信息，课堂提问
·观察学生的学习和工作表现，解答学生疑问</td><td>计划</td><td>·按照时间、地点、人员、任务、资源等制订详细的工作计划</td></tr>
<tr><td>角色扮演法</td><td>·指导学生科学分工与合作
·培养学生执行力，支持学生完成计划</td><td>实施</td><td>·进行企业团队人员分工，明确职责
·按计划完成各项经营管理任务</td></tr>
<tr><td>检查反思法</td><td>·跟踪学生任务完成情况，提出修改建议
·解答学生疑问，帮助学生解决问题</td><td>检查</td><td>·对任务完成的情况进行自我检查和反思，修改不足之处，填写任务自查表</td></tr>
<tr><td>总结分析法</td><td>·组织任务成果汇报答辩
·对学生表现做总结和评价，填写任务评价单</td><td>评价</td><td>·任务成果汇报，总结收获与体会，评价自己的表现，填写任务评价单和教学反馈单</td></tr>
</table>
图 1－7　实践教学环节组织管理示意图
</td>
</tr>
<tr>
<td>实训实习条件改善</td>
<td>本人对实训实习条件的改善主要从校内实训基地和校外实训基地两个方面进行。按照“虚拟实训、生产性实训、顶岗实习”层层递进的三级实践体系建设校内外实训基地。本人作为工商企业管理专业的带头人带领教学团队按照省示范性高职院校建设项目任务书，全面完成了工商管理信息化实训中心、创业产业园、工商管理产学研中心、华好学院美容会所管理实训基地。按照“厂中校”形式，能满足学生顶岗实习和专业实训需要，并在课程实践教学、订单培养、教学团队建设、教学资源开发、教学项目开发、人才培养方案等方面为本专业人才培养提供支持与帮助。具体如表 1－2 所示。</td>
</tr>
</table>

续上表

<table>
<tr><td rowspan="7">实训实习条件改善</td><td colspan="5">表 1－2　教学实习实训条件建设任务完成情况</td></tr>
<tr><td>序号</td><td>建设任务</td><td>占地面积/平方米</td><td>投资金额/万元</td><td>实训基地功能</td></tr>
<tr><td>1</td><td>管理信息化实训中心</td><td>600</td><td>443</td><td>仿真性实训基地：与用友、金蝶公司合作建立，主要承担ERP、金蝶创业之星、经营之道、企业决策系统、办公信息化管理等方面的实训任务</td></tr>
<tr><td>2</td><td>创业产业园</td><td>2 200</td><td>242</td><td>生产性实训基地：能同时满足500人实训，含跳蚤市场实训、创业项目实训、网上开店实训、经营管理实训、连锁经营实训，成为学生创业实践基地，孵化出一批中小企业</td></tr>
<tr><td>3</td><td>工商管理产学研中心</td><td>150</td><td>38</td><td>生产性实训基地：建设成与校内实训基地相结合，能让学生面向社会、面向校外市场开展创业及管理的实训基地，同时也使之成为工商系的一个对外的窗口，承担为企业和社会提供技术与咨询及培训的场所</td></tr>
<tr><td>4</td><td>华好学院美容会所管理实训基地</td><td>580</td><td>200</td><td>生产性实训基地：与华好集团合作共建，属“校中厂”形式，主要承担美容会所经营与管理以及化妆品营销等方面课程的实训任务</td></tr>
<tr><td>5</td><td>校外实训基地</td><td colspan="2">共建成10家，其中核心紧密层企业3家，主要是广东大隆集团、广东华好集团、深圳百果园实业发展有限公司</td><td>顶岗实习基地：“厂中校”形式，能满足学生顶岗实习和专业实训需要，并在课程实践教学、订单培养、教学团队建设、教学资源开发、教学项目开发、人才培养方案等方面为本专业人才培养提供支持与帮助</td></tr>
</table>

续上表

教材及相关教学资料建设与使用

（1）教材及相关教学资料建设（见表1－3和表1－4）。

表1－3　教材建设

名　称	作者	出版社	时间
职业规划与成功素质训练（国家精品课程教材）	阚雅玲（第一作者编著）	机械工业出版社	2009年5月
工商管理类专业综合实训教程——工商模拟市场实训（国家精品课程教材）	阚雅玲（第一作者著）	机械工业出版社	2007年6月
大学生成功素质训练（国家“十一五”规划教材）	阚雅玲（第一作者编著）	机械工业出版社	2007年2月
管理基础与实务（学校精品课程教材）	阚雅玲（第一作者编著）	机械工业出版社	2008年3月
现代人力资源管理	阚雅玲（第一作者编著）	中国人民大学出版社	2010年12月
人力资源管理基础与实务	阚雅玲（第一作者编著）	中国人民大学出版社	2009年7月

表1－4　教学资料建设

教学资源名称	教学资源类型	获奖情况	个人排名
职业规划与成功素质训练	网络课程、精品课程、精品资源共享课程	国家级	第1
工商模拟市场实训	网络课程、精品课程、精品资源共享课程	国家级	第1
职业规划与成功素质训练	精品视频公开课程	省级	第1
通用管理能力	网络课程、精品课程	省级	第2
管理基础与实务	网络课程、精品课程	校级	第1
工商企业管理专业教学资源库	教学资源库	校级	第1
工商企业管理专业	专业建设网站	省级	第1

（2）教学资源的使用情况。

①本人负责建设了3门网络课程供校内外学生、教师及社会人员使用，其中“工商模拟市场实训”在全校199门网络课程中访问率排名第1。

自2005年以来，本人主持建设了“工商模拟市场实训”“职业规划与成功素质训练”“管理基础与实务”3门网络课程学习平台及资源共享课程平台，并不断优化、不断完善，供校内外学生和教师使用，供本人在教学过程中为学生提供更为有

续上表

<table>
<tr><td>教材及相关教学资料建设与使用</td><td>效的学习方式、更加丰富的学习资源、更为便捷的交流沟通、更为完善的学习服务。其中“工商模拟市场实训”网络课程的访问率为253 932次，在全校199门网络课程中排名第1。“职业规划与成功素质训练”网络课程的访问率为139 003次，在全校199门网络课程中排名第7。正是因为如此高的访问率，保证了网络课程的使用率，从而提升了学生的学习效果，同时也使该课程得到广泛的推广和运用。
②本人负责的省示范（重点）建设专业——工商企业管理专业全部资源上网为学生、同行及利益相关者使用。
为让学生、用人单位、上级主管部门、社会了解及评价本专业的相关情况，本人主持建设网站，将相关资源上网，主要包括专业定位与办学思路、专业建设规划、专业负责人、教学团队素质与水平、实践教学条件、经费投入、教材与图书资料、课程体系与教学内容改革、教学方法与手段改革、实践教学、教研教改成果、产学研结合、教学管理、学生职业能力与职业素质培养、毕业生就业与社会声誉等方面的内容。该专业教学资源为国内开设工商管理专业的院校和教师提供了很好的参考与借鉴。
③建设资源共享课程的同时形成本专业教学资源库。
本人主要围绕自己负责的两门国家级精品课程和精品资源共享课程不断积累、完善，并指导其他专业课程的建设，从而形成了本专业的教学资源库。围绕本人负责的综合实训课程“工商模拟市场实训”、综合素质课程“职业规划与成功素质训练”，以及其他专业课程主要建成了教学基本资源库、拓展资源库、案例库、专题讲座库、素材资源库、学科专业知识检索系统、演示/虚拟/仿真实验实训（实习）系统、管理酷站大全、试题库系统、作业系统、在线自测/考试系统，等等。在麦可思调查中，“职业规划与成功素质训练”“工商模拟市场实训”两门国家级精品课程被选为对学生人生成长最有帮助的课程。</td></tr>
<tr><td>数字化状况</td><td>本人在教学过程中充分运用现代教育信息技术，建设精品课程、网络课程和精品资源共享课程，给学生学习提供一个更加开放、生动，更能积极参与的平台，充分地调动了学生自主学习的积极性，同时也促进了教学质量和教学效果的提高与完善。目前，本人作为负责人的主要有两门国家级精品课程和精品视频公开课程：“工商模拟市场实训”和“职业规划与成功素质训练”。其教学资源丰富，并能经常更新，运行机制良好。还建设了一个工商企业管理专业教学资源库，以期充分利用各种现有的优质网络教学资源和网络信息资源，调动学生学习的积极性，提升教师教学质量和教学效果，推动专业建设。
（1）本人负责的国家精品资源共享课“工商模拟市场实训”爱课网网址：http：//www. icourses. cn/coursestatic/course_ 3594. html。
（2）本人负责的国家精品资源共享课“职业规划与成功素质训练”爱课网网址：http：//www. icourses. cn/coursestatic/course_ 6605. html。
（3）本人负责的国家精品视频公开课“职业规划与成功素质训练”爱课网网址：http：//www. icourses. cn/viewVCourse. action？courseId = ff8080814d1c75b7014d1cb28deb00a1。</td></tr>
</table>

续上表

2. 教学方法及效果

在反思传统教学弊端的基础上，以先进的教学理念为指导，本着“项目驱动、任务导向、工学结合、能力培养”的原则，以学生为中心，在具体实践中有目的地灵活运用多种教学方法，因材施教，有效地保证了课程的教学质量。

（1）因材施教教学方法（根据学生特点）。

从总体上看，高职学生的一大特点是形象思维较强、逻辑思维较差，动手能力较强、动脑能力较差。基于此，我们的教学方法就要因材施教，彻底改变原本适合本科生的教学方法。一方面要改变理论的抽象灌输，通过案例、PPT、录像、以往学生的实训成果，给其以直观、形象的认识；另一方面要改变以“先教后学”“先学后做”为主的教学方法，充分利用高职学生动手能力强的特点，让学生既要先学后做，也要边学边做，更要先做后学，切实做到工学结合。从高职学生的个体来看，每个学生兴趣爱好、能力特长、未来发展各不相同，如何因材施教是个难点。在“工商模拟市场实训”中，学生本着“优势互补、取长补短、自愿结合”的原则成立模拟企业，并根据企业的有关职能以及成员的不同特点进行分工协作，要有模拟企业的企业负责人、财务负责人、采购人员、营销人员、生产制作人员等。

（2）“教、学、做”一体化教学方法（项目驱动、任务导向）。

“工商模拟市场实训”课程彻底改变了传统工商企业管理专业大多运用电子计算机或信息网络技术，创造一个虚拟的经营管理环境，让学生分组上机去操作的方法，而是切实做到以真实的工作任务为载体设计教学过程，让学生拥有一笔资金，让他们去投资、理财，让他们组建一个小企业去经营、管理。我们运用项目任务教学法，让学生通过“创办各类企业、经营各种商品”这一大型真实的项目进行生产性实训，来完成15项具体任务，即让学生完成模拟企业成立、市场调查、资金筹集、企业注册、摊位投标、摊位策划、营销策略、采购进货、广告宣传、市场开业、商品经营、企业管理、财务核算、照章纳税和总结完善等全过程。工商模拟市场实现了让学生在“做中学、学中做”，实现了“教、学、做”一体化，教室与实训室的一体化。

（3）系统训练六步教学法（启发引导、案例学习、素质测试、综合训练等）。

本人开发的“职业规划与成功素质训练”课程，根据高职大学生的素质培养的教学规律，推出了一套循序渐进、不断深化的系统训练教学法，它由“成功故事分享”“成功案例学习”“成功素质测试”“成功方法运用”“成功素质训练”和“成功收获分享”六部分组成，每一部分都为学生提供了大量可以学习和训练的资源，学生经过这六步法的训练从思想到行动、从学习到生活都将有一个较大的改变，综合素质将获得全面提高。在此基础上，我们还提炼出了成功法则200条和成功誓言，以此激励学生不断努力。这一教学方法有效地引导学生积极思考和效仿，促使他们乐于实践，切实提高了教学质量和效率，取得了非常好的教学效果。学生反映这一教学方法能够以理服人、以情动人，有思想的碰撞、有心灵的启迪、有生命的感悟。可谓动之以情、晓之以理，达到了心与心的交流和共鸣。

（4）竞争与合作相结合的教学方法（小组合作等方法）。

随着市场竞争的日趋激烈以及分工合作的日益发展，竞争与合作能力已成为每个用人单位衡量从业者的一个重要标准，而我们平时的教学与考核往往是针对学生个人进行的，缺乏面对面的竞争以及人与人的合作方面的实践。职业规划与成功素质训练是结合工商企业管理这一专业特色和学生的就业岗位，让学生组成若干个模拟企业，无论是课堂上的成功素质训练还是课下的作业与活动，都是以企业为单位进行的。企业之间要在各种成功素质实训活动中面对面地展开激烈的竞争；而企业内部成员如何团结起来实现优势互补，共同打造出一个富有凝聚力的企业，成功地完成企业从成立到发展的全过程，则是每个学生在实训中必须完成的另一项任务。

续上表

（5）多媒体与计算机辅助教学方法（信息化教学手段与方法）。

许多用传统方法讲授起来枯燥无味、难以理解和体会的东西，通过多媒体技术则变成了生动的画面，直观易懂地表现出来，通过多媒体进行的实训指导收到了很好的教学效果。根据本课程的特点，我们积极主动地研究和应用现代教育技术，开发研制了系列教学课件和学生辅导课件，提供丰富的网上学习资源，并开通"教师网上答疑"，及时解决学生学习过程中遇到的问题，确保学生能以各种方式和途径进行学习。

（6）教学方法改革的效果。

本人运用上述教学方法，彻底改变传统教学中以教师为中心、以知识为本位、以讲授为途径、以考试为终点的局限，实现了以学生为中心、以能力为本位、以探究为途径、以综合考评为结果，还学生以教育主体的地位，学生根据自己的职业兴趣和专业特色在项目训练和任务完成的过程中主动探究地学习，培养所需的各种能力，收到了非常好的教学效果。在对学生进行因材施教的过程中，我切实感受到"没有教不会的学生"，10 多年的实践显示，所有学生都能获得学习的兴趣、学有所成，都能找到自己的目标职业，获得属于自己的成功！

3. 教学组织特点及效果

本人多年来一直运用"教、学、做"一体化的教学模式，取得了非常好的教学效果。但随着信息时代的快速发展，教师的"教"与学生的"学"在科技时代发展的今天已经发生了质的变化，单纯的"教、学、做"一体化的教学模式已不能充分满足学生的学习需要。为此，从 2013 年开始，本人改革教学模式，在原有"教、学、做"一体化的基础上实施翻转课堂，取得了非常好的教学效果。

（1）实施翻转课堂的背景。

微课程和翻转课堂作为新型教育资源、学习方式和教学模式的变革，不仅在新的网络技术环境下对教师的信息化教学设计能力、资源开发能力提出了更高的要求，还实现了对教师"教"的资源和学生"学"的资源的有效补充，成为学生自主学习和教师专业发展的重要途径。翻转课堂将知识的传授转移到课外，让课堂成为彼此能够面对面进行思想碰撞的关键时空。

（2）成功实施翻转课堂的关键。

一是课外是否真正做到深入学习。二是课堂上是否能够通过真正相互碰撞将学习引向更深层次。三是教师是否准备好学生课前自主学习的教学资源（为此本人完成了 60 余个微课程的制作，并辅以资源共享课中的其他教学资源）。

（3）实施翻转课堂的做法。

课前：让学生自主学习教材、精品资源课程、微课程、教师 QQ 空间上的学习资源。

课中：交流分享，思想碰撞，答疑解惑，项目训练，"教、学、做"一体化。

课后：全面实践课前与课堂学习的内容。

关键：通过课堂提问、互动与分享检查学生课前是否做到深入学习；通过课堂的有效设计、组织和实施真正实现相互思想碰撞，将学习引向更深层次。

（4）以"职业规划与成功素质训练（基础篇）"课程为例（见表 1－5）。

表 1－5　"职业规划与成功素质训练（基础篇）"翻转课堂实例

上课周次	教学内容	课时数	授课方式
1～2	开学寄语： 教师回顾总结上学期的课程内容，对本学期的课程内容进行介绍，并提出相关要求	2	提前一周向学生发放学习任务书和学习指南，并在网络上提供各种学习资源，课堂上教师教授并与学生互动交流

续上表

上课周次	教学内容	课时数	授课方式
	第一章　建立诚信素养		
3～8	1.1　七个行囊你舍弃哪个 1.2　我们为什么要诚信	2	课堂讨论（课前看微课程等各种教学资源）
	诚信大体验：向陌生人借钱	4	以团队合作形式向陌生人借钱乘车返校，观察员跟踪全过程
	1.3　人会在什么情况下诚信 1.4　如何才能做到诚信	2	课堂分享交流 课堂答疑解惑
	建立诚信素养训练——辩论赛："当今社会诚信是利大于弊，还是弊大于利"	2	学生分组按正反方进行辩论赛的课堂训练
	1.5　诚信靠品德也靠能力	2	教师引导学生进行总结
	第二章　培养积极心态		
9～12	2.1　人生成败在心态	4	项目训练：100 元的创业梦 在训练中体会心态的作用
	2.2　感知并培养积极心态	2	教师讲授培养积极心态的方法，学生制定各自的行动方案
	2.3　如何面对付出却没有回报	2	课堂分享交流 课堂答疑解惑
	2.4　养成良好的职场心态	2	感悟：让学生从职场人士的案例中获得感悟
	第三章　科学管理时间		
13～16	3.1　我们的时间都去哪儿了	2	分享：每组以"时间都去哪儿了"为主题，以自己的方式进行课堂展示和反思
	3.2　成功人士的时间用在哪里了	2	分享：每组派代表通过 PPT 等分享某成功人士的时间管理
	3.3　时间与金钱的关系	2	课堂讨论（课前看微课程等各种教学资源）
	3.4　时间管理的有效方法	2	讲授与行动：教师讲授有效进行时间管理的技法，学生制定各自的行动方案
	课堂训练：评选"时间管理之星"		分组训练评选"时间管理之星"，写出颁奖词，获奖人接受答辩和质询，最后颁发奖状

续上表

上课周次	教学内容	课时数	授课方式
17	拓展提升：以“我们对诚信/积极心态/时间管理的感悟”为主题制作一个8分钟左右的微视频	2	视频分享与总结
18	机动学时	2	讲授与互动

（5）实施翻转课堂的效果。

①翻转课堂颠覆了传统的教学流程。过去是学生在课堂上“齐步走”，学习新知识；课后自主学习、运用学到的知识和技能。而翻转课堂则是学生在课前自主学习，课堂中由教师答疑解惑，因材施教，或通过开展活动帮助学生掌握和运用在课前学到的新知识与技能。

②翻转课堂颠覆了传统的教学理念。事实上，目前很多教师依旧是“以教师为中心”，“以学生为中心”很难落到实处。而翻转课堂做到了真正的“以学生为中心”，做到了因材施教。

③翻转课堂颠倒了教师和学生的角色。传统教室里，教师是知识的拥有者和传播者，而学生是接收者，学生总体上是被动地学习。而在翻转课堂里，学生是主动地自主学习，教师是学习的组织者和参与者。

④翻转课堂颠覆了传统的教学模式。传统教学要利用好在线资源和在线学习，往往是课前课后由学生自学，而学生有依赖心理，认为反正教师会在课堂上讲解。而翻转课堂则可以很好地利用混合学习模式，巧妙地将在线学习与面对面的教学有机地结合起来，将新知识与技能的学习，以及其应用和迁移有机地结合起来。

教学效果是以“学生学得好、做得好”而不是单纯以“教师教得好”来检验。翻转课堂的教学效果是学生做到“学会了！”“学好了！”“会做了！”“我太愿意上课了！”近年来本专业毕业生就业率均达99%以上，且就业岗位不断得到优化，就业质量不断提高。

4. 教学考核方法改革及效果

（1）教学考核方法改革总体思路。

改革教学考核方式方法，实行考核方式由终结性考核为主转向形成性考核为主的考核方式；实行考核标准层级化和多元化，对不同层级、不同课程采取不同的考核方式；引入校外兼职教师参与部分课程的教学考核。在专业课程的考核中，本人以企业真实岗位的技能标准来设定考核的内容、标准和方式。考核内容参照国家职业标准，如以营销员国家职业资格标准、秘书职业资格标准等为依据。

（2）具体课程考核方法举例。

以“工商模拟市场实训”课程为例，本课程考核以鼓励学生提高实训效果、取得优秀成绩，教师真实、全面、客观考核学生，总结实训经验、发现存在问题为宗旨，改革传统教学考核方式，引导学生团队合作、不断创新。重点考核了：①模拟企业开业前的准备与开业后的经营管理的关系；②企业调查报告、投资经营方案的撰写与现场经营管理实操的关系；③学生独立完成工作任务与团队合作的关系；④教师对学生的评价与学生互评之间的关系。本方案采取定量评价与定性评价相结合的方法，考核指标分为团队成果和个人成果两部分综合评定，分别用百分制记分，各占50%，满分100分。团队成果分是学生所在企业的得分，同一企业的学生，这部分得分一样。它由企业组建、市场调查、投资方案、经营管理、总结完善五部分组成，每部分各占10分，由教师评定给分。个人成果分包括学生个人在实训中的表现和实训成果两方面内容，实训中的个人表现由模拟企业中的学生互评得出，占25分，实训成果是指学生个人完成的实训日记和实训报告，实训日记占10分，实训报告占15分，由老师批改得分。具体如表1-6所示。

续上表

表1－6 “工商模拟市场实训”课程教学考核方法

一级指标	二级指标	考核标准	分值（Mi）	评价等级（Ki）				考核人与考核方式
				A 1.0	B 0.8	C 0.6	D 0.4	
团队成果50分	1－1 企业组建	本着优势互补、取长补短的原则组建模拟企业，根据有关职能进行分工协作，确定经营范围，制定相应规章制度，顺利完成企业的注册登记，成功进行摊位的投标	10分					由教师现场观察和查阅学生相关资料进行评级
	1－2 市场调查	根据我院特定的市场需求及消费特点制订市场调查计划。设计市场调查表，以多种形式开展市场调查。整理、分析调查结果，完成调查报告，为下一步经营打好基础	10分					由教师评判学生市场调查报告并进行评级
	1－3 投资方案	完成企业的筹资、投资、运营、管理、资金分配等全过程的策划方案，方案制定科学合理、充分可行	10分					由教师评判学生投资方案并进行评级
	1－4 经营管理	在模拟企业实际的运营管理中注重采购、生产、销售、成本核算、分工协作、组织管理等各方面的实训，学以致用、活学活用，能够取得理想的实训效果，并通过会计核算加以反映	10分					由教师现场观察和查阅学生会计凭证及报表评级
	1－5 总完完善	在全班模拟企业实训总结会上，能够熟练运用PPT现场演示并流利讲解本企业的经营过程和经营成果，能够充分总结取得的经验和得到的教训，提出以后的发展方向	10分					由教师现场观察学生表现并进行评级
个人成果50分	2－1 实训日记	能够全面真实地记录实训的全过程，不仅是集中实训的一方面，还包括学生课余时间的实训，能够总结每天的实训收获，发现存在的问题，提出改进的措施	10分					由教师评判学生实习日记并进行评级

续上表

一级指标	二级指标	考核标准	分值（Mi）	评价等级（Ki）				考核人与考核方式
				A 1.0	B 0.8	C 0.6	D 0.4	
	2－2 实训报告	实训报告格式正确、内容充分、思路清晰、结构合理。能够理论联系实际，发现问题、分析问题、解决问题，对整个实训过程有着全面、完善、客观的总结和认识	15分					由教师评判学生的实训报告并进行评级
	2－3 学生互评	同一模拟企业的学生对各自在实训过程中的表现进行互评，主要包括工作态度、工作任务、工作能力、工作业绩、合作精神等方面的内容	25分					由同一模拟企业学生互评并进行评级

（3）教学考核方法改革效果。

教学考核方法改革收到了良好的效果：教学从以教师为中心转变为以学生为中心；从以知识为本转变为以能力为本、以学生发展为本；从统一的教学模式和考核模式转变为尊重学生个性、发挥学生创造性的教学考核模式；从注重个人独立学习转变为团队合作学习、共同分享的模式。

5. 教学思想、教育理论等研究的创新成果及教学运用成效

（1）教学思想、教育理论等研究项目（见表1－7）。

表1－7　教学思想、教育理论等研究项目

序号	项目名称	项目来源	起讫时间	科研经费/万元	本人承担工作
1	现代学徒制市场营销专业教学标准研制项目	广东省教育厅	2015年1月至2016年12月	10	负责人
2	基于校企协同创新的特色专业“双元培养”办学体制与机制的研究与实践	广东省教育厅	2013年11月至2015年12月	3	负责人
3	基于专业能力标准的高职院校“双师型”教师培养机制的研究	广东省教育科学规划办项目	2008年10月至2010年12月	2	负责人
4	校企合作共建二级教学实体的探索及长效机制的研究与实践	广州市教育局	2013年5月至2015年5月	8	负责人
5	高职院校创业与管理专业的设置与建设	广州市教育科学规划项目	2010年6月至2014年6月	12	负责人

续上表

序号	项目名称	项目来源	起讫时间	科研经费/万元	本人承担工作
6	大学生职业规划与成功素质训练的研究	广州市教育局	2006年1月至2007年12月	0.6	负责人
7	工商管理类学科实训教学模式的改革与创新	广州市教育局	2002年8月至2005年6月	1.7	负责人
8	以就业为导向的大学生成功素质训练	中国高教学会	2007年9月至2008年12月	0.6	负责人
9	高职院校“双师型”教师培养机制探索	广州番禺职业技术学院	2007年9月至2008年12月	0.6	负责人
10	大学生职业规划与成功素质训练的研究	广州番禺职业技术学院	2003年5月至2005年6月	0.3	负责人

（2）课程建设方面的成果（见表1-8）。

表1-8　课程建设成果

序号	课程名称	时间	授奖部门	奖励名称和等级	本人名次
1	工商模拟市场实训	2008—2013年	教育部	国家级精品课程/国家精品资源共享课程	1
2	职业规划与成功素质训练	2010—2013年	教育部	国家级精品课程/国家精品资源共享课程	1
3	职业规划与成功素质训练	2012年	广东省教育厅	精品视频公开课（已通过国家级评审并上爱课网）	1
4	通用管理能力	2009年	广东省教育厅	广东省精品课程	2
5	工商模拟市场实训	2011年	广州市教育局	网络课程一等奖	1
6	管理基础与实务	2010年	广州番禺职业技术学院	校级精品课程	1

（3）教材建设方面的成果（见表1-9）。

表1-9　教材建设成果

序号	教材名称	作者	出版社	出版时间
1	职业规划与成功素质训练（国家级精品课程教材）	阚雅玲（第一作者编著）	机械工业出版社	2009年5月
2	工商管理类专业综合实训教程——工商模拟市场实训（国家级精品课程教材）	阚雅玲（第一作者著）	机械工业出版社	2007年6月

续上表

序号	教材名称	作者	出版社	出版时间
3	大学生成功素质训练（国家“十一五”规划教材）	阚雅玲（第一作者编著）	机械工业出版社	2007年2月
4	管理基础与实务（学校精品课程教材）	阚雅玲（第一作者编著）	机械工业出版社	2008年3月
5	现代人力资源管理	阚雅玲（第一作者编著）	中国人民大学出版社	2010年12月
6	人力资源管理基础与实务	阚雅玲（第一作者编著）	中国人民大学出版社	2009年7月
7	公共关系实务（广东省规划教材）	阚雅玲（参编）	广东高等教育出版社	2006年5月

（4）教学改革与科研方面的论文（见表1－10）。

表1－10　教学改革与科研论文

序号	论文名称	出版单位或发表刊物名称	书号或刊号	出版或发表时间	本人名次
1	商科专业技能与素质并进的课程创新与实践	中国职业教育	ISSN1004－9290 CN11－3117/G4	2015年3月	1
2	校企深度合作共同培养美容行业创业人才——以广州番禺职业技术学院为例	科教导刊	ISSN1674－6813 CN42－1795/N	2014年12月	1
3	高职传统专业改造升级与组织机构调整的策略研究——以广州番禺职业技术学院工商管理系专业整合为例	教育教学论坛	ISSN1674－9324 CN13－1399/G4	2014年6月	1
4	基于校企协同创新的特色专业“双元培养”办学体制与机制的研究与实践	大学教育	ISSN2095－3437 CN45－1387/G4	2014年8月	1
5	以课程研发为抓手，打造高质量工商管理专业群	价值工程	ISSN1006－4311 CN13－1085/N	2013年10月	1
6	创办“创业管理”专业，探索高职创业教育新路	价值工程	ISSN1006－4311 CN13－1085/N	2013年6月	1
7	高职创业教育课程体系的研究	科技创业月刊	ISSN1672－2272 CN42－1665/T	2013年5月	1
8	高职院校开展专业性创业教育的操作路径	高等职业教育	ISSN35－1275/G0 CN1673－0801	2010年2月	2

续上表

序号	论文名称	出版单位 或发表刊物名称	书号或刊号	出版 或发表时间	本人 名次
9	高职院校教师专业能力标准的研究	广东技术师范学院学报	ISSN1672－402X CN44－1585/Z	2008 年 2 月	1
10	新时期高职教师角色的定位研究	番禺职业技术学院学报	ISSN1672－0997 CN44－1556/Z	2007 年 3 月	独立
11	工作幸福与职业规划	经营管理者	ISSN1003－6067 CN51－1071/F	2006 年 11 月	独立
12	试论职业规划对工作幸福指数的作用	经营管理者	ISSN1003－6067 CN51－1071/F	2006 年 12 月	独立
13	“民工荒”与“大学生就业难”给我们的启示	番禺职业技术学院学报	ISSN1672－0997 CN44－1556/Z	2005 年 9 月	独立
14	论大学生职业价值观的确定	职业设计	ISSN1006－1916 CN36－1166/C	2005 年 9 月	独立
15	大学生成功素质教育势在必行	中国教育科研论坛	ISSN1729－8490 CN43－1318/G	2005 年 4 月	1
16	以学生为中心的大班课堂教学改革与实践	吉林职业师范学院学报	ISSN1009－9042 CN22－1293/G4	2004 年 12 月	独立
17	大学生成功素质教育的研究与实践	番禺职业技术学院学报	ISSN1672－0997 CN44－1556/Z	2004 年 12 月	1
18	工商管理类学科实训教学模式的探讨	职业技术教育（核心）	ISSN1008－3219 CN22－1019	2002 年 11 月	1
19	谈大学生职业生涯规划与成功素质训练	职业技术教育（核心）	ISSN1008－3219 CN22－1019	2002 年 10 月	1
20	创办工商模拟市场探索实训教学新路	番禺职业技术学院学报	ISSN1672－0997 CN44－1556/Z	2003 年 6 月	1
21	香港溢达集团“纵向一体化”与香港利丰公司“虚拟供应链”的比较研究	经济师（核心）	ISSN1004－4914 CN14－1069/F	2007 年 2 月	1
22	企业实施 e-learning 的影响因素及建议	中国人力资源管理（核心）	ISSN1004－4124 CN11－2822/C	2007 年 6 月	1

续上表

序号	论文名称	出版单位或发表刊物名称	书号或刊号	出版或发表时间	本人名次
23	切莫迷醉于蓝海之风	企业管理（核心）	ISSN1003－2320 CN11－1099/F	2006年11月	独立
24	波特战略与蓝海战略的比较研究与整合运用	经营与管理（核心）	ISSN1003－3475 CN12－1034/F	2006年11月	独立
25	溢达集团订单管理流程再造分析	企业活力（核心）	ISSN1003－4919 CN41－1020/F	2006年11月	1
26	有效运用TCT全面提高企业竞争力	经济师（核心）	ISSN1004－4914 CN14－1069/F	2006年12月	1
27	从“复杂人”到“权变人”	经营管理者	ISSN1003－6067 CN51－1071/F	2006年3月	独立
28	番禺“易发商场”兴衰引发的思考	番禺职业技术学院学报	ISSN1672－0997 CN44－1556/Z	2006年3月	独立
29	晋城矿业集团公司经营战略分析	山西经济干部管理学院学报	ISSN1008－9101 CN14－1245/F	2001年12月	独立
30	以就业为导向办好高职教育	中国职业教育	ISSN1004－9290 CN11－3117/G4	2013年9月	独立
31	重构课堂教学　提高学习质量	中国职业教育	ISSN1004－9290 CN11－3117/G4	2013年9月	独立

（5）专业建设方面的成果（见表1－11）。

表1－11　专业建设成果

项目名称	时间	授予部门	授予称号	本人名次
工商企业管理专业	2008年	广州市教育局	广州市示范建设专业	1
工商企业管理专业	2009年	广东省教育厅	广东省示范建设专业	1
工商企业管理专业	2014年	广东省教育厅	广东省重点专业	1
华好集团有限公司优秀校外实训基地	2012年	广东省教育厅	广东省大学生校外实践教学基地	1
工商企业管理教学团队	2014年	广东省教育厅	广东省优秀教学团队	1
华好学院	2011年	广州番禺职业技术学院	校企合作共建特色学院筹建人	1
百果园学院	2014年	广州番禺职业技术学院	校企合作共建特色学院筹建人	1

续上表

（6）获得的教学成果或科研成果奖（见表1－12）。

表1－12 教学成果或科研成果奖

序号	项目名称	时间	授予部门	授予称号	本人名次
1	商科学生“实战型、体验式、网络化”技能与素质并进的课程创新与实践	2014年	教育部	国家级教学成果二等奖	1
2	基于职业发展的高职素质教育体系构建与实践	2009年	教育部	国家级教学成果二等奖	5
3	以课程研发与建设为抓手打造高质量工商管理专业群的创新与实践	2014年	广东省教育厅	广东省教学成果一等奖	1
4	以就业为导向的高职质量研究	2003年	广东省高等职业技术教育研究会	广东高等职业技术教育研究会科研成果二等奖	1
5	新时期高职教师的角色定位研究	2006年	广东省高职教育学会	广东省高职优秀论文一等奖	1
6	高职教师的专业能力研究	2007年	广东省高等教育学会	广东省高教学会优秀论文三等奖	1

（7）教学成果的运用成效。

①学生评价本人主讲的课程是对他们人生成长最有帮助的课程。

本校管理学院6个商科专业每年约1 800名学生学习本人研究开发的“职业规划与成功素质训练”和“工商模拟市场实训”两门课程。在2012年、2013年第三方对我校毕业生调查中，这两门课程被学生选为对人生成长最有帮助的课程。

②教学研究及成果促进了人才培养质量和水平的提高。

高素质、强技能课程的开发与实践，为学生的技能竞赛和就业质量奠定了良好的基础。学生在专业技能大赛中60余次获国家、省、市大奖。近年来，毕业生就业率一直稳定在99%及以上的水平。2010年我们的工作重点从就业数量转向就业质量，目前商科毕业生薪酬稳步增加，就业岗位不断优化。2012—2013年第三方对我校毕业生进行调查显示，工商管理专业毕业生对母校满意度为100%，推荐率为90%。对用人单位的调查显示，其对工商企业管理及专业群毕业生的评价满意率为92%。

③媒体百余次报道本人建设和主讲的两门国家精品课程。

“工商模拟市场实训”这一课程先后吸引了众多媒体（近10次电视、100余种报纸以及网络）报道，获得了校内外同行特别是用人单位的高度赞扬，更受到了学生们的热烈欢迎。媒体及社会和学生普遍反映工商模拟市场实训强化了学生市场经济意识，培养了市场经济所需的小企业经营与管理能力，增强了大学生竞争的意识、吃苦耐劳的品质、团队合作的精神，提高了大学生就业和创业的能力。这一实训课程还进一步加强了学校与企业和社会的联系，为校企产学合作创造了条件，为用人单位了解学生创造了机会，为提高就业率和优化就业岗位奠定了基础。

续上表

2011 年 11 月 9 日，《中国教育报》在第 7 版以《生涯规划成为素质提升的利器——广州番禺职业技术学院生涯教育探究》为题长篇报道了本人主讲的国家级精品课程“职业规划与成功素质训练”。

④本人对外讲学 80 余次、培训近 2 万人推广课程及专业建设成果。

本人因在高职教育理念、课程与专业建设、师资队伍建设等方面有较为深入的研究和实践，并取得了较为丰硕的成果，应 80 余所中高职学校及各类培训机构邀请为职业教育开设课程建设、专业建设、示范建设、中层领导力等公开课程，对外讲学 80 余次，培训近 2 万人，深受大家的欢迎和好评，受到同行的高度认可与普遍赞誉。同时还接收了广州铁路职业技术学院等 50 余所学校的师生参加我校课程实训或学习观摩特色课程。据不完全统计，现在全国有中山职业技术学院、北京理工大学等 40 余所学校在学习我们课程后开设了这两门课程。本人于 2012 年 3 月 29 日在温州由中国共青团中央、国际劳工组织主办的“2012 年度 KAB 创业教育年会暨第四届大学生就业创业教育论坛”上，应邀做了题为《以专业设置和校企深度合作引领高职创业教育》的主题报告。2012 年 9 月 25 日在常州举办的全国示范高职院校校企合作高峰论坛上应邀做了题为《创新合作办学体制，校企共建华好学院》的大会发言，获得与会人员的好评。2015 年 7 月 3 日在教育部主办的现代学徒制国际研讨会上做了题为《校企共建百果园学院，深度探索现代学徒制》的经验介绍，获得与会人员的好评。

本人开发的“实战型、体验式、网络化”的素质与技能提升课程还吸引了企事业单位的员工前来学习或邀请成果组前去培训，为美的集团、英国驻广州总领事馆、中国邮政储蓄银行广东省分行等企事业单位提供 60 余次 8 000 余人的培训。

---

6. 候选人在教学团队建设中发挥的作用及效果

（1）本人启动“青蓝工程”，担任导师培养青年教师综合能力。

2009 年，本人负责启动了“青蓝工程”，其目的就是通过加大对教师的培养力度，优化师资结构，提高师资水平，全面提升青年教师的专业品质、专业知识和专业技能。“青蓝工程”分两步走，第一期是用 1 年的时间将入职时间较短的青年教师培养成合格的高职教师。第二期用 3 ~ 5 年的时间培养一批优秀的高职骨干教师。

“青蓝工程”第一期培养任务简称“十个一”工程，即：①认识一位导师；②编著一本标准教案；③制作一个标准课件；④完成一门课程设计汇报；⑤进行一次企业调研；⑥组织一项专业建设活动；⑦进行一项技能考核；⑧撰写一篇论文；⑨参与一项科研项目；⑩做一个班的学生导师。

第二期是首先通过设置“优秀骨干教师的六堂必修课”进行培养。六堂必修课分别是：第一堂课谋求个人发展；第二堂课职业教师角色；第三堂课上好每一堂课；第四堂课学会开发课程（成为骨干）；第五堂课能够校企合作；第六堂课开展专业建设。与此同时，通过安排专业群骨干教师赴德国、新加坡等国家和中国香港地区，以及内地的其他省市学习职业教育的先进经验，在课程改革、实训基地建设、校企合作等方面提升课程建设与专业建设的能力与水平，并通过参加相关培训、承担项目任务提升团队领导与合作能力以及项目实施与管理能力，进而成为优秀的高职骨干教师。

（2）本人牵头组建管理学院教师发展中心，探索教师发展长效机制。

2014 年 12 月，本人牵头成立管理学院教师发展中心，这是我省首个教师发展中心。其旨在进一步探索教师发展长效机制，建立常态化的教师交流平台，提升教师教学、科研、社会服务与文化传承能力，进而提高教师自我学习与协作发展的水平。教师发展中心定位于公益性组织，依托管理学院相关专业，招募对教师成长与发展有热情且有公益精神的老师通过项目负责制开展工作。其立足管理学院，服务全校教师，辐射带动全省乃至全国职业教育教师的发展，通过名师工作室、教师工作坊、教学午餐会、新教师培训站、骨干教师训练营、职业发展咨询室、教师俱乐部等形式为教师提供职教生

续上表

涯设计与发展、教学能力培训与辅导、教学研究支持与帮助、心理辅导与危机干预、教学质量评估与改进等服务。

（3）本人加强课题研究和工作实践，探索“双师型”教师的培养途径。

为培养“双师型”教师，本人通过主持广东省教育厅课题“基于专业能力标准的高职院校‘双师型’教师培养机制的研究”来探索切实可行的“双师型”教师的培养途径。有针对性地选择工商管理专业群骨干教师下企业、安排青年教师去企业参加培训、设置校企合作岗位以及专职顶岗实习指导教师等，均取得良好的效果。如委派工商企业管理教研室吴强老师去广东华好集团半年，深入了解和体验企业的战略发展、市场开发、日常运营、制度与文化建设、人力资源管理以及本专业学生就业岗位中能力与素质的要求，参与企业的一些运营项目或企业管理工作，与企业共同探索合作办学的事宜，为专业建设谋求更好的发展。正是因为吴强老师下企业半年，才为华好学院的组建奠定了坚实的基础。设置校企合作岗位也取得了成功，通过每学期安排专业教师从事半年校企合作岗位，全面负责本专业的校企合作工作，如企业订单班的开设，顶岗实习，聘请企业兼职教师，合作开发课程，合作开发教材，为企业提供培训、咨询等技术服务，为专业建设谋求了更好的发展。

（4）组建企业兼职教师队伍，建立“双元培养”的校企合作办学机制。

本人一直兼任 MBA 导师和多家企事业单位的企业管理和人力资源管理顾问，在为企业提供咨询和培训的服务过程中获得了企业和学员们的普遍认可和高度评价，使得本人在相关企业中建立了自身的影响力和号召力，近年来本人在企业聘请兼职教师 30 余人，并为他们举办高职教师角色、理念和方法等方面的培训。特别值得一提的是，本人为其提供企业管理顾问服务的广东华好集团与我校共同组建了华好学院，由本人牵头筹建，企业的公司总裁担任华好学院院长，本人担任执行院长并主持日常工作，企方委派一名副院长长驻学院协助执行院长工作。最有创新点的是企业首批派驻 8 位技能教练与校方教师共同组成“双师型”教学团队，从而建立“双元培养”的校企合作办学机制。企业教师负责校内外实训基地建设、专业技能课的建设与实施、学生的顶岗实习和就业等。正是因为企业兼职教师的加盟，才让我们真正实现了“双元培养”的校企合作办学机制。

（5）教学团队建设成效明显，工商企业管理教学团队被推荐为省优秀教学团队。

经过多年对师资队伍全面用心的建设，我校对全院教师进行师德考核，从系领导、教研室、学生三方的综合考评结果看，工商企业管理专业的教师综合得分全系排名第一，每一位教师均获得了“师德优秀”的称号。大家一致认为工商企业管理专业的教师队伍师德高尚、责任心强、治学严谨、团结协作、优势互补，为教学舍得奉献，不惜投入，不断充电，努力接受新知识、新成果、新经验，出色地完成了教学任务、专业建设任务和社会服务及科研任务，获得了校内外领导、企业和同行们的高度赞扬；更受到了学生们的热烈欢迎。工商企业管理教学团队获评校首届优秀教学团队，2014 年被推荐为省优秀教学团队。

7. 候选人近期推进专业建设与教学改革的设想及实施方案

本人近期推进专业建设与教学改革的设想及实施方案可以概括为：一条主线、两个关键、三个基点和六项任务。

一条主线是：将工商管理专业群建设成为国内一流的专业群。一流专业群除了要有前期我们建成的国内一流的课程以外，更要有一流的学生、一流的师资和一流的校企合作，也就是要重点打造“名生、名师和名企”。

两个关键是：抓好项目化课程的改造与建设；建设好新的校内外实训基地。课程是专业的产品，而实训基地是生产和提供产品的场地。在未来三年做好项目化课程的改造以及新型实训基地的建设是专业发展的两个关键。

续上表

三个基点是：专业建设一定要围绕“学生、企业和教师”三个基本点。专业建设一定要回归服务学生、企业和老师，摒弃单纯为了评估、为了获奖、为了成为重点和示范的思想。

六项任务是：围绕现代学徒制试点，完成以下工作：①做强华好学院，②成立百果园学院，③启动“名生工程”，④做强创业项目，⑤继续做好“青蓝工程”，⑥成立教师发展中心。华好学院是2011年校企合作成立的双主体办学、双元培养的特色学院，它以学校为主导，更像新加坡南洋理工学院的教学工厂，未来三年要将其做大做强。在此基础上要探索成立双主体办学，以企业为主导的、像德国“双元制”那样形式的新型特色学院——百果园学院。对于服务学生就是要做好启动“名生工程”和做强创业项目两项任务。做好启动“名生工程”一是让学生在学校提供的平台上学得好，培养一批技能竞赛优胜者；二是让学生在企业提供的平台上做得好，培养一批准店长经理；三是让学生在自己创造的平台上发展好，培养一批成功的创业者。培养措施采取课程制、导师制、成立名生俱乐部和员工职业发展研究中心等方式。做强创业项目是以SYB创业项目为抓手，以课程为先导，将SYB项目纳入课程体系中作为考证课，让学生受益。在教师中培养一批专业的SYB培训师，教学相长，形成一支“教师、经济师、培训师”的三师团队，让教师受益。面向社会上小微企业开展培训咨询服务，实现政校企联动以及教学科研的协同发展，让企业受益。对于服务教师重点抓好两项工作，一是继续做好已经实施多年的“青蓝工程”；二是成立教师发展中心，从对教师太多的监督、检查、要求转向更多的辅导、支持和帮助。要在生涯辅导与支持、教学培训与支持、科研与社会服务、辐射与带动等方面做好教师的培养与发展工作。

现重点汇报一下我即将牵头实施的现代学徒制试点——百果园学院建设项目。

（1）百果园学院的定位。

百果园学院由广州番禺职业技术学院与深圳市百果园实业发展有限公司共同成立，定位于双主体办学、“双元培养”的特色专业学院，并积极开展“招生即招工、入校即入厂、校企联合培养”的现代学徒制试点工作，全面提升技术技能人才的培养能力和水平。

（2）百果园学院的现代学徒制形式。

①管理学院大类招生分流后，设立工商企业管理专业百果园店长班（2017年已经开始实施）。

②管理学院所有专业第五学期设立百果园订单班（已经实施两年）。

③管理学院所有专业第六学期设立百果园顶岗实习班（已经实施两年）。

④在新生招生时设立“百果园店长班”，实施招生即招工。今年成功招收学生与学徒双重身份的学生44名，在“百果园店长班”接受职业店长培养。

⑤面向企业现有员工自主招生，设立“百果园店长班”，实施学历教育或在职培训（拟2018年试行）。

（3）百果园学院项目建设内容。

“现代学徒制试点——百果园学院”项目是本人在未来三年中将重点落实的一个专业建设与教学改革项目，主要建设内容如下。

①百果园学院以为百果园公司培养店长人才为基本目标，并积极探索果品流通领域职业技术与技能发展，致力于成为果品流通领域高层次职业人才培养的教学与研究复合型机构。

②百果园学院以现代学徒制为人才培养的基本模式，同时探索多层次、多元化、符合终身教育理念的培养形式，为学生及企业员工后续教育提供选择。

③在管理学院内部，面向专业教师及实训员，采取自愿报名的方式组建百果园学院项目团队。管理团队由双方互派、互聘，建议百果园公司聘管理学院院长、百果园店长班项目负责教师为企业顾问，建议学校聘任百果园公司总经理及人力资源部负责人为特聘教授。

④组建百果园学院理事会和教学委员会，成员由校企双方人员及行业专家组成，教学委员会负责人由管理学院院长及百果园总经理担任；委员会在校企双方各自工作需要的基础上，制订百果园学院发展规划与年度工作计划、编制预算、组织工作考评等工作。

续上表

⑤建设高等性、职业性、教育性深度融合的校企共建的专业课程体系，实施弹性教学，改革教学内容与教学形式，为现代学徒制试点的顺利开展创造条件。

⑥依托百果园店长班成立百果园员工职业发展研究中心，通过跟踪我校毕业生及其员工在企业的职业发展情况，给予学生持续性的关注和指导，同时提升专任教师行业专业水平和素养，为企业可持续发展所需的人力资源提供必要支持。

（4）预期成果。

①现代学徒制市场营销专业（百果园店长班）人才供需情况调查报告。

②现代学徒制校企合作工作方案。

③百果园门店店长岗位工作标准。

④现代学徒制市场营销专业（百果园店长班）人才培养方案。

⑤现代学徒制市场营销专业（百果园店长班）核心课程标准。

⑥现代学徒制市场营销专业（百果园店长班）精品资源共享课（核心课程）。

⑦现代学徒制模式下的教学组织方案。

⑧现代学徒制校企互聘互用师资队伍建设方案。

⑨百果园学院连锁学院或职教联盟建设方案。

⑩成功组建百果园职教集团或百果园职教联盟。

三、候选人产业融入度与影响力情况

企业经历与行业影响力	1. 曾在特大型企业工作10年，从事企业管理和股份制改造等工作，并荣获企业改制特别贡献奖 本人在山西晋城矿务局（后改制为山西晋煤集团）先后从事企业管理、企业公司制改组和股份制改造、企业发展战略研究等工作，先后参加完成企业三大标准的制定、实施，企业方针目标管理，全面质量管理工作；牵头制定了企业公司制改组总体方案及实施细则；牵头制定了集团公司债转股方案，为企业成功实现了18亿元的债转股；牵头制定了公司股改上市方案和公司未来十年发展战略及规划。多次荣获优秀工作者、先进个人、企业改制特别贡献奖称号，并获5项省部级现代化管理成果奖。 2. 从教15年来为30余家大型企事业单位提供管理项目咨询和培训服务，培训学员8 000余人次 从教15年来，在高质量完成本校教书育人职责的同时，积极为企业和社会提供管理咨询和培训服务，曾服务的单位有美的集团、广东华好集团有限公司、TCL集团、万和集团、光宝集团、英国驻广州总领事馆文化处、中国邮政储蓄银行广东省分行、广州市地下铁道总公司、广东番禺大桥有限公司、河南晋开化工投资控股集团、中国演艺设备技术协会、广州浩云安防科技股份有限公司、广州市番禺区经贸局、中共广州市番禺区委党校、广州银业发展集团有限公司、广州金房物业管理有限公司、佛山市顺德区百年科技有限公司、广州朗晴电动车有限公司、佛山顺德区震德塑料机械有限公司、广州市番禺金关报关服务有限公司等30余家大型企事业单位，培训学员8 000余人次，获得了企业和学员们的普遍认可和高度评价。他们认为阚老师不但有深厚的专业理论功底，更重要的是具备高屋建瓴地思考问题的方式、前瞻与创新的发展思路以及切实能够解决企业问题的可操作的方法。而在培训中能够将理论与实践相结合、科学与艺术相结合、严谨与亲和相结合，体现了非常娴熟的培训技巧。

续上表

<table>
<tr>
<td>企业经历与行业影响力</td>
<td>3. 与广东华好集团有限公司合作，本人负责筹建校企合作的华好学院，2012 年在全国示范院校校企合作高峰论坛上介绍经验
学校与美容行业知名企业广东华好集团有限公司按照“合作办学、合作育人、合作就业、合作发展”的原则共同组建华好学院。学校安排本人任职工商系主任的同时兼任华好学院执行院长，负责华好学院的筹建。华好学院的组建在国内高职院校首开美容会所管理专业方向，人才培养定位为美容会所店长。接下来又设立了化妆品营销、化妆品企业管理和人物形象设计三个新专业（方向），同时与中职有效衔接，通过自主招生为行业培养高端技能型人才。华好学院由校企双方教师共同组成“双师型”教学团队，建立“双元培养”的校企合作办学机制。华好学院的成立得到了中国美发美容协会会长闫秀珍的充分肯定。2012 年 9 月 25 日，在常州举办的全国示范高职院校校企合作高峰论坛上，本人应邀做了题为《创新合作办学体制，校企共建华好学院》的经验介绍，获得与会人员的好评。
4. 与广州市职业技能培训指导中心合作共建创业产业园，在 2012 年度 KAB 创业教育年会暨第四届大学生就业创业教育论坛上做主题发言
本人牵头成立了工商企业管理专业的创业管理专业方向，以创业管理专业的建设为抓手，解决了创业教育的专业师资团队问题、创业人才培养模式、课程体系、实训基地、校企合作等问题，进而实现由一个专业向各个专业辐射，最终成立创业教育中心面向全校开展创业教育。成立了由政、校、企三方 19 位代表组成的创业教育指导委员会，举行了创业产业园的启动仪式，确立了中山市大学生创业孵化基地、广东华好集团有限公司、广州淘创物业管理有限公司、真功夫餐饮管理有限公司等多家单位为我校大学生校外创业基地，并与广州市职业技能培训指导中心签订共建创新创业孵化苗圃意向书。因我校创业教育取得较大成效，经全面验收，我校创业产业园被授予“广州市大学生创业实训基地”“大学生 KAB 创业基地”称号。本人于 2012 年 3 月 29 日在温州由团中央、国际劳工组织主办的 2012 年度 KAB 创业教育年会暨第四届大学生就业创业教育论坛上，应邀做了题为《以专业设置和校企深度合作引领高职创业教育》的主题发言。
5. 与深圳百果园实业发展有限公司合作，本人负责筹建校企合作的百果园学院，2015 年在教育部召开的现代学徒制国际研讨会上介绍经验
百果园学院由广州番禺职业技术学院与深圳市百果园实业发展有限公司联合成立，定位于双主体办学、“双元培养”的特色专业学院，并积极开展“招生即招工、入校即入厂、校企联合培养”的现代学徒制试点工作，全面提升技术技能人才的培养能力和水平，服务行业企业的发展与转型升级。百果园学院实行校企双主体办学基础上的理事会领导下的院长负责制。本人作为理事长负责筹建百果园学院，组织校企双方签订了《广州番禺职业技术学院与深圳市百果园实业发展有限公司共建百果园学院框架协议》，对合作内容、运行机制、招生与招工、专业建设、师资队伍建设、实训基地建设、产学研合作、双方权利与义务等达成了共识，在此基础上双方又签订了《现代学徒制联合培养协议》，对现代学徒制试点内容、工作机制、招生与招工、日常教学管理、毕业与就业、办学费用结算等进行了约定。2015 年，面向应届和往届中职毕业生按照“招工和招生同步”的模式自主招生 44 人，实施以企业岗位学习为本位的“双元培养”，并构建中高职衔接的人才培养体系。在校企联合举办的现代学徒制“百果园店长班”正式签约与录用仪式上，企业承诺现代学徒制学员起步工资包住 2 900 元/月，经过两年培养，90% 以上的学生成为合格的职业店长。60% ~70% 的店长月收入达到 5 000 ~6 000 元，有的店长月收入可以达到 2 万元以上。本人于 2015 年 7 月 3 日在教育部主办的现代学徒制国际研讨会上做了题为《校企共建百果园学院，深度探索现代学徒制》的经验介绍，获得与会人员的好评。</td>
</tr>
</table>

续上表

企业经历与行业影响力	6. 开展职业教育课程建设、专业建设、师资队伍建设方面的培训，对外讲学 80 余次，培训近 2 万人，本人建设的精品课程、精品资源共享课总访问率超过 40 万次 本人因在高职教育理念、课程与专业建设、师资队伍建设等方面有较为深入的研究和实践并取得了较为丰硕的成果，应 80 余所中高职学校以及教育部门和各类培训机构邀请，为职业教育开设课程建设、专业建设、示范建设、中层领导力等公开课程，对外讲学 80 余次，培训近 2 万人次，深受大家的欢迎和好评，受到同行的高度认可与普遍赞誉。截至本次填表时间，“工商模拟市场实训”网络课程的访问率为 253 932 次，在全校 199 门网络课程中排第一。“职业规划与成功素质训练”网络课程的访问率为 139 003 次，在全校 199 门网络课程中排第七。正是因为如此高的访问率，保证了网络课程的使用率，从而提升了学生的学习效果，同时也使该课程得到广泛的推广和运用。

代表性成果如表 1－13、表 1－14 所示。

表 1－13　技术服务项目成果

	序号	技术服务项目名称	服务效果	时间	是否主持人
代表性成果	1	广州市重大行政决策项目	完成论证	2015 年 5 月至今	论证专家之一
	2	淘宝大学县域电商人才服务商项目	获得资质开展人才培养	2015 年 5 月至今	是
	3	百果园公司水果大学建设子项目	建设百果园学院	2014 年 12 月至今	是
	4	四季堂餐饮有限公司	店长管理技能提升系列培训	2013 年 5—10 月	是
	5	番禺区委党校处级领导管理技能与领导力培训	促进领导干部管理技能与领导力提高	2012 年 4 月	是
	6	广州浩云安防科技股份有限公司中层管理者的角色、理念与技能培训	最受欢迎的培训导师	2011 年 5 月	是
	7	广州市番禺区经贸局——中小企业电子商务之路	促进番禺区电子商务的发展	2011 年 11 月	是
	8	河南晋开化工投资控股集团企业管理咨询与培训	促进企业管理水平的提高	2010 年 8 月	是

续上表

	序号	技术服务项目名称	服务效果	时间	是否主持人
代表性成果	9	广州朗晴电动车有限公司管理人员培训（中层干部领导力）	促进中层干部领导力提升	2010 年 1 月	是
	10	中国邮政储蓄银行广东省分行合规经理的职业道德与素养培训	促进合规经理的职业道德与素养提升	2010 年6 月、9 月	是
	11	中国演艺设备技术协会会员培训管理者的角色、理念与技能	促进管理水平提高	2010 年 9 月	是
	12	广东佛山市顺德区供水总公司员工职业素养与敬业精神培训	促进员工职业素养与敬业精神的提高	2010 年 10 月	是
	13	广州银业发展集团职业经理人的角色与心态的诊断与咨询	改善职业经理人的心态	2009 年 8 月	是
	14	番禺区大学生创业 PK 就业	促进以创业带就业	2009 年 7 月	是
	15	美的集团管理骨干管理技能培训	学员管理技能提高	2005—2008 年	是
	16	对“广州朗晴电动车有限公司电动车及关键零部件制造技术改造项目可行性研究”进行了论证	广州朗晴电动车有限公司电动车改造项目成功实施	2004 年 5 月	与中山大学 3 位教授合作
	17	TCL 集团导购人员有效沟通与时间管理培训	学员评价 91.6 分	2005 年 10 月	是
	18	广州地铁站长管理技能培训	促进站长管理水平提高	2005—2007 年	是
	19	万和集团中层领导管理技能提升培训	提升了中层领导的管理水平	2004 年 8 月	是
	20	深圳市威特电子有限公司中层管理干部管理学和企业战略培训	提升了中层领导的管理水平	2005 年 5 月	是

续上表

	序号	技术服务项目名称	服务效果	时间	是否主持人
代表性成果	21	英国驻广州总领事馆文化教育处跨职能团队管理培训	为该组织的下一步的改革奠定了基础	2005 年 5 月、6 月	是
	22	参加广东省科技厅对西部行政干部人力资源管理培训	获得参加培训的西部地区行政干部的一致认可	2005 年 11 月	参与
	23	佛山市顺德区百年科技有限公司中高层管理干部战略管理培训	提升了管理者的战略意识和战略管理水平	2006 年 2 月	是
	24	光宝集团中层领导激励与考核技巧培训	提高了光宝集团中层领导的管理水平	2006 年 4 月	是
	25	如何成为优秀的员工，如何成为优秀的管理者	为星光珠宝公司员工素质的提高起到重要作用	2006 年 11 月	是
	26	佛山顺德区震德塑料机械有限公司中高层非人力资源经理的HR 培训	为震德公司下一步的战略发展奠定了良好基础	2006 年 12 月	是
	27	高职院校精品课程建设	为教师建设精品课程提供了帮助	2008—2012 年	是
	28	高职教师综合能力提升培训	较为系统地提升了高职教师的执教水平	2008—2014 年	是
	29	以学生为中心的教学方法培训	为教师提供了提高教学效果的方法	2004—2008 年	是
	30	高职院校的专业建设与实践条件建设	为其他学校和老师提供专业建设与实践条件建设经验	2009—2014 年	是
	31	实训教学的改革与设计	提供实训教学的改革与设计的理念、策略和方法	2011—2014 年	是

续上表

	序号	技术服务项目名称	服务效果	时间	是否主持人
代表性成果	32	师资队伍建设	提供“青蓝工程”培养方案及“双师型”培养具体措施	2011—2015 年	是
	33	高职院校中层领导力与执行力高级研修班	为高职院校中层的业绩与管理水平提升提供策略和方法	2012—2015 年	是
	34	翻转课堂与微课程的开发与运用	为职业院校教师提供新型的教学理念与教学模式	2013—2015 年	是

表 1－14　横向课题成果

	序号	目前承担 横向课题名称及来源	成果/ 进展情况	起讫时间	课题经费/ 万元	署名 排序
代表性成果	1	番禺区企业电子商务发展状况调查	完成	2011 年 3—10 月	3	1
	2	河南晋开化工投资控股集团企业管理咨询与中层领导力提升培训	完成	2010 年 6—8 月	3	1
	3	英国驻广州总领事馆文化教育处员工发展规划与实施	完成	2007 年 3 月—2008 年 3 月	5.15	1
	4	佛山顺德区震德塑料机械有限公司中高层非人力资源主管的角色与技能研究	完成，取得预期效果	2006 年 12 月	1.2	1
	5	广州金房物业管理有限公司激励机制问题分析及对策研究	完成，取得预期效果	2005 年 2—11 月	1.5	1

四、推荐、评审意见

申报学校教务处对候选人教学工作的评价意见	负责人（签字）　　　　（公章） 联系电话：　　　　2015 年　月　日
有关行业企业对候选人技术服务水平与影响力评价意见	负责人（签字）　　　　（公章） 联系电话：　　　　2015 年　月　日
申报学校理事会（或董事会、管理委员会等）意见	负责人（签字）　　　　（公章） 联系电话：　　　　2015 年　月　日
申报学校意见	校长（签字）　　　　（公章） 联系电话：　　　　2015 年　月　日
省级教育行政部门意见	负责人（签字）　　　　（公章） 联系电话：　　　　2015 年　月　日
教育部意见	（公章） 2015 年　月　日
“国家特支计划”领导小组意见	2015 年　月　日

第二部分
更新职教理念

2000年我来到广州番禺职业技术学院任教，虽然有10年的企业工作经验，有MBA的学位，有高级经济师的职称，但被告知没有“教师资格证”。对于一个从企业来的人而言，没有上岗证可是天大的事情，为此怀着敬畏的心情遵从学校的安排，诚惶诚恐地去华南师范大学参加岗前培训。最终我教育学考了95分，心理学考了94分，普通话考了一级乙等，顺利拿到了教师资格证，遗憾的是我依然不知如何给高职的学生上课。而这一经历也恰恰让我感觉到中国的职业教育、中国的上岗证存在一些问题。我清醒地意识到，学了那么多教育学、心理学的学科理论知识却根本无法解决我一个新手上岗的问题。于是我一边在学校找寻优秀教师拜师学习，一边利用自己的企业经历思考和摸索如何成为一名合格的高职教师。

一、从“以顾客为上帝”体会“以学生为中心”

在企业工作10年，“以顾客为上帝”的观念早已根深蒂固。走上高职教师这一工作岗位后，这份职业于我就是服务业，学生于我就是顾客，而“以学生为中心”于我天经地义。教学2年后，我感到“以学生为中心”与“以顾客为上帝”竟有许多相通之处，用在企业对待顾客的观念和方法教书育人竟然取得了意想不到的效果，但我也发现两者在某些方面还是存在着很大的差别，需要我做进一步的探索。

1.“以学生为中心”体现了教育理念的转变

“以顾客为上帝”可以说是现代市场营销观念的具体体现。我国经济体制从计划经济转向市场经济的过程中，市场营销观念经历了两个发展阶段：一是以企业现有产品为出发点，主张通过扩大生产和销售来实现企业目标的传统的市场营销观念。二是以顾客的需求为着眼点的现代市场营销观念。随着市场经济的建立和完善以及买方市场的形成，各企业都遵从“以顾客需求为中心”的现代市场营销观念。随着教育体制的改革和教育理念的转变，教育界也提出了“以学生为中心”的教育理念。可以说这是教育发展史上的一大进步，是教育思想和教育理念的一次深刻变革，它必将带来教学内容、教学行为、教师角色、教学模式、教学方法以及师生关系的转变。

中国高等教育的改革和发展正处于一个非常重要和关键的时期，正经历着一个重要的转型，正如我国国有企业经历的从计划经济向市场经济转型一样。变革和转型总会经历阵痛。如果我们的办学体制、办学条件、办学模式不能进行充分的改革和调整，特别是教育理念不能及时进行转变和更新，那么很多高校就会面临巨大风险，就可能会像许多国企那样不能生产出适销对路的商品；不能满足市场对产品质量、品种的需求；没有核心竞争力，缺乏创新能力。这样不但不能实现可持续发展，还会步入被兼并的境地。国企的改革经验和教训确实值得高校借鉴，我们必须思想先行，转变观念，确立“以学生为中心”的教育理念，从而带动各项工作的开展，促进教学质量的提高，促进教育事业的发展。

2.“以学生为中心”促进了课程内容的转变

在传统课程中，学生通过教师传授获得间接知识。而这些知识或者是前人所发现或总结的知识，或者是教师多年教学积累的知识。在教学过程中，教师从学生已有课本出发，从教师多年形成的且一成不变的教学内容和教学方法出发，不能从市场需要出发，不能从学生要求出发，讲述的课程难以贴近社会、贴近现实，不能让学生清楚地知道这些理论知识在未来实践中到底如何运用。因而许多毕业后的大学生感慨，大学所学知识在实际工作中很多用不到。当然，一些知识所起的是潜移默化的作用；也有许多知识学生不知道如何灵活运用，不能做到学以致用；还有不少知识没有超前性，已经过时或与实际脱节，确实无用。因而“以学生为中心”的教育理念需要我们从“以学科为中心”的课程转变为“以学生发展为中心”的课程。就像企业生产产品一样，你从企业自身出发将产品设计得再好也没有用，你必须从顾客需要的角度出发，这样生产出的产品才会受到欢迎。作为教师应深入人才市场，深入用人单位，了解社会对人才质与量的需求，了解现实社会需要哪些知识以及如何应用，然后结合学生的实际，有的放矢地设计以学生发展为中心的课程，只有这样才能真正提高教学质量。我认为对于每个教师来说，每一门课都是我们的一个产品，我们必须像经营产品那样经营我们的教学，建设我们的专业，培养我们的学生。

3.“以学生为中心”促进了教师教学行为的转变

（1）从知识的传授者转向火炬的点燃者。

人们常把“燃烧自己、照亮别人”“蜡炬成灰泪始干”作为教师的真实写照。其实这是一种传统的观念。它强调“以知识为本位”“以教师为中心”。按照“以学生为中心”的现代教育理念，教师不再是单纯的知识传授者，教师不仅要面对知识，更重要的是面对人。教师不能简单传授课本知识或自己已有理论，要启发学生进入主动探索的过程，让学生通过体验探索获得直接知识。另外，我们正处于信息时代，学生轻松点击一个网站的链接或输入一个关键词就能获得大量的知识和信息，教师不再是知识的权威者，即使燃烧自己，也未必就能照亮别人。我们不能再把学生作为承载知识的容器，而应将他们作为可以燃烧的火炬，而教师的角色正是火炬的点燃者。

（2）从统一规格的教学模式转向个性化教学模式。

让学生全面发展，并不是让每个学生及其每个方面都要按统一规格发展。备课用同一种模式，上课用同一种方法，考试用同一把尺子，评价用同一种标准是现行教育体制中存在的一个突出问题。这种“加工厂”般的学生生产模式不符合学生实际，不符合社会对各种类型人才的不同需要，且压抑了学生个性和创造力的培养，导致现行课堂教学中产生许多问题和矛盾。正如《穷爸爸、富爸爸》一书中所说，学校培养出的只能是循规蹈矩的雇员，缺乏老板、投资人和自由职业者。正如世界上寻不见完全雷同的两片树叶一样，人海茫茫，教海无边，我们既找不到两个完全相同的学生，也找不到能适合任何学生的一种教学方法。这就需要我们教师去关注、研究学生的差异，去探索个性化发展的教学模式。

(3) 从教师权威的教导转向师生平等的交往与对话。

在“以教师为中心”的传统教育理念中，教师处于至高无上的权威地位。学生无条件地接受教师的一切灌输，缺乏参与，更缺乏批判性思维。这样师生之间显然是不平等的，学生甚至存在逆反心理，造成与教师的感情对立。在这种状态下进行教学，势必事倍功半。“以学生为中心”的教育理念要求建立平等和谐的新型师生关系。对教学而言，交往意味着对话，交往意味着参与，它不仅是一种教学活动方式，更是弥漫、充盈于师生之间的一种教育情景和精神氛围。对学生而言，交往意味着心态的开放、主体的凸显、个性的张扬和创造性的解放。对教师而言，交往与沟通使上课不仅是传授知识而是一起分享，意味着教师是课程的组织者、情感的支持者、学习的参与者和信息的咨询者。

4. “以学生为中心”促进了教学评价的转变

高校的教学评价一般从四个方面来衡量教师教学的质量。一是教学态度，二是教学内容，三是教学方法，四是教学效果。其中学生评教的内容有十余项，如通晓教材，讲授熟练，有深度，有广度；授课目的明确，系统性强；教材处理得当，条理分明，授课深入浅出，突出重点，解决难点；教法灵活，有启发性，提供钻研线索，促进积极思维；注重培养学生的自学能力，分析解决问题能力，专业实践能力；等等。从上述评价的内容来看，主要反映了两个问题：一是评价的指向是教师的“教”。无论是由教师评教，还是由学生评教，其直接指向教师的“教”。教学的对象是学生，而评价中反映学生情况的内容基本没有，以教来反映教学质量，这不够全面。二是评价的内容不具有可操作性，其内容主要是以评判人的主观感受来打分的。总之，上述评价是“以教师为中心”的教学评价，不能真实地反映学校的教学质量。“以学生为中心”的教学评价则与之相反。它重视学生、尊重学生，把学生放在教学评价的中心，主要体现在：一是“以学生为中心”的教学评价应当通过学生的发展状况来反映教学的质量，学生就像一面镜子，通过学生来反映学校的整体教学质量。二是学生的发展是多方面的，不是单纯的认知发展，也包括学生的情意、个性、人格等方面的发展，因此仅凭学生的学业成绩并不能全面反映学生的具体情况，也不能反映教师的教学水平。

5. “以学生为中心”教学理念的完善

在企业，“以顾客为上帝”基本达成共识，但在教育领域提出“以学生为中心”则还有一定异议，因为两者还是有一定区别的。作为企业，商品的购买者应是它的受益者。但教育提供的是一种知识产品或教育服务，学生是接受服务的对象，它是受益者，但最终的使用者是企事业单位和机关政府等。很多时候，学生没有走向市场和社会，他们不知道市场需要什么样的人才，自己如何学、教师如何教才能使自己成为这样的人才。因而至于学什么甚至如何学，学生自己并不一定有准确的想法，很多时候也许会与市场需求甚至教育规律发生偏差。因而必须由教师来对其进行引导，教师要有现代的教育理念，要有超前的知识和思维，要深入用人单位了解岗位与能力的需要。但教学方法要以学生为中心，研究如何教才能让学生接受，起到应有的效果。不管怎样，“以学生为中心”的教育理念比“以教师为中心”有了很大的进步，但它还存在着一定的局限性。因而更准确地表达与理解应该是“以学生的发展为中心”，而不是“以学生的需要为中心”，学生也许并不十分清楚学什么、怎样学对他们的发展最有帮助，这就更需要我们这些做教师的本着服务学生发展的思想，深入用人单位，了解学生的就业岗位与能力需求，同时深入探讨教育规律和教学方法，真正做到无论是教学内容、教学方法、教学评价都体现以学生的发展为中心。

通过向老教师学习以及自己实践探索，我很快站稳了讲台，获得了学校领导和同事的认可。令人欣喜的是也获得赴英国参加广东省教育厅组织的中英职业教育合作项目“以学生为中心”的教学法的培训机会，而回国后在省内及国内作为培训教师推广“以学生为中心”的教学法，又促使自己的教学水平以及教育的理论水平有了很快的提升。以下，是我当初赴英国学习后的反思和行动。

二、赴英国参加“以学生为中心”的教学培训后的反思和行动

2004年1月30日至2月24日，我赴英国布洛肯赫斯特学院（Brockenhurst College）参加了广东省教育厅组织的中英职业教育合作项目中方教师赴英国培训项目。布洛肯赫斯特学院位于英格兰南部的the New Forest国家公园中心，在布洛肯赫斯特镇。学校离美丽的南海岸（South Coast）非常近，周围有许多迷人的村庄。学校离伦敦的火车路程需90分钟，离伯恩茅斯（Bournemouth）和南安普敦（Southampton）仅20分钟车程。在为期20天的学习中，我受益匪浅，在布洛肯赫斯特学院，最高理念是“以学生为中心”，成绩不好不是学生的错，而是教师的错。教师为培训社会需要的学生而忙碌，学生为能学到闯荡社会的本事而用功。学生评价坚持以市场为导向，以客户满意为目标。入学第二年的学生就开始在社会上接活儿。以美容美发专业为例，学生评价表里有教师评价栏、学生自评栏和客户评价栏。而客户评价栏所占比分最大。客户即市场，客户满意，市场就会打开。在布洛肯赫斯特学院最大的感受是“教室即企业，课堂即社会”“就业不看文凭，看证书（专业资格证书）”“用人不看他懂得什么，而要看他能干什么”，这种新的就业和用人观念已经被广泛接受，成为英国社会的共识。对此我深深地感到“以学生为中心”的教学在高职教育发展过程中必然是大势所趋，但如何将来自英国的这一教学理念和教学方法与中国的实际相结合，则是我们必须解决的问题。

1. 认真反思传统教学存在的弊端

（1）以教师作为课堂教学的中心。

传统高校的课堂教学大多以教师为中心，教师每天像一个唱独角戏的演员，学生只是他的观众。如果教师是一个好演员，学生还能被打动，引起共鸣，从中感悟到应学的知识，但无论如何也难以让学生亲身去体验，获得直接的知识。如果教师演技不好，也许只能让学生昏昏欲睡。因而，如果教师不去做一个导演，不让每个学生去亲身体验，

一方面难以真正培养学生的应用以及探究知识的能力，教师只是传授者，学生是被动的接受者；另一方面无法让学生展示他们的才能，更无法开发他们的潜能。这样传统的教学，置学生于被动的地位，长此以往学生就养成了“知识等老师教，思路由老师引，方法仿老师做”的习惯，形成了依赖心理，缺乏自信和独立意识，失去了本来的创新精神。

（2）以教材作为课堂教学的根本。

在传统课堂中，学生通过教师传授获得间接知识，而这些知识大多是以教材为中心。知识最长每七年更新一次，致使现有课本上不少知识没有前瞻性，甚至已经过时或与实际脱节。在教学过程中，教师从现有教材出发，从教师多年形成的且一成不变的教学内容和教学体系出发，不能从市场需要出发，不能从学生发展出发，更不能从企业与社会的未来发展方向出发，讲述的知识难以贴近社会、贴近现实，不能让学生清楚地知道哪些是最有价值的知识、最有价值的技能以及这些知识与技能在未来实践中到底如何运用。因而许多毕业后的大学生感慨，大学三四年所学知识在实际工作中所用不多。当然，一些知识所起的是潜移默化的作用，也有许多知识学生不知道如何灵活运用，不能做到学以致用，但这一现象仍然说明了目前高职课堂教育存在的弊端。

（3）以讲授作为知识传递的途径。

传统高职课堂大多以教师讲授作为传递知识的基本途径，这样一方面使课堂缺乏真正的互动和交往。真正的互动与交往应该是平等展开的，在相互倾听的基础上逐步深入，达到对问题的互相理解与把握；有效的互动与交往应该是切实引发教师与学生双方面变化的，做到教学相长。另一方面是课堂上只教固定化了的知识，而极少涉及探究知识的方法。如何让学生学会一种思维方式，能够从现象看到本质、从局部看到整体、从静态看到发展；如何以最敏锐的目光和视角去发现和捕捉现实生活中新的知识，在当前的课堂教学活动中仍为鲜见。

（4）以考试作为检验学生的手段。

传统教学评价仍然以考试为主要手段，而且是一样的试卷、一样的标准，它无法体现个性的张扬和创造性的解放。它使考试成绩再一次成为学生学习与生活的指挥棒。而走出校门、步入社会的毕业生则发现，就业和未来的职业发展才是检验他们大学三四年学习与生活的最好标准。有人考试常拿高分，但就业却未能交出一份满意的答卷；有人上学成绩一般，却有很多单位要录用。面对社会对走出校门的大学生重新洗牌，我们不能不反思我们教育的评价标准和考核手段。

2. 牢固树立“以学生为中心”的教学理念

（1）从“以知识为本”转向“以学生发展为本”。

在中国，高考是中学生学习与生活的指挥棒，以知识为本的课堂根深蒂固。这种现象到了大学也未能有根本改观，依然是教师为了知识而教，学生为了知识而学，甚至教师与学生都成了知识的奴隶。没有心灵的沟通，没有思想的交流，没有生命的启迪。高职课堂要从以知识为本转向以学生发展为本。知识传授仅仅是手段，学生发展才是目的，课程设计应是开放的、多元的、生成的，课堂教学要为学生的职业发展以及人生幸福服务。以学生发展为本要注重多维教学目标的实现，即知识与技能、过程与方法、情感态度与价值观。

（2）强调学生学得好，而不是教师讲得好。

教师是否教得好，不是看他课堂是否讲得好，而是学生是否学得好。因此，我们不能用教师的教去替代学生的学，凡是学生能解决的问题，教师决不要包办代替。当学生学习新知识时，应鼓励学生去探索发现，由已知条件出发，通过自主探索，与同伴合作，去获取知识，而不是告诉学生结论；当学生面临困难时，要引导学生去寻找解决问题的思路，并总结解决问题的经验，而不是给出解决问题的方案；当学生对自己的某些猜想没有把握时，要求并帮助学生为猜想寻找证据，或修订猜想，而不是简单地肯定或否定；当学生对他人的思路、方法有疑问时，教师要鼓励学生去寻找证据，以否定的方式学习知识，并对此种精神予以肯定。

3. 以学生为中心的关键方法

（1）关注学生的职业发展，寻找教育与生命的最佳结合点。

实施以学生为中心，重构课堂后的教师，应该是导演、是指挥，若想让追求个性发展的百余名学生在课堂共演一部戏共奏一首曲，首先要找出每名学生都关注的主旋律，那就是职业的发展。针对所教专业及课程对学生进行职业规划辅导、职业生涯设计，是我们教好每门课的前提。只有当学生知道毕业后要做什么、怎么做，才能知道他现在要准备什么、要学什么；知道了要学什么，才能激发他们的学习动机和学习兴趣。找出每门课程与不同学生职业发展的结合点，加以辅导，定会为接下来的教学带来事半功倍的效果。

（2）关注学生的生活世界，打破学习和生活之间的界限。

书本世界是语言符号的世界，生活世界是真实存在的世界，对学生来说，这两个世界并不见得是统一的，而是相互为用、相互佐证的。学生之所以在学校中感到学习纯粹是一种负担而不是自己应尽的责任，应该说与学生的书本世界和生活世界相割裂不无关联。一旦教师将生活中的教育资源与书本知识相融通起来，学生就有可能会感受到书本知识学习的意义与作用，深深意识到自己学习的责任与价值，进而增强自己学习的兴趣和动机，学习就有可能不再是一项枯燥无味必须要完成的任务，而是一种乐在其中的有趣的活动了。

（3）找寻最有价值的知识和技能，为学生的生命发展服务。

要做到切实关注学生的职业发展与生活方式，就必须为学生提供对生命最有价值的知识和技能，而大多现有的书本难担此任。杂志、参考书以及互联网会有很大帮助，但难以从根本上解决问题。因为若想知道什么是企业和社会最需要的知识，这些知识在企业和社会到底该如何灵活运用，就必须深入实践。我之所以在此方面能获得学生的认可，主要得益于我做教师之前曾在企业工作10年。离开企业后，这种优势可能会递减，但经常走入人才市场、走访企业和社会定会有很大帮助。在教师自己去了解企业和社会的同时，还要鼓励学生亲自走入社会，主动探寻哪些是应该掌握的最有价值的知识和技能。

（4）创设问题情境，精心选择“好问题”。

教师在寻找最有价值的知识和技能的同时，还应特别注意通过学生自主探索得出结论，激发学生的智慧潜能，在教学中应充分利用实例、直观演示、编造故事、类比引申以及认识上的矛盾创设问题情境。教师还需充分考虑到学生发展的各种需求，精心地设计各种活动，给学生以自主支配的时间和空间（如至少把课堂上 1/3 的时间交给学生），使学生最大限度地处于主动激活状态，主动积极地动手、动脑、动口，从而使学习成为自己的自主活动。在传统教学中，有时也会提出一些问题，但多数情况下并没有引发学生的积极思考。一个问题情境的优劣取决于它能否激发学生的兴趣，是否蕴含了丰富的理论事实，能否体现再创造的过程。

（5）关注学生的差异，满足学生的不同需求。

学生之间的差异是客观存在的。由于学生在遗传、环境、教育方面的条件不同，形成的个人素质也不同。就是在同一个教学班里每个学生无论在能力、气质、性格等心理特征上，还是在认知结构、思想品格与行为习惯上都存在差异。这些差异不同程度地影响着学生的学习方式、学习速度和学习质量。例如，从学生的学习方式来看，有的习惯于听觉学习，有的习惯于视觉学习，有的则更喜欢通过触摸或各种感觉结合起来学习。因此，教学中要根据学生认知差异的特点与作用，在教学组织形式的创设、教学方式的选择、教学手段的运用等方面采取不同的策略，努力实现教学方式个别化，使不同程度的学生在原有基础上都得到发展。

三、以学生为中心的大班课堂教学改革与实践

我在做教师培训的过程中，碰到最多的问题就是“以学生为中心”的教学理念没错，教学方法也很好，但它不符合中国国情，因为在当时各所学校基本都是大班课。面对这样的问题，我一方面感觉到以学生为中心的教学方法在中国高职教育发展过程中必然是大势所趋；另一方面更深刻地感觉到如何将来自英国的这一教学理念和方法与中国的实际相结合，则是我们必须解决的问题。的确，我国高职教育大众化的发展，为我们以学生为中心重构课堂教学带来很大的困难。一个教师每堂课要面对少则几十、多则几百个学生，如何实现以学生为中心的高职教育是摆在我们面前的一个难题。为此我做了以下研究和探索。

1. 大班课堂存在的缺陷

大班课堂与小班课堂相比确实存在着先天的劣势，这是一个让我们无法回避且必须要面对并解决的问题。

（1）大班课堂难以控制和驾驭。

无论是以教师为中心还是以学生为中心，大班课堂都要求教师有足够的个人魅力才能很好地控制和驾驭，而个人魅力来自教师的人格魅力与专业素养。如果是传统教育，大班课堂上教师必须是一个出色的演员。而现代教育，则要求教师是一个优秀的导演或领袖，能够让每一位学生都成为扮演不同角色的演员，并能发挥他们各自的潜能；让每一位学生都能心甘情愿地、主动积极地为了课堂的学习目标而努力。

（2）大班课堂难以具体关注到每一个学生个体。

以学生为中心要贯彻“让每一个学生成功”的宗旨，但大班课堂常令学生感到被淹没在人群中，无法被教师关注到，更无法与教师在课堂上进行有效的沟通。我们的学生习惯被关注，还尚未形成自己创造机会脱颖而出，主动表现自己的意识。而教师精力有

限，上课无法与每一位学生对话，下课也难以对所有作业全批全改，整个教学过程很难把握每一位学生的学习状况，无法对每一位学生都按标准和规范进行培养。

2. 大班课堂的优势

大班课堂虽然存在两大关键问题，但如果我们能上好大班课，它也有自身的优势，我们必须看到并充分利用起来，以弥补它自身的缺陷和不足。

（1）大班课堂可以形成一种强势的学习氛围。

在小班课堂你无法找到一呼百应的效果，也无法感受到课堂有一种强大的磁场，到处洋溢着一种强势的学习氛围。正是这种氛围，它会使每一个人受感染，被同化，受吸引，从而投入课堂的学习中来。师生相互激励、相互鼓舞，相互质疑又相互认可，最终教学相长。这正是有些教师喜欢上大班课而不愿意上小班课的原因。

（2）大班课堂能够形成头脑风暴、知识共享。

如果我有一个苹果，你有一个苹果，交换以后仍然是一人一个苹果。但如果我有一种思想，你有一种思想，交换以后就是两种思想。那么大班课堂的优势也在此。人是最重要的资源，若如此多的学生潜能都能得以开发，积极性得以调动，能量得到释放，大班课堂将形成头脑风暴，将会出现知识爆炸的效果，无论学生还是教师，从这一课堂上学到的知识和技能都将是传统教学以及小班教学无法相比的。

3. 大班课堂的基本对策

通过大班课堂与小班课堂的对比，我们发现了大班课堂存在的问题，同时也看到了它所具备的优势，因而我们必须扬长避短、趋利避害。

（1）充分授权，划小学习单位。

既然小班课堂有着大班课堂所无法替代的优点，我们必然要加以利用。每一个学生群体都有一些非常优秀的学生，而且他们也都有将来做领导者的志向，何不充分授权，给他们一个实践的机会，协助教师管理好这个大的群体，将一个大班划分成几个甚至十几个小组，形成学习型组织，也可模拟为一个企业。

（2）团队学习，共同分享。

每一个学习型的组织都会让其成员有强烈的归属感和集体荣誉感，也会让他们找到自己的位置，受到他人应有的关注。团队学习可以在课上进行，也可延伸到课外进行，而团队学习的成果必须带到课堂与大家分享，届时是十几个小组的代表将各小组的成果在课堂上予以展示和说明，而台下是他们各自的啦啦队和支持者。

（3）鞭策与激励，共同提高。

教师在教学过程中除了传授最有价值的知识和技能外，还要给予学生足够的支持和帮助，并对学生的学习成果及时给予评价，形成一种各小组之间竞争、小组内团队合作的学习态势，对做得好的给予表扬和鼓励，对做得不够的进行督促和鞭策，最终使所有学生共同进步和提高。

4. 具体课程的实践

“人力资源管理”是工商企业管理专业二年级学生的必修课，是一个合班课，3 个班共 150 人。这是一个典型的大班课，与英国以学生为中心的小班课相比，我们的人数是他们的 10 倍。这是我们的现状，也是我们的国情。在很长一段时间内，我们都将面临这种局面。但这不能成为我们拒绝改革、停滞不前的理由。相反地，我们必须改革，必须创新。

（1）引入崭新的教学理念，更新学生的观念。

以学生为中心的教学改革不是教师单方面可以完成的，必须有学生的理解、认同和密切的配合，否则会事倍功半。大学生经过多年以高考为指挥棒的传统教育，他们大多已经习惯以教师为中心，被动地接受知识，而不能作为课堂的主体，主动地探究知识。因而面对改革他们同样会有压力和挑战，同时也会存在一定的抵触情绪。引入崭新的教学理念，更新学生的观念是首先要解决的问题。我们主要向学生引入以下教育理念，并让他们通过讨论、与教师对话等形式予以接受并更新自己的观念。

第一，联合国教科文组织提出大学培养学生的目标是：学会认知、学会做事、学会生存、学会相处。

第二，学习的指挥棒已发生逆转，从以考试为本转向以就业为本，检验我们学习成果的不仅仅是知识，更重要的是技能，而技能的获得不仅仅靠听，更靠亲身实践。

第三，听到的很多会忘记，看到的很多会记住，而做过的就会理解和应用了。所以“听过不如看过，看过不如做过”。只有亲身体验和实践才能掌握技能。

第四，各种知识浩如烟海且不断更新，在大学不单是学习知识，更重要的是学习一种方法，使自己具备比别人学习得更好与更快的能力。

第五，个人英雄主义已经一去不复返了，团队合作才是大势所趋。大学教育将引入学习型组织即团队学习，每个同学都应融入其中。

（2）自由组成团队，形成学习型的实践组织。

根据志趣相投、彼此认同、优势互补、男女搭配等原则自愿结成15个组，每组10人左右。这不只是学习的小组，更是“人力资源管理”这门课程的实践组织。“人力资源管理”这门课程所学的各种理论都将在这个组织中予以实践。管理科学的实践难以像自然科学那样在实验室就能很好地完成，因为我们无法给学生一个组织让他们去经营和管理，既然如此，我们何不利用我们现有的资源，以自己这个班为样本进行管理？我们成立了以下15个小组（学生自己为小组命名）：Number One、完美团队、创意无限、花样年华、出奇制胜、十指紧扣、一鸣惊人、Boom、异想天开、力量源泉、成功之路、开拓者、精英一族、CEO、TOP。

（3）构建小组团队文化，产生强劲的凝聚力。

大班课实施以学生为中心的教学方法最大的问题是由于人多带来的凝聚力问题。传统教育以教师为中心，教师只是一个人，一个中心还容易形成凝聚力，但当以学生为中心，就会形成太多的中心，若凝聚力不强会造成学生人心涣散，教学组织混乱。这一问题也是人力资源管理中组织要解决的首要问题，这也正是学生实践的好机会。我们的做法是根据人力资源管理中关于团队文化的理论，让学生通过构建小组团队文化来增强凝聚力。下面是“异想天开”小组的文化。

团队名称：异想天开

小组组长：正组长欧阳志友，副组长马雪莲

小组成员：（略）

小组口号：没有异想，哪有天开

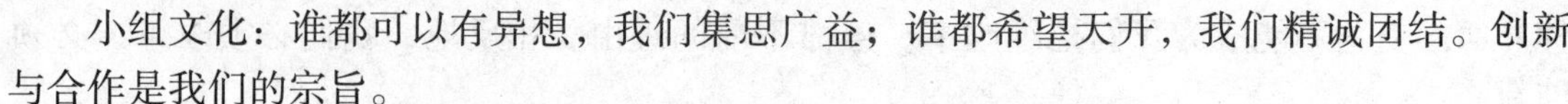

小组文化：谁都可以有异想，我们集思广益；谁都希望天开，我们精诚团结。创新与合作是我们的宗旨。

小组制度：（略）这是小组成员共同遵循的行为规范。

（4）课堂传授最有价值的知识和技能。

推行以学生为中心的教学理念，是大势所趋，但课堂上教师的传授永远是个必不可少的环节。但我们的课时有限，教学内容却很多，课堂的主体又要从教师让位于学生，如何在有限的时间内传授最有价值的知识和技能是我们迫切需要解决的问题。什么是最有价值的知识和技能，需要教师了解这门课程发展的最新趋势，掌握哪些理论和技能是实际工作中最需要的以及如何运用的，并将这些理论和技能有效地传授给学生。这并不是一件容易的事情，为此有几个方面的工作要做：一是通过教研活动研讨各学科、各门课最新的发展趋势；二是教师要有相关课程的现场工作经验；三是教师要深入用人单位，了解市场对这门课所需要的技能；四是教师要掌握以学生为中心的教学方法，有效地进行教学工作。

（5）课上或课下的小组学习和实践活动。

小组活动方式有：案例分析、情景模拟、角色扮演、小组讨论、代表发言、辩论赛、写计划书或方案、游戏等。

小组活动内容有：两个小组间辩论“是靠感情还是靠制度管理”。

小组若组成一个企业：拟订组织机构和各部门职责；做一份人力资源计划；写营销员的招聘广告；拟订行政助理的职务说明书；课堂模拟招聘会；找寻小组最欣赏的企业文化；高空掷鸡蛋的团队合作游戏；动脑、动手分薪酬；小组打分考核如何体现效率又兼顾公平。

（6）教师开设专门的电子邮箱，给予学生及时的帮助。

学生每次活动都要求以小组为单位交作业，有的是活动方案，有的是活动总结。教师开设专门的电子信箱，收取学生的作业并予批改返回。每一个学生均可给教师写信探讨教学内容，教师及时给予学生各方面的指导。教师将所收作业存到一个固定的文件夹中，及时向学生反馈哪些是做得好的，哪些是需要改进的。

（7）公布各组每一次的学习成绩，形成竞争的学习机制。

每一次活动教师都要给学习小组评定成绩，并在课堂上公布这些成绩，各个小组就形成了一种相互竞争的学习机制。每个小组都不甘落后，排在前面的不敢懈怠，排在后面的更是奋起直追，大家为了捍卫小组的荣誉，发挥团队合作精神，集思广益，群策群力，最终每个人都获得了进步。

（8）平时成绩与期末成绩各占50%，给予学生客观、公正的考核。

这门课平时成绩与期末成绩各占50%，平时侧重对技能的考核，也可说注重素质教育，要求学生掌握对理论的运用，培养实际工作能力。期末注重对理论的考核，也可说是应试教育，要求学生掌握这门课的理论框架和基本知识，奠定扎实的理论基础。平时成绩根据每一次作业予以打分，但给学生一次改正和提高的机会，学期终了，要求每组上交一份完整的整个学期所有的作业，并以书面的形式装订成册，教师据此给每个小组打一个团队分。小组成员经过考评可按排队法和分级法对小组个人打分，教师在每个学生已获得的共同的团队分的基础上，根据小组对每个学生的打分以及学生个体在课堂上的表现进行平时成绩评定。期末考试以闭卷的形式进行。

5. 大班课教学有待改进的地方

我们对大班课的教学实践，总体来说较好地体现了“以学生为中心”的教育理念，使学生学到了最有价值的知识和技能，培养了学生主动探究学习的能力，提高了学生学以致用不断创新的能力，并体现了以就业为导向的教育宗旨，切实提高了学生的就业能力。但还存在以下问题需要我们在今后的教学中加以改进和完善。

（1）教师直接关注的是15个群体以及群体中的优秀代表，未能全面跟踪每一个学生的情况，致使一些学生坐享其成，没有太多的付出也可享受团体分。对这一问题虽然平日做了一定的监控和抽检，但并未从根本上解决问题。

（2）由于人太多，我们仍然难以组织学生深入企业和社会，让学生体验真实组织的人力资源管理，我们只是让学生在他们自己组成的模拟组织中予以实践。今后我们可以要求学生利用节假日的时间去做一些兼职，让他们自己去解决这个问题。

四、找准高职教师的角色定位

当我能够熟练地运用“以学生为中心”的教学理念和教学方法后，我开始深入地思考高职教师的角色定位问题。我想从较为宏观的层面、较为宽广的视角去把握作为一名高职教师到底在这个社会中应担当怎样的角色。

随着高等职业教育的迅猛发展以及高职教育研究的不断深入，各高职院校根据高职教育的基本规律已陆续完成了办学方向和办学定位的思考，也以此确立了各自的人才培养目标和模式，但所有这些必将落到“教师”这个基点上。无论是高职示范院校、示范专业，还是精品课、精品资源共享课的建设以及整个高职教育的改革与发展都离不开教师队伍的建设。“双师型”教师是高职师资队伍建设的一个重要举措，找寻并正确定位高职教师的角色是关系高职教育能否完成它的经济、社会与历史使命的一个基础性问题，同时也是一个根本性的问题。

1. 高职教师角色定位首先要处理好的几个问题

高职教师角色的科学定位必须依据高职教育的基本规律，高职院校办学思想、办学定位、办学特色以及人才培养的模式和方案进行，在此基础上还要处理好以下几方面的问题。

（1）要处理好“学”与“术”的问题。

“学”与“术”是两个不同的层次和范畴。所谓“学”，也就是现在所说的基础理论研究，指认识、发现自然和社会中各种规律、定律、法则、原理等原创性的研究。所谓“术”，也就是应用研究，即根据已发明的定律、原理、规律、法则等进行技术性的应用或创造，或作为分析各种社会文化现象的工具。高职院校教师不同于研究型大学和综合型大学的教师，他们是以培养操作型、技能型的岗位性人才为宗旨，而不是培养理论型、研究型的人才，因而高职教师应淡化专业的“学”的倾向，凸显专业“术”的地位。教师要以实用性、技术性与就业前沿性以及学习者多样化等需求为导向，重视“术”的研究。技术进步有两个规律：一个是技术创新规律，一个是技术扩散规律。创新是一种飞跃、一种质变、一种革命，但还要通过技术扩散规律，把创新技术加以应用、加以推广，促进产品的升级换代。据研究，技术扩散所形成的技术推广力，远远大于技术创新本身所直接形成的经济推广力。社会需要有创新思维的人去扩散新技术、应用新技术，作为高职教师就应责无旁贷地承担起这一历史使命。

（2）要处理好“教”与“研”的问题。

教学与科研能力一直是衡量高校教师素质和业务能力的重要指标，在我国大学排名机构的指标体系中都非常重视教师的学术水平和科研能力，这对研究型大学是无可厚非的。但是，高职院校却不宜以此为向背。对于广大用人单位以及学生和家长来讲，他们心目中的好大学可不是大学老师发表了多少文章，而是最终的就业率、就业岗位和福利薪水，而这些在很大程度上是由实实在在的课堂教学质量决定的，是由教师的教学水平决定的。当然这并不是说科研对高职教师不重要，而是必须要凸显教学在高职教育中的重要地位，而科研要重在“术”的研究以及对教学的改革和研究，只有这样才能培养出符合社会和市场需要的技能型、应用型的人才，也才会让学生和家长满意。令人欣慰的是，目前不少重点名校都开始让教授回归教学，甚至有大学出台规定，对于教学效果优秀、教学成绩特别突出且任副教授5年以上者，只要其近5年在本专业学术期刊上发表论文6篇，就有资格升任“教学型教授”。那么对于高职院校呢，更是毋庸置疑。

（3）要解决好“理论”与“实践”的问题。

从理论与实践的角度来看，高职教师承担着重要且艰巨的任务。因为高职教师是连接理论与实践的桥梁。一般来讲，大多从事理论研究的人员都不从事具体的实践，而从事具体实践的人员大多都不从事理论的研究，因而我们经常发现许多历经千辛万苦得出的学术理论和技术成果未能应用和推广。解决这一问题也许有不少途径，但让高职教师承担起这一桥梁也许最为有效。这无疑也为高职教师提出了一个重要的课题。既要了解本专业最新的理论和成果，又要能够指导他人去应用和实践。若想在这两方面取得成功，一方面确实要有一定的学历水平，接受系统、完整和正规前沿的专业教育，但更重要的是自身不断学习的能力；另一方面只有自己实践过才能很好地指导别人去实践，就像很多体育教练都曾是优秀运动员一样。这也正是“双师型”师资队伍建设的本意。为此要从三方面入手：一是鼓励教师通过实践、挂职锻炼、学习进修等途径获得企业工作经验；二是从生产、建设、管理、服务第一线选调教师，充实到师资队伍中来；三是建立一支集生产、建设、管理、服务第一线于一体的兼课教师队伍。

2. 新时期高职教师应扮演的角色

（1）生产要素的提供者。

高职教育是为经济和社会发展服务的，因而教师在经济与教育两个领域中扮演的角色有着不可分割的联系。虽然有人说高等教育是中国计划经济中最后一个堡垒，但是高职教育已经无可争辩地融入了市场经济大分工的链条中。众所周知，市场经济中有消费品市场也有要素市场，而高职教育人才培养目标的定位早已注定每一个高职院校都是劳动力这一生产要素的提供者，都是市场经济要素市场中的重要一员，都与生产要素的购买者、使用者发生着紧密的联系。如何以市场需求为导向、以学生就业为根本，来为经济社会提供劳动力这一生产要素就成了高职教师重要的责任。

（2）教育投资的服务者。

每一个高职教师在面对政府、团体以及广大的消费者进行教育投资时，他们的角色就是教育这种特殊服务的提供者。特别是对广大学生和家长而言，上大学绝不是消费者的一般消费，而是一种教育的投资，他们以价格不菲的学费以及最为宝贵的青春时光走进大学课堂，不是为了消费，而是对人力资本的投资。投资总要追求回报，当然这种回报不只是物质上的，但何时收回投资成本，何时能够盈利，这也是每个学生和家长早晚都会考虑的问题。教师的责任是使学生乃至整个社会人力资本不断增值，因而高职教师所教知识能否让学生找到工作、胜任工作，能否为学生和社会创造财富，就比普通高等教育来得更加直接、更加实际，也更具挑战。

（3）理论成果的应用者。

如前所述，高职教师在处理“学”与“术”的问题时，应淡化专业的“学”的倾向，凸显专业“术”的地位。在处理技术创新与技术扩散的问题时，高职教师应责无旁贷地承担起扩散新技术、应用新技术的责任。因而作为高职教师不能盲目地跟从研究型大学或综合型大学对教师的要求，极力地追求更高的学历、理论的突破和成果的推出。事实上，即使耗费大量精力他们也未必能实现目标。这不是高职教师的水平问题，而是受所处的环境、氛围、条件的制约。高职教师应在整个高等教育这个链条中找准自己的位置，也就是将上游研究型大学推出的理论和成果应用起来，并通过教学这一主要途径让更多的人在自己的实际岗位或生活中去应用它，从而为人民和社会创造财富。

（4）企业培训的承担者。

科学技术的迅猛发展，给企业培训这一继续教育服务带来无限的“商机”。受利益驱动，我们常常可以看到国内的一些著名学府也会在各种媒体上大肆渲染，铺天盖地做广告，招收函授生，为企业举办各种培训班，等等，在抢做高职院校的事情。不是说这些院校做继续教育不对，但在企业培训中唱主角的应是高职教育。因为以职业为本位的高职教育要求教师对培训对象进行职业意识的培养、职业能力和职业道德的训练，促使其职业习惯的养成，实现从社会人到职业人的转换。高职教育一般按岗位设置专业，培养高技能人才，强调特定职业岗位的技能性、操作性，因而更符合企业继续教育的需要。但普通高等教育则不同，它以学科设置专业，以学历教育为重点，强调知识的系统性、完整性，这并不适合企业的培训。

（5）课堂教学的设计者与组织者。

“以学生为中心”的当代高职教育理念决定教师不再只是知识的传授者，而是课堂教学的设计者和组织者。每堂课让学生学习哪些知识，培养哪些技能；学生以什么方式去学，教师以什么手段去教；如何激发学生的学习兴趣，如何满足不同学习方式的学生需要，如何让学生互相学习，如何让不同层次的学生达到不同的学习目标，等等，所有这些都需教师事先设计出来。在教学中教师又成为课堂的组织者，按照设计方案，通过环境的营造、情景的模拟、情感的支持、信息的咨询以及学习的参与进行课堂教学的组织。总之，要一改传统教师充当“演员”的角色，要首先成为编剧，然后成为导演或指挥，而每一个学生才是课堂上的演员，这样在教师的指导下，师生共演一部戏，共奏一支曲。

五、高职院校教师专业能力标准

当我明晰高职教师的角色以及定位后，我开始考虑高职教师的专业化以及专业能力标准的问题，一方面是让自己在教学过程中成为一名更专业的高职教师，另一方面也为了让自己在做教师培训时更专业。

教师专业化的发展已有相当长的历史，早在1966年联合国教科文组织就认为“教学应被视为专业”。我国1994年1月1日开始实施《教育法》规定的“教师是履行教育教学职责的专业人员”，首次从法律上确认了教师的专业地位。1998年，在北京师范大学召开的“面向21世纪师范教育国际研讨会”上明确了“当前师范教育改革的核心是教师专业化问题”。目前，随着高等职业技术教育的迅猛发展，高职院校教师的专业化问题已被提到重要的议事日程。但是，没有标准就没有高质量，就没有专业化。高职院校教师是一种需要专门知识和专门技能及长期广泛学术准备的专业，具有像医生、律师一样的专业不可替代性。而其专业能力标准的建立将为高职院校教师的招聘选拔、教师的考核激励、教师的培训发展以及全面提高高职教育质量提供一个科学的依据。

1. 高职教师专业能力标准的内涵

（1）专业。

日本学者石村善助认为，专业即专门职业，是指通过特殊的教育或训练掌握了已经证实的认识（科学的或高深的知识），具有一定的基础理论的特殊技能，从而按照来自非特定的大多数公民自发表达出来的、每个委托者的具体要求，从事具体的服务工作，借以为全社会利益效力的职业。我国学者刘捷认为，它是在社会分工、职业分化中形成的一类特殊的职业，是指一群人通过特殊的教育或训练掌握了科学或高深的知识技能，并以此进行专门化的处理活动，从而解决人生和社会问题，促进社会进步的专门性职业。综合起来看，一种职业要被认可为专业，应该具备至少四方面的基本特征：第一，专门职业具有不可或缺的社会功能；第二，专门职业具有完善的专业理论和成熟的专业技能；第三，专门职业具有高度的专业自主权和权威性的专业组织；第四，专业人员需经过长期、严格的专业培养与发展。

（2）高职教师专业能力标准。

高等职业教育的目标是要培养数以千万计的高素质、高技能的专门人才。这就决定了高职教育要以就业为导向，而高职教师不仅要有较高的学历、扎实的专业知识，更要有丰富的专业实践经历和较高的专业实践能力；优秀的高职教师不仅是学科的专家，而且是教育的专家，还必须是实践的专家，具有像医生、律师一样的专业不可替代性。

高职教师的专业能力标准应包含专业知识、专业能力和专业品质三个基本面。教师的专业基础知识大致由所教学科知识和教育专业知识组成。但教师专业化发展的重点不在于学习专业知识，而在于提高专业能力和专业品质。教师的专业能力就是教师提供专业服务的能力。它由教师的教学能力、教学技巧和应用现代化教育技术以及所教学科的实践能力所构成。教师的专业品质比专业知识与专业能力更抽象，很难定义，但它是教师专业化发展的原动力，常常表现为教师对教育、学生、学校、自身发展的基本态度和理念。

2. 构建高职教师专业能力标准的意义

（1）为职业院校教师专业化发展奠定基础。

高职院校教师是一种需要专门知识和专门技能的专业。目前，中国职业教育得到前所未有的重视和发展，但是，从事此专业的教师的质量却有待提高。一方面“双师型”的教师比例低，许多教师没有企业工作经验，不仅陈述性知识需要重组与更新，而且程序性知识更加缺乏；另一方面，一些有企业背景的教师没有受过专门的、过硬的教师职业训练，难以更有效地运用教育规律发挥自己的专长，所以职业院校教师专业化发展亟待加强。但是，没有标准就没有高质量，就没有专业化。因而，建立高职院校的教师专业能力标准可以为教师的专业化发展奠定良好的基础，提供重要的依据。

（2）促进教师专业能力的提高和发展。

高职院校的教师专业能力标准的建立，对教师开展高质量教学、科研与专业建设活动具有十分重要的作用。一名教师仅具有教育理论素养和学科教学知识是远远不够的，还必须掌握一定的教学方法、教育技术手段和具有相关的企业工作经验。通过标准的建立，让教师不再是传统的“知识的传递者”，也不再是知识权威的代表。高质量的教师不仅有知识、有学问，而且有将知识转化为技能的经验或潜力；不仅是高起点的人，而且是面对不断变化与发展的人才市场能够终身学习、自我更新的人；不仅是教育的专家，而且是应用的行家。此标准的建立将为高职教师提供一个动态发展的目标，促进教师专业品质、专业知识、专业技能全面快速地提高。

（3）加强学校对教师的科学高效管理。

大多高职院校对教师的招聘、选拔、录用、培训、考核和激励还停留在传统的管理阶段。最直接的表现是缺乏一套科学有效的标准。高职教师是一个特别的专业，它应该有一个专门的标准，不是一般意义上优秀的人就适合做高职教师。如果“入口”没有把好关，而培训又不是万能的，那就有可能后患无穷，毕竟学校不是企业，招聘、选拔、录用进来的人难以再让他离开。各个学校都有培训、考核与激励。但我们的培训是否等于教师专业能力标准减去教师专业能力现状。如果不等或不近似，那培训又有多少意义？而我们的考核与激励又是否旨在找到教师专业能力的现状与专业能力标准的差距，并通过激励、培训等方式加以解决？因此，教师专业能力标准的确立可以为学校加强对教师的有效管理提供科学的依据。

（4）促进高职教育健康、快速地发展。

随着高等职业教育的迅猛发展以及高职教育研究的不断深入，各高职院校根据高职教育的基本规律已陆续完成了办学方向和办学定位的思考，也以此确立了各自的人才培养目标和模式，但所有这些必将落到“教师”这个基点上。无论是高职示范院校，还是示范专业、精品课的建设以及整个高职教育的改革与发展都离不开教师队伍的建设。教育质量的高低，教师队伍的建设是关键。教师若受过专业训练，他们在促使学生心智发展、知识增进和能力培养方面让家长也望尘莫及。“双师型”教师是高职师资队伍建设的重要举措，而高职院校教师能力标准的确立则是关系高职教育能否完成它的经济、社会与历史使命的一个基础性却又是根本性的问题。本标准的建立将促进高职教育全面快速地发展。

3. 高职院校教师专业能力标准体系的建立

专业能力标准首先从对象上分，可分为专业带头人、骨干教师、一般教师三个层次。在此基础上选择专业能力分类方法，确定专业能力标准的基本维度，即一级指标。根据技术专业技能和教育专业技能可分两个一级指标，按专业品质、专业知识和专业能力可分三个一级指标，按态度与意识、理论与实践、教学与科研、专业建设与发展可分四个一级指标。本研究即按此四个维度确定一级指标，在一级指标下再分二级指标和三级指标，最后对三级指标确定内涵，并根据内涵来选择哪些标准对专业带头人、骨干教师、一般教师一一适用。

高职教师专业能力标准体系如表 2－1 所示。

表 2－1 高职教师专业能力标准体系

一级指标	二级指标	三级指标
1 态度与意识	1－1 教师的敬业精神	1－1－1 对知识的敬业
		1－1－2 对学生的敬业
		1－1－3 对学校的敬业
		1－1－4 对教育的敬业
	1－2 教师的教育与教学理念	1－2－1 先进的高职教育理念
		1－2－2 教学改革与创新精神
		1－2－3 交流与合作的意识
		1－2－4 自我反思与自我完善的意识
		1－2－5 终身学习与自我超越的精神
2 理论与实践	2－1 学科专业理论	2－1－1 符合教学岗位需要的学历
		2－1－2 专业理论的不断更新与完善
		2－1－3 符合教学需要的专业理论水准
	2－2 企业实践经验	2－2－1 具有将理论付诸实践的意愿和能力
		2－2－2 具有企业实践的经历
		2－2－3 具有处理和解决企业的实际问题的能力

续上表

一级指标	二级指标	三级指标
3　教学与科研	3－1　教学设计能力	3－1－1　课程内容设计能力
		3－1－2　教学过程设计能力
		3－1－3　教学情境设计能力
		3－1－4　专业教材编制能力
	3－2　教学组织能力	3－2－1　教学语言表达能力
		3－2－2　教学方法运用能力
		3－2－3　现代教育技术能力
		3－2－4　教学场面控制能力
		3－2－5　实践教学指导能力
		3－2－6　学生学习评价能力
	3－3　教学研究能力	3－3－1　发表教研教改论文的能力
		3－3－2　立项教研教改课题的能力
		3－3－3　推出教研教改成果的能力
		3－3－4　介绍教研教改经验的资历
	3－4　技术研究能力	3－4－1　发表专业学术论文的能力
		3－4－2　横向立项课题的能力
		3－4－3　企业技术服务的能力
4　专业建设与发展	4－1　专业建设的意识	4－1－1　关心本专业的建设与发展
		4－1－2　具备一定的专业建设的理念和方法
	4－2　专业建设的能力	4－2－1　本专业人才市场需求调查的能力
		4－2－2　确立专业人才培养方案的能力
		4－2－3　精品课程建设的能力
		4－2－4　实训室和实训基地建设的能力
		4－2－5　对学生就业指导的能力
		4－2－6　对学生课外实践活动指导的能力

表2－1列出了高职教师能力标准体系中的4个一级指标、10个二级指标、40个三级指标，每个三级指标又将给出内涵，共有100个内涵，并标明哪一项适合专业带头人，哪一项适合骨干教师，哪一项适合一般教师。在此以三级指标“2－2－3　具有处理和解决企业的实际问题的能力”为例，给出其内涵示例。

（1）具有一定操作能力，包括熟悉技术工作的内容要求和操作流程，掌握职业技术规范，具有熟练的专业技术能力、基本的实验能力和设计能力等。

（2）既是教学行家，也是生产好手，能将各种知识、技能、技术相互渗透、融合和

转化。既具有教育系列职称，又取得与所在教学岗位相同或相近专业的其他同级别的职称。☆

(3) 具有一定的组织生产、经营、创业和科技推广能力。★

其中，标“★”是专业带头人应具备的标准，标“☆”是骨干教师应具备的标准，其他没有标识的是所有教师应具备的标准。

从整个高等职业教育来看，该行业应有一个基本的、统一的、具有普适性的标准，笔者希望上述标准体系能给同行以借鉴。但不同地区、不同院校可根据自己的办学定位、办学特色、发展战略和现状水平来确定自己院校的教师专业能力标准，特别是确定自己对三级指标的特定内涵，唯有如此，才能确定出从实际出发、层级分明、操作性强的高职教师专业能力标准。

六、赴新加坡南洋理工学院学习的收获

2009 年 7 月 12—25 日，我参加了学校组织的为期两周的“新加坡南洋理工学院办学理念与教学管理研修班”的学习。新加坡南洋理工学院为我们精心安排了学习、参观、考察、交流和研讨，使我们对新加坡教育体系与职业技术教育的发展有了较为全面的认识与了解。学习期间我们参观了工程系、信息技术系、生命科学系、工商管理系、设计系、互动与数码媒体系，体验了南洋理工学院的组织文化、办学策略、办学特色、教学理念、学系管理、人力开发与管理、学术管理系统与专业课程开发、教学企业、教学工厂、教与学的有效途径、学生发展与管理和通过项目开发学生潜能等方面的先进经验和做法，并结合本专业特点与对方进行了广泛深入的交流。也许是因为语言的相通、文化的相融，我深切地感受到，新加坡南洋理工学院许多办学、教学、管理的经验可以为我们所学，为我们所用。

新加坡南洋理工学院以敏锐的眼光超前把握新加坡经济社会发展与产业结构调整对社会急需人才的需要，以社会需求设置专业，突出学生综合素质的培养，强调产学研的结合，注重学生实践能力的提高，创造了富有特色的新加坡职业教育模式。南洋理工学院有着超前的教育理念，特别是教学工厂、“无界化”校园、经验积累与分享、无货架期理念等给我留下了深刻的印象。

1. 教学工厂

“教学工厂”是 20 世纪 80 年代初新加坡南洋理工学院院长林靖东先生在借鉴德国“双元制”职业教育模式的基础上，结合本国经济发展、劳动力结构、企业岗位需求的实际情况，经过多年不断地摸索、实践所创造的一种独特的教学模式，是将国际先进的校企合作办学理念加以本土化的成功尝试。其目的是培养职业院校毕业生更好、更快地适应企业工作岗位需求，是一种将先进的教学设备、真实的企业环境、一线的企业开发项目引入学校并与学校人才培养过程有效融合，形成学校、实训中心、企业三位一体的交互式综合性教学模式。

教学工作即在学校的教学环境中营造实际的企业环境，通过企业项目和研发项目使学生能将所学到的知识和技能应用于实践并在实践中加以创新。“教学工厂”理念强调

以学校为本位的学校教学，而不是以企业为本位，它是在现有教学系统（包括理论课、辅导课、实验和项目安排）基础上设立的，企业实习与企业项目的有机结合。“教学工厂”是将实际的企业环境引入教学环境之中，并将两者融合在一起，而不是简单的模拟或模仿。

企业项目和研发项目共同在“教学工厂”中完成，使学生能将所学的知识和技能应用于多元化、多层次的工作环境之中。这种教学理念的实施给学生以真实的学习和训练，使毕业生能够尽快适应实际工作岗位的需求，缩短了现代企业人才需求与职业院校教学的距离，使理论教学与实践教学有机结合，达到培养学生的实践能力、提高学生职业素质的目的。

南洋理工学院的“教学工厂”理念由模拟（simulation）到模仿（emulation）再到融合（integration），以达到将实际企业环境引入教学环境之中，并将两者融合在一起。这样的一个过程花去南洋理工学院十多年的时间，从早期的“日新学院”“法新学院”“德新学院”到现在的南洋理工学院，“教学工厂”的办学理念得到不断的完善和升华。具体可以分成以下四个阶段。

阶段一：学院和企业开展伙伴关系，尽可能多地吸纳先进企业的技术和资金，全面模拟企业环境。在仪器、设施的设置和布局上尽可能与企业保持一致，让学生在参与项目工作中得到锻炼。

阶段二：建立教学工厂项目平台 TFPP。学院以全年不间断的学生项目安排来配合企业的需求，学院可以随时随地提供可靠的保证，这样企业才会与学院长期合作。学院教职员要具有一定的企业背景，也就是说教师都曾经在企业工作或培训过，能清楚地了解企业的需求及未来的发展趋势，同时具备一定的实战能力。这样的教师才能胜任项目工程师和学生导师。

阶段三：学院开始着手系统专能的开发，致力于大型综合项目的开发和设计。在坚持教学工厂项目平台 TFPP 的基础上，着重专能开发和教职员的专业培训工作，为学院的可持续性发展奠定基础。同时学院开始注重知识经验的积累和分享。AES 学院也为 AES 注册了商标。AES 实质上是将师生共同参与的工程项目解决方案、经验建成经验知识库，不仅便于师生在后来的工程项目中快捷地得到帮助，同时也大大提高了学院工程专能开发的效率。

阶段四：经过前面三个阶段的发展与完善，学院“教学工厂”的理念已经基本健全起来。学院不同专业的情况各有不同，“教学工厂”的实施也不完全相同，但在服务于学院教学工作的内涵上是一致的。为了全面的系统整合，学院又成立了一系列的专业技术中心，以提升各专业的工程项目研发能力。同时还强调了各专业之间的全面合作即“无界化”合作，开辟技术无界化、人才无界化、校园环境无界化等无界化文化。“教学工厂”既不像学校的实验室，也不像企业的车间，而是企业的真实设备、场景在学校的再现。“教学工厂”既不同于“三明治”式的课程安排，也不同于“双元制”式的课程安排；既不是单纯的企业实习，也不是单纯的企业项目，而是紧紧围绕教学，由教师带领学生共同开展企业项目和研发项目。通过让学生参与企业委托的工业项目或科研项目，使学生在课堂上就能体验到未来的工作氛围，使实践教学不依赖于企业界，在学校按照企业运行的特点将所学的知识应用于多元化的、多层次的实际工作中，实现理论教学与实践教学的有机结合。“教学工厂”为学生提供了一个更完善和有效的学习环境和过程，鼓励和开发学生的创新能力和团队协作精神，提高他们解决实际问题的能力，最终达到培养学生的实践能力、提高学生职业素质的目的。

南洋理工学院科技中心将核心教学及研发项目活动紧密地结合在一起，其核心内容包括专向教学、在职专科培训、企业项目开发、科研项目创新。科技中心大部分人员为教师，这些教师也要承担基础课教学。一般专业方向课课时少的基础课课时就多，这主要由系主任统一协调。科技中心的项目一部分为企业项目，一部分为学校内部项目。

南洋理工学院各专业的学制为 3 年。第一、第二学年为专业宽基础理论培训和学期小型项目，第三学年为专向培训、全日制项目研发和企业实习。所有的专业在第三学年都实行双轨制教学模式，把学生分为 A、B 两组，第一学期 A 组开展专向培训，B 组做全日制项目和企业实习，第二学期再对调。这样做的好处是，保证每年各个时间段都有学生与教师一起做项目，而且满足了学生到企业实习不间断，企业生产不断线。

2. “无界化”校园

建筑无界化、语言无界化、教学无界化、项目无界化，使得不同系间的教职员与学生通过联合工程项目及学系间的教学活动进行交流，促进教学资源获得充分的利用，促进学院教职员间团队精神和跨系级工程项目的开发，从而强化师生们的专业能力，为师生提供更多综合科技创新与应用的机会，增加学院的灵活度与反应能力。无界化将优质资源整合起来，通力合作，共同研究，形成最佳合力，打造学院品牌。比如说学院接受企业的一个项目，首先由承担任务的所在系系主任确定该项目的负责人（即项目经理），由经理根据项目情况在全院范围内挑选职员参与。被挑选到的人员有责任接受任务，并在项目运作期间由项目经理负责管理。参与项目的人员会因承担的项目而重新组合，不再强调各自归属于哪个系管理，形成“无界化”校园。

南洋理工学院与泰国合作的“泰国教师培训项目”更是将这种合作发挥到极致，校园内所有学系的教职员工都积极参与，信息与工程系提供实验室，工商系量身定制培训计划，连续 3 年共为泰国培训了 2 400 名骨干教师。

3. 经验积累与分享

经验积累与分享包括理念的分享、技术的分享和成果的分享。科技成果与经验分享是学院将开发的先进项目和先进课题设计成果加以保留，存放于公共数据库，便于师生借鉴、学习、共同分享。每个人的科技成果与经验都是学院的公共资源，分享每一个人的经验，扩充了学院的资源。“经验积累与分享”起初来源于为支持“教学工厂”概念进行的“工业自动化项目”，之后逐渐演变为“案例学习计划”，使学生共享在先前项目中所获得的经验。1994 年“经验积累与分享”的概念正式形成。运用多媒体技术展现 AES，并发布在校园网上。AES 概念是南洋理工学院知识管理工作的一个重要部分，是其所开发的一套完整的经验知识库，也是学院的独特标志之一。在这种方式下，学院把工业项目开发所积累的经验进行系统化的搜集和组织整理，并把学习要点详细记录下来，以便大家分享相关的经验与知识。实施经验积累和分享后，又延伸到了企业项目服务，包括庆典安排、企业联系、采购、学生事务、电子教学等。

4. 无货架期理念

我们知道商品都是有货架期的，一旦到期就必须下架，然后换上新的商品等待出售，而下架的商品就变成废品。对于教师来讲，他的货架期就是生理年龄。教师的年龄大了以后一般是不愿意再去学习深造的，而学校也通常只会派年轻教师出国深造或学习。南洋理工学院主张员工不断学习，对职工年龄的评价不以生理年龄为依据，而是以事业心、进取心、思想观念为评价标准，即使年龄超过50岁，但仍然有事业发展、学习、培训愿望的，称之为年轻人，反之称为老年人。这就是南洋理工学院倡导的职业无货架期理念。

5. 重视专业开发

南洋理工学院非常重视专业开发，不断根据国家经济发展和企业需求的变化开发新的专业，而在专业开发过程中论证严谨、准备充分，非常值得我们学习。据授课教师讲，一般新的专业设立需要1~2年的时间，首先从社会经济发展需求、企业需求和学生学习志向与需求三个方面进行需求分析，在此基础上成立专业筹备小组。专业筹备小组的任务是由专业负责经理和筹备小组提出新专业建议，确定毕业生的专业知识和技能水平需求，设计专业教学结构，等等。其次由南洋理工学院学术委员会从学术管理角度审核及批准新专业计划。专业内容修改建议由来自企业的专业咨询委员会成员针对新专业课程计划或课程修改建议提供咨询意见，并对有关建议给予认可再次报呈学院批准，委任学科协调讲师确定培训目标、进行教师培训、准备教材、采购教学设备，进行各项教学准备后，方能开展教学。最后在学生、教师和企业反馈的基础上持续进行课程改进。新加坡的各个理工学院都非常重视新专业的开发，将新专业的开发作为学院的新产品开发，是学院发展的生命线。专业不是由教育主管部门事先设定好的，而是由学院根据社会发展和市场需要开发出来的，每个学院的新专业都有很强的特色，与社会需要紧密结合，完全能适应社会和市场的需要。

6. 重视教师的实际工作能力和与企业合作的能力

南洋理工学院对教师的要求，并不盲目追求名牌大学毕业和高学历，只要求本科以上学历、5年以上工作经验而且专业对口。但其要求教师既有从事项目开发的能力又有教学经验，是真正的“双师型”教师。南洋理工学院每年还有20%的教师不上课，专门承担企业项目开发。在这里，培养教师的研发能力和新专业开设需教师转型等都被看作是个人所必须具备的基本能力，鼓励教师自我提升。

7. 学生学业考核制度严格

南洋理工学院在实行“学分制”的基础上，还执行对学生进行期中会考和期末考试的考核制度，对考试作弊的学生将进行全部考试科目零分处理的处罚，对考试不及格的科目将进行重修，不设补考。这样严格的学生学业考核制度将在很大程度上促进学生学习的自觉性。

七、赴德国学习“双元制”的思考与感悟

在高职示范校建设期间，德国的“双元制”教育模式以及基于工作过程的课程开发

方法给中国的高职教育带来了深远的影响。2009 年 12 月 6—16 日，我参加了教育部新世纪研究所组织的赴德培训班。此行赴德学习的主题是“教学质量管理与质量保证体系”，但我想不管德国的做法有多科学、多先进，它毕竟是特定环境下的手段和措施，它只解决“正确做事”的问题，并不能解决“做正确的事”。综观近年来中国职业教育发展之路，不难发现它的逻辑起点源于德国，所以此行学习的目的令我非常想溯本求源，而不是在国内的瞎子摸象，很想亲身了解德国的职业教育，特别是“双元制”，进而客观地分析中国职教的发展之路，理性地面对后示范时期中国职业教育的完善与创新。短短 10 天的学习实现了我预期的目标，这种收获不是“量”的丰盈而是“质”的发现，它带给了我许多思考。这次赴德的学习总结我想从“学以致用”的内涵入手，结合中国高职教育，对“学以致用”的几个关键问题进行剖析，然后对德国“双元制”职业教育的核心问题进行概述，最后对中国职业教育学习德国“双元制”的做法进行反思，并对高职教育的未来发展提出个人的一点对策。

1.“学以致用”的内涵剖析

“学以致用”是广州番禺职业技术学院的校训，是确保我院高等职业教育持续健康发展的理论基础与重要依托。它不仅是对学生的要求，更需要教师去践行。几年的实践证明，它应成为中国职业教育学习国外先进职教理念和经验的指导思想，特别是在学习德国“双元制”职业教育的过程中应以“学以致用”为抓手。“学以致用”内涵丰富，在此不做全面赘述，只想重点说明几个问题。

（1）“学”是手段，“用”是目的。

“学是手段，用是目的”道理虽浅显，践行并不易。中国的教育体系让我们的学生学了太多将来用不上的东西，浪费了宝贵的时间，占用了大脑空间，使得人生的效率太低，使得大脑的运行速度太慢。中国传统文化让人们对“书到用时方恨少”坚信不疑，而随着互联网的普及，许多知识都可信手拈来、任意择取。我们不否认，一个人或一个国家发展到了一定境界可以将“学”作为目的，享受学习的过程；但是在一个人或一个国家的发展阶段，“学”是手段，“用”是目的应该毋庸置疑。而实际工作中却经常出现“将手段当目的用”、为“学”而“学”的现象。不问学习为了什么，不管学后能否达到目标。这种现象不只是体现在学生身上，也体现在教师和专家身上。近年来高职教育改革不断深入，课程改革取得巨大成效，但我们不得不承认在很多学校还是拿着一些课程开发的手段和方法当目的。近年来关于工作过程系统化课程以及项目课程培训如火如荼，参加学习的教师热情高涨，常常将其奉若神明，连基础课、公共课的教师也不断咨询专家他们的课程如何按照这样的方法建设。而专家则失去了作为一个学者应有的理性，为了维护他们的观点，为了证明这种方法的普适性，往往会很牵强地给出相应的答案。教无定法本是一个具有普适性的真理，但我们总想找寻一个范式然后推而广之，却不知这种范式常常不适用，而我们还是一味地去学，以手段当目的，花了很多成本求学后才发现用不上，更可悲的是学完了用上了却发现用错了，不但达不到原有的目的，反而迷途难返。

（2）“用”什么就“学”什么。

信息化时代的到来是人类生产的一次大发展，其正在以惊人的速度改变着人们的生存方式和学习方式。以前我们常常感叹、敬佩那些满腹经纶、知识渊博的人，那是因为从他们那里可以尽快获悉宝贵的知识，但这种人却在如今互联网普及的时代逐渐贬值。因为“知识未必就是力量”，而大脑的存储器功能也早已被电脑所取代。现如今我们的大脑已不需要存储太多的知识，一是因为知识太多，时间太少，学不过来。二是知识更新太快，如果学了太多的东西没有时间去更新，旧的知识还可能会带来意想不到的后果。三是学习的最大成本是时间成本，学得越多忘记越多，少学一些留出时间去用可能效果更佳。所以我们必须解决到底应该学什么。用得到的就学，用不到的可以先不学，用得到的也可边用边学，这就是高职坚持的“够用为度”。更何况毛泽东说过：“读书是学习，使用也是学习，而且是更重要的学习。”按我们传统思维，总是学完再用，事实上高职教育的理论给了它更全面、更准确的诠释。如“做中学”“学中做”，可以先学后做，也可先做后学，更可边做边学。对于用不到的大可不必去学，当然有人一定会质疑：“很多知识将来是否用得到我们无法预计。”对于可以预见的用得到的东西我们能真正学好已经不错了，无法预计的当然可以先忽略不计。毕竟“书到用时方恨少”的状况会随着互联网的普及大为改善；毕竟终身学习已经成为全世界的共识，只要我们能活到老、学到老，大可不必奢望将来会用得到的知识都事先学到。也许有人会质疑这样的学习太急功近利，或用“古之学者为人，今之学者为己”来批评这样的学习理念。但对于高职教育来说，它是就业教育，是应用型教育，它的教育属性决定它必须立足当前，过于超前、过于长远都会使之失去发展的基础与空间。

（3）如何学决定能否用。

有人通过读书学，有人通过听讲学，有人通过观察学，有人通过思考学，有人通过实践学；有人全盘吸纳，有人不断反思；有人照搬照抄，有人不断创新。如何学决定了学后的东西能否用，决定用后是否有价值。近年来高职教师的学习热情很高，但对于如何学却没有一个科学有效的方法。面对专家时，高职教师总是希望专家给予一个确定的方法、一个具体方案、一个马上可以操作的办法；面对其他院校时总是希望拿到对方是怎么做的方法。事实上，任何方案、方法、措施都有其具体的背景，我们的教育面对的是人，世界上的人都是独一无二的，要不然为什么会有“因材施教”“教无定法”。所以学习时我们不能只关心“如何学（how）”，更要关心“为什么学（why）”，要分析为什么这样做，在什么样的情况下适合这样做，自己的情况是什么样子，如何借鉴别人的意见或经验，创造性地拿出符合自己特色的方案与做法。如果我们教师都缺乏理性思考、批判性思维以及创新的精神，我们总是等着别人给出一个现成的答案，那我们培养出的学生又如何具备创新能力呢？陈云说过“交换、比较、反复”是重要的学习方式，他还精辟地谈到“我们做的工作要用90%以上的时间研究情况，用不到10%的时间决定政策”。现在随着电脑与互联网的普及，各种各样的知识都能在电脑中找到，我们人脑不能再做知识的存储器，有了电脑，我们就需要发挥大脑处理、加工、运用的功能。所以除了了解学什么，如何学也极为重要，我们要从复制性的学习，转换为反思性的学习、创新性的学习。

（4）既要“唯上”又要“唯实”。

陈云说的“不唯书、不唯上、只唯实”是只在读书这个“学习”过程中，但在高职教育快速发展的今天，我们高职院校、高职教师在实践和运用中必然要面对“唯上”与

“唯实”的问题。这里所指的“上”，不单纯是指上级、权威，更指理念、政策以及方向。正如南方科技大学校长朱清时所说，高等教育像一列快速驰骋的列车，当别人都挤上这列火车，你不上，你就不知道方向，你跟不上历史的潮流就会被历史淘汰；其次，在当今中国你若不“唯上”，你就不能获得发展的机会，更会失去赖以发展的资源。更何况在一些行政工作中“一切行动听指挥”这是领导干部的一个重要的工作原则，也是组织运行中必须遵守的规则。但是我们在“唯上”的同时必须要做到“唯实”。因为任何政策、规定都是在一个大的背景下考虑总体的情况，它无法非常关注个性化的需求。而中国很大，高职院校千余所，这个国情决定我们不能不“唯上”，也不能只“唯上”、不“唯实”。不“唯上”就会各行其是，不“唯实”就会不符实际。即使出来成果也只能是做文章，经不住推敲。而作为高等教育这个出人才、出思想、出文化的领域，我们的学者更需要“唯实”。

2. 德国“双元制”职业教育的概况

德国的职业教育形式多种多样，最有代表性也最值得他国学习借鉴的就是“双元制”。在赴德国实地考察后，“双元制”给我的主要感觉可以概括为“招工即招生”“职教即培训”“专业即工种”“毕业即就业”。

（1）招工即招生。

“双元制”职业教育的学生源于企业的招工，那些被录用的人员成为企业的学徒，按照德国法律，学徒必须要同时接受学校的教育，这就出现了大致“一天半在学校学习、三天半在企业训练”的“双元制”职业教育。而学生三天半的企业学习就是在他的工作单位，这家工作单位也不会接受其他学生在它的企业里顶岗实习。经过三年的学徒培养，毕业后的学生一定可以实现与工作岗位的零对接。但在我们看来，“双元制”不该由我们高职院校来学习，而应该由企业的人力资源部负责员工培训的人来学习。

（2）职教即培训。

在国内我们听到的都是德国的“双元制”职业教育，但在德国我们听翻译讲的以及现场感受到的则是“培训”，是岗前培训，是三年学徒；而不是像我们一样的职业教育。岗前培训这一特质决定了他们的培养目标一定是面向一个企业、面向一类岗位，一定是“专才”，它既不会注重学生的可持续发展，也不会注重学生的职业拓展能力；而培养模式一定是“工学结合”，学习的内容必然是工作的内容，学习的方式也自然可通过工作来完成；培训的内容一定是注重学生所在岗位的操作技能以及与之密切相关的理论；而培训的师资也一定是企业师傅承担了最重要的职能。

（3）专业即工种。

德国“双元制”的职业教育中的“专业”概念与我们不同，他们是按“工种”来办学。国家有340余个工种，同时行业协会制定了各工种统一的培训大纲和考核标准。这些工种基本上都是动手操作型的，都是面向生产或服务一线的生产工人。而商务类的只是零售、文员等，他们的“双元制”职业教育没有会计，也不会有市场营销或企业管理等工种，因为这些都需高层次的人员来担任。从这一点看我们高职不能与其对接，它更适合中职和技校的培养目标。

（4）毕业即就业。

德国的“双元制”职业教育不用负责学生的就业问题，因为他们的学生是先有工作单位再来学习的，三年学徒毕业后就等于就业。企业到时不会违约不要学生；而学生是经过激烈的竞争入选企业学徒的，经过三年的技能培训也不会放弃。更重要的是学生不太可能存在不喜欢不愿意学这个工种以及相关课程的情况。所以学生的职业规划、学习兴趣以及顶岗实习、毕业就业等对于他们的职业教育都不是问题，因为他们的学生是先有了职业、岗位，然后才进行教育和培训。

3．对中国职业教育学习德国“双元制”的反思

对比中德两国的职业教育，他们有着不同的政治、经济、文化和社会背景，有着不同的学生、不同的企业、不同的师资等教育主体，更有着不同的教育与培训目标。这一切就决定了我们根本无法真正学到他们的具体做法。近年来中国职业教育的迅猛发展以及取得的辉煌成就毋庸置疑，我的反思绝没有任何否定之意。只是感觉发展太快才需在示范三周年之后停下来好好思考，为的是下一步能走得更好，对此做如下反思。

（1）德国没有与我们对应的或相近的高等职业教育，如果我们在环境不具备、条件不成熟的情况下一定要按照“双元制”来做，势必会在人才培养目标上迷失，会在人才培养模式上过激，会在课程改革上偏执……

（2）虽然中国的经济结构决定需要大量的一线操作型人才，但是高等职业教育的“高等性”这是一个无法回避且未来必须要面对和解决的问题，否则将没有我们的发展空间。

（3）培养“专才”一直是高等职业教育中一个不争的事实。德国的职业教育必须是“专才”，因为它是面向唯一的企业、确定的岗位的，它的岗位技能是已知的、是确定的。但在我们国家学生面对的企业各不相同，同样岗位也往往职能各异。

（4）“工学结合”的人才培养模式从理念上来讲没有错，但真的不能过激，否则我们可能会以己之短来教育学生。在很长一段时间内我们校内很多教师是无法胜任真正意义上的“工学结合”的。我们需要在自己擅长的领域为学生打好基础。其实有些企业人士已经不客气地说过：“对于岗位技能培训你们大多教师根本胜任不了，给学生打好专业基础，培养好综合素质这才是学校要做的事。”生产性实训80%的比例，半年顶岗实习，1∶1的企业兼职教师，中高级以上的职业资格证书……这些符合中国现阶段的实际吗？

（5）“学习领域”在德国是一个教学理念，但在我们国家却演变成近乎普适性的一种课程设计方法。试想我们的学生就业所面向的企业各不相同，同一岗位任务也不尽一致，而我们人为地选取几个所谓有代表性的企业，确定典型工作任务，归纳行动领域，然后转化成学习领域，最后转化成学习情境，这样真的科学吗？更不可思议的是，从20余个岗位得出的160多项能力，用三年的时间可以培养出教育部要求的“零对接”吗？

（6）实训室的建设确实取得了辉煌成绩，但设备陈旧后不再适应经济发展以及企业需要时应如何去应对？这个问题必须早做打算，因为我们无法像企业那样通过提取折旧而届时更新，而学校和专业的可持续发展却必须要考虑。

4. 高职教育发展的对策思考

问题好找，对策难寻，也许这是很多人面对中国职业教育未来发展的困惑，为此，结合上述反思做如下思考。

（1）以就业为导向是中国职业教育必须面对的国情。

我们在思考高等职业教育的“高等性”“职业性”与“教育性”的同时不能避开大学生就业这个全社会关注的政治问题。而当前能承载大量从业者的产业和岗位依然是低端的制造业及高技能的操作人员。只要我们的大学生能够就业，我们不妨将教育的重心下移，不妨暂时不考虑高职与中职的区别。对于不少高职院校来讲，他们的专业设置决定了他们人才培养定位很难区别于中职，因此，坚持以就业为导向就没必要非得区分高职与中职。但从长远发展来看，如果高职生挤占了中职生的就业岗位，中职生挤占了外来务工人员的岗位，这从总体上并不能解决中国的就业问题。因此高职需要考虑到底如何进行专业设置，如何进行人才培养定位，才能适应中国经济及行业企业的需要，才能在一定程度上引导中国经济与产业的发展，这是我们需要考虑的问题。“就业、择业与创业”绝不仅仅是学生个体层面的问题，更是专业设置以及院校办学方面的问题。

（2）找准影响学生就业的关键因素是高职发展的基础。

面对中国国情，我们需要承认高职教育是就业教育，但接下来我们必须找准影响学生就业的关键因素。近年来高职理论界一直强调“专才培养”“技能本位”，但据我们调查，大部分企业更看重学生的综合素质以及扎实的专业基础。因为培养越专，学生对于企业的适应性越差；越强调技能本位，学生的可持续发展能力越得不到提高。而事实上学校的教育不是职业培训，我们的教师也并不擅长操作技能的培养，职业技能的培养责任更多地在企业，而不在学校。我们不要种了别人的田又种不好，却荒了自己的地。我们承认“职业性”是高等职业教育一个非常重要的规律，但我们必须兼顾其“高等性”，特别是“教育性”，切忌将“高等”下移为“中等”，将“教育”视作“培训”。

（3）订单培养模式可能会成为高职教育的一种趋势。

在德国我们未能找到一种职业教育与我们的高职对应，但我们找到了与他们的“双元制”非常类似的一种自己的培养模式，那就是我们的订单培养。目前在工商系的几个订单班，就是本着双向选择的原则，由企业先在学校选拔一定数量的学生，然后根据学生的就业岗位双方共同商定培养计划、确定课程体系及师资团队。从目前的情况看，越来越多的企业已经意识到与学院联合培养人才是他们人力资源管理的重要举措，从这一点我们看到了中国推行“双元制”的希望，我们相信订单培养模式可能会成为高职教育的一种趋势。

（4）“大专业、宽基础”的课程体系也许是高职课程改革的方向。

中国高职在未来一段时间内也许会走“通”“专”结合之路。“通”是指培养学生面向更多企业就业的能力，也就是注重专业通用能力以及综合素质的培养；“专”是指面向特定的企业、特定的岗位进行订单培养，满足合作企业个性化和具体化的要求。为此“大专业、宽基础”的课程体系应是高职课程的改革方向，而订单培养会成为其重要的组成或补充。我认为那种将专业越分越细、基础越变越窄、课程越建越专的做法必须进行反思和重构，否则会造成资源不能共享、办学成本不断提高，而办学效果并不理想的状况。

（5）教无定法是具有普适性的真理。

德国职业教育给我们的一个非常深刻的印象是“教无定法”。而我国却恰恰相反，近年来工作过程系统化课程以及项目课程成了课程建设的官方认可方式。我们的教师将其奉若神明，连基础课、公共课的教师也不断咨询专家他们的课程如何按照这样的方法建设。而专家也失去了作为一个学者应有的理性，为了维护他们的观点，为了证明这种方法的普适性，也会很牵强地给出相应的答案。我们原以为德国的职业教育就是这样做，却不知德国的专家并没有对我们的做法给予一个肯定的回答。而当我们拿着这种课程开发方法去咨询企业时，他们给出的评价却常常是“你们教授总是将简单的问题复杂化”。一个专业可以分析出 20 余个岗位、160 多项岗位能力，这现实吗？这不是做文章吗？我们在德国找到的答案就是“教无定法”。

八、赴加拿大培训总结

2015 年 9 月 1—21 日，我参加了由学校 20 名教学骨干组成的赴加拿大培训团，针对“以培养学生能力为中心和主动学习教学法”在加拿大进行了较为系统的学习。通过听课、考察、座谈、交流，我对加拿大高等职业教育体系、“以学生为中心”教学法的理念与实施、职业能力认证中心和技术转让中心的运行方式等问题获得了较为全面的了解。本次培训班的主要培训地点集中在蒙特利尔和多伦多两个城市，主要的学习安排有如下两方面：一是聆听了 11 个专题讲座，二是访问并参观了维尼尔学院、多伦多大学、麦吉尔大学、玛利—维克多汉学院、道森学院、安德烈—洛朗德学院、圣力嘉学院等学校。

1．培训内容简况

此次培训的内容丰富，行程紧凑而富有实效，信息量非常大，主要培训内容如下。

以蒙特利尔的维尼尔学院为主要基地，主要培训：加拿大教育体系、以能力为中心的教学理念及特点概述；以能力为中心的教学法——学习者的学习模式及学习动力的激发、良好校企关系的建立与维持、校企合作与教师发展的关系、教学案例分析；以能力为中心教学、主动学习和以学生为中心教学的有机结合——理论与应用；以学生为中心教学法的微技能——反转教学、同学间辅导、教学时间掌控、案例分析（以安德烈—洛朗德学院技术转让中心为例）、培养学生的想象力和创造力、教学评价与学习效果评估、课程设计（单元设计与整体设计）；以能力为中心教学和以学生为中心教学的有机结合——课堂观摩；以学生为中心教学法的小结、讨论及反思；以能力为中心教学法的小结、讨论及反思；以能力为中心教学和以学生为中心教学——学习经历的评估和认证。

玛利—维克多汉学院的培训内容：以能力为中心教学和以学生为中心教学的有机结合——课堂教学的具体实施方法。

在其他高校主要是围绕特色专题进行交流。主要围绕：课程设置与专业实践；校企合作与特色职业教育；教学质量管理体系构建与联合办学；研究型大学与职业教育比较以及教师发展策略等。

2. 基于问题的学习

此次赴加拿大学习，我对“以培养学生能力为中心和主动学习教学法”有了进一步的认识，特别是对加拿大教育中倡导的基于问题的学习理念非常感兴趣。

基于问题的学习（Problem Based Learning，简称 PBL）是一种基于建构主义，以学生为中心、以问题解决为中心的教学方法，目前已在许多国家的教育领域中广泛应用。PBL 建立在认知心理学的基础之上，与建构主义的学习理论一致，甚至被认为是建构主义的一个子集。建构主义认为学习是在一定的情境即社会文化背景下，借助其他人的帮助即通过人际间的协作活动而实现的意义建构过程。“情境”“协作”“会话”和“意义建构”是学习环境中的四大要素。而 PBL 正是以反映真实世界的问题为学习情境，以学生为中心，让学生在小组或团队中展开学习活动。学生在问题解决的过程中协同作业，并在协同作业中完成知识的自我建构。

基于问题的学习也是对课程学习的发展。在指导学生学习的过程中，教师将给出一个不能够立刻看清楚答案的问题，将学生带进一个只有在更高层次上思考才能得到解法的学习环境，如结构不良的问题（ill-structured problem）、真实项目或实验，让学生提出解决办法或行动方案，将学生置身于真实情境下解决问题。因此，基于问题的学习不仅能够让学生掌握课程要求的基础知识和基本技能，而且也使学生以一种积极的问题解决者的身份解决问题，培养学生的批判性思维和问题解决能力。

基于问题的学习对学生的培养产生了很大的影响，主要体现在：①学习更积极主动；②思维变得更灵活、更有策略；③不负众望，能够提供更有成效的学习成果；④能够提供一种新的技能建构过程；⑤提高了小组学习效果；⑥强化了互教互学以及自我评估；⑦获得自信；⑧成为自己学习的主人。

3. 现代教育手段的运用

在加拿大学习期间，他们丰富的课堂教学手段有效地提高了学生学习的兴趣，这一点给我留下很深刻的印象。例如，在维尼尔学院实地接触“以学生为中心教学法”时，他们有很丰富的物质技术条件，如课堂教学设备——信息采集器，教室设施——环绕四周的多块显示屏、可移动的桌椅等，这些教学设施、设备大大地提升了教学的效率与效果。甚至有人认为没有这些条件，就没有办法运用像维尼尔学院这样的“以学生为中心教学法”。但通过课堂听课、教师讲解和个别交流之后，我发现以学生为中心的教学方法也不能拘泥于物质技术条件上。条件虽然重要，但其中更加重要的是使用这些物质技术条件后所要达到的效果。如果明确了这一点，可能当更先进的技术条件不具备时，也可以用其他方法达到目的。例如：使用信息采集器收集师生互动信息并实现自动统计，明确、高效还有趣，可调动学生课堂学习的积极性、主动性以取得良好的学习效果。如果没有这种技术装备，是不是就无法运用这一教学方法呢？显然不是。有一次上课信息采集器失灵无法使用，教师并没有因此而无计可施，而是马上改用手指示意的方式，取得了同样的互动教学效果。因此，物质技术条件是服务于方法目的的，能够实现这一方法目的的物质技术条件也不是唯一的，既可以是技术先进的物质条件，也可以是较为原始的方式方法，关键在于如何有效地达到方法所追求的教学效果。

4. 职业能力认证中心

蒙特利尔还在全省设立各种职业认证中心，通过对能力的认证，为移民、员工在职工作转换、晋升等提供能力认证。一旦获得认证，具有和职业文凭同等的效力。通过在玛利—维克多汉学院对加拿大职业能力认证中心运行情况进行学习之后，我对职业能力认证中心有了比较深入的了解。认证中心依托于某些职业学院的强项专业，以第三方形式在校园内授权成立，它独立于学院运作但又在服务于本学院基础上，服务其他职业学院；同时由校方、行业人士组成的董事会确保认证中心目标达成，与业界保持紧密的联系。

职业能力认证中心主要针对无学历但具有特定职业能力的社会人士，通过考核评估后发放相关的职业能力证书，此外，该类机构还针对某些未通过考试的人员进行查漏补缺式的培训服务。因该类机构发放的职业能力证书在考核评估以及培训阶段非常专业、非常严格，故其在社会上的认可度等同于职业教育的学历证书。这从侧面很好地反映了加拿大国家层面构建职业教育立交桥工作非常到位，除了覆盖所有的学生，还充分考虑到社会人士。职业能力认证中心给我的启发是：我们面向深圳百果园公司实施现代学徒制培养职业店长，如果生源来自企业现有员工，完全可以通过对他们的能力认证来考量他们的学习基础、已具备的学分和需要继续学习的课程及需要进一步提升的能力，不需要让他们与高考进来的普通生源一样，一切从头学起。

5. 技术转让中心

通过对玛利—维克多汉学院的服装技术转让中心、安德烈—洛朗德学院的光学技术转让中心进行参观、走访、交流，我对加拿大的技术转让中心模式有了较为全面的了解。由国家资助并选定具有明显优势的高等职业技术学院为依托单位，目前全国累计成立了48个技术转让中心，各技术转让中心属于非营利性组织，机构定位包括企业孵化器、专业培训机构、行业技术开发中心，主要的活动内容包括通过组织行业研讨会等活动传播行业信息、为行业企业开展量身订做的针对性培训、为企业提供技术支持、应用技术的创新与研究等。该类机构均常设专职工作人员，在此基础上充分吸纳高等职业院校教师、行业企业研发人员等全面参与，成为连接行业企业和高等职业教育的重要桥梁。我们学校要想进一步提升科研与社会服务能力，也需要建立技术转让中心，他们的做法给了我们很好的启发。

九、转变思想观念实施现代学徒制

尽管很多人知道现代学徒制是中国职业教育的发展方向，但是依然存在很多不同的声音，我想从学校管理者、企业、教师以及学生和家长的角度对现代学徒制存在的困惑不解以及认识偏颇进行解析，并将转变观念、统一思想作为我们市场营销专业参加教育部现代学徒制试点工作的首要任务。

按照《国务院关于加快发展现代职业教育的决定》和《教育部关于开展现代学徒制试点工作的意见》，以及教育部职业教育与成人教育司发函《关于开展现代学徒制试点工作的通知》（教职成司函〔2015〕2号），要求选择一批有条件和基础好的地市、行业、骨干企业和职业院校作为教育部现代学徒制首批试点单位。是否申请先行试点以及谁将成为首批试点单位成为社会各界普遍关注的话题。虽然很多人知道现代学徒制是中国职业教育的发展方向，但一些人对现代学徒制的理解不到位，甚至存在许多思想误区，在很大程度上阻碍了试点工作的顺利进行。大凡走在改革的前列，总会遇到很多的阻力和障碍，试点需要敢为人先的勇气和智慧。现代学徒制虽不是新生事物，但要被管理者、教师、企业以及学生和家长等各方利益相关者普遍接受还有一个过程，为此，转变观念、统一思想，走出现代学徒制的认识误区是试点工作的首要任务。

1. 转变学校各级管理者的思想观念，积极启动现代学徒制试点

是否申请进行现代学徒制试点，其决策权往往掌握在学校各级管理者的手中，其关键在于学校和二级学院两级领导。有学校校领导明确表示不参加本轮的试点工作，也有二级学院领导明确表示先观望。慎重不是坏事，试点也不是所有学校都必须参加，但不参加的原因需要分析解读，对于那些在现代学徒制试点问题上存在认识误区的人确实需要转变观念、与时俱进，否则也会影响后期的整体推进。

（1）现代学徒制是最符合职业教育教学规律的育人模式。

有学校管理者认为现代学徒制只不过是人才培养模式的一种，并不是必须实施，完全可以由其他模式替代，其作为舶来品也未必适合中国。还有人是感觉一下看不清，就不敢轻举妄动。没错，不能为了搞学徒制而搞学徒制，不能拿着手段当目的。但是，现代学徒制不只是提升职业教育质量的一种手段，它更是服务经济和产业发展、破解企业招工难等方面问题的重要保障，这也是职业教育的价值所在。方向比努力更重要，谁先找到正确的方向谁就赢得了最大的主动。现代学徒制被认为是从学校到工作最佳的过渡模式，是最符合职业教育教学规律的一种育人模式，因为它在学校教育和就业之间建立了两个过渡带（从学校到学徒，再从学徒到就业）。而其他人才培养模式，无论课程设置与组织再体现职业岗位工作过程、教学设备与环境再先进再仿真、师资队伍再有企业经验，都与企业真实岗位工作有一定距离，都无法实现真正的“零对接”。唯有按照情境主义学习理论，实施“将来在哪里做、现在就在哪里学”的人才培养模式，才能真正培养出企业所需要的人才。

（2）管理者需要摒弃“等、靠、要”的思想敢为人先做试点。

还有学校管理者认为，目前现代学徒制的顶层设计、政策制度还都没到位，对于学校的二级学院特别是尚未实施二级管理的学院是难以实施的，要试也得等各项政策、制度明晰后再去试。我作为广州番禺职业技术学院现代学徒制试点百果园学院的负责人，我们的观点是很多改革需要自下而上，或者自上而下、自下而上双向进行。现代学徒制既然要试点就是要上下齐动，边试边改，逐步推进，有了成果再由点到面推广。职业教育发展太快，只要“等”就一定会落后。的确，现行条件下有很多事情是做不成、不好做，但关键是我们能做成什么，有了一些做得成的事情，原来不能做的或许也就有了办法。例如，我所在的管理学院当年看到自己的学校没有一个创业教育中心，作为二级学院又无机构设置权，但可以申请设置专业。于是我们从创业管理专业方向做起，以专业为点、以全院为线、以全校为面来做创业教育，最终不也水到渠成地成立了创业教育中心，统管全校创业教育，并享有相关的政策和待遇吗？又如，当看到许多本科院校都有教师发展中心，高职院校却没有，我们也没有权力成立一个官方的机构，但我们还是以

公益组织的性质成立了广州番禺职业技术学院第一家教师发展中心，并立足管理学院、服务全校教师、辐射全省乃至全国教师进行建设与发展。我们相信，该教师发展中心做到一定的影响力后，学校一定会给它正名，给它相应的政策和待遇。再如我们申请现代学徒制试点，只请求学校下文批准成立管理学院下属的百果园学院，让我们先行先试现代学徒制试点。这个特色学院不增加中层领导职数，全部由管理学院现任领导兼任；不增加教师编制，相关工作全部由相关专业的教师与现在的工作协同起来完成；不增加经费支持，利用现有的学校投入经费。我们的请求很快获得了学校领导和相关部门的大力支持，学校下文成立百果园学院，我们成功启动现代学徒制试点。

2. 转变企业思想认识，让企业真正成为现代学徒制的一个办学主体

成功实施现代学徒制的关键在企业。但从实际工作中来看，有两种现象需要特别关注：一是有条件和能力实施现代学徒制的企业缺乏热情和主动，二是非常有热情的企业缺乏实施现代学徒制的条件和能力。而这两种情况都制约了现代学徒制的顺利有效进行，需要加强宣传、沟通和交流，让相关企业走出思想误区，和学校一道成为现代学徒制的另一个办学主体。

（1）现代学徒制可以解决企业新常态下的人力资源管理诸多问题。

实施现代学徒制的本意主要是想服务企业，破解企业招工难以及转型升级中出现的其他人力资源等方面的问题，但在很多地方还是出现“学校热、企业冷”的现象。在经济新常态下，企业人力资源呈现招工更加困难、人员流动性更大、培养成本更高、用工成本不断增加等问题。通过实施现代学徒制，依托国家对大力发展职业教育的政策支持以及相关院校的各种优势资源，校企双主体合作办学，在一定程度上解决了企业人力资源管理存在的诸多矛盾和问题。例如企业传统做法是面向社会广泛招工，企业与用工人员双方信息不对称，达到相互了解、理解并满足双方的需要是一件非常困难的事情。而职业院校培养的技术技能型人才一般是稳定的、成规模的，特别是校企合作实施现代学徒制后，招生即完成了招工，每年人才的供给无论是数量还是质量都是对企业的需要有充分保证的。再如人员流动是人力资源新常态下的一个基本特征，但校企合作共同培养的学徒作为后备力量源源不断，而且这些学徒一直在接受校企的协同交互式培养，随时准备上岗，甚至是与工作岗位零对接。特别是对于那些季节性用工比较强的企业，现代学徒制更能解燃眉之急，需要用人时将学生（学徒）的课程事先安排在企业进行顶岗实习或带薪学习；企业淡季不需要那么多人时，安排学生在学校进行理论课或教学项目或综合素质的学习与训练。这就为企业提供了稳定又灵活的人力资源储备，降低了企业人员流动造成的影响。

（2）现代学徒制需要企业提供有教育价值和教育实力的学徒岗位和制度规范。

对于现代学徒制出现“企业热”的地方，不乏想将学生作为廉价劳动力满足企业一时用工短缺的企业。这些企业存在的问题主要体现在：一是没有师傅带徒弟的规范制度。一个师傅会有十几个甚至几十个徒弟，师傅的资格与带徒工作及考核没有标准和规范。就像学校的教师没有资格证、人才培养没有标准和方案、教师的教学与工作也没有标准和规范一样。二是没有体现“高等性”的学徒岗位。有些企业为高职学生提供的学徒岗位就是与外来务工人员一样的简单、机械、重复的工种，没有多少技术含量。不是说高

职生不能从最基层做起，而是要有学徒岗位发展的计划与轮岗的制度与实施。三是没有体现“教育性”的培训课程。很多企业将学生放在工作岗位上直接去用，体现的是“职业性”，根本没有体现“教育性”，更做不到为了教育的目的随时可将工作停下来。很多学校与企业做的“2+1”人才培养模式，实际上就是学生提前一年毕业走上工作岗位，因为并非学生在岗位上工作就一定能得到培训和教育，有人工作一辈子也未必有很好的职业素养和职业技能。因此，对于只看重眼前利益，没有科学的人力资源战略管理思想和规划的企业是不适合做现代学徒制试点的。企业要想参加现代学徒制一定是要有适合学生发展的具有教育价值的学徒岗位，还要有培训和教育能力的师傅以及相应的制度、规范和企业文化。

3. 转变教师的思想观念，让教师积极投身到试点和教学改革中来

教师是现代学徒制试点工作的主力军，能否赢得教师的支持是试点工作成败的又一关键。近年来高职教育改革不断，由于各种各样的原因，很多改革未能深入，甚至未能成功，这在一定程度上令部分教师对改革失去信心。但大多教师也明白改革是大势所趋，不以个人意志为转移。因此，很多人首先想到的就是如何保住个人的利益，甚或个人的饭碗。

（1）现代学徒制依托的不只是一个企业，更是一个行业。

有教师认为，如果依托一个企业搞现代学徒制，可市场风云变幻莫测，万一企业倒了岂不前功尽弃？校企合作不依托一个企业不可能做深，不依托一个行业不可能做广。试点现代学徒制，我们可以基于一个企业、面向整个行业。如果某个企业倒下去了，市场上还会有千千万万个企业站起来，只要我们有实力就可以找到更加合适的企业合作。但是，如果我们杞人忧天、止步不前，最后倒下去的一定是自己。以我们启动的百果园学院试点现代学徒制为例，原来市场营销、连锁经营管理和工商企业管理三个专业都没有行业背景，学生可以去各行各业相关的岗位就业，而教师的教学也是基于学科知识体系，选择几个有代表性的行业或企业辅助教学。实施现代学徒制试点是依托果品行业、依托百果园公司一个企业，教师首先站出来质疑。但经过反复的研讨、沟通、交流，最后大家达成共识，以往我们那种基于学科体系而不是基于某一行业、某一企业、某一岗位（群）的教育根本就不是职业教育，如果我们不改，早晚被淘汰。现在做现代学徒制有风险，但大家相信无论何时人们都会吃水果，也就是说这个行业永远都会存在，即使这个企业不在了，其他家同类型的企业一定会顶上来。即使水果有一天都不在门店卖了，也会在网上卖，我们就与行业企业一起转型升级，从培养门店店长转为培养网店店长。只要我们跟上时代，与时俱进，我们会像水果一样永远不会失去市场。

（2）铁饭碗不是在一个地方吃一辈子，而是一辈子无论到哪里都有饭吃。

还有教师忧虑，实施现代学徒制后，很多课都由企业师傅上，是不是造成自己学校的教师没课上，甚至丢掉铁饭碗。现代学徒制实施的是“双导师”，不会存在学校教师没课上的情况，但的确存在课程要改革，不只是课程的内容还有课程的组织、安排与考核等。再想守着一门课上一辈子那是不可能的事。产业要转型升级，高职院校的专业也必然跟着调整，同样要转型。课程也一样，教师也一样，早改早主动，晚改就被动。当然随着现代学徒制的推广，无论如何对职业教育校内教师的需求量都不可能只增不减。

因为即使培养再多的“双师型”教师也不能真正解决“工学结合”的问题。真正的职业教育不只是取决于谁教，更取决于在哪教、如何教。教师下企业远解决不了学生去企业的问题，教师下企业时间再长，一旦离开回到学校，依然无法取代师傅。教师所面临的竞争是无法避免的，但有一点可以确认的是，走在改革的前列，就有更多的机会获得自己在激烈的市场竞争中的一杯羹。铁饭碗不是在一个地方吃一辈子，而是一辈子无论到哪里都有饭吃，这需要教师们在改革中积蓄实力。

4. 转变学生和家长的思想观念，使其支持试点和教学改革

所有的教育教学改革，学生是最主要的受众，一定要赢得学生和家长的理解和支持，否则会无疾而终。很多人认为“双元制”无法在中国复制成功，其根本原因是文化与价值观的问题。虽然传统文化根深蒂固，但我们依然相信，随着中国的改革开放不断深入以及国内经济、社会与文化的发展，国人的价值观也在发生着变化。更重要的是作为高等院校，我们不能等文化氛围形成了再去改革发展，而是要传承和弘扬符合社会发展的文化。

（1）让学生逐步接受学徒文化更有利于他们的成长。

受中国传统文化的影响，学生和家长不喜欢“学徒”这个叫法，如果在招生简章中出现就会影响报考率和报到率。这个问题只要我们宣传到位，试点成果显现，随着时间的推移一定会有所改变。另外，考虑到学生和家长的接受度，我们也没有必要用“现代学徒制”这样学生不熟悉的语境去做招生宣传。例如，我们现代学徒制试点招生简章及宣传资料是站在学生的角度而不是站在政府和学校的角度去发布信息的。我们明确提出，百果园学院是与企业合作培养“职业店长”，给出店长的工作职责、成长路径、培养模式、学习内容、学徒待遇、合同要求等，学生和家长就不会排斥。我们再附上企业的承诺以及我们过往人才培养的成果，学生和家长就普遍认同。例如，百果园公司在校企合作中承诺，学生在企业实习或工作满一年，80% 可以晋升为店长或总部员工，60% ~ 70% 的店长月收入在 5 000 元以上，月收入较高的店长可达到 15 000 元以上。2014 年年底，我校百果园店长班中有 23 名学生在百果园公司就职满一年，有 21 名学生晋升为店长或总部员工，晋升率达到 91.3%。其中有学生 8 个月升任店长，10 个月升为小区主管，一年后升任片区经理助理，目前月收入超过 8 000 元。在此基础上，待学生报到入校后，在学习的过程中再逐步渗透现代学徒制的文化，学生就能普遍接受，并认为这是一种非常有利于他们成长的教育教学模式。

（2）选择一个优质企业开启职业生涯更有利于学生发展。

中国学生在进入大学前没有进行过系统的职业生涯规划，甚至不清楚自己喜欢什么、擅长什么，让他们一入学就接受一体化的招生与招工确实很难。故现代学徒制试点，选择中职毕业生比高中毕业生更为适合，选择那些被学生和家长熟知的有实力的大型名牌企业合作更为适合。即使如此，学生还会有困惑：大学期间就针对一个企业的岗位来学习，会否知识技能学得太窄，将来会失去跳槽的机会和能力。我们会告诉学生，一个专业一定是面向一个行业的某一岗位或岗位群。对于我们管理类专业而言，不同企业在经营与管理方面 90% 都是相同或相通的，只有 10% 会因企业的经营范围、企业文化、工作流程有所不同。你只有深入一个企业中，才会真正掌握那 90% 相同的内容，否则你在大

学期间哪个企业、哪个岗位都没有深入，只是泛泛而学，可能掌握的只是这个岗位所要求的10%。你在百果园公司学习如何成为一名职业店长，将来你不做果业连锁了，你依然有能力做服装店店长、手机店店长、便利店店长等。如果你大学期间哪个企业和岗位都不曾深入，你根本做不成任何一家店的店长，只能从店员做起。还有学生困惑：毕业了是否一定要去学徒的这家企业，我们认为市场经济人才自由流动，合同期满，你会更有实力选择适合自己的企业和岗位。德国“双元制”学徒最终留在合作企业的也只有70%。我们相信所有这些问题都不会阻止现代学徒制试点的步伐，只要我们统一思想、转变观念，现代学徒制一定会取得成功。

十、有感韩毓海的《中国正在经历深刻的价值观变革》一文

这是一篇触动我灵魂的文章，故全文摘录于此。

当前，全国人民最不满意的是教育、医疗、养老和环境问题，而教育首当其冲。当下教育面临着严峻的挑战，任何人都不应低估这场挑战的严峻性和现实性。

2014年5月4日，习近平总书记在北大发表了重要讲话，在讲话结尾，他语重心长地给我们算了一笔账。他说，现在在高校学习的大学生都是20岁左右，到2020年全面建成小康社会时，很多人还不到30岁；到本世纪中叶基本实现现代化时，很多人还不到60岁。也就是说，实现“两个一百年”奋斗目标，你们和千千万万青年将全过程参与。

简而言之，中华民族伟大复兴的梦想能否成真，关键就要看当今这一代年轻人是否给力，要看他们关键时刻能否不掉链子。

如果不正视教育所面临的严峻挑战，仅仅把总书记的语重心长当成表扬和赞许来听，那么，我们要想培养出一代栋梁，要想培养出千千万万中华民族的顶梁柱，几乎是不可能的。

我们的教育乃至社会究竟出了什么问题？问题出在价值观上。

100多年前的中国，积贫积弱、一穷二白。为了解决挨打与挨饿的问题，前辈们在山穷水尽、四面楚歌之际，只能依靠精神的力量、思想的力量，只能依靠精神的“原子弹”，去对抗强大的内外敌人；只能靠在思想、精神和道德上造就一代新人，来推动我们艰难的事业。30多年的革命战争、30多年的新中国艰苦创业历程证明：我们的优势，说到底就是思想、精神和价值观的优势。除了这个唯一优势之外，我们在各方面长期都是一张白纸。当1949年中国人民站起来的时候，首先是指我们在精神上、价值观上站立起来了。

最近30年来，我们的经济得到了突飞猛进的发展，人民生活水平日益提高。恍然回首，我们猛然发现，尽管在物质生活水平方面取得进步，但在思想、精神、道德和价值观方面却出现了严重的滑坡。

大家想一想，如果我们经济繁荣，但上学、看病和养老却如此艰难。如果大家在人生的起点和终点上高度不平等，如果大多数的人生得憋屈、死得孤寂，那么，我们每天奔忙赚钱究竟有什么意义呢？如果是那样，我们大家的人生就将是一场空虚的、两头没着落的悲剧。

价值观问题涉及方方面面，需要全面提升，而当务之急，我以为应该是从毛主席说的那五个字入手：为人民服务。

为人民服务绝不抽象，它非常具体、现实，本来连张思德这种小人物都能做得到。但曾几何时，有人说，这话早就过时了，人民是什么？如今人民就是屌丝①，而靠张思德这种烧炭的屌丝，根本不可能改变世界，为屌丝服务的回报率，如果不是等于零，那就是等于负数。所以，为人民服务这种话，如今只能用来糊弄孩子，而且连孩子都不会信。

这正是我们今天面临的根本问题所在。

"道不可坐论，德不能空谈"，什么叫不"坐论"，什么叫不"空谈"？有人说，凡是跟钱不沾边的，都属于坐论、都属于空谈，按照这种说法，那么价值观问题本身就是空谈，而且恐怕也只能空谈了；话既然说到这里，就得谈谈钱了，那就谈谈价值观与钱的关系，谈谈两种财富——精神财富与物质财富之间的关系吧。

现在很多家长都希望孩子学金融，将来进国际投行发大财。金融业奉行的原则是所谓的"二八定律"，意思是金融只为20%的有钱人服务，金融、理财和投资是不为80%的屌丝、穷人服务的。但大家也许不知道，金融被称为经济学的哲学，它针对的主要就是精神层面的虚拟问题，因此也被称为虚拟经济。

如今，有一位长相和思维都很特立独行的人，他反其道而行之，发明了一个东西叫余额宝，声称专门为屌丝们理财。余额宝仅用半年的时间，就积累了5 000亿人民币的财富，相当于一个中等银行的储备金。那个叫马云的人的超常之处，并不在于他的相貌，而在于他顺应了比较正确的价值观，他崛起的根源，其实就在于一句话：使金融为屌丝服务。

如果拔高一点看，也许可以这样说：善于顺应历史潮流的马云顿悟了毛主席的教导——世界上最伟大的事业，就是为人民服务。如果千百万个张思德这样的屌丝联合起来、组织起来，那就可以改天换地，改变世界，再造游戏规则，而这就是马克思所说的"全世界无产者，联合起来"。社会主义和共产主义事业，说白了，也就是屌丝们的事业，思考怎样以先进生产力和先进文化，把千百万屌丝组织起来共同富裕，这就是回答了什么是社会主义，以及怎样建设社会主义。

当然，马云并不是一个马克思主义者，虽然他也姓马。实际上，马云不过是身手矫健地钻了大银行存贷利差悬殊的空子，使奉行高大上的传统金融业因其长期奉行的错误价值观付出了沉重的代价。因此我们必须清醒地认识到，马云最厉害的地方，并不是一夜之间成了首富，而在于他成功地占据了"为穷人服务"这个价值观的制高点，从而反衬出我们当今社会最需要、最缺失的价值观究竟是什么。令人深思的是，为什么偏偏是马云这个长得最不像马克思的人，创造性地理解了《共产党宣言》结尾那句话，而今天许多相貌堂堂的党员干部，却把马克思主义看作是早已经过时的故纸堆？

毛主席曾经说过，"如果我们党有一百个至二百个系统地而不是零碎地，实际地而不是抽象地学会了马克思主义的同志，就会大大地提高我们党的战斗力"，既然今天"实际地而不是抽象地"，现实地而不是教条地理解马克思主义的竟然是马云，那么我们就应该好好想一想，是不是我们对马克思主义的宣传出了问题，如果我们的青少年愿意听马

① 屌丝是人们用于自嘲的网络用语，表达一种自知平庸但不抱怨的态度。

云演讲，而纷纷逃马克思的课，那么我们就应该想一想，是不是我们的教育和教育方式出了大问题。如果是这样，我们就应该承认一个基本事实：

今天，并不是马克思和毛泽东不伟大了、过时了，而是我们的思想境界比马云还要低，从而，也就不能正确地理解和洞察马克思的伟大。

最近中国少年儿童出版社出了我一本书，叫《伟大也要有人懂——少年读马克思》。中国少年儿童出版社出版这本书的目的，就是要帮助现在的青少年像马克思那样，从小就去思考组织屌丝方式、确立为屌丝服务的思想。而用中国少年儿童出版社领导的话来说就是，要给孩子们做件新衣服，先得扣好扣子。当然，他们这也是套用了总书记的话："就像穿衣服扣扣子一样，如果第一粒扣子扣错了，剩余的扣子都会扣错。人生的扣子从一开始就要扣好。"

中国少年儿童出版社并不是突发奇想，因为他们很严肃地对我说，我们做出版的宗旨，就是为读者、为孩子们服务。所谓服务，就必须按照习主席教导北大师生的那样去做："天下大事，必作于细，天下难事，必作于易。"使孩子们能对马克思感兴趣，这就是作于"易"；不是从空头理论讲起，而是从一个个的小故事讲起，这就是作于"细"。我坚信：只要我们把读者捧在心里，读者就能把我们的书捧在手里。而这件"新衣服"一旦被孩子们所欢迎、所接受，那就比发一万篇没人看的理论文章、发一大堆的坐论和空谈，要有力量得多。

我们今天讨论的主题是：教育面临的挑战——未来需要怎样的人才，在这个问题上，我想我们首先要做的，是一定要尊重教育规律，不能好大喜功、拔苗助长，迷信什么与国际接轨。实际上，正如马云所批判的那样，我们今天缺乏的，并不是各种高大上的理念，不是精英教育，而是教孩子们树立起老老实实做人、踏踏实实干事的基本价值观。为此，我想以一本长幼皆宜，从9岁到99岁的读者都可以阅读，而且是长读长新的著作结束我的发言，这本著作就是卢梭的《爱弥儿》。

卢梭告诉我们，我们的爱弥儿要做的主要有以下几点。

第一，要掌握一门踏踏实实、安身立命的手艺，即他首先要学会做一个自食其力的劳动者，而不是去学作谁也看不懂的诗，学说在中国根本就用不着的语言，去背那些根本就用不着的教条。

只有掌握一门自食其力的手艺，人的一生才不会依附于他人，他方才不会靠仰人鼻息、靠他人的施舍为生，只有这样，他才是"自由"的。

自由并不遥远，自由并不存在于宪法的抽象条文里。自由非常现实，自由对我们的孩子来说，就是他们未来谋生的饭碗。没有饭碗，就没有自由。而为了吃饭，那些不能自食其力，没有正常营生的人，却经常会卖掉自己的自由——这就是卢梭和马克思告诉我们的真理。

第二，我们的爱弥儿随着年龄的长大，要学会去爱一个与自己没有血缘关系的人。甚至像狄更斯的《双城记》中所描写的那样，为爱人之所爱，不惜牺牲自己的生命，这就是世上最崇高的爱情。卢梭把它称作博爱，而毛泽东主席则命之曰：为人民服务。

我想说的是：为了让我们的孩子成为未来世界中的领袖，就拼命教给他们赚钱和统治他人的技巧，这绝对有害无益。历史证明，只有那些为大多数服务的傻瓜，才能成为未来世界的领袖，只有那个一辈子俯下身子为亿万中国屌丝当牛做马，耄耋之年还把儿子派到朝鲜战场上的“愚公”，他的像才配挂在天安门城楼上。

第三，通过踏踏实实的劳动自食其力的爱弥儿，在尊重自己劳动的同时，必将学会尊重别人的劳动。他在体会到自己艰辛的同时，必定会深感别人的不易。于是，在彼此尊重劳动和劳动成果的基础上，他方才确立起了平等的信念。

从这个角度说，豢养一批从小车接车送的小霸王，恐怕是我们这代人最大的失策和绝对的失误。因为那些从小不习惯在烈日和寒风中奔跑的温室里的花朵，根本不可能理解什么叫万里长征；而那些不会、更不喜用自己的脚走路的人，必将败光前人一步一个脚印挣来的血汗遗产，然后慵懒地躺在中华民族伟大复兴征程的最后一公里上沉睡不起。而你们——他们的父母、老师和校长，固然没有使他们输在人生起跑线上，而他们却将使前人伟大的事业，输在最后一公里上。

想一想我们的责任，我们究竟需要什么样的价值观、什么样的教育，我们的未来需要什么样的人才。

今天的中国正在经历一场深刻的革命性变革，过去一切被视为天经地义的、流行的、普世的价值观正在失去意义、随风而去。为了进行与过去时代不同的、新的形式的、更加伟大的斗争，我们必须洗心革面，真正回到实事求是的思想路线上去，我们需要重提一种最朴素的价值和信念。

毫无疑问，我们需要的这种价值观就是上面说的“自由、平等和博爱”。这就是全人类最进步也是最基本的核心价值观，让·雅克·卢梭先是把它写在了一本献给孩子的著作中，然后，卡尔·马克思又把它写在了人类追求解放和进步的旗帜上。

使我们的孩子做一个能够自食其力的人、一个愿意为别人做些什么的人、一个会与人平等相处的人，我们不需要精英教育，因为“我们的教育方针，应该是使受教育者，在德育、智育和体育几个方面得到全面的发展，成为有社会主义觉悟的、有文化的劳动者”。

爱弥儿是平凡的，更是健康的，因为他知道，自己首先是一个公民，是人民群众中的普通一员。公民的伟大，就是因为他们能够联合起来，为共同的目标而工作。

有无数爱弥儿这样的孩子的民族，一定是伟大的民族，只有这样的民族，才能够自立于世界各民族之林，只有这样的青少年，才能够担负起“两个一百年”的奋斗目标。

我是一名教师，为文中所说的教育在当前全国人民最为不满的问题中排列首位，感到震惊；我不是一个党员，首次为作者对马克思主义、毛泽东思想以及《共产党宣言》的解读，感到震撼；我不谙政治和文学，而文中通过《爱弥儿》传递的“自由、平等和博爱”这三位一体的价值观，却让我感到这是一个不容置辩的普世信条。

今年我们学徒制新生刚刚进入企业在岗学习，第一个月是他们最难熬的日子。近日一位准备退学的学生和家长来到学校，两个老师与他们进行了两个多小时的沟通，学生和家长都感觉看到了希望，改变了想法。学生们遇到的所有问题说到底都是源自价值观，以至于他们的思想、心态和行为偏离我们学徒制培养的轨迹，近期我们的相关专业教师校内没课时都到一线全力指导学生，真的很辛苦！电话整晚都没敢关过，有时候一谈就是几个小时，帮助学生们渡过最难的适应期。

我们学徒制的培养目标是“店长”，一些学生和家长对学徒不适应，我们能够理解，而一些教育专家质疑我们给学生学习理论的时间太少、学生职业生涯难以持续发展，我就有些不理解。在岗学习理论少，那在校学习实践就不少吗？我们是职业教育，一定要让学生升本和读研才算持续发展吗？一定要做区域经理和总经理才算持续发展吗？为什么我们做教育的骨子里就看不上“店长”呢？让我们大部分学生一生踏踏实实、自食其力、不急功近利、不做奸商、不求一夜暴富，就做一店之长，成为一个幸福的人、一个温暖的人不好吗？

有人质疑我：为什么你让自己的女儿读剑桥？怎么不让她读职教做店长呢？每每我听到有人夸我，说我把女儿培养得真优秀，我总是反问：“优秀的标准是什么？上名校吗？”对女儿个人而言，能成为一个幸福的人、温暖的人，我才认为她优秀，才是我对她教育的成功。至于她上剑桥、读研读博，我只是给她一种选择自由人生的权利与能力；但在我心中，她绝对与我的店长学生是平等的，她的美好生活离不开千千万万的店长；我爱我的女儿，我同样爱我做店长的高职学生。

假如女儿当初学业成绩不太好，上了高职做个店长有什么不好呢？从学徒做起，毕业时成长为一个店长，自己有能力时在这个温暖的城市，开一家温暖的小店，再能遇到一些温暖的人甚至可以一生相守的人，按时结婚生子又能陪伴我们身边这岂不是人生幸事？

社会上有各种岗位，我们的店长职教集团中的定位是中职学生做店员、高职学生做店长、应用型本科的学生做统管几家门店的经理，每个人都有自己的位置，只要自食其力，都应得到尊重和认可，否则即使我们高职教师让自己的孩子去读了高职做了店长，那也没多大意义。

我今年上新生的课，辅导他们职业规划毕业时做店长，绝大部分学生都很开心，他们庆幸自己一入学就找到了自己的人生目标和从未有的自信，也非常愿意从店员做起，这些孩子比我们做家长的超脱多了。

非常欣喜地看到中华人民共和国人民政府网以《广东：现代学徒制为中高考失利孩子开辟成才路》为题报道我省的现代学徒制，并用很大的篇幅报道了我们百果园学院学生的工作、学习情况，看到那些以在岗学习为本位的学徒制学生的成长与收获，我非常开心，同时能为国家政府网站大力宣传和推广现代学徒制感到欣慰，这令我们对高职教育的改革和现代学徒制试点充满了必胜的信心。

第三部分 上好每一堂课

课堂教学是学校教学活动中最重要的环节，课堂教学质量直接决定着人才培养质量。而对一名高职教师而言，上好每一堂课是检验我们能否站稳讲台、站好讲台，进而成为一名优秀教师的重要标准。师德是师魂，是上好每一堂课的根。关于师德，其实每个教师都明白，我无须赘言。教学是个良心活，想想你希望那些教师如何对待自己的孩子，你就懂得该如何教好那些对你充满期待和信任的家长的孩子。遵循高职教育理念是上好每一堂课的基础，本书的第二部分已经做了较为详尽的探讨。课前充分准备、课堂有效实施、课后反馈调整是“教学三部曲”，是上好每一堂课的保证。课前准备不只是备课程内容，还有很重要的是备教学方法、教学手段。课堂实施则要还课堂的主体于学生，充分体现以学生为中心。而课后的反馈调整是对课堂教学的继续、评价与完善。至于如何上好每一堂课，首先要知道“好课”的评价标准。下面，我首先介绍我校学生评价的指标体系和评价方法，然后分享2013年我们工商管理系为了让教师上好每一堂课而进行的教学方法改革，最后分享我指导的三个老师的课堂教学设计方案，这三个老师在我们管理学院学生评教中一直稳定排在前五名，是上好每一堂课的教师代表，同时他们在广东省和教育部组织的高职教师信息化教学大赛中也取得了国赛一、二等奖的好成绩。

一、我校学生教学评价指标

2013年我校改革教学评价办法，遵循“以学生为中心”的教育理念，还教学评价主体于学生。每学期依据学生网上评教分数，确定教师课程评价的结果。教师所任课程的教学评价，是教师学年内完成教学任务的课程，学生网上评教分大于或等于评教指标（条目）所设总分的90%，课程教学评价为优秀；学生网上评教分大于或等于评教指标（条目）所设总分的60%且低于90%的，课程教学评价为合格；学生网上评教分低于评教指标（条目）所设总分的60%，课程教学评价为不合格。教师学年内教学评价，如果教师学年内所授课程的课程教学评价均达到优秀，并且课程教学评价平均分居于系（部、院）内学生课程教学评价平均分排序前20%的，该教师的教学评价为优秀；所授课程教学评价中有不合格，并且学生课程教学评价平均分处于系（部、院）内学生课程教学评价平均分排序后10%的，该教师的教学评价为不合格；其他情况的教师教学评价为合格。学生教学评价指标包括四类通用标准：一是纯理论课程，二是理实一体化课程，三是纯实践课程，四是体育课程，具体评价如表3-1、表3-2、表3-3和表3-4所示。

每类课程的评教指标（条目）共有14项，有6个是核心指标，用*标志，其权重占60%，其余指标占40%。从这14项评价指标中可以看出，该评价体系是从学生的视角、以学生是否学得好来评价教师教学的全过程及教学效果的，体现了“以学生为中心”的教育思想和理念。

表3-1 广州番禺职业技术学院学生教学评价指标（纯理论课程通用）

序号	评价条目	权重（6个核心指标*占60%，其余指标占40%）	与评价条目的符合或接近程度（A~E指符合程度依次从“最符合”至“最不符合”；A、B、C、D、E分别按5、4、3、2、1进行分数换算）				
			A	B	C	D	E
1	教师教学态度认真负责	0.05					
2	教师能够引导我们明确课程学习的目标和任务要求	0.1*					
3	教师明确地向我们提出了课堂学习的要求及学习效果的期望	0.05					
4	教师能有计划、有条理地安排每次课，引导我们完成学习任务	0.1*					
5	教师在课堂讲授中能清晰地表述其思路或想法	0.1*					
6	课堂中，教师的教学方法能满足我的学习、交流要求，吸引我的参与	0.05					
7	作业布置及其讲解评价，有助于我们对知识与技能的掌握	0.05					
8	教学过程中，教师所采用的学习测评及考核方式，能有效地检验我们的学习情况	0.05					
9	教师能主动征求我们对课程学习的意见和建议，重视教学反馈	0.05					
10	教师善于激励我们学习	0.05					
11	课后，在我有学习辅导需求时，能通过教师提供的交流沟通渠道，得到教师的及时指导	0.05					
12	教师的教学有助于我们提升自主学习能力，对我们以后的自学有帮助	0.1*					

续上表

序号	评价条目	权重（6个核心指标＊占60%，其余指标占40%）	与评价条目的符合或接近程度（A～E指符合程度依次从“最符合”至“最不符合”；A、B、C、D、E分别按5、4、3、2、1进行分数换算）				
			A	B	C	D	E
13	如果我努力配合老师的教学，能达到教师所要求的课程学习目标	0.1＊					
14	教师的言传身教对我有积极的影响	0.1＊					

表3－2 广州番禺职业技术学院学生教学评价指标（理实一体化课程通用）

序号	评价条目	权重（6个核心指标＊占60%，其余指标占40%）	与评价条目的符合或接近程度（A～E指符合程度依次从“最符合”至“最不符合”；A、B、C、D、E分别按5、4、3、2、1进行分数换算）				
			A	B	C	D	E
1	教师教学态度认真负责	0.05					
2	教师能够引导我们明确课程学习的目标和任务要求	0.1＊					
3	教师明确地向我们提出了课堂学习的要求及学习效果的期望	0.05					
4	教师能有计划、有条理地安排每次课，引导我们完成学习任务	0.1＊					
5	教师在课堂讲授中能清晰地表述其思路或想法	0.1＊					
6	课堂中，教师的教学方法能满足我的学习、交流要求，吸引我的参与	0.05					
7	实操练习、作业布置及其讲解评价，有助于我们对知识与技能的掌握	0.05					
8	在教学过程中，教师所采用的学习测评及考核方式，能有效地检验我们的学习情况	0.05					
9	教师能主动征求我们对课程学习的意见和建议，重视教学反馈	0.05					

续上表

序号	评价条目	权重（6个核心指标＊占60%，其余指标占40%）	与评价条目的符合或接近程度（A～E指符合程度依次从“最符合”至“最不符合”；A、B、C、D、E分别按5、4、3、2、1进行分数换算）				
			A	B	C	D	E
10	教师善于激励我们学习	0.05					
11	课后，在我有学习辅导需求时，能通过教师提供的交流沟通渠道，得到教师的及时指导	0.05					
12	教师的教学有助于我们提升自主学习能力，对我们以后的自学有帮助	0.1＊					
13	如果我努力配合教师教学，我能在规定的练习时间内完成所学项目的学习任务，达到课程学习目标	0.1＊					
14	教师的言传身教对我有积极影响	0.1＊					

表3－3　广州番禺职业技术学院学生教学评价指标（纯实践课程通用）

序号	评价条目	权重（6个核心指标＊占60%，其余指标占40%）	与评价条目的符合或接近程度（A～E指符合程度依次从“最符合”至“最不符合”；A、B、C、D、E分别按5、4、3、2、1进行分数换算）				
			A	B	C	D	E
1	教师教学、辅导态度认真负责	0.05					
2	教师能够引导我们明确实训的目的及实训任务要求	0.1＊					
3	教师明确地向我们提出了课堂学习的要求及学习效果的期望	0.05					
4	教师能有计划、有条理地安排每个实训环节（项目），引导我们完成学习任务	0.1＊					
5	教师对各种工具（设备）的操作规范或某项工作的实际工作程序阐述清晰	0.1＊					
6	课堂中，教师的指导方式能够满足我的学习要求	0.05					

续上表

序号	评价条目	权重（6个核心指标*占60%，其余指标占40%）	与评价条目的符合或接近程度（A~E指符合程度依次从“最符合”至“最不符合”；A、B、C、D、E分别按5、4、3、2、1进行分数换算）				
			A	B	C	D	E
7	在实训指导中，教师能较好地引导我将所学的理论知识用于实训练习（艺术学院：在项目综合设计的指导中，教师能耐心引导我将设计灵感实现为作品）	0.05					
8	在教学过程中，教师所采用的学习测评及考核方式，能有效地检验我们的学习情况	0.05					
9	教师能主动征求我们对课程学习的意见和建议，重视教学反馈	0.05					
10	教师善于激励我们学习	0.05					
11	课后，在我有学习辅导需求时，能通过教师提供的交流沟通渠道，得到教师的及时指导	0.05					
12	教师的教学能提升我对职业岗位工作要求的认识和理解（艺术学院：教师指导进行的设计对我专业能力综合素养的提升非常有帮助）	0.1*					
13	如果我配合教师的教学，能达到教师所要求的实训目标，完成实训任务	0.1*					
14	教师的言传身教对我有积极的影响	0.1*					

表3-4 广州番禺职业技术学院学生教学评价指标（体育类课程）

序号	评价条目	权重（6个核心指标*占60%，其余指标占40%）	与评价条目的符合或接近程度（A~E指符合程度依次从“最符合”至“最不符合”；A、B、C、D、E分别按5、4、3、2、1进行分数换算）				
			A	B	C	D	E
1	教师教学态度认真负责	0.05					
2	教师能够引导我们明确课程学习的目标和任务要求	0.1*					

续上表

序号	评价条目	权重（6个核心指标＊占60%，其余指标占40%）	与评价条目的符合或接近程度（A～E指符合程度依次从"最符合"至"最不符合"；A、B、C、D、E分别按5、4、3、2、1进行分数换算）				
			A	B	C	D	E
3	教师明确地向我们提出了课堂学习的要求及学习效果的期望	0.05					
4	教师有计划、有条理地安排每次课，引导我们完成学习任务	0.1＊					
5	教师的教学方法能满足我的学习、交流要求，吸引我的参与	0.05					
6	教师课堂讲解、练习的时间分配合理，我们的运动量负荷适中	0.05					
7	教师示范动作规范、优美，能激发我学习此项体育项目的兴趣	0.1＊					
8	教师能够耐心细致地指导我们练习，及时纠正我们的不恰当姿势或动作	0.05					
9	教师能主动征求我们对课程学习的意见和建议，重视教学反馈	0.05					
10	教师善于激励我们学习	0.05					
11	课后，在我有学习辅导需求时，能通过老师提供的交流沟通渠道，得到教师的及时指导	0.05					
12	如果我努力配合教师的教学，能掌握课程教学目标所要求掌握的运动技术动作	0.1＊					
13	教师的教学，能提升我的体育锻炼意识与能力，提升我的兴趣爱好	0.1＊					
14	教师的言传身教对我有积极的影响	0.1＊					

二、改革教学方法

教学改革（简称"教改"）是高职院校发展以及专业和课程建设的一项重要工作，近年来我们一直在做教改，但大多来源于教学评估、示范建设、精品课程等外在动力。自从学校改革教学评价的体系，还评价主体于学生，许多教师开始反思并有一种内在的驱动力，让大家愿意投入教学方法的改革工作中来。我们工商系反思自身的教改还存在三个主要问题：一是教改成果依然集中在少数人身上，二是从总体上看教改没有深入进去，三是尚未能运用当今世界较为先进的教育理念和方法。为此，我带领大家启动新一轮以“深入、领先、全员”为特色的教学方法改革，为每个教师能上好每一堂课创造条件。为使教学方法改革工作顺利进行，特安排以下三项工作：一是安排启动新一轮教学改革的培训工作，二是组织教师完成教学方法改革计划，三是举办教学方法（或工作方法）改革微课争霸赛。

1. 新一轮教学改革的培训

培训目标：

（1）通过培训让老师们了解并掌握世界前瞻的教育教学理念，推进教学改革的深入与创新，比如MOOC（慕课）、翻转课堂等。

（2）近年来职业教育教改大多源于教学评估、示范建设、精品课程等外在动力，通过教学方法改革，自下而上、迅速有效地推动课程的改革。

（3）了解源自美国的翻转课堂的教学理念，让课堂成为师生彼此能够面对面进行思想碰撞、互动交流、答疑解惑、技能训练、团队合作的关键时空。

（4）能够掌握微课程开发技术与方法，开发出“线上线下”有机结合的高职新课程。

（5）能够真正转变传统教师的角色，颠覆传统教学理念、教学流程与教学方式。

培训内容：

新一轮教学改革的培训由我来开发课程并主讲，新一轮教学改革的培训大纲如表3－5所示。

表3－5 新一轮教学改革的培训大纲

第一堂课 建构主义学习理论的启发 （3学时）	第二堂课 翻转课堂教学理念的运用 （3学时）
课程目标： 掌握建构主义学习理论并学以致用，为教学方法的改革提供理论依据	课程目标： 让学员真正转变传统教师的角色，颠覆传统教学理念、教学流程与教学方式
课程内容： 1. 此前高职主流课改的回顾：基于工作过程的课程体系和课程改革。 2. 分享鱼牛的故事：反思你自己的教学，学生学到了什么？ 3. 建构主义的学习观：学习不是由教师把知识简单地传递给学生，而是由学生自己建构知识的过程。	课程内容： 1. 翻转课堂：近年来一种源自美国、风靡全球的教育模式。 2. 主要特点：“翻转”的课堂将知识的传授转移到课外，让课堂成为彼此能够面对面进行思想碰撞的关键时空。 3. 成功运用的关键：一是课外真正发生了深入学习，二是课堂上真正能够相互碰撞引向更深层次。

续上表

<table>
<tr><th>第一堂课
建构主义学习理论的启发
（3 学时）</th><th>第二堂课
翻转课堂教学理念的运用
（3 学时）</th></tr>
<tr><td>4. 建构主义的四个关键因素：情境、协作、交流、意义建构。
5. 情境主义学习理论：是指在要学习的知识、技能的应用情境中进行学习的方式。
6. 建立各专业学习站：学习站的特点、在学习站成功学习的条件</td><td>4. “翻转”了什么：传统教师角色、教学理念、教学流程与教学方式。
5. 把握教师的新角色：课程的设计者、课程的组织者、情感的支持者、学习的参与者、信息的咨询者、环境的营造者</td></tr>
<tr><td>问题探讨：
1. 教改从未中断，不断在改、不断在变，结果如何？难道就不能稳定下来吗？
2. 是否每个人都在改变？是否每次教改都解决了深层次问题？我们是否跟上了社会的发展与变革？不改变是否可以？
3. 你的课堂是否也有 1/4、1/3 的学生不听课？你的工作幸福感和成就感如何？
4. 学过那么多数学，工作中常常“1/2 + 1/3”都用不上？学过那么多的英语依然是“哑巴”，职业教育还要这样教学生吗？
5. 你是否还在用你老师教你“储备知识”的方式教职教学生“运用知识”？你不觉得效率太低、效果太不尽如人意吗？</td><td>问题探讨：
1. 不但学生没见过“牛”，教他画牛的老师也没亲眼见过“牛”，但不排除有学生见过。
2. 有人辩解说授之“渔”而不是授之“鱼”。问题是学生连“鱼”都没见过，也许钓上来的可能是“蛤蟆”。
3. 学生未来工作中的更多内容是我们老师都没见过、没做过的。
4. 学生从老师身上学到更多的是方法能力和社会能力，专业能力更多的是他们在工作中自己学习与完善。
案例分享：“职业规划与成功素质训练”等课程是如何成功实现翻转课堂的？</td></tr>
<tr><td>第三堂课
线上线下一体化课程的开发
（3 学时）</td><td>第四堂课
教学方法微课争霸赛成果分享
（3 学时）</td></tr>
<tr><td>课程目标：
掌握线上课程与线下课程如何有机结合的开发策略，使学生在线上和线下的学习更有效率</td><td>课程目标：
通过观摩教学方法微课争霸赛的优秀作品，学习有效的高职教学方法，学习优秀的微课程设计和制作要点</td></tr>
<tr><td>课程内容：
1. 明确方法是为内容服务的：没有哪一种课程开发方法是放之四海而皆准的。
2. 线下课程的开发方式：模块课程、案例课程、项目课程、基于工作过程的课程开发方法。
3. 线上课程开发：网络课程、精品资源课程、微课程等。</td><td>课程内容：
1. 教学方法微课争霸赛：简介举办争霸赛的初衷、组织、评选、总结等全过程。
2. 为什么要做微课：转变观念，由教学改革的“被动者”转为主动地把握学习规律、开展教学改革，借此触发教改和教研的新灵感。</td></tr>
</table>

续上表

第三堂课 线上线下一体化课程的开发 （3学时）	第四堂课 教学方法微课争霸赛成果分享 （3学时）
4. 微课程简介：什么是微课程、微课程的特点。 5. 微课程的主要形式：PPT式微课程、讲课式微课程、情景剧式微课程、混合式微课程。 6. 线上课程与线下课程配合策略：教学设计、教学组织、教学实施、课程考核	3. 优秀微课案例点评：优秀微课具备的特点及要素。 4. 教学方法改革分享：全系50余名教师提出的教学方法的分类分析、总结归纳等。 5. 学生微视频作业大奖赛成果分享：依靠学生作业积累丰富精彩的微课程资源
案例讨论： 1. PPT式微课程案例制作与分享。 2. 利用录屏软件制作讲课式微课	案例讨论： 1. 结合微课显著特征点评教改微课作品。 2. 创业教育团队系列微课作品与其他专业团队微课作品的不同
案例分享： 1. “工商模拟市场实训”线上线下课程的设计、组织与实施。 2. “职业规划与成功素质训练”线上线下课程的设计、组织与实施	案例分享： 1. 全国大赛一等奖作品《培养创新能力》的设计思路与内容呈现。 2. 全国大赛二等奖作品《组建企业》的设计思路与内容呈现

2. 教学方法改革计划

以下选择5位教师在2013年进行的教学方法改革的计划供大家参考。

案例1：

工商管理系2013年教师教学方法改革计划表

工商企业管理教研室　　　　2013—2014（1）学期

教师姓名：阚雅玲　　　　课程名称：职业规划与成功素质训练

本学期以前在教学中，您遇到的困境或问题	以往教学是教师课堂先讲，然后学生训练。课堂师生互动不够，学生自主学习、共同分享、教师有针对性教学较为薄弱
为解决上述问题，该课程拟采用的典型教学方法	翻转课堂的教学方法

续上表

课程教学方法改革设计（教学方法改革的设计思路、在教学过程中如何综合运用上述典型教学方法、预期的教学效果）	一、什么是翻转课堂 翻转课堂是近年来一种源自美国、风靡全球的教育模式，学生在家或在有无线网络的地方课前学习课程内容。而上课时，先互动交流，教师聚焦主要问题，再有针对性地组织学习。翻转课堂是将知识的传授转移到课外，让课堂成为彼此能够面对面进行思想碰撞的关键时空。 二、成功实施翻转课堂的关键 一是课外是否真正发生了深入学习，二是课堂上是否能够真正相互碰撞将学习引向更深层次。 三、如何实施翻转课堂 课前：让学生自主学习教材、精品资源课程、微课程、教师QQ空间上的学习资源。 课堂：交流分享、思想碰撞、答疑解惑、项目训练、素质提高。 课后：全面实践课前与课堂学习的内容。 关键：通过课堂提问、互动与分享检查学生课前是否发生了深入学习；通过对课堂的有效设计、组织和实施，真正实现相互思想碰撞将学习引向更深层次。 四、翻转课堂的效果 1. 翻转课堂颠覆了传统的教学流程。过去是学生在课堂上齐步走，学习新知识；课后自主学，运用学到的知识和技能。而翻转课堂则是课前自主学，课堂中教师答疑解惑，因材施教，或开展活动帮助学生掌握和运用在课前学到的新知识与技能。 2. 翻转课堂翻转了传统的教学理念。事实上，目前教室里依旧是“以教师为中心”，“以学生为中心”很难落到实处。而翻转课堂做到了真正的“以学生为中心”，做到了因材施教。 3. 翻转课堂翻转了教师和学生的角色。在传统教室里，教师是知识的拥有者和传播者，而学生是接收者，学生总体上是被动地学习；而在翻转课堂里，学生是主动地自主学习，教师是学习的组织者和参与者。 4. 翻转课堂翻转了传统的教学模式。传统教学要利用好在线资源和在线学习，往往是课前课后由学生自学，而学生有依赖心理，认为反正老师会在课堂上讲。而翻转课堂则可以很好地利用混合学习模式，并巧妙地将在线学习与面对面的教学有机地结合起来，将新知识与技能的学习以及其应用和迁移有机地结合起来
实施教学方法改革需要我系提供的支持	希望督导和同行能更新观念，理解并支持本次改革

案例2：

工商管理系2013年教师教学方法改革计划表

创业管理教研室　　　　　　　　　　　　　　　　　　2013—2014（1）学期
教师姓名：邓白君　　　　　　　　　　　　　　　　　课程名称：创业管理

本学期以前在教学中，您遇到的困境或问题	以项目为导向、任务为驱动的教学理念得到普及后，教学方法不断进行改革，但商科类课程的教学方法同质化程度较高，一般都采用教师讲解示范，学生分组，课上完成讨论、小任务，课外完成项目，以PPT进行总结的形式开展。这些教学方法的单次使用可能效果较好，但放在整个教学体系中，则反映出一些普遍的问题，迫切需要改革，从而形成每门课独特的教学特色。 最突出的典型性问题是学生课堂活动以小组讨论，课外作业以PPT总结为主，一门课反复使用多次，甚至同一时间其他门课都同时采用此种方法，容易造成学生的倦怠情绪。再加上学生人数较多，教师过程性考核难以面面俱到，以及多元化考核体系不到位，容易造成学生小组中出现“搭便车”的边缘化群体，教学质量达不到预期
为解决上述问题，该课程拟采用的典型教学方法	以“杜威五步教学法”为核心，综合运用引导文法、案例分析法、情境演练法、小组讨论法、任务驱动法、模拟教学法、发现探究法
课程教学方法改革设计（教学方法改革的设计思路、在教学过程中如何综合运用上述典型教学方法、预期的教学效果）	教学方法的应用不应该是散状的，而是要串成一条主线，教学方法是工具，工具是为目的服务的。教学思想是教学方法的灵魂和精髓，它决定着教学方法的独立性。例如，“减少讲授到10分钟以内”也只是教学方法改革的一种尝试，在实际教学活动中不应被定义过的框架所束缚。在教学方法设计上，首先要解决教学目标、教学内容、教学对象、教学条件四个问题。 第一，“创业管理”课程的教学目标是帮助学生了解创业者的基本特征和所需素质，注重培养学生的创业意识和创业精神。这一目标隐含的认知、理解、分析、应用、情感、技能各有强弱侧重。作为大一新生的平台课，以创业综合素质的训练为主，以创业技能的训练为辅。摸清了教学目标的内在含义后，课堂要设计的教学方法就明确了。 第二，“创业管理”课程的教学内容主要是关于创业活动过程的程序性知识，它是关于“如何做”的程序性步骤，需要经常模仿练习才能掌握。课程单元依据建构主义和情境主义学习理论，按照学生的思维步骤依次分为7个学习模块，应用是关键，操练是重点。项目、任务设计的关键点在于通过“提升能力”“乐此不疲”“花样翻新”“贴近生活”的有效练习，使学生有兴趣地练，提升技能的熟练程度。 第三，“创业管理”课程的教学对象是大一的新生，一方面新生具有成人学习的特点，具有一定的世界观、强烈的求知欲，具有课堂上同教师在同一个平台上辩论以及课外独立钻研的能力；另一方面，新生刚入学，对学校、专业、课程、学习方法还不够了解和适应，受中学教学方法的影响较大。因此，教师不是把问题简单推给学生，而是引导学生愿意学、主动学，帮助学生掌握课前准备、课上参与、课外训练的基本技能和方法。

续上表

<table>
<tr>
<td>课程教学方法改革设计（教学方法改革的设计思路、在教学过程中如何综合运用上述典型教学方法、预期的教学效果）</td>
<td>第四，“创业管理”课程的教学条件主要是课室内的理实一体化，理论授课在多媒体教室，实训课在机房实训室。讲授仍然是每单元开始的必经阶段，与以往不同的是，课堂的边界模糊化，课堂的外延延伸，课前以引导文形式布置给学生准备资讯，课上创设情境，课外开展项目提交成果。授课教师以创业管理教研室师资为主，可以根据个人特长研发单元课程，在此基础上课前集体备课，课后集体总结探讨。
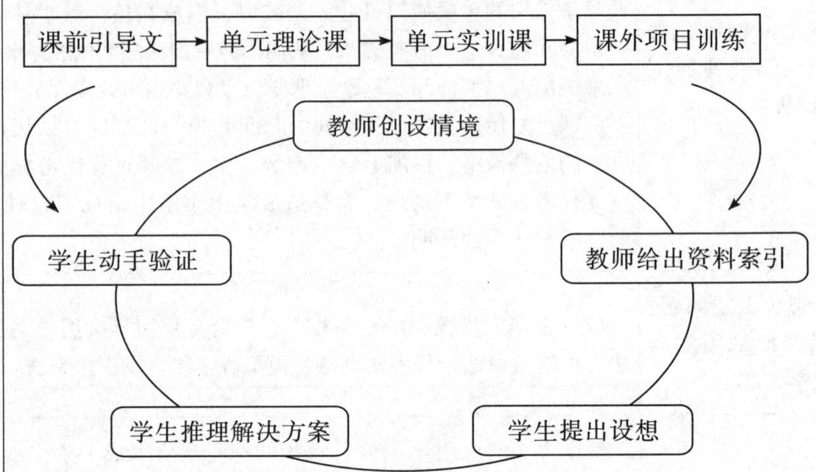

以上教学方法改革设想，在实际操作中必须进行项目任务创新、情境设置创新、过程监控创新、教学评价创新。教学改革需要教研室合力完成，我们期望通过教学达到四种关系的改变。
一是教师与教研室主任关系的改变。教师不再是被动的命令执行者，每一位教师都可以成为主动创造者、改革者，是可以“燎原的星星之火”。教师从学术权威和命令下达者的角色，转变为教学组织者、指导者、观察员、协调者。
二是教师与教师关系的改变。教师与教师从独立教学、重复备课，转变为真正合作性教学，增加相互观摩，每单元后召开研讨会，准备教学资料，及时调整教学内容、教学方法，提高教学水平，减少因教师不同造成的各班之间学习质量的差异。
三是教师与学生关系的改变。真正做到“以生为本”，从学生的思维认知特点组织教学内容，以学生的学习规律安排教学方法，不仅仅关注学生的最终成果，而是更关注学生认知结构的建立过程，学生能力的提高过程，学生情感意识的培养过程。
四是学生与学生关系的改变。除了由单向交流转变为师生双向交流，还必须关注“同辈教学”的效用，实现生生多向交流的转变。让学生自主成长为领导者、促进者，消除个别学生“搭便车”的情况。例如，建立课程及小组 QQ 群平台，及时发布学习信息，个人建立学习行为记录档案袋，将自己给予或得到的帮助予以记录等。</td>
</tr>
</table>

续上表

	本学期由于人才培养方案不匹配等原因，大班授课、小班研讨的模式未能施行，但准备好教学过程需要的系统性资料，为提高该课质量，打造精品，以及下阶段的人才培养方案改革奠定了坚实基础。 没有任何单一的教学方法能够适用于所有的教学情况。因此，有效的教学需要有可供选择的不同教学方法来达到不同的教学目标，而且需要不断予以相应的监控、调节和创新。改革教学方法，提升教学能力是教师毕生的工作
实施教学方法改革需要我系提供的支持	希望在人才培养方案改革、学生考评方式改革、教学评价改革和校企合作的实训机会等方面获得支持

案例3：

工商管理系2013年教师教学方法改革计划表

市场营销教研室　　　　2013—2014（1）学期

教师姓名：丁玉红　　　　课程名称：广告策划实务

本学期以前在教学中，您遇到的困境或问题	1. 实践课时选择虚拟型任务，与现实商业社会运作脱节 2. 学生希望接受更具挑战性的课堂任务
为解决上述问题，该课程拟采用的典型教学方法	以“真实”任务为载体的教学法
课程教学方法改革设计（教学方法改革的设计思路、在教学过程中如何综合运用上述典型教学方法、预期的教学效果）	“任务驱动教学”本质上应是通过“任务”来诱发、加强和维持学习者的成就动机。成就动机是学生学习和完成任务的真正动力系统。任务作为学习的桥梁，“驱动”学生完成任务的不是老师，也不是“任务”，而是学习者本身，更进一步说是学习者的成就动机。 “任务驱动”是实施探究式教学模式的一种教学方法，从学习者的角度说，“任务驱动”是一种学习方法，适用于学习操作类的知识和技能。 一、为什么要运用任务驱动式教学方法 1. 教学方法的设计，要建立“三个不要相信”的假设： “不要相信老师讲了，学生就会听， 不要相信学生听了，学生就会懂， 不要相信学生懂了，学生就会做。” 换句话说，现实教学状况是：讲了不一定清楚，清楚不一定记住，记住不一定理解，理解不一定行动。 2. 任务驱动式教学方法推行多年，离“真实”教学还有很远的距离

续上表

<table>
<tr><td>课程教学方法改革设计（教学方法改革的设计思路、在教学过程中如何综合运用上述典型教学方法、预期的教学效果）</td><td>一方面，由于课堂教学的限制，“任务”的选择多倾向于虚拟设置，离现实商业社会的运作较远。另一方面，学生希望能承担完成更具挑战性的任务。
基于此，任务驱动式教学方法需要与现实对接，引进“真实”设置的任务，亦即实现：任务驱动带来行动，在行动中学习，行动即学习。
二、以“真实”为载体的任务驱动式教学方法
1. 发布真实的任务
2. 构建真实的情景
3. 执行真实的流程
4. 给予真实的评价
三、以“广告策划实务”课程为例
1. 发布真实的任务
在2013年2—6月的“广告策划实务”课程教学中，先后发布如下真实的任务：
（1）针对2013年2月新鲜出炉的加多宝“对不起”系列广告，王老吉该推出何种主题广告进行应对？
（2）针对2013年3月国家主席夫人彭丽媛出访礼单之“百雀羚”，以当时情景下的百雀羚品牌，该借势推出何种主题的广告进行传播？
2. 构建真实的情景
学生分组成立工作室，并完成以下一系列任务：
（1）工作室命名：命名体现品牌含义，并设计简单的LOGO形象。
（2）人员分工定岗：根据人员特长进行任务分工，确立工作岗位。
（3）标案制作：以现实某一企业品牌为选题，根据其现状拟定广告策划标案。
（4）投标比标：按照企业投标比标流程操作。
（5）评标公示：制定评标标准，评比标案并进行公示。
3. 执行真实的流程
在构建真实的工作情景的同时，学生团队不断推进任务的执行进程，这一过程也完全比照真实的工作流程。
4. 给予真实的评价
按照评标要求制作评价标准，包括：
（1）费用预算。
（2）广告创意：巧妙性、新颖性、实用性。
（3）媒体选择：媒体搭配合理性、媒体时段（版面）购买价值。
（4）媒体排期：对品牌、销售的拉动力如何。
评分构成：老师70%，其他团队成员30%。
四、“真实”带来的挑战
1. “真实”的局限性：并非引进企业真实项目进行实操。
2. “真实”的操作性：学生易受到企业现阶段正在实施的商业策略的影响，很难跳出窠臼。
五、“真实任务”带来的效果
1. 在更具挑战性的现实任务面前，学生的能动性大大提高。</td></tr>
</table>

续上表

	2. 了解现实的工作流程，拉近与真实商业社会的距离。 3. 课堂气氛热烈，学生互动效果更好，学生在推动任务完成的进程中，主动发现问题、解决问题。 4. 通过真实任务的设置与解决，学生不仅理解了知识，还将知识灵活运用至行动，实现了"在行动中学习，行动即学习"
实施教学方法改革需要我系提供的支持	与校外企业进行实质性合作，包括：从企业引进合作项目，将项目与课堂教学实践进行结合，真正实现高校服务社会、回报社会的定位

案例4：

工商管理系2013年教师教学方法改革计划表

电子商务教研室　　2013—2014（1）学期

教师姓名：曾哲军　　课程名称：电子商务网站综合项目设计

本学期以前在教学中，您遇到的困境或问题	学生对于技术性的课程缺乏兴趣，上课参与度不够，教学目标难以实现
为解决上述问题，该课程拟采用的典型教学方法	专题讨论法，引导文法
课程教学方法改革设计（教学方法改革的设计思路、在教学过程中如何综合运用上述典型教学方法、预期的教学效果）	"电子商务网站综合项目设计"这门课程的课程目标，是让学生了解电子商务网站的设计与实施的全过程，掌握营销型电子商务网站的相关理论，并能利用相关理论对电子商务网站进行设计或制作。 存在的问题：以往的课程内容主要从技术的角度，让学生了解电子商务网站建设的全过程，采用的方法是项目教学法，具体的做法是从头到尾带领学生完成一个小型电子商务网站的制作，并在制作的过程中传授给学生营销型网站的相关理论。这种方法在信息工程学院时获得了较好的效果，一门课下来，学生基本能够完成一个小型网站项目的设计与实施。但在电子商务专业却普遍出现学生学习兴趣不高、课堂参与度不够、考核结果不理想等情况。 原因分析：电子商务专业的学生大部分对技术性课程不感兴趣，而且由于计算机相关基础课程课时不够或欠缺，在学习时感觉难度偏大，能真正坚持下来的同学不多。 改革思路：在教学目标不变的情况下，想要改变现状，必须从教学方法改革入手。将以往主要由教师讲授、学生课下练习的模式转变为以学生为中心、由学生主动构建相关知识的教学方法。在设计之初，本人主要确定了以下几个基本原则：①教学目标是让学生了解和掌握营销型电子商务网站的相关理论以及

续上表

<table>
<tr>
<td>课程教学方法改革设计（教学方法改革的设计思路、在教学过程中如何综合运用上述典型教学方法、预期的教学效果）</td>
<td>
应用。②提高学生信息搜索与分析的技能。③由学生主动构建相关知识，教师作为引导者来确保教学过程的顺利实施。④考核形式必须进行改革以适应教学方法的变化。基于以上几个原则，本学期采用了引导文教学法和专题讨论法。
具体的实施方法为：①学期初将学生分为9个小组，每组5人，并向学生说明教学方法改革的思路和相关实施细则，引发学生的参与热情。②教学专题的设计围绕营销型网站的特质和理论进行设计，并适当地予以提高。③每个专题的实施是先由教师给出相关材料并进行讲解，布置专题报告的任务（专题报告要求是每次报告由一人完成，以后轮换，报告时间10分钟，要求每组报告的角度必须不一样，选题角度可大可小）。④学生课上讨论，确定选题（先上报至QQ群的确定选题后，其他小组只能选择其他角度），课下收集材料并进行分析，制作专题报告PPT并进行现场演讲。⑤学生互评＋教师点评。
专题的设计如下表所示：
<table>
<tr><th>周次</th><th>内　容
（章节号、课题名称、实训项目名称）</th><th>课时数</th><th>授课方式</th></tr>
<tr><td>1</td><td>专题1：互联网产品经理（电子商务网站设计师）的工作内容、能力点及所需掌握的工具
要求：在教师的引导下，自行搜索相关资料，通过小组讨论，确定演讲主题并形成PPT形式的作业</td><td>3</td><td>教师讲授
学生讨论</td></tr>
<tr><td>2</td><td>学生分组演讲，学生互评，教师点评</td><td>3</td><td>教师讲授
学生实验</td></tr>
<tr><td>3</td><td>专题2：营销型网站的特质
要求：在教师给出的引导材料下，小组分析、讨论、搜索，确定演讲题并形成PPT形式的作业</td><td>3</td><td>教师讲授
学生实验</td></tr>
<tr><td>4</td><td>学生分组演讲，学生互评，教师点评</td><td>3</td><td>教师讲授
学生实验</td></tr>
<tr><td>6</td><td>专题3：网站规划专题（各种类型电子商务网站的规划——规模、类型、媒介等方面）
要求：在教师给出的引导材料下，小组分析、讨论、搜索，确定演讲主题并形成PPT形式的作业</td><td>3</td><td>教师讲授
学生实验</td></tr>
<tr><td>7</td><td>学生分组演讲，学生互评，教师点评</td><td>3</td><td>教师讲授
学生实验</td></tr>
</table>
</td>
</tr>
</table>

续上表

<table>
<tr><td rowspan="8">课程教学方法改革设计（教学方法改革的设计思路、在教学过程中如何综合运用上述典型教学方法、预期的教学效果）</td><td>周次</td><td>内 容
（章节号、课题名称、实训项目名称）</td><td>课时数</td><td>授课方式</td></tr>
<tr><td>8</td><td>专题4：商品分类页面设计（营销型、用户体验、创新等方面）
要求：在教师给出的引导材料下，小组分析、讨论、搜索，确定演讲主题并形成PPT形式的作业</td><td>3</td><td>教师讲授
学生实验</td></tr>
<tr><td>10</td><td>学生分组演讲，学生互评，教师点评</td><td>3</td><td>教师讲授
学生实验</td></tr>
<tr><td>11</td><td>专题5：商品详细描述页面设计（营销型、用户体验、创新等方面）
要求：在教师给出的引导材料下，小组分析、讨论、搜索，确定演讲主题并形成PPT形式的作业</td><td>3</td><td>教师讲授
学生实验</td></tr>
<tr><td>12</td><td>学生分组演讲，学生互评，教师点评</td><td>3</td><td>教师讲授
学生实验</td></tr>
<tr><td>13</td><td>专题6：首页广告和推荐模块设计（营销型、用户体验、创新等方面）
要求：在教师给出的引导材料下，小组分析、讨论、搜索，确定演讲主题并形成PPT形式的作业</td><td>3</td><td>教师讲授
学生实验</td></tr>
<tr><td>14</td><td>学生分组演讲，学生互评，教师点评</td><td>3</td><td>教师讲授
学生实验</td></tr>
<tr><td>15</td><td>专题7：（以下主题各组任选一个）
挑选京东、亚马逊、当当、易迅、国美在线、苏宁易购等B2B网站，运用之前所积累的知识列出其优缺点、对比报告和改进意见；
挑选淘宝网任意3家网店、拍拍网任意3家网点，运用之前所积累的知识列出其优缺点、对比报告和改进意见；
挑选几个移动电子商务软件或网站，运用之前所积累的知识列出其优缺点、对比报告和改进意见。
要求：在教师给出的引导材料下，小组分析、讨论、搜索，确定演讲主题并形成PPT形式的作业</td><td>3</td><td>教师讲授
学生实验</td></tr>
</table>

续上表

<table>
<tr><td rowspan="3">课程教学方法改革设计（教学方法改革的设计思路、在教学过程中如何综合运用上述典型教学方法、预期的教学效果）</td><td>周次</td><td>内容
（章节号、课题名称、实训项目名称）</td><td>课时数</td><td>授课方式</td></tr>
<tr><td>16</td><td>学生分组演讲，学生互评，教师点评</td><td>3</td><td>教师讲授
学生实验</td></tr>
<tr><td colspan="4">预期效果：
（1）学生的信息检索与分析能力得到提高。
（2）学生掌握并完成教学目标所要求的内容，甚至达到的目标超出教师的预期。
（3）学生的学习兴趣提高，课堂参与度提高。
（4）为以后同类型课程的教学方法改革提供借鉴</td></tr>
<tr><td>实施教学方法改革需要我系提供的支持</td><td colspan="4">教学方法理论培训、实施过程监控</td></tr>
</table>

案例5：

工商管理系2013年教师教学方法改革计划表

创业管理教研室　　2013—2014（1）学期

教师姓名：王丽娜　　课程名称：商业模式

<table>
<tr><td>本学期以前在教学中，您遇到的困境或问题</td><td colspan="5">基于教学目标的要求，学生需要掌握商业模式的基本构造，并学会设计商业模式。而其中部分模式多样化，学生理解出现困难</td></tr>
<tr><td>为解决上述问题，该课程拟采用的典型教学方法</td><td colspan="5">总体设计为四阶段渐进式教学法，其中典型教学法：画布游戏法</td></tr>
<tr><td rowspan="4">课程教学方法改革设计（教学方法改革的设计思路、在教学过程中如何综合运用上述典型教学方法、预期的教学效果）</td><td colspan="5">一、设计思路
“商业模式”课程是工商企业管理专业创业管理方向的核心课程。本课程基于模块教学的内容不同，可以分为四个阶段：导入阶段、理论学习阶段、知识检验阶段、技能实操阶段。</td></tr>
<tr><td>教学阶段</td><td>导入阶段</td><td>理论学习阶段</td><td>知识检验阶段</td><td>技能实操阶段</td></tr>
<tr><td>教师教法</td><td>提问法
案例教学</td><td>启发教学法
任务驱动法</td><td>头脑风暴法
影音观摩法</td><td>情景演绎法
现场演示法</td></tr>
<tr><td>学生学法</td><td>搜集资料（互联网、书籍杂志）
案例分析</td><td>调查研究法
张贴纸板法</td><td>分组讨论法
即兴演讲法</td><td>角色扮演法
画布游戏法</td></tr>
</table>

续上表

<table>
<tr>
<td>课程教学方法改革设计（教学方法改革的设计思路、在教学过程中如何综合运用上述典型教学方法、预期的教学效果）</td>
<td>
对于商业模式的相关工作来说，可视思考是必不可少的。所谓的可视思考，是指使用诸如图片、草图、图表和便利贴等视觉化工具来构建和讨论事情。因为商业模式是由各种构造块及其相互关系所组成的复杂概念，不把它描绘出来将很难真正理解一个模式。因此，商业模式画布法蕴意而生，同时在百度应用软件中，可搜索到模拟的商业模式画布软件，学生可下载到手机上学习。
画布游戏法：
基于教学目标的要求，学生需要掌握商业模式的基本构造，并学会设计商业模式。通过商业模式画布游戏，检测和反思某个商业模式。
游戏人数：1～6 人。较好的做法是迅速独立构思并描绘出各自的想法。但是，为了将个人的想法与某个组织现有的或是即将出现的商业模式联系起来，应该和其他人一起共同工作。参与者的背景差异越大，描绘出来的商业模式越精确。
游戏时间：建议的大致时间——个人单独的工作时间需要 15 分钟，构建某个企业组织现有商业模式需要 2～4 小时，开发未来的商业模式或是初创的商业模式需要 2 天左右的时间。
游戏规则：表达商业模式最好的方式就是让大家在墙上的挂图纸上把它画出来。打印一幅放大后的画布或是在墙上画一个画布，将要讨论的条目列在上面。如果将它画出来，它看起来应该像下面这样。 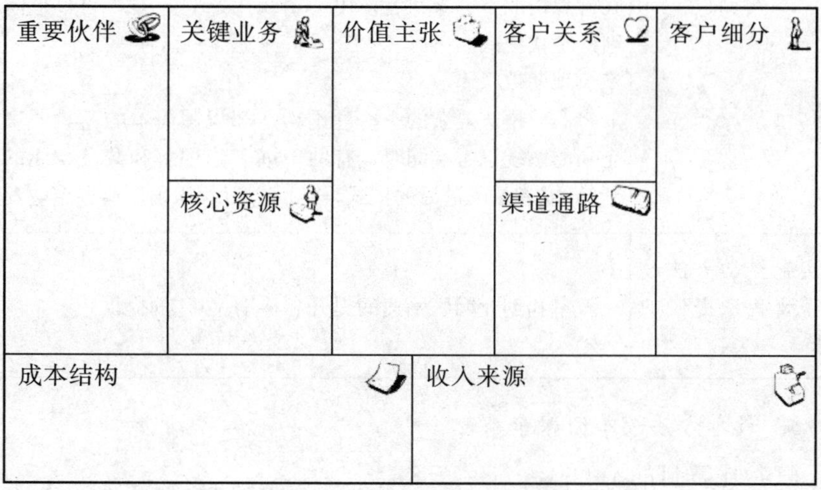
<table>
<tr><td colspan="2" rowspan="2">重要伙伴</td><td colspan="2">关键业务</td><td colspan="2" rowspan="2">价值主张</td><td colspan="2">客户关系</td><td colspan="2" rowspan="2">客户细分</td></tr>
<tr><td colspan="2">核心资源</td><td colspan="2">渠道通路</td></tr>
<tr><td colspan="5">成本结构</td><td colspan="5">收入来源</td></tr>
</table>
确保大家都有马克笔以及不同色样和大小的便利贴。还需要用相机或手机把结果拍下来。
进行“商业模式画布”这个游戏时，可以有多种不同种类玩法和变化。目前只运用最基本的玩法。这种玩法将用于构建企业现有的商业模式和自身的评估，制定现有商业模式改进点以及讨论潜在的新兴商业模式，学习者可以根据各自方案和目标轻松加以调整。
</td>
</tr>
</table>

续上表

课程教学方法改革设计（教学方法改革的设计思路、在教学过程中如何综合运用上述典型教学方法、预期的教学效果）	（1）开始构建商业模式时，一个好的方法就是让大家描绘企业所服务的客户细分市场。参与者根据客户细分群体的不同，将不同颜色的便利贴贴在画板上。每组客户代表着一个特定的群体（例如，报纸服务的对象是读者和广告商），比如他们有特定的需求，而你得向他们提供特定的价值主张（产品/服务），或他们需要不同的渠道通路、客户关系或收入来源。 （2）接下来，参与者描述企业对每个客户细分提供的价值主张的理解，即反映出每类客户细分的价值主张。参与者应当使用相同颜色的便利贴代表每个价值主张和对应的客户细分群体。如果每一个价值主张涉及两个差异很大的客户细分群体，那么应当分别使用这两个客户细分群体对应颜色的便利贴。 （3）参与者使用便利贴将该企业商业模式中所有的剩余模块标识出来。相关客户细分群体始终坚持使用同一颜色的便利贴。 （4）映射出整个商业模式后，可以开始评估该商业模式的优劣势。也就是，将绿色（代表优势）和红色（代表劣势）的便利贴粘在商业模式中运行良好的模块和有问题的模块旁边。除了用绿色和红色标注优劣势，也可以在便利贴上标出“+”和“-”分别标注优劣势。 （5）基于某企业的商业模式的图形化表达方法，即参与者通过步骤（1）~（4）所产生的画布，选择对现有商业模式进行改进，或创建出另外一个全新的模式。在理想情况下，参与者使用一个或几个商业模式画布来体现改进的商业模式或新的替代模式。 二、预期效果 将商业模式复杂的一些理论构造知识用简单的工具图来解决，帮助学生进行全新的系统思考。同时，有助于进一步理解和共享企业的商业模式，通过列出新的/或者是改进后的模式，帮助学习者明确创业型企业发展的策略与方向
实施教学方法改革需要我系提供的支持	教室和创业园区网速的提升和移动 WiFi 的提供

3．教学方法改革微课争霸赛

（1）比赛目的。

教学方法是实现教学目标、完成教学任务的基本保证，是决定人才培养质量的重要因素。本竞赛旨在激发教师教学改革的热情，提高教师创新教学方法的能力，同时学会微课程开发的方法，并通过互评互学分享集体的智慧。而借助微课程这一工具，教师们可以将教学方法改革的隐性成果显性化、显性成果标准化、研究成果传媒化、科研门槛草根化。

（2）比赛内容及要求。

本竞赛要求：微课以视频为载体，记录教师围绕某课程的教学方法改革开展的简短、完整的介绍。参赛的专任教师选择自己负责的一门专业课程或专业基础课程，参赛的教辅工作人员结合工作岗位的要求，精心准备，充分合理运用各种现代教育技术手段，设计课程教学方法改革，录制成时长约 5 分钟的微课视频。

内容要求：

教学方法改革主要解决三个问题：为什么要改革？如何改革？改革之后预期的效果如何？具体要求如下：

教学方法改革设计应反映该门课程的教学目标、教学方法改革的背景和设计思路、教学方法的综合运用以及预期效果等方面的内容。

视频要求：

图像清晰稳定、构图合理、声音清楚，能较全面、真实地反映教学情境，能充分展示教师良好教学风貌。视频片头应显示标题（某教学方法）、作者和课程名称，主要教学环节有字幕提示。

各位参赛者可以根据实际需要，提交以下三种形式之一的视频作品参赛。

第一种类型：PPT 式微课程。此课程比较简单，PPT 由文字、音乐、图片构成，设计 PPT 自动播放功能，然后转换成视频。时间为 5 分钟。

第二种类型：讲课式微课程。此课程由讲师按照微课程要求，按照模块化进行授课拍摄，经过后期剪辑转换，形成微课程。时间为 5 分钟。

第三种类型：情景剧式微课程。此课程借鉴好莱坞大片拍摄模式，组成微课研发团队，对课程内容进行情景剧设计策划，撰写脚本，选择导演、演员、场地进行拍摄，经过制片人后期视频剪辑制作，最终形成微课程。时间为 5 分钟。

视频格式要求为 MP4、FLV、WMV。

（3）其他要求。

此次争霸赛对微课程的要求还体现在以下几个方面。

聚焦：主题鲜明，以点带面地阐明教学方法改革的背景、实施及效果。

简明：微课程的时间控制在 5 分钟以内，简明扼要地概述教学方法改革。

清晰：使用规范用语，表述清晰、有条理。画面合理布局，成像清晰，无明显的质量缺陷。

技术：针对主题，选取合适的一种或者多种技术方法，恰当运用信息技术，切勿滥用技术。

创新：教育理念创新，教学模式创新，运用技术创新，丰富教学方法策略，激发学生的学习兴趣，为学生创造良好的学习环境和学习氛围。

工商管理系 2013 年教学方法微课争霸赛作品一览表如表 3－6 所示。

表3－6　工商管理系2013年教学方法微课争霸赛作品一览表

组别	专业：电商、物流、营销、创业			组别	专业：企业管理、连锁经营		
序号	姓名	教改微课程题目	微课程的形式	序号	姓名	教改微课程题目	微课程的形式
1	付荣华	引导文的教学法	PPT式（√） 讲课式（ ） 情景剧式（ ）	1	陈　建	房地产投资教学改革	PPT式（√） 讲课式（ ） 情景剧式（ ）
2	黄　亮	逆向教学法	PPT式（√） 讲课式（ ） 情景剧式（ ）	2	阚雅玲	翻转课堂教学改革	PPT式（ ） 讲课式（√） 情景剧式（ ）
3	黄　颖	企业物流管理事务——实践教学方法改革	PPT式（√） 讲课式（ ） 情景剧式（ ）	3	彭　静	教学加减法	PPT式（ ） 讲课式（√） 情景剧式（ ）
4	张晓青	“情景模拟”教学法——以“推销实务”课程为例	PPT式（ ） 讲课式（√） 情景剧式（ ）	4	万　莉	商务礼仪教学方法改革探索	PPT式（√） 讲课式（ ） 情景剧式（ ）
5	赵延勤	以学生为中心教学法	PPT式（ ） 讲课式（√） 情景剧式（ ）	5	张丽娜	体验式教学法在“市场营销”课程中的应用	PPT式（ ） 讲课式（√） 情景剧式（ ）
6	林海松	“学生是主角”教学法	PPT式（ ） 讲课式（√） 情景剧式（ ）	6	黄美灵	课程方法改革——以如何培养领导力的课程为例	PPT式（√） 讲课式（ ） 情景剧式（ ）
7	蒋　勇	汽车营销教学中导入FAB产品推介法	PPT式（√） 讲课式（ ） 情景剧式（ ）	7	梁永奕	“职业规划与成功素质训练”课程教学方法改革	PPT式（√） 讲课式（ ） 情景剧式（ ）
8	丁玉红	四步“真实”走任务驱动式教学方法探讨	PPT式（√） 讲课式（ ） 情景剧式（ ）	8	杨问芝	问题教学法在“经济学基础”教学中的应用	PPT式（ ） 讲课式（√） 情景剧式（ ）

续上表

组别	专业：电商、物流、营销、创业			组别	专业：企业管理、连锁经营		
序号	姓名	教改微课程题目	微课程的形式	序号	姓名	教改微课程题目	微课程的形式
9	王丽娜	商业模式课程教学方法	PPT式（ ） 讲课式（√） 情景剧式（ ）	9	郭全美	教学改革——反思教学法	PPT式（√） 讲课式（ ） 情景剧式（ ）
10	吴 隽	合作创建课堂	PPT式（√） 讲课式（ ） 情景剧式（ ）	10	王冬梅	启发式教学法	PPT式（√） 讲课式（ ） 情景剧式（ ）
11	占 挺	“工商模拟市场实训”课程方法改革	PPT式（√） 讲课式（ ） 情景剧式（ ）	11	王书暐	经济学基础之CPS教学法	PPT式（√） 讲课式（ ） 情景剧式（ ）
12	李 霞	任务驱动教学法应用	PPT式（ ） 讲课式（√） 情景剧式（ ）	12	何 霞	提高学习能力教学改革	PPT式（√） 讲课式（ ） 情景剧式（ ）
13	邓白君	投资人如何评价你的创业项目	PPT式（ ） 讲课式（ ） 情景剧式（√）	13	吴 强	职业规划与成功素质训练就业篇教学改革	PPT式（√） 讲课式（ ） 情景剧式（ ）
14	盛 鑫	基于问题的教学方法	PPT式（√） 讲课式（ ） 情景剧式（ ）	14	王彦保	连锁企业信息管理教学改革	PPT式（√） 讲课式（ ） 情景剧式（ ）
15	王剑峰	基于能力培养的教学方法	PPT式（√） 讲课式（ ） 情景剧式（ ）	15	徐剑锋	商务沟通技巧教学改革	PPT式（√） 讲课式（ ） 情景剧式（ ）
16	陈洪全	网络营销教学改革	PPT式（√） 讲课式（ ） 情景剧式（ ）	16	卞 青	人力资源管理教学改革	PPT式（√） 讲课式（ ） 情景剧式（ ）
17	李连生	行动导向教学法	PPT式（√） 讲课式（ ） 情景剧式（ ）	17	姚 丽	亚健康预防与管理教学改革	PPT式（√） 讲课式（ ） 情景剧式（ ）
18	曾哲军	电子商务教学方法改革	PPT式（√） 讲课式（ ） 情景剧式（ ）	18	张微雁	办公室事务管理教学改革	PPT式（√） 讲课式（ ） 情景剧式（ ）

续上表

组别	专业：电商、物流、营销、创业			组别	专业：企业管理、连锁经营		
序号	姓名	教改微课程题目	微课程的形式	序号	姓名	教改微课程题目	微课程的形式
19	雷　平	“现代推销技巧”教学方法改革探讨	PPT式（√） 讲课式（ ） 情景剧式（ ）	19	李威丽	美容会所经营与管理教学改革	PPT式（√） 讲课式（ ） 情景剧式（ ）
20	汤海洪	以学生为中心的教学改革	PPT式（√） 讲课式（ ） 情景剧式（ ）	20	朱　艳	亚健康预防与调理——教学方法改革微课	PPT式（√） 讲课式（ ） 情景剧式（ ）
21	胡子瑜	引导—启发—探讨—归纳	PPT式（ ） 讲课式（√） 情景剧式（ ）	21	张　勇	化妆品学课程“教学做一体化”教学方法	PPT式（√） 讲课式（ ） 情景剧式（ ）
22	李引霞	“做中学”教学法	PPT式（√） 讲课式（ ） 情景剧式（ ）	22	林庚福	英汉互译中的正反交替	PPT式（√） 讲课式（ ） 情景剧式（ ）
23	谭福河	提升讲授法应用效果的建议	PPT式（√） 讲课式（ ） 情景剧式（ ）	23	杨邦蕊	化妆设计课程改革	PPT式（√） 讲课式（ ） 情景剧式（ ）
24	陈树秋	创业产业园的小清新	PPT式（√） 讲课式（ ） 情景剧式（ ）	24	门洪亮	连锁经营管理综合技能实训教学改革	PPT式（√） 讲课式（ ） 情景剧式（ ）
25	孔庆淇	工商模拟市场建设教学改革	PPT式（√） 讲课式（ ） 情景剧式（ ）	25	陶　金	连锁门店开发教学改革	PPT式（√） 讲课式（ ） 情景剧式（ ）
26	黄洁琦	转变工作思路提高教学服务能力	PPT式（√） 讲课式（ ） 情景剧式（ ）	26	范玉莲	化妆与形象设计实操教学改革	PPT式（√） 讲课式（ ） 情景剧式（ ）

三、课堂教学设计方案

若要上好一堂课，课堂的教学设计非常重要，下面和大家分享我亲自指导的三个青年教师所做的课堂教学设计案例，一个是职业素养课，一个是专业核心课，一个是综合技能训练课。这三个教师带着这三个课程设计参加了广东省和教育部组织的高职教师信息化教学技能竞赛，并获得了全国一、二等奖的好成绩，这也是我非常有成就感的一件事情。

案例1：

课程类别：职业素养与就业创业能力课

课程名称：职业规划与成功素质训练

教学单元：培养创新能力

<table>
<tr><th colspan="6">设计摘要</th></tr>
<tr><td>教学单元</td><td colspan="5">培养创新能力</td></tr>
<tr><td>课程</td><td>职业规划与成功素质训练</td><td>学时</td><td>8 课时</td><td>班级</td><td>2012 级市场营销</td></tr>
<tr><td>所选教材</td><td colspan="5">阚雅玲，等. 职业规划与成功素质训练［M］. 北京：机械工业出版社，2009.</td></tr>
<tr><td>参考资料</td><td colspan="5">（1）余圣泉. 从知识传递到认知建构、再到情境认知——三代移动学习的发展与展望［J］. 中国电化教育，2007（6）.
（2）杨晓宏，贾魏. 现代学习理念导向下的数字化学习资源构建研究［J］. 中国电化教育，2013（3）.</td></tr>
<tr><th colspan="6">设计理念</th></tr>
</table>

本教学设计依据“认知构建”与“情境认知”等现代学习理论，结合教学内容和学生特征，本着情境性、探究性、协作性、共享性以及自主性等原则，借助现代网络技术和移动通信技术，力求为学生营造一个可以在体验探究中学习、不受时空限制、高度自主的移动学习环境，促进以学生为中心的自主知识构建和实现素质能力的提升。

在此思想的指导下，教师通过创设真实情境以引导学生实现知识的迁移，通过创设问题以激发学生进行探究思考和尝试创造性实践，通过组建团队鼓励学生在团队合作与竞争中，进行互动学习交流和互评，通过共享数字化教学资源使得学生可以随时随地按需学习，并且提供可选择的多样化的资源，以鼓励学生在已有的认知结构上，自主构建新的知识和激发个体的潜能。在这个过程中，学生是学习的主体，而教师只是课程的设计者、学习的引导者和参与者以及学生个性发展的促进者。教学理念示意图如图3－1所示。

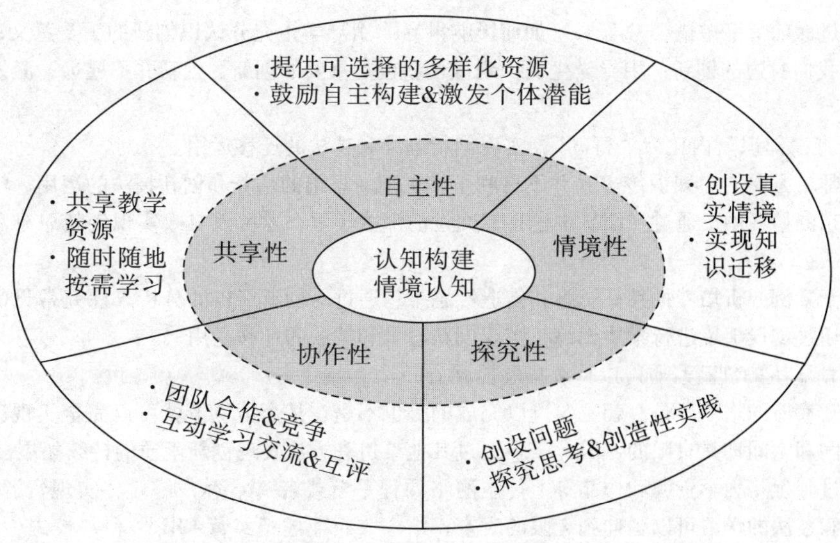

图3－1　教学理念示意图

续上表

一、教学目标与内容

1. 教学目标

（1）激发学生产生创新的欲望。

（2）使学生能够运用创新思维、创新技巧与方法进行微创新。

（3）使学生能够在模拟的和真实的经营管理工作中运用创新思维。

2. 教学内容

（1）课程内容："职业规划与成功素质训练"是我校旨在全面提高工商管理类专业学生的综合素质而开设的一门核心必修课程，它以学生的职业规划为起点，以学生就业能力为落脚点，从起点到落脚点，按照用人单位的要求，确定进取心、诚信素养、积极心态、科学管理时间、学习能力、自信心、有效沟通、团队精神、创新能力以及解决问题的能力等10项成功素质进行深入训练。该课程共计150学时，分布于5个学期，按照规划篇、基础篇、成长篇、成熟篇和就业篇开设，每个学期平均30学时。

（2）单元内容：创新素质是10项成功素质中不可或缺的一项素质，本单元的主题是"培养创新能力"，主要是通过思维碰撞、技巧与方法学习、素质训练等提高学生的创新能力。具体内容如下。

①创新的重要意义（1学时）。

②创新思维的培养（1学时）。

③创新技巧与方法（重点，2学时）。

④创新素质训练与拓展提升（重点，4学时+）。

3. 教学难点

（1）如何消除"创新惰性"，激发"自主创新欲望"。

现状：随着年龄的增长和习惯的养成，大多数学生往往会"安于现状"，产生"创新惰性"，成为阻碍创新思维发展和创新素质提升的顽敌，因此要使学生乐于和善于创新，就必须先激发学生的创新欲望。

对策：通过课前情境抛锚"'苹果'如何影响世界"引导学生充分认识创新的重要意义；通过课上情境抛锚"我们身边的创新"引导学生认识到微创新也是重要的创新，创新并不遥远，激发学生进行创新的欲望。

（2）如何将"知识"内化为"行动"，实现创新思维和技法的迁移运用。

现状：教师单方向的"知识传递"并不有利于学生创新思维的培养和创新技法的运用，学生需要在真实的、复杂的情境中，通过在团队中进行探究性的深度学习，才可以有效实现创新思维和技法的迁移运用。

对策：基于案例分析培养批判性思维和创造性思维；通过对创新广告的分析来探究常见的创新技法及其运用；通过创设情境进行素质训练，实现创新思维和技法的迁移运用。

（3）如何使学生的创新素质得以持续拓展提升。

现状：创新素质的培养不是一朝一夕可以完成的，也不是在某个情境下就可以完全实现突破的，但是课堂的时间和空间却是有限的，因此需要通过其他渠道和方法实现创新素质的持续拓展提升。

对策：通过师生将教学资源和作品等上传至网络课程平台或者App客户终端，实现资源云端共享，使创新思维和技法的学习可以延伸到无限的时空；结合"企业虚拟经营ERP"和"校内生产性实训"这两门课程进行跨课程整合训练，让学生在经营业务范围选择、营销策划、产品组合等方面进一步训练创新素质。

续上表

二、学生特征分析		
（1）一般特征：教学对象是市场营销专业 2012 级的学生，已经完成了“管理学基础与实务”“市场营销”等课程的学习，掌握了企业管理的基本知识和基本技能，并且通过前 3 个学期的“职业规划与成功素质训练”课程的学习，学习能力、沟通能力、合作能力等都得到了训练，既能较好地自主学习，也能较好地与他人合作沟通。 （2）初始能力：学生已具备一定的电脑操作能力和 PPT 制作技术，能比较熟练地运用搜索引擎搜集信息和制作 PPT 演示稿；95% 以上学生拥有个人电脑，约 70% 学生拥有智能手机、笔记本电脑或者平板电脑，能支持“移动学习”。 （3）学习风格：90 后的学生偏好以视频或者是动画展现的知识和案例，喜欢亲自动手实践和团队协作，所以在课程中运用多种信息化技术手段，可以刺激学生的感官，调动学习的积极性和主动性。		
三、教学策略		
基于上述教学理念，结合学习目标与内容以及学生特征分析，采取“七步走”教学策略，如图 3-2 所示。		
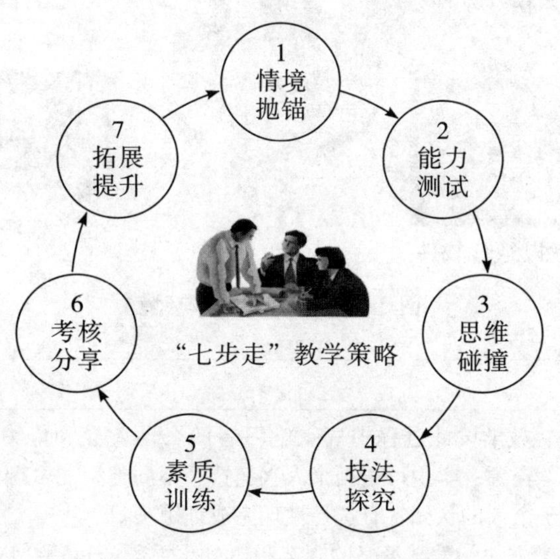 图 3-2 “七步走”教学策略		
四、学习资源与信息化教学环境		
1. 学习资源类型		
（1）网络课程	（2）专业教学资源库	（3）相关资源网站群
（4）教师课件 & 微课程	（5）往届学生学习成果	（6）企业虚拟经营软件
2. 学习环境选择		
（1）WEB 教室（提供 WiFi）	（2）校园网与因特网	（3）移动上网设备

续上表

3. 信息化教学环境（如图3－3所示）为信息化教学环境

（1）已经建成网络课程（http：//121.33.253.215/solver/classView.do？classKey＝1488044）、精品资源共享课程（http：//121.33.253.215/solver/classView.do？classKey＝2358909）和工商企业管理专业教学资源库（http：//gsx.vip020.cn/），为学生提供以图、文、视频等形式展现的成功案例、成功故事、成功方法等大量丰富的资源，并且正在筹建网络课程的App客户终端，学生通过智能手机、电脑等在任何时间及任何有无线网络的地点根据个人的需求获取学习资源，上传学习资源和与教师和同学进行互动交流。

（2）教学中还会借助相关的互联网资源网站，如网易公开课、百度搜索、优酷视频、土豆网等，对已有的学习资源进行补充和更新。

（3）借助企业虚拟经营软件ERP让学生在经营管理环境中进行素质的训练。

图3－3　信息化教学环境

五、教法学法运用

（1）因材施教教学方法：教学设计过程中尊重学习者的个性差异和能力差异，为学生提供以图、文、视频等形式展现的教学资源，学生可根据个人兴趣选择不同类型的资源进行学习，并且设计开放性的情境，使学生可以基于个人的认知，有选择性地完成训练项目。

（2）以学生为中心的教学方法：教学策略的制定和信息化手段的运用，以学生为中心的教学理念，选择学生普遍感兴趣的课堂活动和信息资源，营造能让学生随时随处按需学习的教学环境，引导学生通过自己进行信息搜索来强化对知识的理解，通过在真实的情境中进行素质训练来构建和内化知识。

（3）案例分析教学方法：在课前，学生通过查找“苹果”产品创新历程的相关信息和观看乔布斯的演讲来感受创新的重要意义；课上，教师播放既符合教学需求又紧贴生活潮流的案例视频《谷歌创始人展示谷歌眼镜》，激发学生进行思维碰撞，提升学生的批判性思维能力和创造性思维能力。

（4）竞争合作教学法：引导创新能力比较强的学生担任团队的领导人，并且由他们负责组建团队，一方面可以继续发挥他们的优势保持学习的热情，另一方面可以通过他们带动其他学生在团队协作与竞争中进行互动学习和交流。

（5）基于问题的学习法：通过提出不确定的问题来发展学生的批判性思维，如“创新是手段还是目的”“创新技法在营销中是如何被运用的”等，并且营造解决问题的环境，以此活化学生解决问题过程中的知识与思维，变事实性知识为问题解决的工具，由此搜索与建构问题解决的策略。

续上表

六、学习活动组织

1．自主学习设计

类型	相应内容	使用资源	学生活动	教师活动
支架式	了解创新的意义 素质测试	相关资源网站 课程网站 PC 端和 App 客户端	查找案例资料 观看视频 参与测试	设计、启发 组织、协调 引导

2．协作学习设计

类型	相应内容	使用资源	学生活动	教师活动
（1）伙伴	组建团队进行创新技法运用分析，并为某淘宝网店铺进行论坛和微博营销	课程网站 PC 端和 App 客户端 相关资源网站 教学资源库	头脑风暴 协调分工 制定方案 制作汇报材料	设计、引导、协调、多元化评价
（2）协同	总结和分享所学的知识	课程网站 PC 端和 App 客户端 教学资源库	总结分享 团队互评	启发、指导、多元化评价

3．教学过程组织

教学内容	教学策略	教学过程组织	信息技术运用
（1）认识创新的重要意义(45分钟+)	策略 1 情境抛锚	课前抛锚：“苹果”如何影响世界？ ①教师通过网络课程中的“作业练习列表”发布作业信息：登录苹果公司官网及其他网站了解“苹果”产品的创新历程及其获得的巨大商业成功；观看乔布斯在斯坦福大学的演讲。 ②引导学生在网络课程 PC 端或 App 客户端中的“交流论坛”进行互动交流。	①网络课程 PC 端和 App 客户端中“作业练习列表”的运用。 ②网络课程 PC 端和 App 客户端中的“交流论坛”的运用。
		课上抛锚：我们身边有哪些创新？ ①播放微课程“身边的创新”，让学生意识到创新并不遥远。 ②引导学生利用互联网资源搜索身边物品的创新历程，并且鼓励拍照上传和分享。	①PPT 微课程。 ②网络课程 PC 端和 App 客户端中的“交流论坛”的运用。
	策略 2 能力测试	清楚个体现状 & 开展团队协作 ①指导学生登录网络课程网站进行创新素质测试。 ②鼓励创新能力较强的学生担任团队领导人，并且负责组建团队。	网络课程 PC 端中“素质测试”模块的运用。

续上表

教学内容	教学策略	教学过程组织	信息技术运用
(2) 创新思维的培养(45 分钟)	策略 3 思维碰撞	通过案例分析培养批判性思维和创造性思维 ①播放视频《谷歌创始人展示谷歌眼镜》。 ②引导思维碰撞: ——创新是手段还是目的? ——经验是绊脚石还是助推器? ——谷歌眼镜存在哪些缺陷? ——你觉得应该如何改进?	“网易公开课”视频资源的运用。
(3) 创新技巧与方法(90 分钟)	策略 4 技法探究	探究创新技法在专业领域的运用 ①教师介绍常见的创新技巧与方法。 ②引导学生以团队为单位，登录相关资源网络搜集创新广告视频或图文，并且探究创新技法在这些作品中的运用。 ③制作成 PPT 微课程进行展示并接受教师点评和学生互评。 ④上传至网络课程 PC 端或 App 客户端中的“学习资源”板块。	①相关互联网资源网站的运用。 ②PPT 微课程制作技术的运用。 ③网络课程 PC 端和 App 客户端中的“学习资源”板块的运用。
(4) 创新素质训练与拓展提升(180 分钟+)	策略 5 素质训练	创设真实情境进行素质训练 ①运用创新技法，以团队为单位，为某淘宝网店铺进行论坛营销和微博营销，并且制作 PPT 汇报方案和成果。 ②教师邀请 2 名企业兼职教师一起担任 PPT 汇报的评委，对学生的作品和临场表现进行评分和点评。 ③学生将 PPT 上传至网络课程 PC 端或 App 客户端中的“学习资源”板块。	①相关互联网资源网站的运用。 ②PPT 制作技术的运用。 ③网络课程 PC 端和 App 客户端中的“学习资源”板块的运用。
	策略 6 分享考核	通过分享与考核促进素质提升 ①团队间分享学习心得，小组内分享个人感想。 ②采取校企参与的形成性考核方式：团队成绩主要基于团队现场表现和上传的成果，个人成绩基于上传的个人感想和在网络课程 PC 端、App 客户端中参与互动交流的情况。	①网络课程 PC 端和 App 客户端中的“交流论坛”模块的运用。 ②网络课程 PC 端和 App 客户端中的“学习资源”板块的运用。
	策略 7 拓展提升	跨课程整合训练 ①借助课程“企业虚拟经营 ERP”激发学生运用创新技法在生产规划、财务管理、营销计划等方面实现创新。 ②通过生产性实训课程让学生在企业经营范围选择、产品组合、营销策划等方面进一步训练创新素质。	①虚拟技术（ERP 软件）的运用。 ②网络课程 PC 端和 App 客户端中的“交流论坛”模块的运用。 ③网络课程 PC 端和 App 客户端中的“学习资源”板块的运用。

续上表

七、学习评价设计

采取校企共同参与的过程性考核方式。考核由三部分组成，第一部分是学生个人的学期课程总结，课程总结的内容和要求全系统一制定，学生在每学期课程结束后完成，由教师评分，占个人成绩的50%；第二部分是团队分，结合教师评定和小组互评得出，小组成员的团队分相同，占个人成绩的40%；第三部分是个人平时分，由教师对个人的作业以及参与互动交流的情况进行评分得出，占个人成绩的10%。

本单元的“技法探究”部分的PPT微课程和“素质训练”部分的PPT汇报各占团队成绩的20%，也就是占总成绩的8%（40%×20%），“个人感想”和互动交流占个人平时成绩的40%，也就是占总成绩的4%（10%×40%），因此本单元形成性考核占学期总成绩的20%。

八、作业信息

（1）借助网络了解“苹果产品的创新与成功”，观看视频《活出极致人生》——乔布斯在斯坦福大学的演讲，并且登录网络课程PC端或App客户端中的“交流论坛”进行互动交流。

（2）以团队为单位探究创新技法在某创新广告中的运用，制作PPT微课程汇报，并且上传至网络课程PC端或App客户端中的“学习资源”板块。

（3）以团队为单位为某淘宝网店铺进行论坛营销和微博营销，制作PPT汇报，并且上传PPT至网络课程PC端或App客户端中的“学习资源”板块。

（4）总结个人感想并且上传至网络课程PC端或App客户端中的“学习资源”板块。

（5）登录网络课程PC端或App客户端中查看与本单元相关的案例。

（6）认真阅读参考教材《职业规划与成功素质训练》第十一章。

九、教学反思

（1）关于教学理念的反思。依据认知建构和情境认知等现代学习理论，学习者是基于已有的认知结构来构建新的知识的，所以单向的“知识灌输”并不能让学习者真正学习、掌握和运用知识，应该通过创设情境引导学习者在体验和探究中学习，这样才能真正促进学习者知识的迁移运用。在教学实践中，我们也发现学生比较抵触说教式的教学方式，而更愿意通过实践来获取知识。本教学设计强调教学的“情境性、探究性、协作性、共享性、自主性”，既符合认知建构和情境认知的理论观点，也迎合了学生的学习偏好。

（2）关于教学策略的反思。在教学理念的指导下，教师自创了“七步走”教学策略，即“情境抛锚”“能力测试”“思维碰撞”“技法探究”“素质训练”“考核分享”和“拓展提升”，教学内容层层深入，教学活动步步新颖，不仅能较好地激发学生的学习热情，还有助于培养学生良好的思维习惯，让学生在团队协作和竞争中构建知识和内化知识，真正实现创新素质的提升。在这个过程中，学生是学习的主体，教师只是课程的设计者、学习的引导者和参与者以及学生个性发展的促进者。

（3）关于信息化手段运用的反思。为提升教学效果，教师充分利用网络课程资源、相关互联网的各类资源和虚拟仿真技术，并且在已有的网络课程PC端的基础上筹建网络课程App客户端，使得学生在任何时间、任何有无线网络的地点都可以获取学习资源、下载学习资源和进行互动交流。这些信息化手段的运用，使学生可以实现“移动学习”，使学习更加灵活和便利，有助于学生在课下继续学习和持续提升素质。

续上表

(4) 关于教学效果的反思。根据麦可思2012年的调查，这门课被我校工管类专业的学生评为“对个人成长最有帮助的课程”，他们对课程内容和设计给予了高度的肯定。而针对这个单元信息化手段的运用的初步调查显示，学生认为“移动学习”使自己成为学习的主人，学习不用再局限时空有限的课堂；专家认为“互联网这汪洋大海，弥补了老师有一桶水也未必能给学生所要的一杯水的尴尬”；用人单位认为信息化技术运用有助于提高学生创新能力和解决问题的能力。所以，无论是教学理念、教学策略以及信息化手段的运用都获得了广泛好评。

(5) 不足与未来努力方向。本门课程已建成网络课程，但是网络课程中的教学资源的数量和质量都还有提高的空间。目前该课程正在筹建国家精品资源共享课，需借此增加和更新案例库、教学素材库等模块中的资源，以为学生提供更多、质量更高的数字化学习资源，更好地满足学生个性化的需求。

案例2：

课程类别：职业专门能力基础课程

课程名称：市场营销实务

教学单元：制定促销策略

教学设计

教学单元	制定促销策略					
课程	市场营销	学时	14课时	班级	市场营销专业二年级	
所选教材	杜明汉．市场营销实务［M］．北京：中国财政经济出版社，2014.					

一、教学目标与内容

(一) 教学目标

市场营销专业培养适应零售行业第一线需要，具有从事销售经营与管理活动的职业道德、职业技能与职业情商，掌握营销管理及门店运营管理的基本理论和专业知识，能进行商圈调研与分析、消费行为分析、销售管理、门店运营管理等工作，具备“一技之长+综合素质”的发展型、复合型和创新型的职业店长。

“市场营销实务”课程是市场营销专业的一门职业专门能力基础课程，通过本课程的学习，使学生掌握营销理论知识，熟练运用市场营销的技术、方法和策略，学会使用各种营销工具及分析方法，为今后成为职业店长奠定营销管理实战基础。

“制定促销策略”选自“市场营销实务”课程，教学单元为14学时。实现的教学目标包括三个方面：

1. 专业知识目标

(1) 了解不同促销方式的特点。

(2) 掌握促销组合基本策略。

(3) 理解移动互联网时代各种微营销工具的特性。

2. 专业能力目标

(1) 具备制定促销方案的能力。

(2) 具备实施促销方案的能力。

续上表

（3）具备利用微营销工具进行促销的能力。

3. 社会能力目标

（1）提高学生解决问题的能力。

（2）培养学生的团队合作能力。

（3）培养创新意识和创新能力。

（二）教学内容

1. 教学内容的选取原则

（1）根据营销职业岗位的要求确定课程的职业能力培养目标。

（2）根据职业岗位对职业能力的具体要求设置教学内容，实现专业知识、能力和素质三结合。

（3）基础性、先进性和创新性相结合。

2. 教与学的内容

本教学单元——“制定促销策略”为“市场营销实务”课程中的最后一个项目，学生前期已完成认识市场营销、进行市场调研、分析营销环境、目标市场定位、制定产品策略、制定价格策略、制定渠道策略等七个项目。

促销策略是指企业如何通过人员推销、广告、公共关系和营业推广等各种促销手段，向消费者传递产品信息，引起他们的注意和兴趣，从而激发他们的购买欲望和购买行为，达到扩大销售目的的办法。一个好的促销策略，往往能起到多方面的作用，如提供信息情况，及时引导采购；激发购买欲望，扩大产品需求；突出产品特点，建立产品形象；维持市场份额，巩固市场地位等。

为达到教学目标，本项目设计了五个任务：

（1）认识促销组合。

（2）制定营业推广策略。

（3）制定人员推销策略。

（4）制定广告策略。

（5）制定公共关系策略。

在这个项目的学习中，我们加入了时下移动互联网时代的热点内容——微营销，它在企业与实体店的促销活动中得到了广泛应用。

3. 学习的结果

学生完成促销策略的制定，并利用微营销工具完成促销策略的执行，任务效果主要由促销成果来评价。

（三）教学重点与难点

1. 重点

制定与实施促销方案

2. 难点

结合微营销工具的特性来进行促销活动的设计与实施

续上表

二、学生特征分析
（一）一般特征 教学对象是市场营销专业二年级第一学期的学生，前期已经完成学院专业平台课“工商模拟实训”“ERP 实训”“行业企业认知”等课程的学习，具有一定的专业认知能力，能与他人进行合作与沟通，具备了一定的发现问题与解决问题的能力。
（二）初始能力 二年级学生均已具备较强的电脑操作能力及多媒体使用能力，能比较熟练地制作 PPT，拍摄简单的视频，运用网络工具（如百度搜索引擎）、微信、微博、报刊等渠道搜集信息，能进行自我学习。
（三）学习风格 （1）高职学生不喜欢理论课满堂灌，听理论课时注意力集中有限。 （2）具象思维占主导地位，喜欢动手实践操作。 （3）课堂氛围活跃，喜欢与老师互动，自我表现意识较强。 （4）喜欢玩手机刷微信、微博，经常用微信、微博进行知识的学习与分享。
三、教学理念与策略
（一）传统营销课堂的教学模式存在的问题 采用传统的教学模式往往存在以下问题。 （1）从学生角度来看：学生不爱听，听了记不住，记住不会做。久而久之，学生上课没兴趣。 （2）从教师角度来看：教师满堂灌太累，难以找到真实项目嵌入课程，实训受场地限制难把控效果。在这种教学模式下，教师累，学生收获不多。 （3）从课程评价角度来看：课程的项目考核指标与企业对应的营销绩效考核指标脱节。
（二）解决问题的思路 根据教学目标与内容，结合学生学情，问题解决的思路如下。 （1）解决以学生为中心的问题：以学生学为主，“教、学、做”一体化。 （2）解决项目可执行性的问题：学生能做；校内能执行；教师易考核。
（三）“让学生学得好”的教学理念与策略 为实现教学目标，达到更好的教学效果，教学设计理念尊重学生的多元学习观，按照建构主义的原理，遵循最好的学习是个性化学习，最好的教育是自我教育的原则，采用翻转课堂与真实任务驱动等教学方法来达到教学目标，切实实现课程“以学生为中心”“让学生学得好”的理念。具体采用的教学策略如下。 1. 翻转课堂 翻转的课堂将知识的传授转移到课外，让学生根据自己的进度，团队根据项目目标进行协作与交流，教师则有针对性地为学生项目训练提供支持和帮助，而课堂成为彼此能够面对面进行思想碰撞的关键时空。 2. 真实任务驱动 学生按照项目的工作过程，以项目为载体，完成制定与实施促销活动的任务，从而主动构建知识，真正实现知识的内化与专业技能的提升。

续上表

3. 利用信息化技术

主要利用信息技术解决以下问题。

（1）课前，自主学习资源的共享，如云空间微书架、爱课程网站的微课与微视频等。

（2）课中，任务实施的工具，如微信、微商城、微博、微直播等。

（3）课后，课程的评价依据，如微商城的促销业绩。

四、教学实施

（一）学习环境选择

1. 多媒体课室

2. 校园互联网

3. 移动 4G 等手机网络

（二）学习情境创设

1. 真实情境

教师设计情境，以真实工作任务“促销策划与执行”为载体，学生在教师指导下制定并实施促销方案，教师最终按照营销绩效考核指标评价学生。

2. 互动性情境

在课外，教师与学生通过课程网站的“互动交流”平台、QQ、微信群等进行学习互动，在线交流，解答学生在实际操作中遇到的问题。

（三）课前准备

课前发放学生任务单。

1. 自主学习

（1）市场营销实务教材“制定促销策略”部分。

（2）爱课网精品资源共享课程的微课、微视频等网络教学资源。

（3）百度云空间微书架的微课、微视频。

2. 项目任务准备

对“市场营销实务”这门课程而言，从项目一开始，学生分组组建团队，每个团队都会经营一个真实的产品。本项目的任务准备是，要求学生在微商城上线产品，这些产品即是每个团队经营的真实产品。

（四）课堂实施

重点在于：聚焦真实任务，依托社交工具平台。具体学时安排如下表。

教学环节	学时	教师行为	学生行为	信息技术应用
知识梳理	2	检验翻转课堂学习效果，梳理理论知识体系。 （1）解决翻转课堂自主学习疑问。	（1）课堂分享学习过程与学习收获。 （2）提出学习疑问。 （3）参与案例讨论	多媒体课件视频

续上表

教学环节	学时	教师行为	学生行为	信息技术应用
知识梳理	2	（2）梳理促销知识体系。 （3）分析利用即时社交工具设计促销活动的难点。 （4）阐述微营销工具的特性、展示微营销成功案例。 （5）发布下一个任务。 运用即时社交工具进行微营销促销设计，并进行促销执行		
任务执行	8	教师给予学生在实施过程中必要的帮助，协调学生之间的关系，引导学生思考解决问题，解答学生疑问	任务执行：运用即时社交工具进行促销设计，包括执行四个任务：一个主线任务，三个支线任务。 （1）主线任务：营业推广。 内容：策划一次微商城营业推广活动 方式：广告＋公关＋人员推销 工具：即时社交工具微信＋微博 时间：持续1周 （2）支线任务一：人员推销。 内容：微直播＋ 在线沟通 工具：即时社交工具微信＋微博 时间：持续1周 （3）支线任务二：公关。 内容：微软文 工具：即时社交工具微信＋微博 时间：持续1周 （4）支线任务三：广告。 内容：微广告 形式：聚焦营业推广活动的平面广告 工具：即时社交工具微信＋微博 时间：持续1周	微信、微博、微商城、微直播等
师生总结	4	教师现场点评总结，针对普遍存在的问题与难点问题，提出建议	（1）分团队用PPT汇报项目成果，每个团队10分钟。 （2）项目后期运营展望	多媒体课件、视频等

续上表

（五）课后延伸

（1）学生实时上传任务成果至爱课程精品资源课程网站，教师进行点评。

（2）针对单元总结中发现学生存在的问题，推荐课后学习资源，并上传至爱课程精品课程网站共享。

（3）学生营业推广活动的持续时间为1周，故学生任务执行和老师指导延伸至课后。

五、作业信息

1．课前作业

（1）自主学习《市场营销实务》教材“制定促销策略”部分。

（2）自主学习爱课网精品资源共享课程的微课、微视频等网络教学资源。

（3）自主学习百度云空间微书架的微课、微视频。

2．课中作业

各团队针对旗下经营产品进行促销方案的设计并落地执行。具体内容包括：

（1）策划一次微商城营业推广活动并进行执行。

（2）在微信和微博上进行微直播。

（3）结合微营销工具的特性和产品特点撰写一篇微软文。

（4）结合微营销工具的特性和产品特点创作一则微广告。

（5）制作项目成果汇报PPT。

3．课后作业

（1）学生作业上传至爱课程网络平台。

（2）阅读电子书籍《公关第一，广告第二》。

（3）关注专家微信、微博，学习营销知识。

六、学习评价设计

项目任务结束时，根据本单元教学目标，结合促销策略执行的绩效考核原则，制定学习评价标准，如下表。

考核内容	考核主体	考核比例	考核标准
翻转课堂网络学习	教师	20%	学习时间　互动表现
微商城销售业绩	教师	30%	销售量指标　利润指标
微广告	教师、其他小组	20%	创意性　积赞数量
微软文	教师、其他小组	30%	创意性　积赞数量

七、创新点

1．借助“微”信息技术，突破教学重点难点

在传统的“制定促销策略”的项目教学中，我们一般采用虚拟任务的方式完成促销方案的制定，而且受限于实训场地的限制，不能落地执行促销活动。为了解决这些问题，我们在教学内容中引入移动互联网时代的热点内容“微营销”，借助微信、微博、微视频、微课等“微”技术，以线上方式完成真实任务的执行，突破了本项目的教学重点和难点。

续上表

微信息技术	教学内容	教学重点和难点
微信 & 微博	微直播推销 微软文传播 微广告传播	结合微营销工具 实施促销
微视频 & 微课	促销组合策略 促销方案拟定	制定与实施 促销方案

2. 借助“微”信息技术，实现营销绩效考核

在任务执行过程中，教师要求学生运用信息技术手段：微信、微博、微直播、微视频等完成真实的促销任务，并以真实的营销绩效作为考核指标之一，弥补了传统的虚拟任务执行的考核缺陷。考核指标参见学习评价设计。

案例 3：

课程类别：职业素养与就业创业能力课

课程名称：工商模拟市场实训

教学单元：企业组建

教学设计

教学单元	企业组建					
课程	工商模拟市场实训	学时	10 课时	年级	工商企业管理专业 2012 级
所选教材	阚雅玲，郭立国. 工商管理类专业综合实训教程：工商模拟市场实训［M］. 北京：机械工业出版社，2014.					

设计理念

（1）依据建构主义和情境主义学习理论把握以学生为中心的教学理念，运用源自美国、风靡全球的翻转的课堂教育模式并引入“微课程”的教学方法进行课程的开发与设计。

（2）教师通过分析学生特征、运用现代教育技术理论及适合学生的信息化学习手段，为学生构建一个翻转的课堂，赋予学生更多的自由，通过完成“创办企业”这个过程构建起属于学生自己的经验和知识体系。

（3）学生则按照工作过程，以项目为载体，运用信息化技术，通过“资讯—决策—计划—实施—检查—评价”的实践，完成企业组建的任务，从而主动构建知识，真正实现知识的内化。

（4）翻转的课堂让我们颠倒了传统教学的理念、教学的流程、教学的模式和师生的角色，让学生根据自己的进度，团队根据自己的目标进行协作与交流，教师则有针对性地为学生项目训练提供支持和帮助，而课堂成为彼此能够面对面进行思想碰撞的关键时空。

续上表

一、教学目标与内容
1．教学目标 本单元主要通过理论的教学和实践的训练，让学生完成企业组建的任务，主要解决“确定产品或服务、确定团队结构与规则、确定经济利益关系”等创业过程中企业组建环节的典型问题，为接下来的市场调查、资金筹集、企业注册、企业经营与管理等任务的完成打下良好的基础，同时为培养学生的创新意识、创业能力、团队合作精神提供重要保证。本单元主要实现以下具体的目标： （1）知识目标。 ①了解开办新企业的流程； ②了解企业的治理问题； ③理解团队建设的基本内涵； ④掌握新产品（服务）设计的基本方法。 （2）能力目标。 ①能运用团队建设的知识，初步组建创业团队； ②能为企业设计较为合理的组织结构，确定人员分工与职责； ③能运用新产品（服务）设计的理论，确定企业的经营范围； ④能根据企业治理的理论，制定企业的经济利益分配方案。 （3）素质（态度）目标。 ①培养自信的创业精神； ②培养良好的创业意识； ③培养自我学习能力； ④培养团队协作能力。
2．教学内容 （1）课程分析：本教学单元选自教材《工商模拟市场实训》中的“企业组建”部分。企业组建是关系实训成功与否的关键，因为学生只有考虑好创建一家什么样的企业，如何进行决策，确定了企业的经营范围，并进行人员的组合分工后，才能完成接下来的融资、投资、企业经营管理等任务。这一单元涉及内容比较多，通过互联网、课程网站、教学资源库和拓展资源库等信息技术的综合运用，可以培养学生良好的学习习惯，提高了课堂学习的针对性，节省了相应的教学时间。 （2）教与学的内容：通过信息技术的运用，教师利用微信等网络工具于课前布置工作任务和指导学生学习；学生利用课程网站在课外进行知识的学习和做好课前准备工作；课内学生们就重点问题进行研讨和深化，共同完成企业组建任务，并根据评价标准开展多元评价。 （3）学习结果：学生以项目为载体，通过“企业组建”的真实情境，本着“优势互补、取长补短、自愿结合”的原则成立企业，然后根据企业的有关职能以及成员的特点进行分工协作，共同确定企业的经营范围、字号、股权结构和经营过程中的议事规则，从而培养学生的创业精神、创业意识以及商品经营和企业管理的能力。
3．教学重点及难点 教学重点： （1）理解团队建设的基本内涵，完成企业的人员分工与协作。 （2）根据企业治理的理论，制定企业的经济利益分配方案。 教学难点：确定企业的经营范围。

续上表

二、学生特征分析

（1）一般特征：教学对象是工商管理类专业 2012 级的学生，已经完成了“管理学基础与实务”“市场营销”“会计基础”等课程的学习，掌握了企业管理的基本知识和基本技能，能与他人合作、沟通。

（2）初始能力：大学生均已具备较强的电脑操作能力及媒体使用能力，能比较熟练地运用网络工具（百度搜索引擎），能主动交流讨论，并通过互联网、报纸、杂志等渠道搜集信息，能进行自我学习。

（3）学习风格：学生喜欢动手实践、团队合作和多种教学手段的运用，所以在课程中运用多种信息化技术手段，可以使学生通过自主安排自己的学习行为，主动地参与到学习中来。

三、学习环境选择与学习资源设计

1. 学习环境选择

（1）WEB 教室	（2）校园网	（3）因特网

2. 学习资源类型

（1）课件与微课程	（2）多媒体资源库	（3）专题学习网站
（4）网络课程	（5）拓展资源库	（6）案例库

3. 学习资源内容简要说明（说明名称、网址、主要内容）

（1）“工商模拟市场实训”课程的网络资源包括网络课程（http：//121. 33. 253. 215/solver/classView. do？classKey = 253543）和精品课程（http：//121. 33. 253. 215/solver/classView. do？classKey = 675720 & menuNavKey = 675720）资源。具体包括课程标准、实训计划、授课计划、电子教案、多媒体课件、微课程视频资源、实训理论资源、实训实践资源、实训准备资源、实用图片资源、实用录像资源以及教学案例、题库建设等。学生可以通过教学课件、微课程和实践教学全程录像进行自主学习。

（2）工商企业管理专业教学资源库（http：//gsx. vip020. cn/），主要内容包括专业介绍、网络课程、精品课程、实践教学和社会服务等。

（3）工商模拟市场实训拓展资源库（http：//121. 33. 253. 215/solver/classView. do？classKey = 18127859&menuNavKey = 18127859），主要内容包括文件资源、拓展案例库、文献资源、视频资源、管理动画、管理游戏和学习成果等。

四、学习情境创设

1. 学习情境类型

（1）真实情境	（2）互动性情境

2. 学习情境设计

（1）真实情境：教师设计情境，以真实工作任务“企业组建”为载体，分派技能训练任务，每个技能训练任务按照“资讯—决策—计划—实施—检查—评价”六步法来组织教学，学生在教师指导下制定方案、实施方案、最终评价学生。学生通过真实的场景参与到实际工作中去，培养自己强烈的创业意识、良好的创业心理品质、自信的创业精神、团队协作能力和学习能力。

（2）互动性情境：在课外，教师与学生通过课程网站的“交流互动”平台和微信群进行学习互动，在线交流，解答学生在实际操作中遇到的问题。

续上表

五、教法学法设计

（1）项目任务教学方法：让学生通过“创办各类企业、经营各种商品”这一大型真实的项目进行创业实践，通过完成企业的人员组合与分工，确定企业的经营范围和经济利益关系，从而完成企业组建任务。

（2）因材施教教学方法：在工商模拟市场实训中，学生本着“优势互补、取长补短、自愿结合”的原则成立模拟企业，并根据企业的有关职能以及成员的不同特点进行分工协作，要有模拟企业的企业负责人、财务负责人、采购人员、营销人员、生产制作人员等。

（3）案例引导教学方法：学生可在课下通过专业教学资源库自由观看《赢在中国》，这一方法大大提高了学生实训的起点，让他们以那些优秀的创业者为榜样，在一个较高层次上创建自己的模拟企业，经营自己的商品。

（4）以学生为中心的教学方法：运用信息以学生为中心，学生根据自己的职业兴趣和专业特色选择自己的经营范围、合作伙伴，明确自己在企业中的角色，通过亲身实践企业经营管理的全过程去主动验证所学理论，积极探究没有学习的知识，培养各种所需的能力。

六、学习活动组织

1. 自主学习设计

类型	相应内容	使用资源	学生活动	教师活动
支架式	了解项目任务 课程知识学习	微课程 课程网站 拓展资源库	理解任务 知识学习 观看视频	设计、主导 协调、引导 组织、评价

2. 协作学习设计

类型	相应内容	使用资源	学生活动	教师活动
（1）伙伴	创业团队组建 展开讨论协商	互联网 课程网站	协调组内分工 组内研讨反馈	协调、引导
（2）协同	总结所学的知识	课程网站 教学资源库 拓展资源库	归纳总结 客观评价自己和同学， 取长补短	启发、指导 多元化评价

3. 教、学、做过程设计

续上表

课程网站
发布课程引导文、创设情境
微博
引导学生访问“工商模拟市场实训”网站
企业组建
课程网站
布置任务：
①进行团队建设，确定团队的结构与规则；
②进行新产品或服务设计，确定企业经营范围；
③基于企业治理的理念，确定企业的经济利益关系
在线答疑
微课程　课程网站
了解课程任务　搜集资料
互联网　拓展资源库
观看视频　撰写心得
课程网站　教学资源库
知识点学习
课程网站的交流互动平台
讨论交流、答疑
引导　协调
课程网站　百度搜索引擎
查阅资料　制订计划
小组思考　讨论决定企业组建计划
组织协调
指导启发
微课程　课程网站
观看微课视频　讨论交流　设计组织结构
教学资源库　MBTI测试网站
在线测试　讨论交流　确定人员分工
互联网
讨论交流　确定经营范围
广州红盾网
讨论交流　确定企业名称
课程网站　拓展资源库
讨论交流　确定企业　治理架构
将知识内化
检查　评价
PPT
汇报企业组建方案
课程网站
下载评价单进行评价
归纳总结
课程网站
讨论交流　上交学习心得
拓展资源库
拓展提升
结束

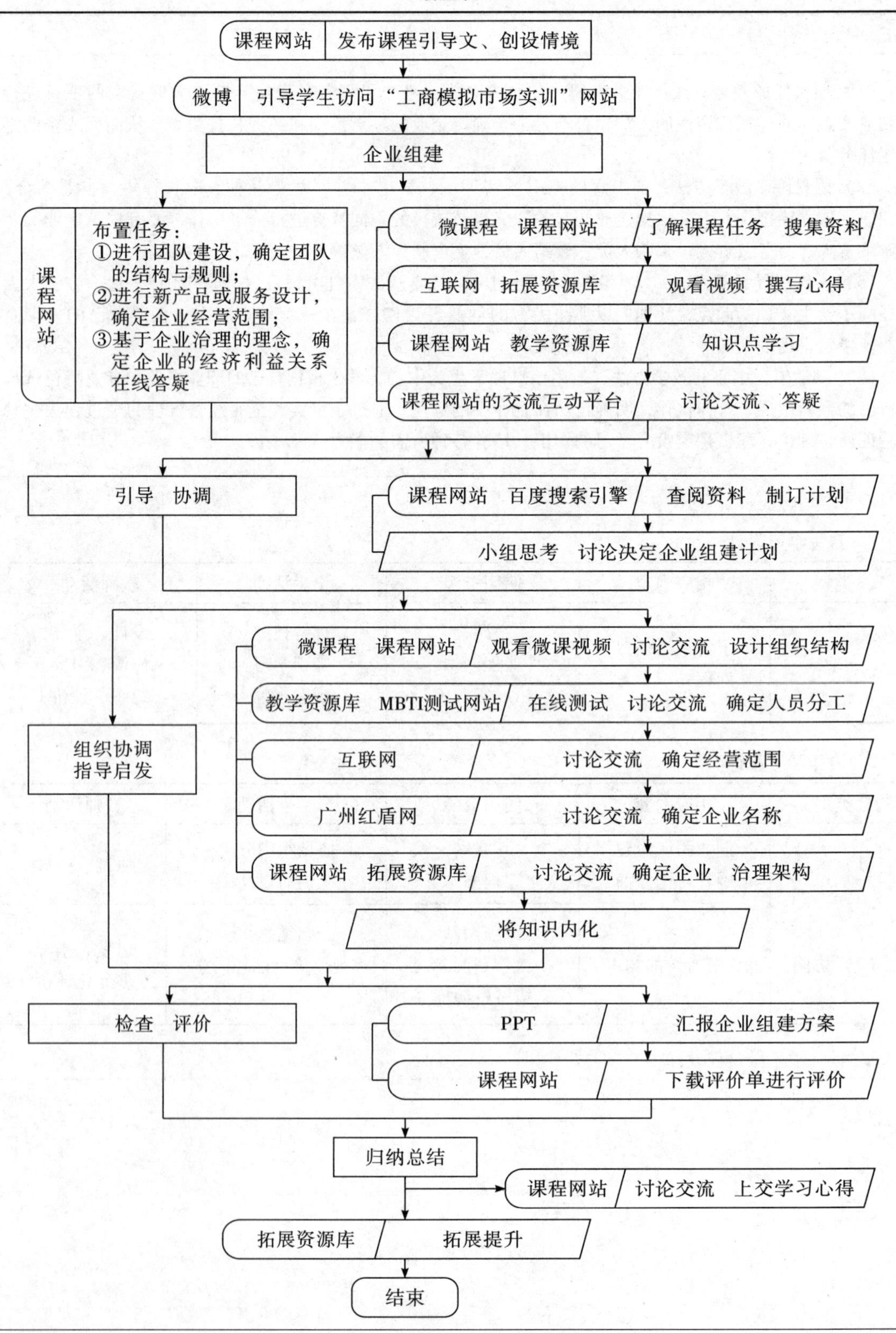

续上表

图形说明：

信息技术选用　　教师活动　　学生活动

教、学、做过程分析如下：

教学环节	实施内容	教师行为	学生行为	信息技术运用
观看引导文（资讯）课前完成	教学引导文： （1）创业过程中，企业组建的成功与否至关重要，请根据“优势互补、取长补短、资源结合”的原则组建企业。 （2）请大家自由选择，6人一组。 （3）请大家阅读教材《工商模拟市场实训》第四单元“组建模拟企业”部分和课程网站中的“企业组建”视频、案例材料。 （4）任务单： 本次活动让大家组建一家企业。有3项基本任务：解释说明团队成员的组成成分，团队的结构是否强调自身的长处，支撑短处，而且支持、激励团队成员；根据已有的认识和现有的资源进行新产品或服务设计；基于企业治理的理念，确定企业的经济利益关系。 （5）请思考问题： ①企业组建的步骤如何？ ②企业组建过程中注意事项有哪些？ ③完成企业组建方案需做什么前期工作？	（1）根据实际情况编写任务单，然后将编制好的任务单通过课程网站和微信群发布给每个学生。 （2）要求学生阅读资料后，自主了解创办新企业的流程和要素，掌握团队建设的方法和技巧，熟悉不同的组织结构类型，带领团队或配合团队完成企业经营范围、企业名称、企业制度的确定。 （3）将组建企业过程中涉及的知识点制作成“微课视频”上传至课程网站。 （4）通过课程网站与学生进行交流互动，解答学生疑问	（1）通过课程网站和微信群阅读引导文，明确“做什么”，并确定缺少哪些信息，进行信息搜集整理。 （2）学生通过课程网站中的微课程进行学习，完成企业组建知识概念的理解与建构。 （3）通过互联网观看《中国合伙人》，登录拓展资源库观看《赢在中国》第2季第3场，认识企业创业团队的重要性。 （4）撰写学习报告，并将学习报告上传至课程网站中的“作业系统”。 （5）通过课程网站中的“论坛”板块进行互动交流，自愿组合成6人小组。 （6）学生在学习过程中遇到问题，可以通过E-mail或课程网站学习界面的“教师答疑”栏目与任课教师进行网上交互答疑	（1）微信聊天软件的运用。 （2）微课视频的运用。 （3）互联网资源的运用。 （4）课程网站中的“作业系统”和“论坛”的运用。 （5）教学资源库的运用。 （6）拓展资源库的运用

续上表

教学环节	实施内容	教师行为	学生行为	信息技术运用
制订计划并决策	在教师的引导下，学生在团队内部研讨，共同制订自己小组的工作计划，解决“应该怎样组建企业”的问题	教师不用和学生一起做，教师只是起到一个引导作用，及时和学生进行交流、讨论，使学生最终做出科学、正确的决策	（1）学生通过课程网站、教学资源库和拓展资源库对已学习的知识进行整合，制订若干个工作计划。 （2）经过小组讨论，在备选计划中讨论优劣势，集体决策计划	（1）课程网站的运用。 （2）教学资源库的运用。 （3）拓展资源库的运用
实施计划	（1）安排学生利用能够使用的方法和手段进行企业组建信息资料的收集，汇报信息收集的成果。 （2）各小组根据搜集来的信息汇总，经过讨论，完成以下事项： ①确定企业发起人； ②确定团队分工； ③制定团队规则； ④确定经营范围； ⑤确定企业名称； ⑥确定经济利益关系。 （3）完成企业组建任务，撰写一份企业组建方案	教师给予学生在实施过程中必要的帮助，协调学生之间的关系，引导学生思考解决问题，解答学生疑问	（1）学生观看课程网站中的视频案例，运用组织结构设计的知识，结合课前收集的资料，讨论确定企业的组织结构类型和岗位设置。 （2）学生进行在线素质和性格测试，并结合测试结果，推选企业发起人和确定其他成员的分工与职责。 （3）学生通过互联网搜集资讯，进行定位市场的前期调查，进行新产品或服务设计，确定企业经营范围。 （4）学生登录“广州红盾网”，了解工商行政管理局对于企业字号命名的规定，结合企业实际，确定企业的名称。 （5）学生利用课程网站和拓展资源库中的案例资料，结合实际确定企业治理架构，明确合作伙伴之间的经济利益关系	（1）课程网站中的“视频案例”的运用。 （2）迈尔斯布里格斯在线测试的运用。 （3）问卷星、问道网等互联网资源的运用。 （4）广州红盾网的运用。 （5）课程网站的“交流互动”平台的运用

续上表

教学环节	实施内容	教师行为	学生行为	信息技术运用
检查评估	自评、互评、教师点评相结合，评价各组的企业组建任务完成情况	教师对各组的完成情况进行点评	（1）学生通过课程网站中的“考核评价”栏目下载评价单，反思任务完成的每一个环节，进行自我评价。 （2）每个小组随机抽取人员以PPT形式汇报企业组建方案，小组间比较互评	（1）课程网站中的“考核评价”栏目的运用。 （2）多媒体课件的运用
归纳总结	（1）记录本次课程的成功之处，以便以后教学参考。 （2）记录在教学中的不足，以便以后改进	教师回顾整个项目进行过程，总结出任务的实施要点和企业组建的基本步骤和方法	学生思考学习收获，然后与组内成员分享，课后撰写个人学习总结，并连同企业组建方案上传至课程网站中“交流互动”平台	课程网站中“交流互动”平台的运用
拓展提升（课后）	实现创业素质和创业能力的拓展提升	教师通过课程网站“交流互动”平台，解答学生疑问	学生可以登录拓展资源库，通过丰富的视频资源和案例资源进行知识的拓展学习	拓展资源库的运用

七、学习评价设计

课程基本结束时，指导学生进行教学评价。注重评价的多元性，明确评价的具体内容，以学生自评为主，学生互评与教师评价为辅。教师在肯定优点的同时，指出问题所在，以及改进建议等。

单元名称	分值	考核项目	所占比例	个人评价得分	学生互评得分	教师评价得分	合计（其中个人40%，小组40%，教师20%）
企业组建	100分	工作态度和团队精神	10%				
		任务完成质量	50%				
		各种上交材料	20%				
		汇报答辩	20%				

八、教学反思

（1）“以学生为中心”的理念，以信息技术为载体，按照工作的过程，以“资讯—决策—计划—实施—检查—评价”这一完整的“行动”方式来进行教学。学生通过“独立获取信息，制订、实施、评价计划”这一“做”的实践，完成企业组建的任务。在整个教学过程中，教师是学习行动的引导者和咨询者。

续上表

（2）在整个教学过程中，通过网络资源的使用，改变了传统的授课模式，突破了学生的认知障碍，突破了难点，系统优化整合了课堂，实现了由课内向课外的便捷延伸，使得学生成为学习的行动者。 （3）通过互联网、课程网站、教学资源库和拓展资源库的使用，便于学生根据自己的实际情况进行学习，充分运用网络资源和课程资源按时完成组织结构设计、确定企业经营范围和确定企业治理架构等课程任务，充分调动了学生学习的积极性，提高了教学效率和效果。 （4）通过微信群和课程网站的“交流互动”平台的使用，实现师生之间、教师之间、学生之间全方位的自由互动交流。 （5）微课程的开发与运用还需要进一步扩大和完善。

第四部分
学会开发课程

如果问高职院校，学校的产品是什么？十有八九的回答是：学生。事实上，课程才是高职院校的产品，学生是我们的用户，课程是为学生服务的。而企业是我们的客户，我们为企业（或用人单位）培养学生。课程建设是高职专业发展无法回避的一个问题。课程是专业的细胞，课程体系决定了专业的基本架构。而每门课程的教学内容与教学组织是培养学生的落脚点。由此可以看出，要想成为一名优秀的高职教师，学会开发课程是必备的能力。当然课程开发是一个系统工程，不是凭一己之力就可以完成的，但我们需要知道课程体系开发的理论依据、主要方法和操作流程，并能作为一门课程的负责人牵头开发出符合高职教育规律和特点的课程。下面就我国高职教育课程开发的历程、主要的课程开发方法、高职教师对课程开发存在的普遍疑问进行探讨，最后以我开发的一门综合实践课程为例，与大家分享具体的课程设计方案。

一、我国高职课程改革发展的主要历程

1. 第一次浪潮：基于实践本位课程改革

20 世纪 90 年代，《教育部关于加强高职高专教育人才培养工作的意见》（教高〔2000〕2 号）明确指出制订教学计划的基本原则：要以适应社会需要为目标，以培养技术应用能力为主线制订专业教学计划。基础教学要以应用为目的，以“必需、够用”为度，专业课教学要加强针对性和实用性，要加强实践教学环节，增加实训、实践时间和内容，实训课程可以单独设置。

改革特征：理论课程以“必需、够用”的原则，增加实践教学的学时，尤其是集中实训环节。

2. 第二次浪潮：基于能力本位课程改革

21 世纪初，北美的能力本位教育（Competency Based Education，CBE）和教学计划开发（Developing A Curriculum，DACUM）即基于能力的职业教育思想和课程开发方法，在我国高职课程改革中得到广泛应用。《教育部关于全面提高高等职业教育教学质量的若干意见》（教高〔2006〕16 号）的发布，使改革达到高潮，该文件明确指出：高等职业院校要建立职业能力培养的课程标准，规范课程教学的基本要求，提高课程教学质量。

改革特征：课程评价标准坚持“能力本位”“任务训练”“学生主体”的原则。在人才培养上，对职业能力内涵的理解更侧重于职业适应力。

3. 第三次浪潮：基于工作过程本位课程改革

2004年，教育部与劳动和社会保障部等联合颁发了《职业院校技能型紧缺人才培养培训指导方案》，重点提出“课程开发要在一定程度上与工作过程相联系”的课程设计理念，遵循企业实际工作任务开发“工作过程系统化”的课程模式。

改革特征：课程开发要素为课程内容选择标准与课程内容排序标准，课程内容的序化以工作过程为参照物。工作过程本位改革，是一个颠覆性改革模式，是课程结构质变的形态。

值得注意的是，上述三次浪潮并不存在明显的阶段性特征。目前各所高职院校的课程改革与开发也并不都处于相同的阶段，而是各具特点。

二、高职课程开发的原则

高职课程开发是在相关理论指导下的实践行为，是开发过程的纲领和方向。具体有如下六项原则。

1. 以职业能力为主线

课程开发必须坚持以职业能力为本位。职业能力是完成职业岗位（群）工作任务所要求的综合职业技能与素质。职业能力不仅仅指技能与知识，还包括态度与情感。职业能力作为教学目标，应分解到课程体系的各部分，落实到课程内部的行动化学习项目，努力实现知识与应用、理论与实践的有机结合。

2. 以职业生涯为背景

学生的职业生涯发展是实现学生个体和社会经济协调发展的有效结合。课程开发不仅要重视针对某一岗位的职业能力，而且还要关注在一定职业领域内可迁移的职业能力、职业态度和情感，为学生的职业生涯发展奠定基础。其中包括尊重学生的基本学习权益，为学生提供个性化发展空间等。

3. 以社会需求为依据

高职教育必须与经济社会发展保持良好的互动，在经济社会发展需求和受教育者发展需求发生变化时，其培养目标、课程设置和教学内容等方面也必须随之变化。而且高职教育不仅要适应需求的变化，还要有一定的前瞻性。总之，社会需求是教学目标确定以及课程开发的基本依据。

4. 以工作结构为框架

高职教育课程特别是其专业课程不同于学科课程，有其自身独特的逻辑体系和结构体系，它以职业岗位工作任务的相关性为逻辑基础，其课程体系以职业岗位工作任务体系结构为框架，这是高职课程开发的关键。在开发课程时，必须立足职业岗位工作任务分析，根据工作任务体系结构确定课程体系结构、划分课程门类、排列课程顺序，以实现课程体系结构从学科结构向工作结构的转变。

5．以工作任务为线索

高职专业课程教学内容的设计必须与职业岗位工作任务相匹配，其要点是立足工作任务，构建一系列行动化学习项目，以实现理论知识与实践知识的综合，职业能力与职业态度、情感的综合。以“项目”“任务”或“模块”为单元的教学内容要尽可能与职业岗位“接轨”，紧紧围绕行动化学习任务的完成进行设计。

6．以工作过程为基础

高职专业课程以工作过程为基础，除了课程开发的逻辑关系之外，还必须有层次分明的工作任务分析表。在此基础上还要对工作任务模块进行逐级划分。工作任务模块一般可分为一级模块、二级模块、三级模块等。工作任务模块只是对职业岗位工作内容的描述。一级模块、二级模块一般按工作内容分类，三级模块一般按工作流程划分和编排。

三、DACUM 与工作过程导向课程开发方法的简介

DACUM 与工作过程导向课程开发方法分别产生于 20 世纪 60 年代的加拿大、美国和 21 世纪初的德国，并在当前各国职业教育课程开发领域得到广泛应用。目前，我国的项目课程开发方法、基于工作过程系统化的课程开发方法以及其他行动导向的课程开发方法都是以此为基础。DACUM 与工作过程导向课程开发方法均以能力为本位，建立了学习内容与工作世界的联系，相对传统的以知识为本位的职业教育课程所采取的学科课程“教学简化”的方法而言，具有革命性的意义。两者先后被引入我国，对国内职业教育教学改革影响巨大。但是，在实践应用中，相当数量的职业院校和教师对这两种方法还缺乏清晰的认识和科学的应用。对两者进行比较研究，正确认识两者的特点及其理论基础的本质区别，并灵活地选择和应用这两种方法具有重要的意义。

1．DACUM 课程开发方法

加拿大职业教育课程开发是应用 DACUM 方法来完成的。其具体做法是：由在某一职业长期工作、经验丰富的优秀从业人员组成一个专门委员会（DACUM 委员会），将一个职业目标进行工作职责和工作任务两个层次的分析，分别得出综合能力和专项能力。通常一种职业可分解为 8 ~ 12 个综合能力，每一个综合能力包含 6 ~ 30 个专项能力，对各能力分别进行具体详尽的说明，其最终成果是一张 DACUM 表（罗列出综合能力与专项能力）及说明。教学专家便可根据 DACUM 表来确定教学单元（或称模块）。这些单元具有明确的教学内涵，将教学单元按知识和技能的内在联系排列顺序，若干个相关单元可组成一门课程。在这些课程中可确定出核心课程（或称基础课程）、职业专门课程和预备课程，再按课程间的相互关系制订出教学计划。所以，DACUM 是一种较规范较细致的方法，整个过程都力图保证职业能力在实践教学中的实现。

DACUM 方法被用来确定某项具体职业设计的培训课程应培养的能力目标。该方法设定了三个前提：①优秀的工作人员能更好地描述本职业岗位工作所需的能力；②任何工作内容都能通过优秀工作人员所完成的任务来描述；③为完成工作任务所需的具体知识、技能、工作态度和工具都是可描述的。基于此前提，DACUM 运用模块式方案，以能力为主线开发课程，预先确定某个岗位的具体工作任务，将每项工作任务中相关联的职业能

力提取出来，每项任务及其相关能力构成一个学习模板，通过实训课程、情境练习等主要方式，让学生获得实际工作所需的技能。

2．工作过程导向课程开发方法

工作过程导向的课程开发方法源于德国，主要流程为：①行业情况分析，即主要分析行业企业以及专业对应的职业工作和职业教育状况；②工作分析，即主要分析专业对应职业各岗位工作的性质、任务、责任、相互关系以及任职工作人员能力要求；③典型工作任务分析，即主要按照职业人才成长规律确定典型工作任务的名称及其基本内涵（工作过程、对象、方法、工具、劳动组织方式、工作要求等）；④学习领域描述，即将典型工作任务转化成学习领域，并描述学习目标和内容等；⑤学习情境与课业设计，即以典型工作任务为基础选择和设计学习情境、编制工作页等学习材料。工作过程导向课程开发方法也采用了实践专家访谈会、头脑风暴法等方法。

行动领域指的是与职业的、生活的以及公众的、有意义的行动情境相互关联任务的集合。由行动领域到学习领域的过程是：将一般性的工作任务进行归纳，形成典型的工作任务；对典型工作任务的工作过程进行分析，在此基础上进行教学整合，形成专业学习领域；学习领域的具体实施体现在学习情境的设计上，学习情境是课程方案的最小部分。在职业教育中，学习领域是以一个职业的典型工作任务为基础的专业教学单元，它与学科知识领域没有一一对应关系，而是从具体的“工作领域”转化而来，常表现为理论与实践一体化的综合性学习任务。通过一个学习领域的学习，学生可完成某职业的一个典型工作任务（可用职业行动领域描述），处理一种典型的“问题情境”；通过若干系统化的学习领域的学习，学生可以获得某一职业的职业资格。学习领域课程的特点是：第一，课程目标是综合职业能力和素质培养，在发展学生专业能力的同时，促进其关键能力的发展；第二，学习的主体是学生，要使其在满足企业岗位要求的同时，获得职业生涯发展潜力；第三，学习内容的基础是来源于工作实践的、某一职业的典型工作任务；第四，学习过程具有工作过程的整体性，学生在综合的行动中思考和学习，完成从明确任务、制订计划、实施检查到评价反馈整个过程。与学科课程相比，职业教育学习领域课程有以下不同：第一，课程目标不再是获得事实性知识和岗位技能；第二，课程的核心内容是“如何工作”，而不仅仅是如何操作；第三，教学过程是在贴近工作实践的学习情境中进行，与工作有直接的联系；第四，教学组织中依据学习任务组建教师团队。职业教育与普通教育学习领域的共同点是：它们都超越了学科范畴，试图建立学习者与未来的工作或社会生活的直接联系。

DACUM 与工作过程导向课程开发方法分别产生于 20 世纪 60 年代和 21 世纪初期，泰勒科学管理主义思想和流水线生产组织方式以及扁平化管理和精益生产方式对劳动者素质提出了不同要求，这是造就两者差异的重要原因。总的来说，DACUM 方法更加适合岗位分工明确、技能初级的岗位培训，让学习者短期内快速地掌握操作技能；而工作过程导向的课程开发方法更加适合服务于职业生涯发展的、培养能胜任错综复杂的工作任务和具有主体性发展能力的高技能人才的职业教育。

四、高职课程开发的有关问题

1．目前高职课程改革存在的主要问题

（1）课程目标定位过于宏观。

（2）工作任务分析笼统、粗糙。

（3）课程设置未能突破学科框架。

（4）课程内容与工作任务的相关性低。

（5）项目的训练价值需要提高。

2．工作过程导向的行动领域开发步骤

（1）专业定位与岗位（群）论证。

（2）岗位任务与胜任能力调研。

（3）典型工作任务分析。

（4）归纳行动领域。

3．工作过程导向行动领域开发标准

（1）注意工作过程的完整性。

（2）强调工作任务的典型性。

（3）符合职业成长规律。

（4）具有可设计空间。

4．专业到岗位群转化步骤

（1）专业人才需求分析。

（2）专业培养目标分析。

（3）岗位（群）论证与确定。

5．职业描述的特征

（1）工作对象，即材料、商品、人员等。

（2）劳动工具，即工具、仪器、机械等。

（3）资格和能力，即技巧、知识、学历、经验等。

（4）劳动场所，即经济领域、办公场所、生产车间、工作环境等。

（5）地位，即社会和法律地位。

6．岗位的含义

岗位即工作岗位，是指企事业单位赋予每个员工的职务、工作任务及其所承担责任的统一体。岗位以事为中心，凡是有若干件事（工作）需要有专人执行并承担责任的，就是一个岗位。

7．确定专业面向岗位的思考维度

（1）应当是学生就业后若干年内能达到的预期职业岗位，而不是起点职业岗位。

（2）所确定的岗位在层次上要有鲜明的高职特色。

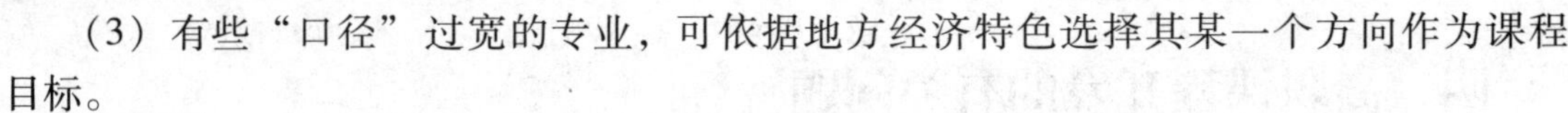

（3）有些“口径”过宽的专业，可依据地方经济特色选择其某一个方向作为课程目标。

8. 工作过程的含义

所谓工作过程，是指在企业里完成一件工作任务并获得工作成果而进行的一个完整的工作程序，是一个综合的、时刻处于运动状态但结构相对固定的系统。

9. 工作过程和生产流程的区别

工作是人的脑力或体力劳动，工作过程是“人”的活动过程，而不是企业的生产（工艺或服务，下同）流程。工作过程与生产流程有一定联系，但也有本质的不同。

（1）工作过程是人的技术活动，有一定的主观个体差别；而生产流程是客观的，由世界的物质规律决定。

（2）复杂产品的生产流程或综合性服务流程往往包含多个工作过程，如化工厂的生产流程只有一套，而化工技术人员却需完成多个工作过程，如“中间工序产品的检测”“化工设备维护与保养”“新产品试制”等。

（3）只有在手工业特征比较明显的职业（如木工等），工作流程完全由一个人完成，工作过程才有可能与生产流程一致。

如果将生产流程和工作过程混为一谈，那么在很多大工业（如化工、冶金、建材等）和综合性服务（如护理、物流等）专业中，若真正采用基于工作过程的课程模式，那么一个专业就只能有一门专业课。

10. 典型工作任务的特征

（1）它不是具体的职业工作或工作环节，它在一个复杂的职业活动中具有结构完整的工作过程，包括计划、实施以及工作结果和评价等步骤。

（2）它表现出了职业工作的内容和形式，它的分析过程是一个将客观的工作任务按照一定主观标准进行系统化的处理过程。

（3）通过它能够理解该任务在员工成长过程中以及在整个企业经营过程大环境中的内容、功能和意义。

（4）可以通过不同的方式完成任务，其方式和结果具有较大的开放性。

（5）对工作任务能够按照职业成长规律进行从简单到复杂的排序，为学习领域的设计提供前提。

11. 典型工作任务的内容

典型工作任务的内容包括工作对象、工具、工作方法、劳动组织形式和工作要求等，其中也包含着相应的专业知识和技能，自然也包括一些学科性的知识。

12. 确定典型工作任务的注意点

（1）一般一个专业（职业）有10~20个典型工作任务。

（2）作为课程载体的典型工作任务，来源于企业实践，但不一定是实际生产和工作中最常见的具体任务、环节或步骤的再现，如“问卷调查”“点钞票”等。

13. 工作任务的表述

工作任务的表述要求采取“对象+动词”的格式，通常不超过8个字。工作任务的表述必须明确，能体现行业的职责或实际要做的事情，并且必须是行业能接受的术语。

（1）操作类：操作、采集、配置、标定、使用、挑选等。

（2）程序类：排序、连接、制造、调整、准备、安装等。

（3）理会类：理会、阅读、摘录、寻找等。

（4）知识类：了解、理解、应用等。

（5）解决问题类：计划、设计、排除、估算、计算、选择、布置等。

（6）管理组织类：组织、管理、指导、协调、监控等。

14. 实践专家研讨会主要程序

实践专家研讨会召开的几个步骤：

第一步：主持人介绍研讨会的背景、目的、方法和基本指导思想。

第二步：简述个人职业历程。

第三步：确定具有挑战性的工作任务。

第四步：工作任务汇总。

第五步：工作任务回报与归类。

第六步：典型工作任务分析。

第七步：意见反馈与总结。

15. 典型工作任务与行动领域的关系

行动领域是指职业、生活和公众有意义的行动情境中相互关联的任务集合。归纳后的行动领域要涵盖岗位群工作任务所对应的全部技能、知识和能力。归纳行动领域最易于理解的是通过几个典型工作任务所构成的任务集合来体现，根据职业成长规律及知识能力的层次要求，对典型工作任务进行归纳、论证与排序。

16. 职业竞争力的含义

基于工作过程的课程设计方法遵循设计导向的现代职业教育指导思想，赋予职业能力全新的内涵与意义，在培养目标中强调创造能力（设计能力）的培养，而不仅仅是被动地适应能力的训练。这种创造能力（设计能力）或设计与建构能力，可以称为职业竞争力。职业竞争力（设计与建构能力）包含四个层面的内容：第一是岗位操作能力，表现为能熟练运用技术（技巧）和知识完成一项具体工作，本质上是职业适应能力的表现；第二是职业综合能力，表现为完成一项整体性工作任务的能力；第三是职业发展能力，表现为任务组织、优化和一定的职业迁移能力和把握机遇的能力；第四是最高层面的职业创新能力，表现为对工作的反思、问题的解决和技术的创新等。

17. 职业能力的结构

从能力内容的角度，德国学者把职业能力划分为专业能力、方法能力和社会能力。专业能力是在专业知识和技能的基础上，有目的、符合专业要求地按照一定方法独立完成任务、解决问题和评价结果的能力，如计算能力、编程能力、实际的技能和知识。方法能力是个人对于家庭、职业和公共生活中的发展机遇、要求和限制，做出解释、思考和评判并开发自己的智力且设计发展道路的能力和愿望，特指独立学习、获取新知识的能力，如决策能力、自学能力，它有点类似于我们所说的职业生涯规划能力和学习能力。

社会能力是指处理社会关系、理解奉献与矛盾、与他人很好相处的能力以及具有社会责任心等。

从能力性质角度，德国学者把职业能力划分成基本职业能力和关键能力。基本职业能力是劳动者从事某一职业所必需的能力，是劳动者胜任职业工作、赖以生存的核心本领。关键能力是从事任何职业都需要的、适应不断变化和飞速发展的科学技术所需的一种综合职业能力，是专业能力以外的能力，它与纯粹的、专门的职业技能和知识无直接关系，或者说是超越某一具体职业技能和知识范畴的能力，它是方法能力和社会能力的进一步发展，也是具体的专业能力的进一步抽象。

18. 职业能力发展经历

人的职业能力的发展，是按照从初学者到专家的过程进行的，这个过程总共经历五个阶段，即初学者、高级初学者、有能力者、熟练者和专家。

19. 学习领域的设计要遵循的原则

（1）学习领域是能力导向的，而绝不是仅仅指向产生于行动领域的所需要的职业资格。

（2）学习领域除了致力于开发专业能力外，还必须开发人格能力和社会能力。

（3）专业能力、人格能力和社会能力构成职业能力的维度，但它们之间并不是分离的。

（4）方法能力和学习能力集成于职业能力所有的三个能力维度，是其不可分离的组成部分。

因此，既然学习领域课程开发的主目标是职业能力，那么行动领域课程开发应该兼顾专业能力、人格能力、社会能力、方法能力和学习能力。

20. 学习领域开发步骤

（1）职业能力分析。需要注意的是，分析、抽取、归类和解构的能力不是单纯的知识和技术，而是对知识和技术的运用，是包含知识目标的行动过程。虽然能力有不同的范畴和类别，但是归类和解构之后，就可以形成专业领域能力库，也就是原始能力数据库。这个过程是对能力的解构，也是对知识的解构，从而为下面知识领域的分析打下基础。

（2）知识领域分析。对于三大职业能力所需要的知识领域通过理论知识、实践技能、资源和评价标准四个部分内容体现出来。

（3）学习领域描述和分析。包括确定学习领域名称、描述学习目标、确定学习难度范围、确定学习内容。

（4）学习领域课程方案的设计。包括结构设计、具体安排（方案内容、学期安排、课程安排）。

21. 学习内容的确定

职业教育总是与工作和学习直接联系的。“学习内容”指的是“工作与学习内容”。工作内容是学与教的内容，应当予以确定和描述；而由职业行动引导出的学习内容应与工作过程一同进行描述，应当体现在相应的工作过程中。

工作和学习内容包括三个方面：专业工作对象，专业工作工具、方法与组织和对专业工作的要求。

（1）专业工作对象描述的是工作过程中的工作对象，要考虑工作过程中的具体功能、学习目标所要求的学习要点。

（2）专业工作工具、方法与组织：工具是指计算机等，方法有案例展示、现场参观等，组织是指小组分工协作等。

（3）专业工作要按照不同观点、不同侧面对工作过程和工作对象提出要求，需要从企业、社会和个人三个方面对专业工作的基本要求进行细化。

22. 学习领域课程方案的结构

每一种职业教育的专业课程一般由 10 ~ 20 个学习领域组成，组成课程的学习领域在内容和形式上没有明显的、直接的联系，但在课程实施时却要采取跨越学习领域的组合学习方式，即根据职业定向的案例性工作任务，采取如项目教学等行动导向的教学方法来进行，实质上是将学科结构的内容有机地融入工作过程的结构之中。

23. 学习情境开发要素

学习情境开发的要素包括载体、项目、任务、案例、实训基地。

24. 学习情境开发与设计的总原则

（1）每个学习情境应是同一范畴的事物。

（2）学习情境之间是平行或递进的关系。

（3）学习情境的设计和开发要符合区域经济发展需要和专业特征原则。

（4）学习情境在个别情况下可采取工作步骤。

25. 开发学习情境需要重点解决的问题

（1）该学习领域在教学计划中处于何种地位以及培养哪种能力（专业、社会、方法能力）？

（2）采用哪些学习任务可以培养这种能力？

（3）这种能力与职业、社会和个人之间有哪些关系？

（4）可以采用哪些学习情境准确描述学习领域的内容？

（5）开发能力需要具备哪些知识和内容？

（6）每一个学习情境的教学需要多长时间？

（7）哪些学习情境可以通过实训实现工作过程导向的转换？

26. 行动导向学习指导设计教学活动的优势

（1）从教学组织来看，行动导向的学习是指在具体情境中的小组学习，培养学生的交往互动能力、自我反思和行动调节能力以及协作学习能力。

（2）在教学过程中，确定学生在教与学活动中的主体地位，有助于学生形成全面分析、及时决断和系统化解决问题的能力。

（3）在教学内容选取上，打破了分门别类的教学课程的束缚，灵活地安排学习内容、组织学习活动；不关注教学内容的完整性，而是强调跨专业的非常规教学，如项目教学。

（4）就教学目标而言，行动导向的学习活动强调手脑并用，有助于促进学生全面发展，培养学生的行动能力和智力结构，方便学生在完成职业教育后进入职业生涯。

（5）行动导向的学习，能够促进不同专业的教师之间及其与实训教师之间进行拓展性协作，促进学校与实训基地更好地合作。

27. 学习情境的设计与开发内容

学习情境的设计与开发包括六个方面的内容：收集与设计任务、确定目标与内容、选定教学方法、构建学习环境、制定课时与教师安排、制订成绩考核计划。

28. 学习情境的完整性过程

学习情境必须包括资讯、决策、计划、实施、检查和评价等过程。

（1）确定目标。学生独立实现一个给定的或独立提出一个学习性工作任务的目标。

（2）制订计划。学生采取独立或小组的方式制订几个不同的计划，教师给予提示并提供信息，在必要时进行授课，使学生获得相应知识。

（3）决策指导。学生确定其中一个计划，教师对其中的错误和不妥之处进行指导，并对计划的变更提出建议。

（4）实施检查。学生实施工作计划并检查活动及其结果，教师只在发生特殊情况、产生结果偏差或者不符合设定目标时才加以干涉。

（5）评估演示。在学生根据教师提供的或师生共同制定的评价表对完成任务全过程进行初评后，教师加以复查，并要求学生做好介绍其学习性工作任务的活动及其结果的准备。

29. 学习情境之间的关系

学习情境之间的关系有并列关系、递进关系、包容关系。

30. 行动导向的教学方法

行动导向的教学方法是一个主要“以学生为主”的教学法，包括项目教学法、实验教学法、模拟教学法、计划演示教学法、角色扮演教学法、案例分析教学法、引导文教学法、张贴板教学法和头脑风暴教学法等。

31. 学生成绩考核计划

制订成绩考核计划时，要强调以学生为本的整体性评价观，重视对学生能力高低认定的具体手段和实用方法。

（1）实践与理论结合。

（2）仿真与现场结合。

（3）结果和过程结合。

（4）动态与静态结合。

（5）专业成绩与能力评估结合。

32. 学习情境设计载体的选择

面向不同的岗位，每个学习领域所涉及的工作范畴也有一定的复杂性，因此每个学习领域所涉及的学习情境的载体也有所不同，这就要求教师经过周密的分析来选择确定。

学习情境设计的载体大体可归结为：项目、任务、案例、现象、设备、活动、产品、零部件、构件、材料、场地、系统、问题、设施、对象、工位、类型、岗位、生产过程、运输工具等载体。

课程载体是学习情境的具体化。它包括两个要素：一个是载体呈现的形式，对于专业课程，其载体的形式设计，可以是项目、案例、模块、任务等，而对于基础课程，其载体的形式设计，则可以是活动、问题等；另一个是载体呈现的内涵，对专业课程载体的内涵设计，可以是设备、现象、零件、产品等，而基础课程载体的内涵设计，则可以是观点、知识等。

33. 项目教学

项目教学是指师生通过共同实施一个完整的“项目”工作而进行的教学行动。它应满足的条件如下。

（1）该项工作具有一个轮廓清晰的工作任务说明。

（2）能将某一教学课题的理论知识和实践技能结合在一起。

（3）与企业实际生产过程有直接关系。

（4）学生在一定时间范围内可以组织安排自己的学习行为。

（5）有明确而具体的成果显示。

（6）学生自己处理在工作中出现的问题。

（7）具有一定难度，不仅是已有知识技能的应用，而且还要在一定范围内学习新的知识技能，解决过去从未遇到过的实际问题。

（8）学习结束时，师生共同评价项目工作的成果和学习方法。

项目类型可以分为：开放式项目、封闭式项目、两难式项目、操作式项目等。

34. 学习领域和项目课程的关系

学习领域与目前很多职业院校实施的项目课程既有联系又有区别，这主要表现在以下方面。

（1）学习领域常常以教学项目的形式出现，但不完全是教学项目，有时只是一些工作过程结构不完整的学习情境。

（2）项目课程的随意性较大，而学习领域是经过整体化的职业分析得到的一个课程系统，学习领域课程更加关注课程之间的关系，关注课程的系统化结构，是项目课程的升华。

35. 学习情境的描述及学习情境设计注意点

学习情境的描述包括：学习情境的名称、学时、学习目标及学习内容、教学方法和建议、工具与媒体、学生已有基础和教师所需执教能力。

学习情境设计要注意以下问题。

（1）学习情境的设计要有针对性，要针对专业、工作岗位。例如，电子商务专业的学习领域“图形图像处理”的学习情境设计为学习情境1：模仿，学习情境2：模仿与创意，学习情境3：创意与运用。此设计没有针对性，因此要进行更改。学习领域名称改为“商务网站图像处理”，学习情境设计为学习情境1：基础图像处理，学习情境2：创意图像处理，学习情境3：应用电子商务（Electronic Commerce，EC）图像处理。

（2）学习情境的设计要体现课程培养目标。

（3）学习情境的设计要体现区域经济特点。

（4）每一个学习情境都是一个完整的工作过程。

36. 课程标准的制定原则

高职教育课程标准主要是指在高等职业教育阶段，依据教育目标，以学生职业能力和职业技能形成为重点而确定的课程设置和教学内容标准。它是对学生经过高等职业教育之后的结果所做的具体描述，是高等职业教育质量应达到的具体指标，是管理和评价课程的基础，其重点是教学内容的基本要求。

建立课程标准是深化课程改革的切入点，是实现人才培养目标的需要，课程标准是课程组织与实施的纲领性文件，是编写教材的依据，是学校与企业相融合的纽带。

课程标准由9个部分组成：课程的基本信息、前言、课程目标、教学内容与具体标准、教学进程及学时分配、教师能力要求、教学模式与方法、教学效果的考核评价、实施建议。

37. 课程标准与教学大纲的差异

课程标准与教学大纲有着明显的差异，课程标准不等同于教学大纲。课程标准体现的是标准制定单位对不同阶段的学生在知识与技能、过程与方法、情感态度与价值观等方面的基本要求，规定各门课程的性质、目标、内容框架并提出教学和评价建议，是教材编写、教学、评估和考试命题的依据，也是管理课程和评价课程的基础。

从教与学的角度来分析，课程标准是从学的角度规定了学生学什么、怎样学以及学到什么程度。课程标准是基本要求，是对学生接受一定教育阶段之后的结果所做的具体描述，是教育质量在特定教育阶段应达到的具体指标。而教学大纲则是从教的角度规定了教师教什么、怎样教以及教到什么程度。教学大纲是最高要求，所以教学和考试都不应超越大纲。

38. 教材的编写

教材的编写一定要体现以知识和技术的“必需、够用”为原则，注重学生能力的培养，要体现项目任务驱动的教学模式，为不同的学生提供发展空间。在教材编写前，应首先对职业岗位进行系统、全面的分析，得出该职业岗位必备的基本知识和实践技能，在教材中设计大量的实践环节，每个实践环节都可以作为一个完整的“项目”。

五、综合实践课程开发案例

“工商模拟市场实训”是笔者于2000年为商科专业开发的一门综合实践课程，经过不断改进和完善，2008年获评国家精品课程，2012年获国家精品资源共享课程立项，2016年通过验收，获得国家精品资源共享课程称号。下面是该课程的开发方案。

“工商模拟市场实训”课程开发方案

1. 课程开发的背景、性质与定位

1.1 课程开发的背景

众所周知，管理科学的实践很难像自然科学那样在实验室就能很好地完成。因为我

们难以给学生一笔资金，让他们去投资创业；无法给学生一个企业，让他们去经营管理。传统的实训教学只能通过参观或沙盘模拟等方式，给学生以感性的认识和直观的了解，无法让学生学以致用，亲身实践。为此，我们本着“项目驱动、任务导向、工学结合、能力培养”的原则，于2000年开发了一个全新、高效的综合实训模式——工商模拟市场实训。

1.2 课程性质与定位

工商模拟市场实训是以工商企业管理专业为主体、辐射其他管理类专业，旨在提高学生职业素质和能力的一门职业能力必修课程。

工商模拟市场就是在学校创办一个将所有在校师生作为真实顾客的仿真市场，让学生通过“创办各类企业、经营各种商品”这个真实的项目完成“模拟企业成立、市场调查、资金筹集、企业注册、摊位投标、摊位策划、营销策略、采购进货、广告宣传、市场开业、商品经营、企业管理、财务核算、照章纳税、总结完善”等15项任务，真正做到学以致用、活学活用，切实培养学生的创业精神、创新能力以及商品经营和企业管理的能力，同时用学生具有商业价值的经营理念、投资方案、创业设想，招商引资，实现“工学结合”，并进一步强化学生的市场经济意识，提高学生驾驭市场经济的能力。

2. 课程开发的依据

“工商模拟市场实训”课程的教学设计紧扣工商企业管理专业的人才培养目标、就业岗位、完成岗位工作任务所需的主要职业能力以及相关职业资格标准，并围绕工商企业管理专业的人才培养模式，在学校、企业、行业协会相关人员的共同参与下完成。

2.1 工商管理专业人才培养目标

本专业培养面向中国特色社会主义建设，适应中小企业经营管理需要，具有良好的职业道德和职业情商，了解国家经济法规和政策法令，掌握工商企业管理理论、管理知识及专业技能，具有在中小企业从事营销管理、人力资源管理、行政事务管理、生产与质量管理、财务管理等方面的基本管理能力，具备“一技之长＋综合素质”的德、智、体、美等方面全面发展的高素质基层管理人才。

2.2 工商管理专业的就业范围与就业岗位

经过广泛的市场调查和高职院校、企业、协会三方人员的充分论证，工商企业管理专业的主要就业岗位与就业范围如表4－1所示。

表4－1 工商企业管理专业的主要就业岗位与就业范围

就业岗位	就业范围	主要工作任务
基层管理人员（包括基层人力资源管理员、生产管理人员、质量管理员、采购员、仓库管理员等）	中小型企业及其他事业单位	1. 人员管理 2. 生产管理 3. 质量管理 4. 采购管理 5. 仓库管理

续上表

就业岗位	就业范围	主要工作任务
市场营销人员（包括市场调研员、分析员、销售员、促销员、客户服务人员、公关人员等）	中小型企业及其他事业单位	1. 市场调研 2. 市场分析 3. 销售分析 4. 推销管理 5. 终端管理 6. 销售促进 7. 广告促销 8. 公共关系
行政助理文员（包括总裁秘书、办公室文员、档案管理员等）		1. 办公事务管理 2. 会议管理 3. 商务沟通 4. 信息与档案处理 5. 文案写作与处理 6. 关系管理

2.3 完成岗位工作任务所需的主要职业能力

工商企业管理专业的就业岗位与所需职业能力分析是经过充分调查，对资料进行收集、分析、整理，与行业企业共同讨论而得出的，符合地方经济发展需要和企业实际。就业岗位所需职业能力分析（见表4－2）是“工商模拟市场实训”课程设计的基本依据。

表4－2 完成就业岗位工作任务所需的主要职业能力

就业岗位	工作任务	职业能力要求
基层管理人员	1. 人员管理 2. 生产管理 3. 质量管理 4. 采购管理 5. 仓库管理	1. 一定的职业规划与实施能力 2. 基础管理能力 3. 经济业务核算能力 4. 通用管理能力 5. 一定的物流管理能力 6. 经济分析与预测的能力 7. 经济法律应用能力 8. 一定的车间或班组生产与质量管理能力 9. 一定的人力资源管理与开发能力 10. 一定的电子商务应用能力 11. 一定的公共关系处理能力 12. 一定的综合管理能力

续上表

就业岗位	工作任务	职业能力要求
市场营销人员	1. 市场调研 2. 市场分析 3. 销售分析 4. 推销管理 5. 终端管理 6. 销售促进 7. 广告促销 8. 公共关系	1. 市场营销管理能力 2. 市场调查与分析预测能力 3. 终端营销管理能力 4. 对商务活动进行统计分析的能力 5. 一定的公共关系处理能力 6. 一定的职业规划与实施能力 7. 基础管理能力 8. 资源计划管理能力 9. 通用管理能力 10. 经济业务核算能力 11. 电子商务处理及一定的经济分析预测能力
行政助理文员	1. 办公事务管理 2. 会议管理 3. 商务沟通 4. 信息与档案处理 5. 文案写作与处理 6. 关系管理	1. 一定的职业规划与实施能力 2. 商务文秘工作能力 3. 办公事务管理能力 4. 会议筹划与组织管理能力 5. 通用管理能力 6. 商务英语沟通、写作、文案处理能力 7. 一定的公共关系处理能力 8. 资源计划管理能力 9. 经济法律应用能力 10. 基础管理能力及电子商务应用能力

2.4 职业资格标准

职业资格标准被界定为工商企业管理专业学生未来从事某一职业或某类职业所应具备的入职标准。对于管理类专业的学生而言，根据深入的市场调查，有70%的企业更加看重学生的综合素质，也有70%的企业认为综合素质比专业技能更加难以培养。为此，在职业资格标准的界定上，我们既考虑某类职业标准，又考虑某一岗位的职业标准，并实现两者之间的结合。在某类职业标准上，我们考虑的是通用管理能力资格标准，它是所有管理岗位都应具备的通用能力；在某一职业岗位上，我们主要依据学生的就业岗位来选择，如营销员、人力资源管理员、秘书等。这些职业资格标准的内容具体体现在资格证书考试的大纲之中。在确定教学内容时，根据市场需要和教学需要可以对资格考试内容进行一定的取舍。职业资格标准分析如表4-3所示。

表4-3 职业资格标准分析表

证书名称	考试课程	考试内容
通用管理能力基础级证书（两个）	个人与团队管理	自我规划；时间管理；沟通基础；工作沟通；融入组织；团队建设；团队学习；实现目标；团队激励；团队领导
	资源与运营管理	招募并留住伙伴；财务表现；工作环境；资源配置；客户与质量；项目管理；决策管理；变革管理
营销员证书	市场营销理论与实务	市场营销概述；战略市场营销与营销管理过程；消费者市场与消费者购买行为；营销渠道决策；整合营销传播；服务市场营销；市场营销写作实务
秘书资格证书	秘书国家职业资格培训教程（基础知识）	文书基础；办公自动化；速记基础；法律与法规；企业管理基础等
	秘书国家职业资格培训教程（五级）	商务沟通；办公事务管理；常用事务文书的拟写；会议管理与商务沟通；信息与档案管理等
ISO 9000质量管理与质量保证体系内审员证书	ISO 9000质量管理与质量保证体系	ISO 9000：2000基础知识；ISO 9001：2000标准知识；内审技巧；质量管理体系文件编写；管理者代表培训等
会计从业资格证书	会计基础知识	会计总论；会计要素与会计科目；会计等式与复式记账；会计凭证；会计账簿；账务处理程序；财产清查；财务会计报告；会计档案；主要经济业务事项账务处理
	会计电算化	会计电算化概述；会计电算化工作环境；会计电算化基本要求；会计电算化软件的操作要求
	财经法规与会计职业道德	会计法律制度；支付结算法律制度；税收法律制度；财政法规制度；会计职业道德
人力资源管理员证书	企业人力资源管理师基础知识与专业技能	职业道德及相关法律法规；基础理论知识；人力资源管理及规划；招聘与配置；培训与开发；绩效管理；薪酬福利体系；劳动关系与劳动法

2.5 工商企业管理专业人才培养模式

工商企业管理专业根据人才培养目标及就业岗位的要求，要培养“高素质+强技能”的人才。“高素质”是为了提高学生的职业适应能力、职业转换能力以及职业发展能力，“强技能”是为了让学生在人、财、物、产、供、销等方面的企业管理中拥有一技之长。为此，本专业构建了“素质与技能层层递进、工作与学习反复交替”的人才培养模式。

（1）素质与技能层层递进。

为了实现培养“高素质”人才这一目标，我们将遵循人才培养的规律，分5个学期按照“定规划、打基础、促成长、助成熟、保就业”层层递进的方式开设职业素质课程，加强综合素质训练，最后通过第六学期在企业的全面实践，强化综合素质的培养。与此同时，依托学校基本素质课程、大学生素质拓展以及暑期社会实践活动，特别是依托其他专业课程在项目教学中对学生专业素质的培养，让学生在日常的个人管理、宿舍管理、班级管理、团学组织管理中全面提升综合素质。为了实现人才培养的另一目标——“强技能”，该专业将通过“三级”实训模式层层递进地培养学生的专业技能：第一级实训是校内模拟实训——工商管理信息化实训，第二级实训是校内生产性实训——工商模拟市场实训，第三级实训是以岗位工作任务为载体的校外实训——顶岗实习或订单培养。

（2）工作与学习反复交替。

工商企业管理专业无论是素质的培养还是技能的提高都将通过“工作与学习反复交替”来实现，其中素质培养是通过项目教学实现工学结合，每个学期开设的综合素质课程都将通过各种项目的反复实践来强化学生的综合素质；而技能提高是通过“先做后学”“边学边做”和“先学后做”等反复交替的方式达成目标。如工商模拟市场实训分三次在第一学期、第三学期和第五学期进行，就紧扣了“工作与学习反复交替”的原则。

人才培养模式如图4－1所示。

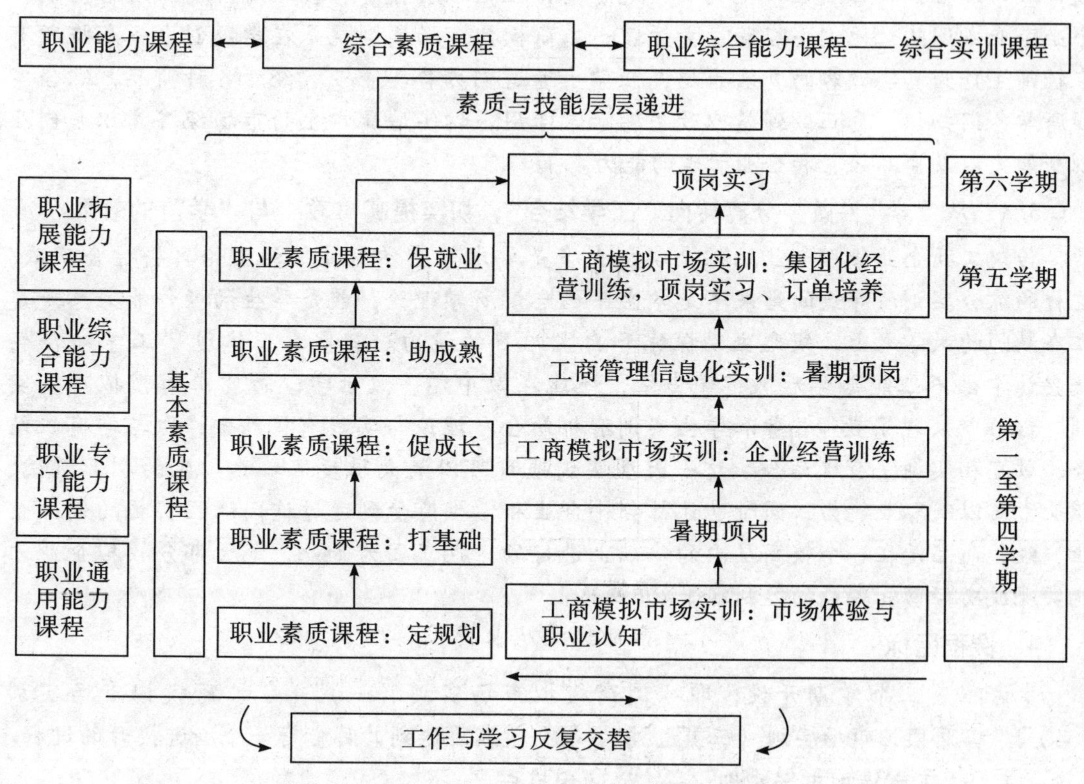

图4－1　工商企业管理专业人才培养模式

工商模拟市场实训在教学设计过程中，充分体现了课程在整个人才培养方案中的作用和目标任务，突出了“项目导向、任务驱动、工学结合”的特点，实现了学生职业技能和岗位工作能力的提升。

3．课程开发的理念

3.1 从教师独立开发课程转向“校企合作”，充分体现职业性、实践性和开放性

为了让“工商模拟市场实训”课程更加符合当地企业对人才培养的要求，充分体现职业性、实践性和开放性，近年来本课程教学团队一直坚持与企业合作，基于工作过程进行课程的设计和开发。工商模拟市场实训这一课程先后得到了广东大隆集团有限公司、中国太平洋人寿保险股份有限公司、广州海鸥卫浴用品股份有限公司等企业的大力支持，企业的相关负责人每一年都对课程的建设提出宝贵的意见和建议，使课程得以不断完善和优化。我们还聘请了广东大隆企业集团有限公司董事长李坤先生、中国联通有限公司广州番禺分公司市场部经理何焯洪先生以及个人创业的企业代表林超先生担任我们的企业兼职教师，指导学生进行工商模拟市场实训。

3.2 从虚拟工厂转向真实的生产经营任务，切实培养学生的职业能力

传统工商企业管理专业的综合实训大多是运用电子计算机或信息网络技术，创造一个虚拟的经营管理环境，让学生分组上机操作。这样的综合实训虽然也能取得一定效果，但依然没有“真刀真枪”操作来得真实、直接和高效。要做到以真实的工作任务为载体设计教学过程，就必须让学生拥有一笔资金，让他们去投资、去理财；就必须给他们一个小企业或团队让他们去经营、去管理。工商模拟市场实训就是在学校创办一个将所有在校师生作为真实顾客的真实市场，让学生通过创办各类企业、经营各种商品，综合实践所学各门知识，真正做到学以致用、活学活用，切实培养学生的市场经济意识、创业创新能力以及商品经营和企业管理的能力。

3.3 从“学”“做”分离转向“工学结合”，切实提高“教”与“学”的效果

传统工商企业管理专业的综合实训大多是要求学生学完相关的理论再去综合实践，这样的综合实训所导致的结果不是学生早已忘记所学理论，就是学生的操作能力总是建立在教师的教学之上，缺乏主动探究和自主学习的能力。若要真正体现“工学结合”，就要让学生不但能够学后做、学中做，还能在做中学、做后学；而“工商模拟市场实训”课程就实现了教师指导和学生实训有机结合、理论与实践有机结合、做与学有机结合、教室和实训室有机结合。这一大型实训项目可以最大限度地培养学生的职业道德、职业素质以及职业能力，同时也让社会、企业和学生感受到通过这门课程实施的创办企业、经营商品是在一个较高层次的基础上进行的，也正因为如此，绝大部分模拟企业才能实现成功经营和较高的盈利水平。

4．课程目标

本课程分三个学期开设，即“工商模拟市场实训（一）”“工商模拟市场实训（二）”“工商模拟市场实训（三）”，学生每个学期要达到的目标有一个渐进提升的过程。

4.1 “工商模拟市场实训（一）”课程目标

（1）让学生通过实践具备市场经济与市场竞争意识，初步培养市场经济与企业管理

所需的基本能力，同时培养学生吃苦耐劳和团队合作的精神。

(2) 让学生在实践中接触经济学、管理学、企业策划、市场营销、公司理财、会计学、行政管理、税收实务、经济法规、公共关系、广告实务等各门学科或专业的相关知识，实现自身探究性学习。

(3) 学生在教师的指导下，能够较为顺利地完成模拟企业成立、市场调查、资金筹集、企业注册、摊位投标、摊位策划、营销策略、采购进货、广告宣传、市场开业、商品经营、企业管理、财务核算、照章纳税、总结完善等全过程的企业经营与管理。

4.2 “工商模拟市场实训（二）”课程目标

(1) 让学生全面实践课堂所学知识，真正做到学以致用、活学活用；通过实践进一步强化学生的市场经济与市场竞争意识，培养市场经济与企业管理所需的各种能力；同时培养学生吃苦耐劳和团队合作的精神。

(2) 要让学生实现经济学、管理学、企业策划、市场营销、公司理财、会计学、行政管理、税收实务、经济法规、公共关系、广告实务等各门学科或专业知识的有效运用与积极探索。

(3) 学生要综合运用上述知识，顺利有效地完成模拟企业成立、市场调查、资金筹集、企业注册、摊位投标、摊位策划、营销策略、采购进货、广告宣传、市场开业、商品经营、企业管理、财务核算、照章纳税、总结完善等全过程的企业经营与管理，并能提高企业的盈利水平。

4.3 “工商模拟市场实训（三）”课程目标

(1) 要让学生熟练地对企业进行经营与管理，能有效地解决企业经营管理过程中所遇到的各种问题；真正树立市场经济与市场竞争意识，提高驾驭市场的能力；能进行有效的团队合作及自我学习。

(2) 要让学生全面、综合、有效地实践经济学、管理学、企业策划、市场营销、公司理财、会计学、行政管理、税收实务、经济法规、公共关系、广告实务等各门学科或专业的知识，并能有所创新。

(3) 能够熟练、高效地完成模拟企业成立、市场调查、资金筹集、企业注册、摊位投标、摊位策划、营销策略、采购进货、广告宣传、市场开业、商品经营、企业管理、财务核算、照章纳税、总结完善等全过程的企业经营与管理。

(4) 能对更大规模、不同类型的企业进行有效经营与管理，并提升企业管理与盈利水平。

5. 课程内容设计与要求

本课程的设计是基于一个真实的项目，即“创办各类企业、经营各种商品”，该项目包括15项任务，如图4－2所示。该课程设计采用基于工作系统化的课程开发方法，分三次在第一学期、第三学期和第五学期进行。第一学期学生刚进校，教学安排体现“做完学”，教学计划安排28学时；第三学期学生学习了一些专业课程，教学安排体现“边学边做”，教学计划安排56学时，其中28学时为集中实训，另28学时为教师指导；第五学期学生已学完所有专业课程，教学安排体现“先学后做”，教学计划安排56学时，其中集中实训仍是28学时，教师指导是28学时。该课程共有140学时。

需要说明的是：每个学年的教学重复的是企业组建及商品经营管理的过程，而不是内容，表现在每次实训经营的范围不同、企业的规模不同、经营与管理的水平不同。更确切地说，三次实训重复的是“资讯—决策—计划—实施—检查—评价”这个过程，目的是让学生经过三个学期的反复训练真正培养起商品经营和企业管理的“经验”，真正做到“熟练”，切实培养学生的专业能力、方法能力和社会能力。

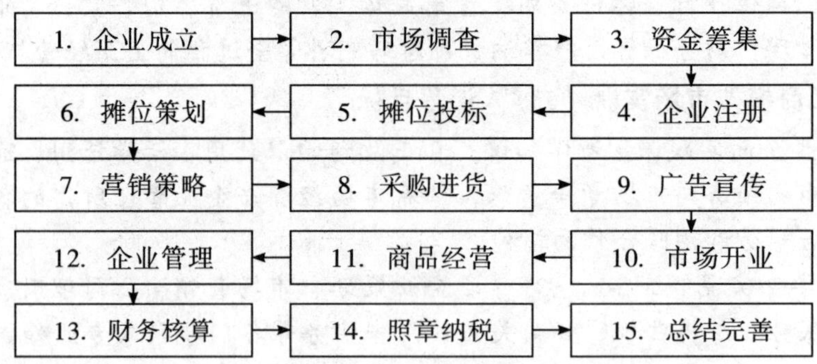

图4-2 工商模拟市场实训课程的15项任务

5.1 “工商模拟市场实训（一）”课程内容安排与要求（见表4-4）

表4-4 “工商模拟市场实训（一）”课程内容安排与要求

序号	教学内容（工作任务、教学单元或模块）	知识内容与要求	技能内容与要求	教师指导学时	学生实训学时
1	企业成立	企业组建与人员分工协作方面的知识	（1）能组建一个模拟企业； （2）能进行简单的人员分工； （3）实训学生必须加入一个企业并能负责相应岗位的工作，完成相应任务	课余1学时	课余6学时
2	市场调查	市场调查与预测课程的相关知识	（1）制订市场调查计划； （2）设计市场调查表； （3）开展调查并进行分析	课余1学时	课余6学时
3	资金筹集	财务管理中关于资金筹集的知识	（1）确定筹集资金的总额； （2）确定资金筹集的方式； （3）筹措所需资金		课余2学时
4	企业注册	企业注册的相关知识和规定	（1）确定企业的名称、经营范围、注册资金； （2）能按模拟市场管理部门的要求完成企业的工商和税务登记注册工作	课余2学时	课余2学时
5	摊位投标	企业管理中有关选址以及招投标方面的知识	（1）考察每个摊位，并进行比较、分析和判断； （2）制定本企业投标的具体策略； （3）成功投得摊位		课余2学时

续上表

序号	教学内容（工作任务、教学单元或模块）	知识内容与要求	技能内容与要求	教师指导学时	学生实训学时
6	摊位策划	企业策划与市场营销管理中的相关知识	（1）能对摊位进行特色布置； （2）企业成员自己动手在开业前完成摊位的装饰与布置	课余2学时	课余4学时
7	营销策略	企业管理及市场营销课程中的相关知识和理论	（1）在市场调查的基础上进行市场分析与定位； （2）制定产品策略、价格策略、渠道策略和促销策略； （3）进行简单财务风险分析； （4）制定经营方案		课余6学时
8	采购进货	财务管理和生产管理中关于采购方面的知识	（1）了解市场及进货渠道； （2）确定采购的数量、方式等； （3）开业前或经营过程中能顺利完成采购任务		课余6学时
9	广告宣传	市场营销与公共关系实务中关于广告宣传的知识	（1）确定广告宣传的对象； （2）确定广告宣传的形式； （3）进行广告制作		课余2学时
10	市场开业		（1）做好开业前的各项准备； （2）按照全系的统一安排进行开业仪式		课内28学时
11	商品经营与企业管理	经济学、管理学以及战略管理、资源与运营管理、人力资源管理、市场营销管理、质量管理	（1）开业后进行为期5天的商品经营和企业管理； （2）自觉遵守市场管理规则	课内跟踪指导	

续上表

序号	教学内容（工作任务、教学单元或模块）	知识内容与要求	技能内容与要求	教师指导学时	学生实训学时
12	财务核算与照章纳税	财务管理和税收实务中的相关知识	（1）商品经营结束后，尽快完成财务核算工作； （2）按规定交纳有关税费； （3）上交有关的数据报表	课余2学时	课余2学时
13	总结汇报与完善	企业管理中关于品质管理循环（PDCA）的运用	（1）各模拟企业开会讨论，总结实训期的经验和教训； （2）每人完成实训日记和实训报告； （3）全班举行工商模拟市场实训汇报会		课余6学时
学时小计		教师课内跟踪指导：无具体学时。教师课余指导：8学时。 学生课内实训：28学时。学生课余实训：44学时			
学时合计		80学时			

5.2 “工商模拟市场实训（二）”课程内容安排与要求（见表4-5）

表4-5 “工商模拟市场实训（二）”课程内容安排与要求

序号	教学内容（工作任务、教学单元或模块）	知识内容与要求	技能内容与要求	教师指导学时	学生实训学时
1	企业成立	组织结构设计与组织分工协作方面的知识	（1）成立模拟企业； （2）人员的分工与协作； （3）实训学生必须加入一个企业并能负责相应岗位的工作，完成相应任务	课内1学时	课内1学时 课余2学时
2	市场调查	市场调查与预测课程的相关知识	（1）制订市场调查计划； （2）设计市场调查表； （3）以多种形式开展调查； （4）完成调查报告	课内1学时	课内1学时 课余12学时
3	资金筹集	财务管理中关于资金筹集的知识	（1）确定筹集资金的总额； （2）确定资金筹集的方式； （3）筹措所需资金； （4）编制资金预算	课内1学时	课内1学时 课余2学时

续上表

序号	教学内容（工作任务、教学单元或模块）	知识内容与要求	技能内容与要求	教师指导学时	学生实训学时
4	企业注册	企业注册的相关知识和规定	（1）确定企业的名称、经营范围、注册资金； （2）能按模拟市场管理部门的要求完成企业的工商和税务登记注册工作	课内1学时	课余2学时
5	摊位投标	企业管理中有关选址以及招投标方面的知识	（1）考察每个摊位，并进行比较、分析、选择和判断； （2）制定本企业投标的具体策略和价格底线； （3）成功投得自己企业所需摊位	课内1学时	课内1学时 课余6学时
6	摊位策划	企业策划与市场营销管理中的相关知识	（1）根据所经营商品的特色及企业名称的特点策划摊位的布置； （2）企业成员自己动手在开业前完成摊位的装饰与布置	课内1学时	课内1学时 课余6学时
7	营销策略	企业管理及市场营销课程中的相关知识和理论	（1）在市场调查的基础上进行市场分析与定位； （2）制定产品策略、价格策略、渠道策略和促销策略； （3）进行财务风险分析； （4）制定较为完善的经营方案	课内1学时	课内2学时 课余8学时
8	采购进货	财务管理和生产管理中关于采购方面的知识	（1）了解市场及进货渠道，货比三家； （2）确定采购期限、付款方式、运输方式、质量责任等； （3）开业前或经营过程中能顺利完成采购任务	课内1学时	课内1学时 课余8学时
9	广告宣传	市场营销与公共关系实务中关于广告宣传的知识	（1）确定广告宣传的对象； （2）确定广告宣传的形式； （3）进行广告制作	课内1学时	课内1学时 课余8学时

续上表

序号	教学内容（工作任务、教学单元或模块）	知识内容与要求	技能内容与要求	教师指导学时	学生实训学时
10	市场开业		（1）做好开业前的各项准备； （2）按照全系的统一安排进行开业仪式	课内 5 学时	课内 28 学时
11	商品经营与企业管理	经济学、管理学以及战略管理、资源与运营管理、人力资源管理、市场营销管理、质量管理	（1）开业后进行为期五天的商品经营和企业管理； （2）注重采购、生产、销售、成本核算、分工协作、组织管理等各方面的实训； （3）自觉遵守市场管理规则		
12	财务核算与照章纳税	财务管理和税收实务中的相关知识	（1）商品经营结束后，尽快完成财务核算工作； （2）按规定交纳有关税费； （3）上交有关的数据报表	课内 1 学时	课余 2 学时
13	总结汇报与完善	企业管理中关于品质管理循环（PDCA）的运用	（1）各模拟企业开会讨论，总结实训期的经验和教训； （2）每人完成实训日记和实训报告； （3）全班举行工商模拟市场实训汇报会	课内 1 学时	课内 3 学时 课余 10 学时
学时小计		教师课内指导：16 学时。学生课内实训：40 学时。学生课余实训：66 学时			
学时合计		122 学时			

5.3 “工商模拟市场实训（三）”课程内容安排与要求（见表4－6）

表4－6　“工商模拟市场实训（三）”课程内容安排与要求

序号	教学内容（工作任务、教学单元或模块）	知识内容与要求	技能内容与要求	教师指导学时	学生实训学时
1	企业成立	组织结构设计、组织分工协作、公司法等方面的知识	（1）成立更大规模或不同以往经营范围的模拟企业； （2）人员的精细化分工； （3）实训学生必须加入一个企业并能负责相应岗位的工作，完成相应任务； （4）有完善的公司制度与章程	课内1学时	课内1学时 课余5学时
2	市场调查	市场调查与预测课程的相关知识	（1）制订完善的市场调查计划； （2）设计市场调查表； （3）以多种形式开展调查； （4）完成调查报告； （5）能灵活根据调查报告改变企业经营范围	课内1学时	课内1学时 课余12学时
3	资金筹集	财务管理中关于资金筹集及资金预算的相关知识	（1）确定筹集资金的总额； （2）采取多于2种的资金筹集方式； （3）筹措所需资金； （4）编制资金预算	课内1学时	课内1学时 课余3学时
4	企业注册	企业注册的相关知识和规定	（1）确定企业的名称、徽标（LOGO）、经营范围、注册资金； （2）能按模拟市场管理部门的要求完成企业的工商和税务登记注册工作	课内1学时	课余2学时
5	摊位投标	企业管理中有关选址以及招投标方面的知识	（1）考察每个摊位，并进行比较、分析、选择和判断； （2）制定本企业投标的具体策略和价格底线，方案至少2个； （3）成功投得自己企业所需摊位	课内1学时	课内1学时 课余6学时

续上表

序号	教学内容（工作任务、教学单元或模块）	知识内容与要求	技能内容与要求	教师指导学时	学生实训学时
6	摊位策划	企业策划与市场营销管理中的相关知识	（1）根据所经营商品的特色及企业名称的特点策划摊位的布置； （2）企业成员自己动手在开业前完成摊位的装饰与布置； （3）摊位布置要简单大方、美观，有新意	课内 1学时	课内1学时 课余6学时
7	营销策略	企业管理及市场营销课程中的相关知识和理论	（1）在市场调查的基础上进行市场分析与定位； （2）制定产品策略、价格策略、渠道策略和促销策略； （3）进行财务风险分析； （4）制定较为完善的经营方案	课内 1学时	课内2学时 课余10学时
8	采购进货	财务管理和生产管理中关于采购方面的知识	（1）全面掌握市场及进货渠道； （2）确定采购期限、付款方式、运输方式、质量责任等； （3）开业前或经营过程中能顺利完成采购任务； （4）能集中化采购，降低成本	课内 1学时	课内1学时 课余10学时
9	广告宣传	市场营销与公共关系实务中关于广告宣传的知识	（1）确定广告宣传的对象； （2）确定广告宣传的形式； （3）进行广告制作； （4）广告宣传手段不少于3种	课内 1学时	课内1学时 课余8学时
10	市场开业		（1）做好开业前的各项准备； （2）按照全系的统一安排进行开业仪式		
11	商品经营与企业管理	经济学、管理学以及战略管理、资源与运营管理、人力资源管理、市场营销管理、质量管理	（1）开业后进行为期5天的商品经营和企业管理； （2）注重采购、生产、销售、成本核算、分工协作、组织管理等各方面的实训； （3）自觉遵守市场管理规则； （4）灵活调整经营策略	课内 5学时	课内28学时

续上表

序号	教学内容（工作任务、教学单元或模块）	知识内容与要求	技能内容与要求	教师指导学时	学生实训学时
12	财务核算与照章纳税	财务管理和税收实务中的相关知识	（1）商品经营结束后，尽快完成财务核算工作； （2）按规定交纳有关税费； （3）上交有关的数据报表； （4）完成三大报表的分析总结	课内 1 学时	课余 6 学时
13	总结汇报与完善	企业管理中关于品质管理循环（PDCA）的运用	（1）各模拟企业开会讨论，总结实训期的经验和教训； （2）每人完成实训日记和实训报告； （3）全班举行工商模拟市场实训汇报会	课内 1 学时	课内 3 学时 课余 10 学时
学时小计		教师课内指导：16 学时。学生课内实训：40 学时。学生课余实训：78 学时			
学时合计		134 学时			

6．课程内容组织

6.1　以真实工作任务及工作过程序化教学内容

工商模拟市场实训以“创办各类企业、经营各种商品”这个真实的项目为依托，学生通过完成 15 项工作任务完成这个综合实训课程。

（1）成立模拟企业。

①本着优势互补、取长补短、自愿结合的原则成立模拟企业组织，每个企业一般为 4 ~ 8 人。

②根据模拟企业的有关职能进行分工协作，有企业负责人、财务负责人、采购人员、营销人员等。

③参加实训的学生必须加入一个企业并负责相应岗位的工作。

（2）进行市场调查。

①每个模拟企业均应根据所在学校的特定的市场需求及消费特点制订市场调查计划。

②设计市场调查表，印刷 100 ~ 200 份。

③以多种形式开展市场调查。

④完成调查报告，为下一步经营打好基础。

（3）筹集运营资金。

①组织学生讨论确定筹集资金的总额。

②组织学生讨论确定筹集资金的方式。

③安排学生筹措生产经营所需资金。

(4) 进行企业注册。

①讨论研究企业的名称、经营范围、注册资金。

②按市场管理部门的要求完成企业的工商和税务登记注册工作。

(5) 参加摊位投标。

①事先考察每个摊位的地理位置，并进行比较、分析和判断。

②企业成员根据自身企业的商品特色、经营规模、经营目标、营销策略等方面的因素选取几个目标摊位。

③了解黄金摊位运用荷兰拍卖法以及一般摊位运用普通拍卖法的具体规则，并制定本企业投标的具体策略和价格底线。

④每个企业选派两人参加统一的摊位招投标会。

(6) 摊位策划布置。

①根据所经营商品的特色及企业名称的特点策划摊位的布置。

②摊位的布置要求有创意、成本低、自己动手且做到环保。

③企业成员自己动手在开业前完成摊位的装饰与布置。

(7) 制定营销策略。

①在市场调查的基础上进行市场分析与定位。

②制定产品策略、价格策略、促销策略和渠道策略以及财务方案等。

(8) 完成采购进货。

①了解市场及进货渠道，货比三家，力争采购到价廉物美的商品。

②确定采购期限、付款方式、运输方式、质量责任等方面的问题。

③开业前或经营过程中顺利完成采购任务。

(9) 进行广告宣传。

①确定广告宣传对象。

②确定广告宣传形式。

③进行广告制作和宣传。

(10) 迎接市场开业。

①按照全系的统一安排进行开业仪式。

②进行第一天的商品经营和企业管理。

③及时进行财务核算，并总结经验和教训。

(11) 与 (12) 商品经营和企业管理。

①开业后进行为期5天的商品经营和企业管理。

②注重采购、生产、销售、成本核算、分工协作、组织管理等各方面的实训。

③自觉遵守市场管理的规则，注意用电防火和卫生等方面的管理。

(13) 与 (14) 完成财务核算和照章纳税。

①商品经营结束后，尽快完成财务核算工作。

②按规定交纳有关的税费。

③上交有关的数据资料，参加评比。

(15) 实训课程的总结完善。

①各模拟企业开会讨论，总结实训收获、经验和教训，做成PPT和微视频进行汇报。

②每人完成实训日记和实训报告。

6.2　实训教学的组织安排

（1）工商模拟市场实训开业前的实训组织（9项）。

以下9项实训任务是在市场开业前，由教师指导学生进行实训。

①完成模拟企业的人员组合。

②进行市场调查。

③筹集资金。

④进行企业注册。

⑤参加摊位的招投标。

⑥进行摊位策划。

⑦市场营销方案的制定。

⑧采购进货。

⑨广告宣传。

（2）工商模拟市场实训为期1周的商品经营与企业管理（3项）。

所有实训班集中在1周的时间内进行。

①工商模拟市场开业仪式。

②全过程的商品经营。

③全面的企业管理。

（3）集中实训完的总结工作（4项）。

学生用课余时间完成，课内总结完善，教师指导跟进：

①完成会计与财务核算。

②照章纳税。

③企业内部评价和总结完善。

④完成实训日记和实训报告。

6.3　教学场地与教学模式（见表4-7）

表4-7　教学场地与教学模式

序号	课程内容	教学场地	教学模式	教学过程
1	企业成立	校园（也是实训室）	教、学、做一体化	这9项任务的教学过程大体是教师讲授、学生操作、教师跟踪指导相结合
2	市场调查	校园（也是实训基地）	教、学、做一体化	
3	资金筹集	学校、企业和社会（也是实训基地）	教、学、做一体化	
4	企业注册	教室（也是实训室）	教、学、做一体化	
5	摊位投标	教室（也是实训室）	教、学、做一体化	
6	摊位策划	校园（也是实训室）	教、学、做一体化	
7	营销策略	校园（也是实训室）	教、学、做一体化	
8	采购进货	企业和社会（也是实训基地）	教、学、做一体化	
9	广告宣传	校园（也是实训基地）	教、学、做一体化	

续上表

序号	课程内容	教学场地	教学模式	教学过程
10	市场开业	工商模拟市场实训基地（教室）	做、学、教一体化	这6项任务的教学过程是学生先做、在做中学，然后是教师发现问题予以指导
11	商品经营	工商模拟市场实训基地（教室）	做、学、教一体化	
12	企业管理	工商模拟市场实训基地（教室）	做、学、教一体化	
13	财务核算	教室（也是实训室）	做、学、教一体化	
14	照章纳税	教室（也是实训室）	做、学、教一体化	
15	总结完善	教室（也是实训室）	做、学、教一体化	

(1)“工商模拟市场实训”的理论和实践一体化。

该课程本着“项目驱动、任务导向、工学结合、能力培养”的原则，有效地实现了理论与实践的一体化。

①该实训课程所整合的理论。该课程实现了经济学、管理学、企业策划、企业管理、市场营销、人力资源管理、财务管理、会计实务、税收实务、生产管理、质量管理、经济法规、公共关系、广告实务等各门学科或专业知识的有效整合及全面实践。

②该实训课程所完成的实践。学生在教师的指导下，综合运用上述相关的理论知识，完成了模拟企业成立、市场调查、资金筹集、企业注册、摊位投标、摊位策划、营销策略、采购进货、广告宣传、市场开业、商品经营、企业管理、财务核算、照章纳税、总结完善等全过程的深入实训。

③理论与实践的一体化。该课程是一门综合实训课程，教师将相关的理论与学生将要实践的任务有机结合，提取关键内容对学生进行指导：一是对所学的理论进行复习，二是对不同课程的内容按照实践进行整合，三是按照这一项目所要完成的15项任务进行全过程的实践。教师理论指导一部分内容，学生就马上实践一部分内容，全面实现了理论与实践的一体化。

(2)“工商模拟市场实训”的教、学、做一体化。

“工商模拟市场实训”是让学生通过“创办各类企业、经营各种商品”这个真实的大项目，完成企业成立、市场调查、资金筹集、企业注册、摊位投标、摊位策划、营销策略、采购进货、广告宣传、市场开业、商品经营、企业管理、财务核算、照章纳税、总结完善等15项任务来达成本课程的教学目标。这15项任务前9项的教学过程大体是教师先教、学生学、然后让学生操作，体现了教、学、做一体化，而后6项任务的教学过程是让学生先做、在做中学，然后是教师发现问题予以指导，同样体现了教、学、做一体化。

(3)“工商模拟市场实训”的教室和实训室一体化。

几乎所有校内实训室都会在校园的某一建筑物内进行建设，实训室的建设均需要固定专用的场地、设备和日常管理人员，因而无论是建设还是维护都需要一笔不小的开支。工商模拟市场实训室改革传统建设思路，充分利用教室和实训室一体化的运作，让学生在实训过程中完成企业组建、企业注册、摊位投标、营销策略制定、财务核算、照章纳税和总结完善等任务。而实训的重头戏——摊位的装修布置与商品的经营管理，则是在校园学生宿舍区或广场等露天场所搭建工商模拟市场实训基地。

工商模拟市场实训基地的建设是由师生双方共同完成的，而且是在教师指导下主要依靠学生干部完成。每一次的工商模拟市场实训都是一个庞大的系统工程，需要搭建200

多个摊位供学生使用，参与经营的学生有千余名，而作为市场顾客的则是全院10 000 多名学生和教职工，因而这一实训基地的建设和实训过程的组织为培养学生的组织策划能力提供了一个广阔的平台，教会学生懂得如何去筹划设计、组织管理一个大型的活动和项目，从而为用人单位培养一批合格的管理者。

7. 课程教学资源

7.1 教材

为了让我们的课程更加符合当地企业对人才培养的要求，充分体现职业性、实践性和开放性，近年来我们一直坚持与企业合作，基于工作过程进行课程的设计和开发。“工商模拟市场实训”这一课程先后得到了广东大隆集团有限公司、中国太平洋人寿保险股份有限公司、广州海鸥卫浴用品股份有限公司等企业的大力支持，企业的相关负责人每一年都对课程的建设提出宝贵的意见和建议，使课程得以不断完善和优化。在此基础上工商企业管理专业教学团队编写了《工商管理类专业综合实训教程——工商模拟市场实训》一书，并由机械工业出版社作为高等院校精品课程系列教材出版。这是一本原创教材，获得了同行的广泛认可。这本书的出版不仅仅是推出一本教材，而是推行一门实训课程，因为这门课程是我们首创和独创的且具有以下特点：实训课程校企合作、实训基地与众不同、实训组织全员参与、实训过程真实全面、实训效果广泛认同。这本教材在体现上述特色的同时具有通俗、生动、易于操作的特点，教材融入了广州番禺职业技术学院工商模拟市场实训几年来的体系探索、内容把握、过程控制和经验总结，以大量的范例对实训基地的建立和实训过程的实施提供了切实可行的操作方法，若能按此教材进行实训，可获得良好的教学效果。

7.2 参考书目

我们搜集大量相关教材和书籍进行比较，最终确定中国纺织出版社出版的、由萧野编著的《开店要掌握的基本知识》为此实训课的参考教材，另配有经济科学出版社出版的“开店盈利丛书”为辅助教材，这套丛书有5 种，即《百货零售店经营管理一本通》《书店音像店经营管理一本通》《服装服饰店经营管理一本通》《饭馆餐饮店经营管理一本通》《美容美发店经营管理一本通》。《开店要掌握的基本知识》详细地介绍了开店的前期策划、登记程序和资金筹集以及店铺经营管理过程中必须掌握的各种知识和各项技能，并通过国内外成功案例的分析，加深学生对店铺经营管理知识的理解和吸收，使学生在应用过程中融会贯通。辅助教材“开店盈利丛书”是一套实务、操作性质的丛书，它分5 个领域教学生如何开一家店铺，又如何有效地去经营和管理使之成为一家盈利的店铺，具有很强的操作性和指导性。使用后，老师和学生均反映这是一套非常好的、具有很强操作性、很强指导意义的参考教材。

7.3 网络资源

“工商模拟市场实训”课程的网络资源包括网络课程和精品资源课程（见图4－3），具体有课程标准、实训计划、授课计划、电子教案、多媒体课件、实训理论资源、实训实践资源、实训准备资源、实用图片资源、实用录像资源以及教学案例、题库建设等。学生可以通过教学课件、教学视频和实践教学全程录像进行自主学习。特别值得推荐的是，为了提高这一课程的教学效果，同时也为了给更多的学校和同学以直观的示范作用，使其在更多院校推广，我们课程组成员用半年的时间精心打造了16 个录像片供大家学习和参考。这16 个录像片包括课程宣传片1 个，实训基地建设录像1 个，教师课堂指导录像6 个，学生现场实训录像6 个，学生自拍的实训录像2 个。

图4－3 "工商模拟市场实训"课程的网络资源

8. 教学方法

工商模拟市场实训在反思传统教学存在弊端的基础上，以先进的教学理念为指导，在具体实践中有目的地灵活运用多种教学方法，有效地保证了这一实训课程的教学质量。

8.1　项目任务教学方法

工商模拟市场实训彻底改变传统工商企业管理专业大多运用电子计算机或信息网络技术、创造一个虚拟的经营管理环境、让学生分组上机操作的方法，而是切实做到以真实的工作任务为载体设计教学过程，让学生拥有一笔资金，让他们去投资、去理财；让他们组建一个小企业去经营、去管理。我们运用项目任务教学法，让学生通过"创办各类企业、经营各种商品"这一大型的真实项目进行生产性实训，完成15项具体任务，即让学生完成模拟企业的企业成立、市场调查、资金筹集、企业注册、摊位投标、摊位策划、营销策略、采购进货、广告宣传、市场开业、商品经营、企业管理、财务核算、照章纳税、总结完善等全过程的深入实训。工商模拟市场实训实现了让学生在做中学、学中做，实现了教、学、做一体化，教室与实训室的一体化。

8.2　因材施教教学方法

从总体上看，高职学生的一大特点是形象思维较强、逻辑思维较差，动手能力较强、动脑能力较差。基于此我们就要采用因材施教的教学方法，彻底改变原本适合本科生的教学方法：一方面要改变理论的抽象灌输，通过案例、PPT、录像以及以往学生的实训成果，给学生以直观、形象的认识；另一方面要改变以"先教后学""先学后做"为主的教学方法，充分利用高职学生动手能力强的特点，让学生既要先学后做，也要边学边做，更要先做后学，切实做到"工学结合"。

从高职学生的个体来看，每个学生的兴趣爱好、能力特长、未来发展各不相同，如何因材施教是个难点，但本课程很好地解决了这一问题。在工商模拟市场实训中，学生本着"优势互补、取长补短、自愿结合"的原则成立模拟企业，并根据企业的有关职能以及成员的不同特点进行分工协作，要有模拟企业的企业负责人、财务负责人、采购人员、营销人员、生产制作人员等。以下为一家模拟企业根据人员特点进行实训的分工。

(1) 梁辉。

特点：有魄力、会组织、善协调、做事认真负责、时间观念强；

职责：负责组织与协调各项工作。

(2) 梁伟。

特点：能说会道够幽默、出手快动作帅、交际能力强、有艺术天分；

职责：负责铺面设计、调查、营销。

(3) 李宝。

特点：够细心、精打细算、会压价、对数字敏感、计算能力强；

职责：负责财务、内务、调查、营销。

(4) 陈华。

特点：了解行情状况、善推销与交际、了解一般人喜好、会体验生活；

职责：负责内务、铺面设计、调查、营销。

(5) 陈慧。

特点：聪明有主见、处事坚持不懈有耐力、吃苦耐劳；

职责：负责铺面装修、投标、采购、营销。

(6) 陈金。

特点：做事谨慎中有圆滑、头脑灵活、多计谋、善制作；

职责：负责出谋划策、调查、采购、营销。

(7) 何志。

特点：专业能力强、知识面广、人缘好、了解内部运作；

职责：负责填写资料、投标、采购、营销。

(8) 汪虹。

特点：动手能力强、富有艺术天分、会设计制作、厨艺较好；

职责：负责宣传、铺面设计、营销。

(9) 余玲。

特点：活泼可爱、开朗善交际、自理能力强；

职责：负责公关、调查、营销。

8.3 实训前的案例引导教学方法

在工商管理类学科的教学中，案例教学法是一种非常有效的方法，因为管理科学的特殊性让我们难以给学生一个真实的场景让学生去亲身体验，而经典的案例可以重现当时的情景、遇到的问题和采取的行动。因而在学生开始实践前，教师通过大量的案例对学生进行指导，让学生一方面掌握成功企业和个人的经营理念、投资方案和管理经验，另一方面从失败的企业和个人中吸取相应的教训。这样的实训指导可借鉴性强，且让学生印象深刻。中央电视台“赢在中国”这一节目非常适合学生在实训前观看，我们在每一堂指导课中都给学生观看一些片段，学生也可在课后自由观看。这一方法大大提高了学生实训的起点，让他们以那些优秀的创业者为榜样，在一个较高层次上创建自己的模拟企业，经营自己的商品。

8.4 以学生为中心的教学方法

本课程引入以学生为中心的教学方法，彻底打破传统教学中以教师为中心、以知识为本位、以讲授为途径、以考试为终点的局限，实施以学生为中心、以能力为本位、以探究为途径、以综合考评为结果的教学理念和方法，还学生以教育主体的地位。学生根据自己的职业兴趣和专业特色选择自己的经营范围、合作伙伴，明确自己在模拟企业中的角色，通过亲身实践企业经营管理的全过程去主动验证所学理论、积极探究没有学习的知识，培养各种所需的能力。

8.5 竞争与合作相结合的教学方法

随着市场竞争的日趋激烈以及分工合作的日益发展，竞争与合作能力已成为每个用人单位衡量从业者的一个重要标准，而我们平时的教学与考核往往是针对学生个人进行的，缺乏面对面的竞争以及人与人的合作。工商模拟市场实训是让学生组成一个模拟的企业进行实训，企业之间要在市场上面对面地展开激烈的竞争，如何与同类的或不同类的企业展开竞争并取得胜利是本实训课程的一个重要任务；而企业内部成员如何团结起来实现优势互补，共同打造出一个富有凝聚力的企业，成功地完成企业从成立到发展的全过程是每个学生在实训中必须完成的另一任务。

8.6 师生合作共建实训基地的教学方法

大多实训室的建设是由学校和教师单方面完成的，而工商模拟市场实训基地的建设是师生双方共同完成的，而且是在教师指导下主要依靠学生干部完成的。每一次的工商模拟市场实训都是一个庞大的系统工程，需要搭建200多个摊位供学生使用，参与经营的学生有千余名，而作为市场顾客的则是全院10 000多名学生和教职工。因而这一实训基地的建设和实训过程的组织为培养学生的组织策划能力提供了一个广阔的平台，教会学生懂得如何去筹划设计、组织管理一个大型的活动和项目，从而为用人单位培养一批合格的管理者。

8.7　产学合作的教学方法

本着“产学双方、双向互动、密切合作、互惠互利”的原则，近年来工商管理系与20余家企业联合举办校内工商模拟市场大型实训活动。合作形式有工商管理系主办，企业冠名赞助、企业一般赞助、企业租赁摊位、企业招聘学生为企业服务，学生用创业方案吸引企业合作等。每一次的工商模拟市场实训都既吸引了众多商家的加盟，又通过产学合作让学生们有了与企业合作的机会，这样学生可以近距离地了解企业的经营理念、文化氛围、管理经验，为日后的就业以及岗位的优化创造条件，同时也提高了学校的知名度，加强了学校与企业的联系与合作。

8.8　多媒体与计算机辅助教学方法

许多用传统方法教授起来枯燥无味、难以理解的东西，通过多媒体技术，可以使枯燥的理论变成生动的画面，直观易懂地表现出来，通过多媒体进行的实训指导收到了很好的教学效果。根据本课程的特点，我们积极主动地研究和应用现代教育技术，开发研制了系列教学课件和学生辅导课件，提供丰富的网上学习资源，并开通“教师网上答疑”，及时解决学生在学习过程中遇到的问题，确保学生能以各种方式和途径进行学习。

9．实践条件

9.1　校内实训条件

校内实训基地就是在校内搭建的200~300个实训摊位。摊位划分的原则是依地形走势划分，一般摊位长2~3米，宽1.5米。由于不同的地段客流量不同、商机不等，加上地形位置限制造成摊位大小不一，因此摊位可划分为黄金摊位和一般摊位。一般摊位又可划分为一级摊位、二级摊位和三级摊位。模拟市场筹备委员会可根据摊位的不同等级确定不同的摊位起拍价格。

本着“校企双方、互惠共赢”的原则，近年来工商管理系先后与20余家企业共建实训基地，联合举办校内工商模拟市场大型实训活动。合作形式有工商管理系主办，企业冠名赞助、企业一般赞助、企业租赁摊位、企业招聘学生为企业服务，学生用创业方案吸引企业合作等形式。参与的企业有广东大隆集团有限公司、广州市番禺骏和通信器材有限公司、广东移动通信有限责任公司番禺分公司、广州学之联电脑设备有限公司、广州番禺联想电脑专卖店、广州市乐意网络信息科技有限公司、中国农业银行沙湾支行、广州北大青鸟广力科技培训中心等20多家企业。

9.2　校外实训条件

参与工商模拟市场实训的20多家企业同时也是本课程的校外实训基地。学生在进行工商模拟市场实训的前期、中间、后期都可深入上述企业进行参观、访谈及听讲座，以辅助自己的商品经营与管理。

10. 课程考核

课程考核是实训课程必不可少的重要教学环节，为了保证对学生实训成绩评定的公正与公平，同时也为了检验本实训课程的真实效果，总结成功的经验，查找存在的问题，促进此课程的不断改进和完善，必须制定科学规范的考核方案，并实施有效的考核。

10.1 课程考核方案

(1) 本课程的考核方案是依据《工商模拟市场实训课程标准》和《工商模拟市场实训教程》制定而成。

(2) 本考核方案以鼓励学生提高实训效果，取得优秀成绩，帮助教师真实、全面、客观考核学生，总结实训经验，发现存在问题为宗旨，改革传统教学考核方式，引导教师进行教学改革，引导学生团队合作、不断创新。该方案着重考虑了：①模拟企业开业前的准备与开业后的经营管理的关系；②企业调查报告、投资经营方案的撰写与现场经营管理实操的关系；③学生独立完成工作任务与团队合作的关系；④教师对学生的评价与学生互评之间的关系。

(3) 本方案采取定量评价与定性评价相结合的方法，以提高评价结果的可靠性与可比性。考核指标分为团队成果和个人成果两部分综合评价，用百分制记分，总分为100分，两部分各占50%。团队成果分是学生所在企业的得分，同一企业的学生，这部分得分一样。它由企业组建、市场调查、投资方案、经营管理、总结完善等五部分组成，每部分各占10分，由教师评定给分。个人成果分是指学生个人在实训中的表现和实训成果两方面的得分，实训中的个人表现由模拟企业中的学生互评得出，占25分，实训成果是指学生个人完成的实训日记和实训报告，实训日记占10分，实训报告占15分，由老师批改得分。

(4) 综合评定得分计算公式为 $M=\sum KiMi$，其中 Ki 为评价等级系数，A、B、C、D的系数分别为1.0、0.8、0.6、0.4，Mi 是各二级指标的分值。学生互评也采用这一公式计算。

10.2 课程考核指标

课程考核指标详见表4-8。

表4-8 课程考核指标

一级指标	二级指标	考核标准	分值（Mi）	评价等级（Ki）				考核人与考核方式
				A 1.0	B 0.8	C 0.6	D 0.4	
团队成果（50分）	1-1 企业组建	本着优势互补、取长补短的原则组建模拟企业，根据有关职能进行分工协作，确定经营范围，制定相应规章制度，顺利完成企业的注册登记，成功进行摊位的投标	10分					由教师现场观察和查阅学生相关资料进行评级
	1-2 市场调查	根据学院特定的市场需求及消费特点制订市场调查计划；设计市场调查表，以多种形式开展市场调查；整理分析调查结果，完成调查报告，为下一步经营打好基础	10分					由教师评判学生市场调查报告进行评级

续上表

一级指标	二级指标	考核标准	分值（Mi）	评价等级（Ki）				考核人与考核方式
				A 1.0	B 0.8	C 0.6	D 0.4	
团队成果（50分）	1－3 投资方案	完成企业的筹资、投资、运营、管理、资金分配等全过程的策划方案，方案制定科学合理、充分可行	10分					由教师评判学生投资方案进行评级
	1－4 经营管理	在模拟企业实际的运营管理中注重采购、生产、销售、成本核算、分工协作、组织管理等各方面的实训，学以致用、活学活用，能够取得理想的实训效果，并通过会计核算加以反映	10分					由教师现场观察和查阅学生会计凭证及报表评级
	1－5 总结完善	在全班模拟企业实训总结会上，能够熟练运用PPT现场演示并流利讲解本企业的经营过程和经营成果，能够充分总结取得的经验和得到的教训，提出以后的发展方向	10分					由教师现场观察学生表现进行评级
个人成果（50分）	2－1 实训日记	能够全面真实地记录实训的全过程，不仅是集中实训的一方面，还包括学生课余时间的实训，能够总结每天的实训收获，发现存在的问题，提出改进的措施	10分					由教师评判学生实习日记进行评级
	2－2 实训报告	实训报告格式正确、内容充分、思路清晰、结构合理；能够理论联系实际，发现问题、分析问题、解决问题，对整个实训过程有着全面、完善、客观的总结和认识	15分					由教师评判学生实训报告进行评级
	2－3 学生互评	同一模拟企业的学生对各自在实训过程中的表现进行互评，主要包括工作态度、工作任务、工作能力、工作业绩、合作精神等方面的内容	25分					由同一模拟企业学生互相进行评级

11. 课程开发对培养学生职业能力与职业素养的作用

11.1 学生全面实践了职业岗位所需的各门知识，真正做到学以致用、活学活用

工商模拟市场实训实现了经济学、管理学、企业策划、市场营销、公司理财、会计学、行政管理、税收实务、经济法规、公共关系、广告实务等各门学科或专业知识的有效整合。学生综合运用这些知识，对企业从筹资投资到资金分配、从工商注册到照章纳税的全过程进行了实训。在实训过程中，学生们既重视经营过程的模拟与实践，也重视经营成果的盈利与亏损，这大大激发了他们学习的自觉性、主动性和目的性。他们针对经营过程中所需的知识，复习以往所学内容、查阅有关资料、请教相关专业教师，为成功地实践奠定理论基础。

11.2 强化了学生的市场经济意识，培养市场经济和企业管理所需的相应能力

作为工商企业管理专业的学生，应具备较强的市场经济意识和市场竞争能力，而认识市场、了解市场并能适应和开拓市场则是学生要重点掌握的技能。只有让学生“真刀真枪”地融入市场，才能让他们真切地感受市场的游戏规则，体会市场的运行规律，培养他们开拓市场的能力。工商模拟市场为学生提供了一个认识市场、了解市场、体验市场的机会，也为学生提供了实践所学理论、展示自己经商能力的舞台。工商模拟市场让学生在学习有关理论知识的基础上，走进市场、认识市场，自主经营、自负盈亏，培养了学生的市场竞争能力、经营管理能力、创业投资能力、组织策划能力、沟通协调能力等。

11.3 培养了学生的竞争意识与团队合作精神以及吃苦耐劳精神

市场的核心就是竞争，但团队精神也越来越受到企业的重视。因此，在大学期间就应该培养学生的团队合作精神，这样学生才能在激烈的人才竞争中脱颖而出。对于尚未走入社会的大学生来说，“工商模拟市场”是对他们的综合素质、知识与能力的一个考验，对他们的组织策划能力、竞争意识、团队合作精神的一次锻炼。从注册登记、组织货源、参加摊位竞投到销售货物等，都需要摊位的每一个人去做一些艰苦的工作，这自然而然就训练了大家参与竞争、团结合作、组织策划、公关联络等各种能力。工商模拟市场这一实训让学生付出了大量的艰辛劳动，这对于学生无论身体上还是心理上都是一次很好的磨炼，培养了学生吃苦耐劳的精神，也使学生深刻体会到挣钱的不易。

11.4 加强了学校与企业和社会的联系，为校企进一步合作奠定了基础

工商模拟市场实训通过对外宣传、招商引资，加强了学校与企业和社会的联系，增强了学校的社会影响力，提高了知名度，实现了“知本”与“资本”的有效融合，为校企合作奠定了基础，也为学生实训和就业提供了更广阔的空间，对广州番禺职业技术学院招生的数量和质量都将产生积极的影响。工商模拟市场实训让学生接触了社会，让社会了解了学生，从而形成了良性互动的局面，有效促进了毕业生就业率的提高以及就业岗位的优化。

第五部分 做好专业建设

专业建设是高职院校内涵建设的核心内容，也是高职院校建设和发展的立足点。正如教育部高等教育司高职与高专教育处范唯所说，“专业是高职学校改革的一个非常好的切入点和突破口，是高职学校的品牌和灵魂。一所学校只要能建出一两个特别不同凡响的专业，就能在未来有立足之地。其实，对于一所高职院校来说，社会可能记不住学校的名字，但是如果有一两个专业成为拳头专业，那么学生和家长一定会记住，政府会记住，产业界也会记住。正像如果问到矿泉水、空调、冰箱等平时身边最常见的东西，一般人脱口而出的品牌理论上不会超过5个，而一个好专业产生的效应也会如此”。

在高职院校办学竞争激烈的今天，专业如何与产业对接？专业如何健康成长、可持续发展而不是短命低效？专业如何具备行业气质？这些都是值得我们深思的问题。近10年来，很多高职院校坚持贴近地方产业，积极主动与行业、企业合作，努力为经济社会发展服务，培养了大批高素质技能型人才。“十一五”期间，通过改革发展，高职教育在创新办学体制机制、改革人才培养模式、增强社会服务能力、建设优质教育资源等方面进行了积极探索，一大批学校和专业的建设成效明显。但很多学校的专业建设水平还不能很好地适应推进职业教育改革创新、构建现代职业教育体系、服务经济社会发展和现代化建设的需要，突出表现为：管理体制和运行机制不灵活，办学活力不足；专业设置与产业发展脱节，课程教学内容与行业技术应用脱节，教学手段和方法针对性不强；师资队伍的数量、质量与结构不能满足高端技能型专门人才培养的要求，“双师”素质教师队伍的建设和管理制度尚未建立；毕业生实践能力和职业态度不能完全满足工作要求，学校的实训实习条件、职场环境亟待完善，职业精神培养急需加强。

笔者2000年来到广州番禺职业技术学院就任工商企业管理专业的教师，后任该专业带头人，将该专业建设成为省重点专业；接下来任连锁经营管理专业带头人，将该专业建设成为省二类品牌建设专业；目前任市场营销专业带头人，将该专业申报成为广东省一流高职院校高水平建设专业即一类品牌建设专业。

下面，笔者以市场营销专业申报广东省一流高职院校高水平建设专业为例，展现专业建设中的行业分析、建设基础、建设目标、建设内容、建设成果和特色。

一、行业产业现状及发展趋势分析

为解决零售行业企业店长人才短缺，同时解决高职院校市场营销专业没有行业背景、人才培养目标定位低端且不清晰的问题，广州番禺职业技术学院（以下简称“番职院”）的市场营销专业依托零售行业，培养“职业店长”人才。行业产业现状及发展趋势分析如下。

1. 零售业在我国国民经济中占有相当重要的地位

根据国家统计局数据，我国社会消费品零售额占 GDP 比重从 2005 年的 36.1% 增长至 2015 年的 44.5%，且零售业上接生产、下连消费，是国民经济的重要先导产业之一，直接影响和带动经济总量的增长与产业结构优化，关系人民群众生活品质的高低。改革开放以来，零售业走过了具有跨越性和巨变性的发展历程，无论是在行业规模、发展速度，还是在组织业态创新、现代化水平提升以及对国民经济贡献等方面都发生了深刻变化。特别是近 5 年来，随着国家扩大内需、转变经济发展方式等系列政策的实施，以及服务业发展步伐的加快，零售业取得长足发展，城乡消费市场日趋活跃繁荣，在引导生产、促进消费、扩大就业方面的作用日益突出，已经成为推动经济社会发展的一支重要力量。全国零售业从业人数也由 2008 年的 4 500 万增加到现在的 6 000 多万，国家信息统计中心有关调查数据显示，中国零售业在未来几年对各类专业人才的需求量约为 1 000 万人，而市场供应量仅有 400 万人左右，专业人才缺口很大。

2. 零售业是广东省现代服务业发展的重点领域之一

国务院《关于加快发展服务贸易的若干意见》等一系列政策的相继出台，进一步加快了服务业的发展速度，明确推进体制改革与创新的政策框架。《广东省服务业发展“十二五”规划》（“十三五”规划尚未出台）及实施意见，也明确提出了要优先发展现代服务业，提升发展传统服务业，培育发展新兴服务业，强化基本公共服务，构建与经济社会发展相协调、粤港澳地区优势互补、对外辐射能力强的现代服务业产业体系。发展作为现代服务业重要组成部分的零售业是经济发展的客观需要，也是国家启动市场、扩大内需的战略任务。发展零售业不仅是改变经济增长模式、寻求经济持续发展的新的增长点，也是构建和谐社会、丰富群众生活内容、优化生活质量的一项民生工程。从发达国家的经验看来，现代服务业中的零售业是发达国家和地区经济增长最为强劲、最为活跃的推动力。依据广东省统计局发布的数据，2013 年全省批发零售业从业人员是 827.69 万人，限额以上连锁企业有 308 家，限额以上连锁门店有 24 546 家，限额以上连锁企业的销售总额是 5 244.13 亿元。

在产业政策方面，现代零售业被赋予新的战略使命，主要政策措施是：按照产业发展对商品流通的需求，加快构建现代采购分销体系，努力建设门类齐全、布局合理、运营灵活的全国现代流通中心，国际采购分销中心，电子商务中心和商品信息采集中心；进一步做强分销业，鼓励发展总经销、总代理，培育一批品牌代理商和分销商；以建设城市商圈、特色商业街为切入点，发展一批大型购物中心、品牌专卖店、工厂直销店，推动流通企业的规模化、连锁化、网络化、品牌化经营；进一步加快发展网上购物，鼓励百货公司、连锁超市、专卖店开展网上零售业务，构建网络营销渠道，鼓励第三方电子商务平台运营商为中小商贸企业提供网上销售服务；进一步拓展流通渠道，以“广东制造”为依托，以“广东商贸城”为品牌，在国内外大中型城市建设一批“广东商贸城”，促进优势产品内销；鼓励本土具有较强影响力的专业市场以连锁经营的方式向国内外扩张，为广东产品开拓国内外市场、扩大内外需提供支撑。

3. 广东省零售业转型升级发展迅速

广东省零售业正在步入转型升级的快车道，主要体现在以下三个方面。一是零售业态日益丰富。近年来，零售业各类业态多元化、组合化和融合化发展步伐加快，在传统百货店加速重组创新的同时，综合性一体化的大型购物中心不断涌现，专业店、专卖店迅猛发展，连锁超市快速扩张，网络销售显现出蓬勃生机，便利店、仓储式商场潜力初显，城市中心商业区、商业街和社区商业网点建设协调并进，逐渐形成了传统与现代相结合、线上和线下相补充、各类业态互补共兴的良好发展格局，较好地满足了消费者的多层次、多元化消费需求。二是现代化水平显著提高。信息技术、现代计算机技术在商业领域的加快应用，有效提高了商品销售自动化、信息管理标准化、物流储运自动化的程度，有力地推动了零售业现代化水平的提升。同时，物流配送、电子商务及连锁经营等现代流通方式的加快发展，提高了零售领域的分销能力，缩短了商品流通和信息传递过程，提高了流通效率。三是组织化程度继续提升。连锁经营的快速发展带动组织化程度提升，使限额以上连锁零售企业销售额占社会消费品零售总额的比例由2008年的17.8%提高到2015年的21%。据中国连锁经营协会统计，2008年以来“中国连锁百强”销售规模由1.2万亿元提高到2015年的3万亿元，门店总数由12万个增加到20余万个。

4. 现代零售业创新发展对高职商科教育提出的战略要求

2015年上半年，思科公司发布了关于中国零售业的调查报告，报告指出中国零售业创新时机已经成熟，而增加“体验”是创新的基本内涵。

尽管中国的消费者倾向于在线和移动购物，但这并不表示他们放弃了对实体店良好购物体验的需求。调查显示，中国的消费者对于“在家购物并立即使用”的偏好比例为41%（全球为42%），而对于“查看、触摸和比较产品”的偏好比例占到66%（全球比例为53%）。

思科测试了涵盖购物之旅各个阶段的19个购物概念。在这19个购物概念中，对中国消费者的吸引力尤为突出的包括针对性优惠、智能购物车、现实增强技术、移动支付、安全储物柜、基于智能手机的自助服务、店内免下车车道等服务，其中，中国的受访者对各种与“现实增强技术”有关的概念都表现出浓厚兴趣。

中国的消费者为了获得更有吸引力的个性化服务体验，非常愿意分享自己的数据。61%的中国受访者表示会分享他们的好恶、兴趣和爱好（全球为43%），54%的受访者会分享他们所用产品的相关信息（全球为35%），38%的受访者会将评论分享到社交媒体上（全球为13%）。

高职商科教育需要主动适应以“体验”为关键词的现代零售业创新发展模式，培养能够理解客户体验、分享客户体验、管理客户体验、创造客户体验的职业人才。

5. 现代零售业的“银领”——职业店长的人才需求

伴随中国经济步入新常态，零售业进入转型升级的调整期，通过互联网、大数据、虚拟现实等新技术的运用及经营模式创新重塑企业价值是行业发展的主流趋势。在创新原有的商业模式的过程中，必然会涉及经营理念转变、价值链重新定位、盈利模式创新、组织结构调整等一系列变革，需要建立与改革相匹配的人才队伍。店长人才是决定商业零售体系成长速度的关键，也是企业商业模式转型落地执行者。企业、学校、行业协会等多方协同培养店长人才已经成为关乎连锁零售业发展的战略选择。

“银领”人才的极度匮乏严重制约了现代零售业的发展。店长是受连锁经营企业委派管理一个单独门店的管理人员职位的名称，也可以是对自主经营门店业主的称谓，是现代零售业的“银领”，是各类零售业企业人才体系中的战略资源。如果没有高质量的职业店长人才，基于客户体验的管理创新难以实现，现代零售业转型升级战略也将陷入困境。据广州连锁经营协会统计，在广州仅“职业店长”一职缺口就高达5万人，这充分表明了开展职业店长教育的必要性与紧迫性。现代零售业的性质决定了企业对职业店长的核心诉求是要具备营销能力，番职院的市场营销专业经过多年探索，明确将职业店长作为人才培养目标定位。

对于“职业店长”的培养，不是特定于哪个企业，它是现代服务业中为增加顾客体验感受而设立实体店或网上商铺的专业的营销管理人员，不仅仅局限于销售能力的培养，更加突出管理能力和经营能力的培养，这与大多数院校只强调营销专业“销售能力”的培养有大大的不同，也更符合现代零售业对于营销专业复合型人才的需求。

番职院市场营销专业的人才培养依托深圳百果园实业发展有限公司（以下简称“百果园公司”）、广东葆扬投资管理有限公司（以下简称“葆扬投资”）、广州千千氏工艺品有限公司（以下简称“千千氏”）等优秀商贸企业的行业背景，规避了多年来校企合作企业多却不深入、不紧密的问题，培养的人才定位更加准确，培养模式更加清晰，就业方向更加精准，在此以与百果园公司的深度校企合作为例。百果园公司自2012年开始成为番职院市场营销专业紧密型校外合作企业，从最开始的校园招聘到订单班培养，目前成为首批国家现代学徒制试点专业，学生到岗的留存率超过60%。百果园公司目前有1 500多家直营店，遍布深圳、广州、上海、北京等25个大中城市，公司规划到2020年门店数量达到5 000家，到2030年达到15 000家。通过企业的快速发展实现学生的快速发展，这就是番职院市场营销专业人才培养定位于“职业店长”的原因及初衷。以百果园公司等企业的行业背景和企业规模为依托开展的“职业店长”培养，不是把学生的就业局限于一个行业、一个企业，而是以该行业、企业的平台为载体，通过企业提供大量的岗位实践技能训练和提升的平台，培养学生的职业能力和素养，通过岗位能力的迁移，学生完全可以胜任在不同的行业、企业门店里从事职业店长的营销、管理工作。

二、同类专业建设情况分析

20世纪80年代，随着中国改革开放和市场经济改革的推进，市场营销这一兴起于20世纪初的学科逐渐被引入我国的高校。经调查，2015年全国共有536所高职院校开展市场营销专业的招生工作，分布在全国31个省（自治区、直辖市）。经过分析可知，目前开设市场营销专业的高职院校大致可分为以下三类。

第一类是原供销系统、经贸系统所属中专升格或专科院校转型的商贸类职业学院。这些学院的市场营销专业有商贸行业背景，开设时间早，有一定的专业建设成果，市场营销专业是其核心和优势专业。这些院校基本上都将市场营销专业作为发展重点，各种政策和机遇都会向其倾斜，招生规模普遍大于其他专业，该专业的整体建设水平高于其他院校。这类院校主要有浙江商业职业技术学院、北京财贸职业学院、无锡商业职业技术学院、山东商业职业技术学院、广东农工商职业技术学院等。

第二类是行业类职业技术学院。这些学院结合行业特色，侧重于培养行业需求的营销人才，比如交通类、机电类、工业类、医药类、轻工类、纺织服装类、农林类、水利水电类等行业类职业技术学院。比较具代表性的行业类职业院校有北京工业职业技术学院、承德石油高等专科学校、山东服装职业学院、常州机电职业技术学院、浙江水利水电学院、广东轻工职业技术学院、广州铁路职业技术学院、广东食品药品职业学院等。这类院校的市场营销专业常常作为服务本行业的特色专业去建设，有一定的先天优势，专注于为细分行业进行人才培养，有行业特色。但由于行业内人才需求的局限性，招生规模往往不是很大，并且随着行业壁垒的逐渐消除，该类院校的营销专业在行业内人才供给市场的优势将逐渐丧失，近几年部分院校也逐渐面向社会所有行业培养营销人才，走回到与综合类职业院校相似的初始专业发展道路上来了。

第三类是综合性职业院校。基于社会上对于营销专业人才需求一直保持在前位的现实情况，该类职业院校市场营销专业的规模基本保持在平均水平，但多数学校没有任何行业背景，面向社会培养“万金油”式的营销人才，所以在专业建设、课程建设、人才培养方面很难形成特色。番职院市场营销专业得益于广东商贸行业发展的先天优势和国家示范建设、广东省示范建设的机遇，瞄准地方经济特色、服务地方产业，从2006年专业设立伊始就面向商贸企业如麦德龙股份公司、百安居中国、广州市好又多百货商业广场有限公司、大润发超市、沃尔玛百货有限公司、广东骏和通信设备连锁销售公司、百果园公司、葆扬投资等开展深度的校企合作，开设了校内生产性实训、为期半年的企业专向订单培养、企业真实教学项目等实践教学环节，并于2014年成立校企合作学院——百果园学院，在全国营销类专业率先开展现代学徒制人才培养模式培养职业店长，成为这类院校营销专业里面的特例。

三、专业建设基础

（一）本专业在全国和广东省内的综合实力排名情况

番职院市场营销专业在全国和广东省内位于一流的位置，教学团队自2006年成立至今，荣获2项国家教学成果二等奖，有2门国家精品资源共享课程、2门国家精品课程、1门国家级精品视频开放课程、2门省级精品资源共享课程、2门省级精品课程、3门市级精品课程；专业带头人阚雅玲教授荣获南粤优秀教师、广东省首批特支计划教学名师、国家万人计划教学名师等荣誉称号，主持的教学团队荣获广东省优秀教学团队称号；

2015 年市场营销专业成为国家首批现代学徒制 100 家试点单位的试点专业之一；2015 年初教学团队受广东省教育厅委托制定《现代学徒制市场营销专业教学标准》。历年学生初次就业率均在 98% 以上，半年后就业率均达 100%。

1. 是全国唯一获得 2 门国家精品资源课和 1 门国家精品视频公开课的专业

市场营销专业带头人阚雅玲教授主持的“工商模拟市场实训”2008 年获评国家精品课程、2013 年获评国家精品资源共享课程，“职业规划与成功素质训练”2009 年获评国家精品课程、2013 年获评国家精品资源共享课程、2016 年获评国家级精品视频公开课程。这在全国各高职院校市场营销专业中名列第一。张晓青老师主持的“推销实务”、郭立国老师主持的“ERP 沙盘模拟实训”获评广东省精品资源课程。

2. 获得全国仅有的 3 个市场营销专业国家级教学成果奖之一

市场营销专业带头人阚雅玲教授主持的“商科学生‘实战型、体验式、网络化’技能与素质并进的课程创新与实践”2014 年获得国家教学成果奖二等奖。该成果依托市场营销专业成功地解决了商科专业学生面临的“实训课程缺乏实战”“素质课程多为说教”两个制约人才培养质量的关键问题，通过自主研发商科学生的“实战型”综合实践课程——“工商模拟市场实训”以及“体验式”综合素质课程——“职业规划与成功素质训练”，协同培养学生的职业能力与综合素质，并通过线上线下一体化的课程开发与实践改革教学的组织形式，全面提升人才培养的质量。该教学成果是全国仅有的 3 个市场营销专业国家级教学成果奖之一，另外两个由山东商业职业技术学院和无锡商业职业技术学院获得。

3. 专业带头人是全国高职院校市场营销专业中唯一的万人计划教学名师

市场营销专业带头人阚雅玲教授在教书育人、专业建设、科学研究、社会服务等方面成绩显著，于 2012 年获南粤优秀教师称号；2015 年获评广东省首批特支计划教学名师，有 30 万元的资金资助，用于专业带头人及专业的建设发展；2015 年她带领的教学团队获得广东省优秀教学团队荣誉称号；2016 年获评国家万人计划教学名师。

4. 代表全国 2 所高职院校之一在现代学徒制国际研讨会上做经验交流

市场营销专业在番职院率先实施现代学徒制，2015 年 7 月 3 日，在教育部主办的“现代学徒制国际研讨会”上，专业带头人阚雅玲和百果园公司校企合作总监兼百果园学院院长熊自先以《校企共建百果园学院、深度探索现代学徒制》为题做了主题发言，围绕中国特色的现代学徒制试点成功的关键要素，对校企跨界深度融合实施现代学徒制进行了分享，并就百果园学院的建立及其发展方向、体制机制改革、招生与培养目标、人才培养模式、课程与师资队伍建设、专业教学标准研制以及试点成果推广等方面进行了经验介绍，受到与会者的广泛好评。（另一所参加研讨会的学校是唐山工业职业技术学院）

5. 受广东省教育厅委托研制《现代学徒制市场营销专业教学标准》

在《教育部关于开展现代学徒制试点工作的意见》明确规定，“完善人才培养制度和标准”是现代学徒制试点的主要内容。番职院的“现代学徒制高职市场营销专业教学标准的研制”项目获得广东省职业教育专业教学标准研制立项。还与行业企业共同制定专业教学标准、课程标准、岗位标准、企业师傅标准、教学组织标准、教学质量评价标准、质量监控标准及相应实施方案。

6．在全国牵头行业、企业、中职高职本科院校成立百果园职业教育联盟

番职院牵头百果园公司，深圳市连锁经营协会，北京农学院、武汉商学院、台湾树德科技大学3所本科院校，浙江金华职业技术学院、顺德职业技术学院、中山职业技术学院、河源职业技术学院、广东科贸职业学院、东莞职业技术学院、马鞍山职业技术学院7所高职院校，广州市商贸职业学校、东莞市商业学校2所中职学校共15家单位发起成立百果园职业教育联盟，人才培养定位是中职培养店员、高职培养店长、本科培养经理。联盟单位共同对实施现代学徒制人才培养模式、研制和推广现代学徒制专业教学标准、开办百果园学院连锁学院以及构建中高本衔接职教体系进行探索和实践。

（二）本专业建设的主要经验和突出特色

1．本专业建设的主要经验及突出特色

（1）围绕现代零售业，适应产业升级与专业发展，确立了职业店长人才培养目标。

高职院校传统的市场营销专业一方面没有行业背景，面向各行各业基于学科体系培养“万金油”式的“营销通才”；另一方面与中职相关专业人才培养定位没有明显区别，都是培养“店员”之类的低端人才。本专业面向现代连锁形态的零售业，人才培养定位于“职业店长”（店长面向的行业、角色及职能见图5－1、图5－2），考虑高职学生的能力和经验，门店定位于单店面积200平方米左右、营业额在1 000万元/年左右的连锁零售企业。像百果园这样的企业就非常符合我们校企合作的企业选择标准。该公司能够长期提供具有教育价值的“店长”学徒岗位，目前有1 500余家专卖店，计划到2020年门店数量达到5 000家，到2030年门店数量达到10 000家，力争成为世界果业第一品牌。发展规模如此之大、发展速度如此之快的企业在未来十多年的时间里，为我们高职院校相关专业的发展提供了稳定、可靠的“职业店长”岗位，确保了招生与人才培养的可持续性。而公司优秀的企业文化、完善的员工生涯规划与成才计划及培训体系则是我们选择其作为现代学徒制试点合作伙伴的最为关键要素，因为这样的企业和学徒岗位具备很强的教育功能，不像有些企业将学生作为廉价劳动力，培养的只是很快被机器所取代的简单操作技能。

图5－1　店长面向的行业

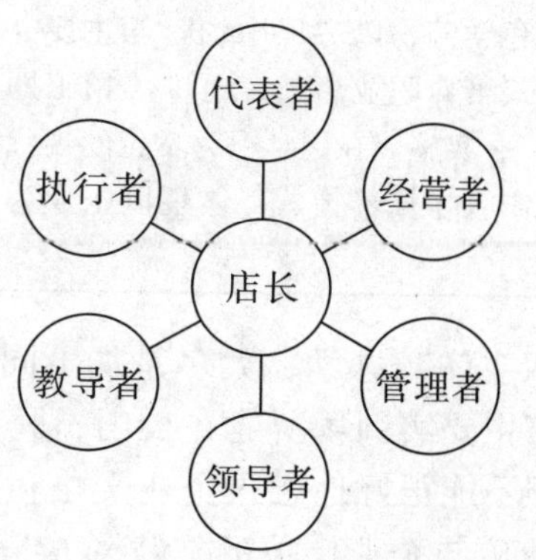

图5－2　店长的角色及职能

（2）校企合作从1.0阶段逐步转型升级到4.0阶段，实施“双主体”办学以企业为主导的办学模式。

2010年之前，番职院市场营销专业的校企合作停留在以“顶岗实习”为代表的1.0阶段，实施“2.5+0.5”的人才培养模式；从2010年起选择具有教育价值的企业开始探索“2+1”的“店长订单班”培养模式，进入了校企合作的2.0阶段；2011年与广东华好集团有限公司合作成立“双主体”办学的华好学院，实施以学校为主导的“双元”培养模式，进入了校企深度合作的3.0阶段；2012年起与百果园公司合作，先后走过了1.0阶段、2.0阶段、3.0阶段，2014年校企共同成立百果园学院，实施现代学徒制试点培养职业店长，进入了校企深度合作的4.0阶段，即“双主体”办学以企业为主导的办学模式。校企合作从1.0阶段到4.0阶段转型升级的实践探索具体如表5-1所示。

表5-1　番职院市场营销专业校企合作从1.0阶段到4.0阶段转型升级的实践探索

校企合作的阶段		校企合作与人才培养模式	优劣势分析与比较
校企合作从单纯广度走向深度	1.0阶段	广泛吸纳合作企业，以半年顶岗实习为主要特点，校企合作实施“2.5+0.5”的人才培养模式	合作企业数量可观，但人才培养定位低端，虽然可有效提升学生就业率，但就业质量不高，学生跳槽频繁，不能满足学校、企业、学生三方的需求
	2.0阶段	选择具有教育价值的企业合作，将“企业订单班”作为专业选修课的一个系列，安排在第5学期，并与第6学期的顶岗实习相衔接，实施“2+1”的人才培养模式，培养职业店长	学生在企业一年不仅体现了“职业性”还体现了“教育性”，而店长的培养目标也体现了“高等性”，在一定程度上满足了学校、企业、学生三方的需求。但“2+1”模式中的两年和一年的培养依然是“两张皮”，未能有效融合
	3.0阶段	校企双主体办学成立企业冠名的特色学院，以“校中厂”为主要办学形式培养职业店长，实施校企双元培养模式，但教学的时间、地点、师资、方式甚至内容等都体现以学校为主导	学生三年学习期间可全程实施校企“双元”培养，解决了“2+1”模式的“两张皮”问题。但因主要学习场所依然在学校，脱离了商科专业的市场工作环境，培养出的店长人才依然不能与企业“零对接”
	4.0阶段	校企“双主体”办学成立企业冠名的特色学院，以“厂中校”为主要办学形式培养职业店长，通过“招工即招生”，实施以在岗学习为本位的现代学徒制人才培养模式，体现以企业为主导	学生具有学徒双重身份，走进市场、走近企业，学习的内容是工作的内容、学习的方式以在岗学习为本位，且工学交替，企业承诺学徒制学生毕业后即可有90%以上升任店长，实现了人才培养与企业的“零对接”

综观国内的“双主体”办学，大多是从不同方面体现“以学校为主导”，集中表现在：一是校企合作将主要实训场所建在校内，脱离了企业和市场，虽然也能完成技术技能的学习与训练，但不能很好地融入企业文化和市场氛围，不能有效培养职业素养，进而不能实现学生毕业后与企业岗位的“零对接”；二是在专业课程的开发方面，企业课程和学校课程割裂成“两张皮”，未能将企业的培训课程与学校的教育课程有机融为一

体；三是师资队伍虽然是校企共同组成的双师结构，但两者也如课程一样未能有效地进行融合，经常出现“各吹各的号，各唱各的调”的情况。而番职院的营销专业与企业合作办学体现“以企业为主导”，很好地解决了实训基地与工作场地一体化、企业课程与学校课程一体化、企业师资与学校师资一体化等方面的问题。

（3）依托市场营销专业成立百果园学院，深度探索校企合作办学的体制和机制。

2014 年番职院依托市场营销专业与百果园公司共同成立百果园学院，定位于“双主体”办学、以企业为主导、“双元”培养的特色专业学院，并积极开展“招生即招工、入校即入厂、校企联合培养”的现代学徒制试点工作，全面提升技术技能人才的培养能力和水平，服务行业企业的发展与转型升级。百果园学院实行校企双主体办学基础上的理事会领导下的院长负责制。理事会负责学院发展规划、专业设置、招生计划和重大建设项目、人才培养方案的制定，负责学院院长及相关项目负责人的推荐和考评以及其他重大事项。百果园学院设院长一人，由企方人力资源总监担任；执行院长一人，由校方管理学院院长担任。院长与执行院长负责百果园学院的日常教学的组织与实施以及其他行政工作。校企双方签订了《广州番禺职业技术学院与深圳市百果园实业发展有限公司共建百果园学院框架协议》（见图 5－3），对合作内容、运行机制、招生与招工、专业建设、师资队伍建设、实训基地建设、产学研合作、双方权利与义务等达成了共识，在此基础上双方又签订了《现代学徒制联合培养协议》，对现代学徒制试点内容、工作机制、招生与招工、日常教学管理、毕业与就业、办学费用结算等进行了约定。

图 5－3　校企合作成立百果园学院签约仪式

（4）推进一体化招工与招生，构建中高职衔接的人才培养体系。

百果园学院推进一体化的招生与招工，并构建中高职衔接的人才培养体系。招工和招生同步是学校与企业合作的模式，2015 年学院面向应届和往届中职毕业生自主招生 44 人，2016 年招生 103 人，实施以企业岗位学习为本位的“双元”培养，并构建中高职衔接的人才培养体系。在招生宣传时，为保障考生广泛而全面的知情权，学校将人才培养的模式、合作企业情况、课程开设情况、报考及录取条件、毕业与就业要求等充分告知每一位有意向的考生及家长。在面试时再次向学生介绍现代学徒制的招生与招工同步进行以及岗位学习为本位的人才培养模式。面试结束后、学生正式录取前再将企业的正式用工合同发送给学生和家长并征求意见，达成共识后校企共同举办现代学徒制百果园店长班正式签约与录用仪式（见图5－4），在学生与企业签订合同后，学校发放录取通知书。

图5－4　学生与企业签订用工合同

“招生即招工、入校即入厂”；“校企双主体育人、双导师教学、学生双重身份”；企业承诺现代学徒制学员起步工资为2 900元/月（企业免费提供住宿），经过两年培养，90%以上的学生成为合格的职业店长。60%～70%的店长月收入达到5 000～6 000元，收入较高的店长可达每月2万元。这是2015年6月12日番职院与百果园公司联合举办的现代学徒制市场营销专业百果园店长班正式签约与录用仪式上传来的消息，它开启了校企共建的百果园学院进入深度探索现代学徒制的关键时期。番职院自2012年与百果园公司合作以来，共向企业输送近500名学生，在企业工作满一年升任店长的比例高达90%，为企业的迅猛发展提供了人才支持。

（5）确立了“三双、四跟、五对接”的职业店长人才培养模式。

市场营销专业构建了“三双、四跟、五对接”的职业店长人才培养模式（如图5－5所示），从体制和机制上保证将校企合作、工学结合全方位地内植到人才培养的全过程，也就是说在人才培养目标的确定、课程体系的构建、专业核心课程的建设、课程标准的制定、专业教材的编写、校内外实训基地的建设、师资队伍的建设、教学过程的实施与运作等方面深入细化校企合作与工学结合的人才培养模式，从而保证专业与职业岗位对接、专业课程内容与职业标准对接、教学过程与生产服务过程对接、学历证书与职业资格证书对接。

"三双、四跟、五对接"：体现跨界深度融合

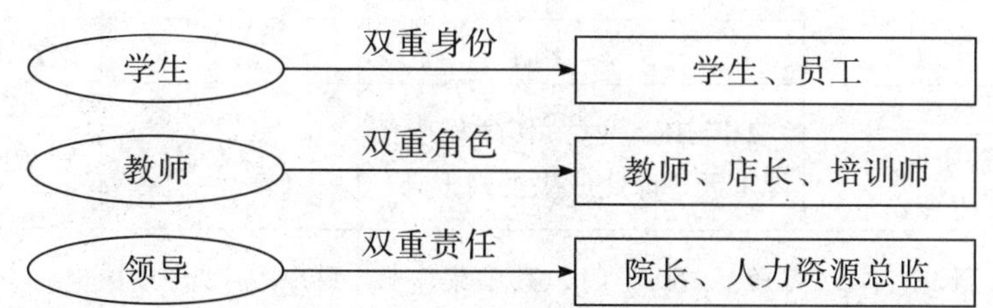

· 专业跟着行业企业走　　· 课程跟着服务管理走
· 教学跟着岗位标准走　　· 教材跟着工作任务走

"五个对接"：专业与职业岗位对接，专业课程内容与职业标准对接，教学过程与生产服务过程对接，学历证书与职业资格证书对接，职业教育与终身学习对接。

图 5-5　职业店长人才培养模式

（6）构建"高等性""职业性"和"教育性"有机融合的职业店长课程体系。

以"职业店长"为人才培养目标，校企深度合作开发融"高等性""职业性"和"教育性"于一体的课程体系：适合线上学习的素质教育课程"职业规划与成功素质训练"获评国家精品视频公开课，校内"实战型"综合实践课程"工商模拟市场实训（开店）"获评国家精品资源共享课程，适合工学结合、工学交替的课程有"销售型店长""管理型店长""经营型店长"以及"职业店长综合技能训练"。具体如表 5-2 所示。

表 5-2　两年制现代学徒制店长班专业核心课程体系

学期	开设课程（学时/学分）	集中授课		在岗学习	
		天数/学时	地点	学时	地点
第一学期	职业规划与成功素质训练（30 学时/2 学分）	2 天/16 学时，其中集中授课 1 天，课业成果汇报 1 天	学校	14 学时	实际工作门店
	销售型店长项目（120 学时/6.5 学分）	5 天/50 学时，其中集中授课 4 天，课业成果汇报 1 天	百果园广州公司培训室或学校	70 学时	实际工作门店
	工商模拟市场实训（56 学时/3 学分）	3 天/24 学时，其中集中授课 2 天，课业成果汇报 1 天	百果园广州公司培训室或学校	32 学时	实际工作门店
	职业店长综合技能训练（135 学时/7.5 学分）	6 天/60 学时，其中包括新员工入职培训 2 天，集中授课 3 天，课业成果汇报 1 天	百果园广州公司培训室或学校	75 学时	实际工作门店

续上表

<table>
<tr><td rowspan="2">学期</td><td rowspan="2">开设课程
（学时/学分）</td><td colspan="2">集中授课</td><td colspan="2">在岗学习</td></tr>
<tr><td>天数/学时</td><td>地点</td><td>学时</td><td>地点</td></tr>
<tr><td rowspan="3">第二学期</td><td>职业规划
与成功素质训练
（30 学时/2 学分）</td><td>2 天/18 学时，其中集中授课 1 天，课业成果汇报 1 天</td><td>学校</td><td>14 学时</td><td>实际工作门店</td></tr>
<tr><td>管理型店长项目
（120 学时/6.5 学分）</td><td>5 天/50 学时，其中集中授课 4 天，课业成果汇报 1 天</td><td>百果园广州公司培训室或学校</td><td>70 学时</td><td>实际工作门店</td></tr>
<tr><td>职业店长
综合技能训练
（135 学时/7.5 学分）</td><td>6 天/60 学时，其中包括班长、店助培训 4 天，集中授课 1 天，课业成果汇报 1 天</td><td>百果园广州公司培训室或学校</td><td>75 学时</td><td>实际工作门店</td></tr>
<tr><td rowspan="4">第三学期</td><td>职业规划
与成功素质训练
（30 学时/2 学分）</td><td>2 天/18 学时，其中集中授课 1 天，课业成果汇报 1 天</td><td>学校</td><td>14 学时</td><td>实际工作门店</td></tr>
<tr><td>经营型店长项目
（120 学时/6.5 学分）</td><td>5 天/50 学时，其中集中授课 4 天，课业成果汇报 1 天</td><td>百果园广州公司培训室或学校</td><td>70 学时</td><td>实际工作门店</td></tr>
<tr><td>工商模拟市场实训
（56 学时/3 学分）</td><td>3 天/24 学时，其中集中授课 2 天，课业成果汇报 1 天</td><td>百果园广州公司培训室或学校</td><td>32 学时</td><td>实际工作门店</td></tr>
<tr><td>职业店长
综合技能训练
（135 学时/7.5 学分）</td><td>6 天/60 学时，其中集中授课 5 天，课业成果汇报 1 天</td><td>百果园广州公司培训室或深圳公司培训室或学校</td><td>75 学时</td><td>实际工作门店</td></tr>
<tr><td>第四学期</td><td colspan="3">顶岗实习与毕业调研（448 学时/16 学分）</td><td>岗位实践</td><td>实际工作门店</td></tr>
</table>

（7）构建“双师”结构教学团队共同培养职业店长。

校企有机融合的双师队伍，主要从以下几个层面去构建。一是校方聘请 4 名企业的高级管理人员，包括总经理、运营总监、人力资源总监、综合部经理为校方的客座教师和兼职教师，企方聘请校方的 10 位专业骨干教师担任企业的管理顾问和培训讲师，在企方人力资源总监的带领下共建课程资源。二是校方的市场营销专业每学期派出 1～2 名专任教师到百果园公司进行为期至少 6 个月的企业实践，目前已派出 5 位专任教师，实践内容和环节包括进行为期 2 周的门店岗位工作、参加公司阶段性培训（新员工入职培训、班长培训、店助培训、副店培训、后备店长培训、精英店长黄埔训练营等各项培训）、参加每个月的公司绩效大会，了解公司最新的战略规划及视频业务培训、列席店长片区经理或部门经理的工作会议、与企业相关人员共同完成具体的工作任务。这一系列实践环节，可以极大地提升校内专任教师的行业企业认知度，提高教师的专业素养，以便更好地为学徒制学生提供更为专业的符合企业实际需求和学徒制学生职业成长的知识和技能。

三是构建双导师制、双辅导员制、双任课教师制，做到对学生的指导及辅导等各项工作尽量及时、周到、全面。四是建立“导师—师傅—分队长”三级管理制，首先是选派校方2名骨干教师、企方3名高级管理人员担任导师，每人负责7~8名学生，要求每月至少现场指导一次，集中解决学生的各项问题；指定门店一对一帮带师傅，即指定学徒所在门店的店长或其他符合条件的工作人员担任学徒的师傅，进行全方位、全天候实时的岗位指导；每8名学徒选出1名小队长，负责小组内的互动、学习活动组织等工作。五是建立优秀师傅、优秀学徒评选奖励制度，激励师傅指导到位，激励学徒用心学习成长。

图5-6

（8）成立百果园职业教育联盟，实施集群化、连锁化办学模式。

番职院牵头百果园公司，深圳市连锁经营协会，北京农学院、武汉商学院、台湾树德科技大学3所本科院校，浙江金华职业技术学院、顺德职业技术学院、中山职业技术学院、河源职业技术学院、广东科贸职业学院、东莞职业技术学院、马鞍山职业技术学院7所高职院校，广州市商贸职业学校、东莞市商业学校2所中职学校共15家单位于2015年12月26日发起成立百果园职业教育联盟，人才培养定位是中职培养店员、高职培养店长、本科培养经理。为保障和促进联盟的健康发展，百果园职业教育联盟特制定了联盟章程，对联盟的性质、宗旨、组织机构、会员、合作领域、经费等方面进行了明确和规定，提出本着“沟通、协调、分享、创造”的理念，在搭建沟通平台、探索体制机制创新、推动资源共享、加强队伍建设、开展科学研究与社会服务、促进交流与合作等方面开展工作。联盟章程对搭建校企合作职业教育平台、企业选才育人、学校深度推进职业教育教学改革、教师与学生拓展职业空间均具有重要意义。

百果园职业教育联盟自成立以来，以培养现代学徒制“职业店长”为抓手，通过专业教学标准研制、科研团队组建、教师培训与交流、教学资源建设与共享、现代学徒制招生联合申报等方式初步形成了互利共生机制，集群化与连锁化办学效应初步显现。自番职院与百果园公司成功实施现代学徒制试点后，中山职业技术学院也于2016年获得广东省教育厅批准的现代学徒制百果园店长班的招生资格，与番职院以“连锁”的形式为企业和行业共同培养“职业店长”。浙江金华职业技术学院也根据自己的实际情况与百果园公司开始现代学徒制的探索；台湾树德科技大学2016年4月份派出6名学生来百果园学院研修，2016年下半年将派学生赴番职院百果园学院进行顶岗实习，百果园学院及市场营销省级大学生校外实践基地——百果园公司成为台湾树德科技大学的大陆研习基地；2016年6月8日马鞍山职业技术学院以“连锁”的形式开设“百果园学院”，番职院市场营销专业带头人出任其副理事长；东莞职业技术学院、河源职业技术学院等也将以“连锁”的形式开设“百果园学院”；武汉商学院等院校以订单班的形式开设百果园店长班。联盟内的中职学校为现代学徒制百果园店长班提供高质量的中高职衔接生源。

2. 专业建设主要成果

（1）教学成果获奖情况（见表5－3）。

表5－3 教学成果获奖情况

获奖时间	获奖成果	获奖名称	级别
2014年7月	商科学生“实战型、体验式、网络化”技能与素质并进的课程创新与实践	职业教育国家级教学成果奖二等奖	国家级
2009年7月	基于职业发展的高职素质教育体系构建与实践	职业教育国家级教学成果奖二等奖	国家级
2014年6月	以课程研发与建设为抓手打造高质量工商管理专业群的创新与实践	广东省教学成果奖一等奖	省级
2011年12月	以“高素质、强技能”为本位的高职工商管理类专业特色课程建设	广州市教学成果奖特等奖	市级

（2）课程建设（见表5－4）。

表5－4 课程建设情况

序号	课程名称	负责人	级别	时间
1	工商模拟市场实训	阚雅玲	国家级精品课程/国家精品资源共享课程	2008—2013年
2	职业规划与成功素质训练	阚雅玲	国家级精品课程/国家精品资源共享课程	2008—2013年
3	职业规划与成功素质训练（精品视频公开课程）	阚雅玲	省级精品视频公开课程	2012年
4	ERP沙盘模拟实训	郭立国	市级精品课程/省级精品资源共享课程	2009—2012年
5	推销实务	张晓青	省级精品课程	2009年
6	市场营销	张晓青	市级精品课程	2009年
7	工商模拟市场实训（网络课程）	阚雅玲	市级一等奖	2010年

续上表

序号	课程名称	负责人	级别	时间
8	市场调查与预测	郭立国	校级	2009 年
9	管理基础与实务	阚雅玲	校级	2010 年
10	连锁门店运营与管理	门洪亮	校级	2011 年
11	终端营销实战	门洪亮	校级	2011 年
12	营销策划	雷　平	校级	2011 年
13	广告策划实务	张晓青	校级	2011 年

（3）教改课题（见表 5－5）。

表 5－5　课题研究情况

序号	项目名称	项目来源	起讫时间	科研经费/万元
1	基于学习共同体的高职院校教师发展行动研究	全国教育科学规划课题	2015 年 12 月至 2017 年 12 月	9
2	现代学徒制市场营销专业教学标准研制项目	广东省教育厅	2015 年 1 月至 2016 年 12 月	10
3	高职院校教师发展中心建设的探索与实践	广州市高等学校教育教学改革研究重点项目	2015 年 6 月至 2017 年 6 月	8
4	基于校企协同创新的特色专业“双元培养”办学体制与机制的研究与实践	广东省教育厅	2013 年 11 月至 2015 年 12 月	3
5	高职院校学生职业迁移能力培养研究	广东省教育科学规划课题	2011 年 5 月至 2014 年 11 月	1
6	基于专业能力标准的高职院校“双师型”教师培养机制的研究	广东省教育厅	2008 年 10 月至 2010 年 12 月	2
7	高职院校商业类专业“政行企”合作育人模式研究	广东省教育厅	2014 年 12 月至 2016 年 12 月	2
8	高职院校“政校企合作”创新模式研究	广州市教育局	2012 年 7 月至 2014 年 12 月	2
9	基于校企合作的高职市场营销专业实践性教学体系构建	广州市教育局	2012 年 8 月至 2014 年 12 月	2

续上表

序号	项目名称	项目来源	起讫时间	科研经费/万元
10	职业院校创业教育与专业教育融合机制研究	广州市高等学校教育教学改革研究项目	2014年6月至2015年12月	3
11	现代学徒制试点与推广的探索与实践——以广州番禺职业技术学院百果园学院为例	广州市教育教学改革研究项目	2015年8月至2017年7月	2
12	现代学徒制市场营销百果园店长班“做中学、做中教”课程模式研究与实践	中国职业技术教育学会教学改革与教材建设课题	2015年9月至2016年12月	自筹
13	现代学徒制市场营销专业学生岗位职业能力提升路径探索——以广州番禺职业技术学院百果园学院为例	广州市教育科学规划课题	2015年12月至2017年12月	4
14	校企合作共建二级教学实体的探索及长效机制的研究与实践	广州市教育局	2013年5月至2015年5月	8
15	高职院校创业与管理专业的设置与建设	广州市教育科学规划项目	2010年6月至2014年6月	12
16	大学生职业规划与成功素质训练的研究	广州市教育局	2006年1月至2007年12月	0.6

（4）教材建设（见表5－6）。

表5－6　教材建设情况

序号	教材名称	第一作者	出版社
1	工商管理类专业综合实训教程——工商模拟市场实训	阚雅玲	机械工业出版社
2	职业规划与成功素质训练	阚雅玲	机械工业出版社
3	管理基础与实务	阚雅玲	机械工业出版社
4	人力资源管理基础与实务	阚雅玲	中国人民大学出版社
5	市场营销实务	张晓青	中国财政经济出版社
6	商务谈判	张晓青	中国财政经济出版社
7	现代推销技术	张晓青	上海财经大学出版社

续上表

序号	教材名称	第一作者	出版社
8	经济学基础	王书暐、谭福河	上海财经大学出版社
9	决策方法与工具	何 霞、杨问芝	上海财经大学出版社
10	管理技能与领导力	占 挺、阚雅玲	上海财经大学出版社

（5）发表的教学改革论文（见表5－7）。

表5－7 教学改革论文发表情况

序号	论文名称	第一作者	发表刊物	发表时间
1	现代学徒制的实践与探索——以百果园学院为例	阚雅玲	中国人力资源开发	2015年12月
2	共生营销视角下产业集群营销品牌价值实现策略	张晓青	商业经济研究	2016年8月
3	商科专业技能与素质并进的课程创新与实践	阚雅玲	中国职业教育	2015年3月
4	论创业教育的专业化	谭福河	创新与创业教育	2014年8月
5	基于适应模式转换视角的高职人才培养模式反馈机制分析	谭福河	职业技术教育	2014年7月
6	高校教学改革主体性参与结构问题研究	谭福河	广州职业教育论坛	2014年6月
7	突破制度瓶颈，转变创业教育运行模式	谭福河	浙江万里学院学报	2010年1月
8	政行企校合作背景下的高等职业教育学科建设问题与策略	张晓青	教育与职业	2013年12月
9	现代学徒制市场营销专业人才培养质量评价体系探析	张晓青	教育教学论坛	2016年2月
10	职业教育走出现代学徒制的思想误区	阚雅玲	知识经济	2015年12月
11	广州番禺职业技术学院百果园学院试点现代学徒制的探索与实践	阚雅玲	教育教学论坛	2016年4月
12	高职院校创新商科人才培养模式的探索与实践——以广州番禺职业技术学院为例	张晓青	教育教学论坛	2015年3月

续上表

序号	论文名称	第一作者	发表刊物	发表时间
13	高职院校“政校企合作”中存在的问题及对策探讨	张晓青	湖南科技学院学报	2013年6月
14	校企深度合作共同培养美容行业创业人才——以广州番禺职业技术学院为例	阚雅玲	科教导刊	2014年12月
15	高职传统专业改造升级与组织机构调整的策略研究——以广州番禺职业技术学院工商管理系专业整合为例	阚雅玲	教育教学论坛	2014年6月
16	基于校企协同创新的特色专业“双元培养”办学体制与机制的研究与实践	阚雅玲	大学教育	2014年8月
17	以课程研发为抓手，打造高质量工商管理专业群	阚雅玲	价值工程	2013年10月
18	创办“创业管理”专业，探索高职创业教育新路	阚雅玲	价值工程	2013年6月
19	高职创业教育课程体系的研究	阚雅玲	科技创业月刊	2013年5月
20	基于区域特色的高职市场营销专业实践教学模式探索与实践	张晓青	科技风	2013年1月

（6）专业课程及教师获奖。

表5-8　专业课程及教师获奖情况

序号	时间	奖项名称及等次	获奖者	颁发部门
1	2014年	“商科学生‘实战型、体验式、网络化’技能与素质并进的课程创新与实践”获2014年国家教学成果二等奖	阚雅玲、谭福河等	教育部
2	2013年	“工商模拟市场实训”获评精品资源共享课程（国家级）	阚雅玲、郭立国等	教育部
3	2013年	“职业规划与成功素质训练”获评精品资源共享课程（国家级）	阚雅玲、何　霞等	教育部
4	2013年	“企业组建”课程获全国职业院校信息化教学设计大赛二等奖	占　挺	教育部
5	2010年	“职业规划与成功素质训练”获评国家精品课程	阚雅玲等	教育部

续上表

序号	时间	奖项名称及等次	获奖者	颁发部门
6	2009 年	“基于职业发展的高职素质教育体系的构建与实践”获国家教学成果二等奖	阚雅玲等	教育部
7	2016 年	“职业规划与成功素质训练”获评精品视频公开课（国家级）	阚雅玲、何　霞等	教育部
8	2015 年	广东省首批特支计划教学名师	阚雅玲	中共广东省委组织部、广东省教育厅
9	2007 年	《大学生成功素质训练》获评国家“十一五”规划教材	阚雅玲等	教育部
10	2013 年	挑战杯大赛全国二等奖	何　霞	教育部
11	2015 年	“深圳市百果园实业发展有限公司市场营销专业校外实践教学基地”获评广东省高等职业教育大学生校外实践教学基地建设项目	门洪亮等	广东省教育厅
12	2014 年	“以课程研发与建设为抓手打造高质量工商管理专业群的创新与实践”获广东省教学成果一等奖	阚雅玲、郭立国、占　挺、谭福河等	广东省教育厅
13	2012 年	“ERP 沙盘模拟实训”获评精品资源共享课程（省级）	郭立国等	广东省教育厅
14	2010 年	“工商模拟市场实训”获广东省网络课程三等奖	阚雅玲、郭立国、占　挺等	广东省教育厅
15	2011 年	指导学生参加第三届全国大学生创业大赛全国总决赛获二等奖	郭立国	教育部 教育信息中心
16	2011 年	指导学生参加全国大学生管理决策模拟大赛获一等奖	郭立国	高等学校国家级实验教学示范中心联席会
17	2011 年	指导学生参加第三届“金蝶杯”全国大学生创业大赛广东省省赛获特等奖	郭立国	教育部中国教育信息化理事会
18	2011 年	指导学生参加全国大学生管理决策模拟大赛（广东省选拔赛）获一等奖	郭立国	高等学校国家级实验教学示范中心联席会

续上表

序号	时间	奖项名称及等次	获奖者	颁发部门
19	2011 年	指导学生参加第七届“用友杯”ERP（企业资源规划）沙盘模拟大赛获一等奖	郭立国	共青团广东省委员会、广东省教育厅
20	2012 年	“聆听 100 第三方客服”获评广东省大学生创业训练重点支持项目	张晓青	广东省教育厅
21	2013 年	“‘番职盛绘’电商美工工作室”获评广东省大学生创业训练重点支持项目	张晓青	广东省教育厅
22	2012 年	指导学生团队参加 2012 年广东省营销技能大赛获二等奖	门洪亮	广东省教育厅
23	2013 年	“番职校园网络超市”获评广东省大学生创业训练重点支持项目	门洪亮	广东省教育厅
24	2014 年	全国市场营销技能大赛三等奖	张晓青等	教育部等
25	2015 年	全国职业院校技能大赛高职组市场营销技能大赛团体二等奖	蒋　勇、李　霞	教育部等
26	2014 年	全国职业院校技能大赛高职组广东选拔赛市场营销技能项目一等奖	张晓青、蒋　勇	广东省教育厅
27	2015 年	全国职业院校技能大赛高职组广东选拔赛市场营销技能项目一等奖	蒋　勇、李　霞	广东省教育厅
28	2016 年	全国职业院校技能大赛高职组广东选拔赛市场营销技能项目二等奖	李　霞、门洪亮	广东省教育厅
29	2014 年	指导学生参加“挑战杯——彩虹人生”广东职业学校创新创效创业大赛高职组创业类大赛获省级二等奖	丁玉红	广东省教育厅
30	2015 年	指导学生团队获得广东 2014 年大学生科技创新培育专项资金项目立项	丁玉红	广东省教育厅
31	2015 年	广东省大学生“挑战杯”二等奖	丁玉红	广东省教育厅
32	2014 年	指导学生团队参加第九届全国高职高专“发明杯”大学生创新创业大赛获国家级二等奖	丁玉红	教育部
33	2014 年	第九届全国高职高专“发明杯”大学生创新创业大赛，获评“优秀指导老师”	丁玉红	教育部
34	2013 年	《连锁门店开发与设计》获评“十二五”职业教育国家规划教材	万　莉	教育部

（7）社会服务成效显著。

随着专业建设经验的积累，专业教学团队近年来共为30余家大型企事业单位提供专业建设培训、管理项目咨询和培训服务，培训学员8 000余人次。专业教学团队曾服务的单位有中山职业技术学院、广州市番禺区厂商会、广州市番禺区经济贸易促进局、美的集团有限公司、广东华好集团有限公司、TCL集团、万和集团、光宝集团、英国驻广州总领事馆文化教育处、中国邮政储蓄银行广东省分行、广州市地下铁道总公司、广东番禺大桥有限公司、河南晋开化工投资控股集团、中国演艺设备技术协会、广州浩云安防科技股份有限公司、中共广州市番禺区委党校、广州银业发展集团、广州金房物业管理有限公司、佛山市顺德区百年科技有限公司、星光珠宝股份有限公司、深圳市威特电子有限公司、广州朗晴电动车有限公司、佛山顺德区震德塑料机械有限公司、广州市番禺金关报关服务有限公司等大型企事业单位，获得了企业和学员们的普遍认可和高度评价。

近年来番职院的市场营销专业获得广东省教育厅批准的骨干教师省级培训项目4个，分别是“高职教师综合能力提升培训”“翻转课堂与微课程开发及应用”“现代学徒制试点与专业和课程建设”“高职院校中层领导力与执行力”。在此基础上，市场营销专业带头人及骨干教师还面向省内及国内其他省的中职、高职和本科院校骨干教师开展学生综合素质与创业创新能力培养、校企合作与实训基地建设、特色专业与特色学院建设、精品课程与精品资源共享课程建设等培训项目，目前已共计培训2万余人。

（三）本专业的人才培养质量

1. 毕业生就业质量持续得到社会好评

根据麦可思提供的数据，近年来市场营销专业的就业率始终保持高位，均不低于98%；毕业生的就业质量也得到持续改善与提高，初始就业的工资水平也在不断提升。并且据教学团队对历届毕业生的跟踪了解，麦可思提供的平均工资水平数据比毕业生实际工资水平要低，原因是大部分毕业生从事的营销岗位工作，众所周知其工资构成中业绩提成收入占比较高，但实际上大多数毕业生在接受调查时并未准确地把这一数据反映给调查者，导致报告中的工资水平低于实际工资水平。历年的具体数据如表5-9所示。

表5-9 2011—2014届市场营销专业毕业生相关数据表

毕业生	就业率/%	工资水平/元	毕业生推荐母校的意愿程度/%	对母校的满意度/%
2011届毕业生	97.53	2 791	90	95
2013届毕业生	100	3 388	90	100
2014届毕业生	98.73	3 502	89	97

注：数据来源于麦可思提供的《广州番禺职业技术学院社会需求与培养质量年度报告》2012版及2015版，2012届数据缺失。

另外，从毕业生就业行业与地域数据统计来看，2014年毕业生的就业单位94%集中在广东省内。其中，50.6%的毕业生在市场营销校外实训基地就业，百果园公司有35.6%的就业率，广东骏和通信设备连锁销售有限公司有5%的就业率。大多数毕业生的实习单位成为自己的就业单位，初次就业率达到98%。

从毕业生就业岗位数据统计来看，营销领域的就业岗位主要分为四大类：市场开发、市场调研、营销策划、营销管理。2014年毕业生的就业岗位主要集中在市场开发类，该岗位就业率达91%，而营销领域的其他三类岗位的就业率合计才达6%（见表5－10）。这一数据表明本专业毕业生就业对口率很高。

表5－10 2014年毕业生就业岗位情况

序号	岗位类别	就业人数/人	就业率/%
1	市场开发	81	91
2	市场调研	0	0
3	营销策划	3	3
4	营销管理（含客服）	3	3
5	其他	3	3

教学团队还针对2014年的毕业生就营销专业竞争力自我评价进行了统计，2014年的毕业生通过半年时间的顶岗实习，结合单位用人需求及工作实践的摸索，46%的学生对专业竞争力评价为非常满意，49%的学生对专业竞争力评价为满意。

2. 毕业生借助获取的职业资格证书增强职场竞争力

本专业学生近年来营销师职业资格证书的获取率均在99%以上，与职业资格证书对接的职业技能训练极大地增强了学生的职场竞争力和岗位胜任能力。

3. 基于职业素养培养与发展的职业技能竞赛活动成绩突出

市场营销专业打造“基于职业发展”的大学生职业素质教育体系：一是开辟“第二课堂”，校内大学生组织营销协会举办的“营销技能大赛”“营销面对面”“营销风采”等精品活动，给学生提供了专业能力训练的第二个平台；二是大力开展“挑战杯”系列竞赛，近年来营销专业学生取得校级、省级大学生“挑战杯”较好的成绩；三是参加全国、广东省、广州市营销技能竞赛均取得优异的成绩，学生在各种技能竞赛中获得国家级4项、省级12项、市级4项大奖；四是大力推进暑期“三下乡”实践活动，近年来组织200余名专业学生多次奔赴农村、社区、政府部门、企业开展实践活动。

4. 在百果园公司工作满一年的市场营销专业学生90%以上升任店长

番职院自2012年与百果园公司合作以来，共向企业输送400余名学生就业或顶岗实习，为企业的迅猛发展提供了人才支持。目前管理学院共有124名学生在百果园公司正式工作，其中40名就是现代学徒制市场营销专业学生。在百果园公司工作的124名学生中有12人在总部职能部门工作，35人升任店长，61人为副店长，其余为储备店长，现代学徒制市场营销专业学生中已有30人升任为副店长。在百果园公司工作满一年的现代学徒制市场营销专业学生90%以上升任店长。

5. 优秀毕业生案例

在百果园公司拓展北京、上海、杭州等区域市场的过程中，番职院优秀校友优先被选派到省外区域工作，并委以重任。优秀学生代表有北京区高级人事主管陈菲、北京区片区经理岑文国、中山片区经理李爽淳、运营部督查主管马炤银、集团采购助理安茂林、广州综合管理部人事专员张雪、上海人力资源部人事专员方洁纯、品控部经理助理凌美群等，其中马炤银已升任百果园广州公司运营部督查主任，面向350余家门店、20多个片区经理做门店督察工作，成为百果园学院的优秀学生代表之一。这些优秀学生对公司的战略布局和快速发展起到了重要的作用。在2015年度百果园公司精英年会上，来自番职院的两位储备干部荣获大奖。其中，巫夏君为管理学院2015年百果园订单班学生，现任百果园公司佛山云良路店店长，在2015年度百果园公司员工技能大赛中，通过激烈的竞争，一路过关斩将，最终脱颖而出，在精英年会上获得“才高八斗”奖。邹伟锋，2015年1月23日入职，现为百果园公司番禺区金山谷店副店长，在精英年会上获得百果园“服务之星”奖。两人均获得了百果园公司提供的东南亚旅游的奖励。

（四）本专业的社会认可度

1. 学生报考踊跃，录取分数线和报到率居高不下

近3年来，市场营销专业的招生持续保持良好的势头，学生对专业的热度有增无减。近年的招生分数都超过广东省第二批本科B类的录取分数线，第一志愿投档率超过90%。2013年通过大类招生专业分流后有158名学生进入市场营销专业学习，2014年有171名学生进入市场营销专业学习，且这些学生均是第一志愿填报该专业。2015年设置3个市场营销专业班级，开展“2+1”的现代学徒制人才培养模式，另外又有1个“0+2”的现代学徒制班级44人，总招生人数达到180人。2016年现代学徒制自主招生已经结束，计划招生100人，报名达236人，最终录取103人（3个免试生）。

近3年市场营销专业的录取分数均保持在高位：2013年的录取分数线文科为532.32分，理科为503.24分；2014年的录取分数线文科为518.51分，理科为486.1分；2015年的录取分数线文科为496.57分，理科为496.74分。很多能上三本甚至二本的学子宁愿选择番职院的市场营销专业，这充分说明了番职院的市场营销专业在社会上具有很高的认可度。

2. 用人单位对市场营销专业毕业生的评价很高

用人单位对番职院毕业生给予高度评价，百果园公司人力资源总监熊自先评价说：“番职院管理学院的学生在我公司合作的60余所院校中整体表现最好、晋升最快、业绩最高。”葆扬投资商学院院长黄铮评价说：“零售行业从业人员最需要的是吃苦、敬业精神以及责任心，番职院管理学院学生综合素质好、进取心与责任心强、团队合作的意识和能力都很好。”广东华好集团有限公司总裁江平评价说：“经过校企三年的全程双元培养，番职院管理学院学生深受公司各经销商、连锁店的青睐与好评，认为我们的学生留得住、上手快、素质高、业绩好。”

通过对12家主要用人单位的调查得知，用人单位给予市场营销专业毕业生高度认可，其中称职率平均达到了96%，优良率平均达到92%，而且93%的企业满意学生的职业素质，94%的企业满意学生的专业技能，92%的企业认为本专业毕业生能吃苦耐劳、踏实肯干，90%的企业认为本专业学生沟通能力较好。用人单位评价如表5-11所示。

表 5-11　用人单位对市场营销专业毕业生的评价

毕业年份	专业	称职率/%	优良率/%
2014 届毕业生	市场营销	96.80	94.60
2015 届毕业生		97.20	90.10
平均		96.86	92.12

3. 赢得多家零售行业龙头企业的青睐，在高起点和大平台上培养学生

市场营销专业多年来形成的良好办学质量和业内口碑，赢得多家零售行业龙头企业的青睐，纷纷到学校来提出进行校企合作。例如沃尔玛、麦德龙超市等世界500强企业，都曾主动找学校寻求合作机会，早期市场营销专业曾与他们合作，获得了国际领先企业的优秀经营管理水平和零售行业的人才培养经验。随着市场营销专业人才培养定位从“店员”升级为“店长”，这样的大型超市已不再适合市场营销专业的转型升级。而后百果园公司、葆扬投资、千千氏这些拥有1 000家以上零售连锁门店的行业领先企业前来与我们合作，双方确定以“职业店长”为市场营销专业人才培养目标，且学生就业岗位定位于单店面积在200平方米以内、营业额在200万元/年~1 000万元/年的连锁零售门店的店长。目前开店已达1 500余家的百果园公司是亚洲水果零售第一的知名企业；而葆扬投资两年时间开店1 100家（小百货店），营业额达50亿元，在世界上也是绝无仅有的；千千氏来自番禺本土，专营店逾1 000家，并以每月数十家的速度迅速增长，是一家集饰品、彩妆、护肤品等时尚潮流研究，自主品牌产品研发、生产、销售功能于一体的连锁零售企业。

（注：数据来源于公司网站）

4. 市场营销专业在高职教育领域有较高的知名度和认可度

市场营销专业多次被教育部和广东省教育厅主管部门邀请做经验介绍，其中2012年专业带头人阚雅玲受邀参加全国示范高职院校校企合作高峰论坛，并做了题为《校企深度合作　共建华好学院》的典型发言。2015年，阚雅玲、熊自先应邀参加教育部组织的“现代学徒制国际研讨会”，并做了题为《校企共建百果园学院　深度探索现代学徒制》的大会发言。市场营销专业近年来还获得广东省教育厅批准的骨干教师省级培训项目4个，分别是“高职教师综合能力提升培训”“翻转课堂与微课程开发及应用”“现代学徒制试点与专业和课程建设”“高职院校中层领导力与执行力”。在此基础上，市场营销专业带头人及骨干教师还面向省内及国内其他省的中职、高职和本科院校骨干教师开展学生综合素质与创业创新能力培养、校企合作与实训基地建设、特色专业与特色学院建设、精品课程与精品资源共享课程建设等培训项目，目前已共计培训2万余人。同时，市场营销专业还接待了武汉商学院等40余所学校的教师观摩店长课程、交流专业与人才培养的经验。目前全国与百果园公司开展店长培养的合作院校已达60余所。

5. 牵头企业、行业和中职、高职、本科院校成立百果园职业教育联盟

番职院市场营销专业牵头百果园公司，深圳市连锁经营协会，北京农学院、武汉商学院、台湾树德科技大学3所本科院校，浙江金华职业技术学院、顺德职业技术学院、

中山职业技术学院、河源职业技术学院、广东科贸职业学院、东莞职业技术学院、马鞍山职业技术学院7所高职院校，广州市商贸职业学校、东莞市商业学校2所中职学校共15家单位发起成立百果园职业教育联盟，人才培养定位是中职培养店员、高职培养店长、本科培养经理。联盟单位共同对实施现代学徒制人才培养模式、研制和推广现代学徒制专业教学标准、开办百果园学院连锁学院以及构建中高本衔接职教体系进行探索和实践。

6. 赢得媒体对办学模式、人才培养的广泛报道

市场营销专业的办学模式和人才培养获得了50余项报纸及网络报道，《番职院七成高职生一年内晋升百果园店长》《广州番禺职业技术学院百果园学院成立"现代学徒制"迈出坚实步伐》《百果园职业教育联盟初显集群化与连锁化办学效应》等新闻出现在诸多报纸和网络上，使得该专业的建设成果得以在全国迅速推广和应用。

（五）本专业人才培养质量保证体系

1. 本专业严格执行学校、二级学院的各项人才培养质量保障制度

学校人才培养质量保障体系从人才培养方案的设计、实施、实施的结果三个层次实施全方位的质量监管。市场营销专业自创立以来，就十分重视本专业的人才培养质量工作，严格执行学校规定的相关管理制度，具体表现在以下几个方面。

（1）严格执行"教学运行管理"制度，包括《教学工作规范》《导师制管理暂行条例》在内的22个管理制度。

（2）严格执行"教学质量管理"制度，包括《教学质量管理办法》《关于建立各级领导老师听课制度的规定》在内的12个管理制度。

（3）严格执行"教学基本建设"制度，包括《专业建设与管理办法》《校企合作管理办法》《专业建设指导委员会管理规定》在内的12个管理制度。

（4）严格执行"实践教学管理"制度，包括《顶岗实习管理办法》《学生职业技能竞赛管理办法》在内的11个管理制度。

（5）严格执行"师资管理"制度，包括《专业带头人和"双师型"骨干教师的标准与要求》《优秀教学团队立项建设与管理办法》在内的12个管理制度。

2. 本专业狠抓落实课程负责人制度，保障课程教学质量

管理学院对所有精品资源共享课程实行课程负责人制度。市场营销专业中几乎所有的专业核心技能课程的课堂教学，都由课程负责人负责在期初、期中、期末针对课堂教学管理和课程资源建设进行管理。例如在期初，课程负责人撰写或修订课程标准、授课计划，组织期初集体备课，检查授课教师的教学课件和教学辅助资料等，并负责组织及时更新、完善精品资源共享课程网站上的相关内容；在期中，则要组织3～5次集体备课，结合所负责课程的教学与资源建设等内容，开展教研活动，并检查、汇总课程的授课教师相互听课的情况。

3. 按照学校统一部署，开展专业年审工作，撰写市场营销专业年审报告

根据《广州番禺职业技术学院人才培养工作质量标准与质量保障体系框架（试行）》（番职院教督〔2015〕5号）、《广州番禺职业技术学院人才培养质量保障体系之专业教学

工作年审制度（试行）》（番职院教督〔2015〕6号）开展专业年审工作。专业带头人和负责人在专业教学团队协助下，作为专业计划的执行者负责专业年审并完成报告撰写；专业指导委员会代表本专业的利益相关者对报告的撰写提出建议。专业人才培养质量监控年度报告要由以下证据支撑：专业培养目标、课程安排计划及课程标准，专业培养数据与年度统计数据，上年度的专业年度监控报告和外部评估报告，学生反馈，本年度的专业指导委员会（或教学委员会）会议记录。

撰写市场营销专业年审报告时，我们注重做到以下几点。

（1）分析专业培养数据与年度统计数据。通过对统计数据做出评论，说明它们对培养目标所产生的主要影响。

（2）找出成功的经验（成绩与长处）。年审报告写明专业培养中出色的表现（典型案例），并对成功做法在学院其他领域以及校内其他单位推广的办法提出建议。

（3）思考总结。针对那些对学术标准、培养质量和教学实践具有重要影响的专业建设目标、内容与实施做出评价与建议，包括对本专业或二级学院所获得的校内外评价进行总结；对专业质量监控过程中教师和专业指导委员会的反馈意见的总结；对教辅人员所提出反馈意见的总结；对学生通过教学评价系统、学生代表座谈会及各种学生组织等渠道所提出的意见或建议的总结；对利益相关者通过专业指导委员会或其他联系渠道所提出意见的总结。

4. 提出质量改进与对策措施

通过对市场营销专业人才培养质量进行自评发现，该专业得分高的主要是在战略视野、愿景和战略目标、人才培养目标、招生情况、人才培养方案的设计以及毕业生满足用人单位需要等方面，得分低的主要是在国际化程度、师资队伍和教学资源建设等方面，即使是得分高的项目也存在改进和提升的空间，对此笔者提出如下质量改进与对策措施。

（1）市场营销专业国际化的视野不够，国际化的程度不高。今后的质量改进与对策：一是配合百果园公司海外开店的规划，创造条件将“海外店长精英班”落地；二是进一步扩大与台湾树德科技大学的交流与合作，吸引该校学生成为市场营销专业的学生；三是在学校领导和国际交流合作中心的领导和支持下，开拓与其他国家和地区的国际化交流与合作，提升本专业的国际化程度。

（2）教学团队中的专任教师缺乏零售行业的从业经验，企业教师和带徒师傅缺少职业教育方面的理念和经验。今后的质量改进与对策：一是从机制上实现校企双方教师的有效沟通与交流并实现优势互补；二是继续支持校内专任教师到企业挂职锻炼，并规范管理与考核，切实提高校内教师行业企业的认知与实践能力；三是为企业教师和带徒师傅提供职业教育理念与方法的培训，提升自身的素质与教学水平。

（3）目前市场营销专业师资队伍结构不合理，希望获得学校和相关部门的支持，为该专业引进或培养年富力强的高层次专业带头人1名、博士1～2名、教授或副教授1～2名，进而形成一支在年龄、学历、职称等方面结构合理、质量优良的师资队伍，特别是要在科学研究与社会服务方面取得实质性突破，提升该专业的整体建设水平。同时希望学校层面能尽快改革现行教学工作量制度，形成较为科学、合理的业绩考核机制。

（4）虽然招生情况横向比较还算乐观，但依然存在报考的生源不够充分、可选拔的余地不大、生源质量还有待进一步提高等问题。今后要从不同层面进一步加强与相关中职学校的联系，加大招生宣传的力度，特别是要努力开发来自偏远和欠发达地区的生源，因为总体来讲，这些地区的学生相对珠江三角洲发达地区的学生更具吃苦精神、更有不断提升自己的志向，更能满足“职业店长”的人才培养目标。

（5）在学校领导和国际交流合作中心的支持下，市场营销专业已与英国相关院校进行了前期的洽谈，并获得了他们关于“零售店长”现代学徒制的标准，接触到了他们的质量保障体系。市场营销专业人才培养目标升级为“职业店长”、人才培养模式升级为“现代学徒制”、专业与教学管理方式升级为“质量保障体系”，所有这些都能在英国找到很好的、可以学习借鉴的模式，这也为该专业国际化程度的提高创造了有利的条件。

（6）本专业学生在百果园公司每年的保有率已经达到业内非常高的水平，但由于受整个社会环境及年轻人个性特征的影响，还存在一定的人员流动率，需要进一步降低，而且学员的工作积极性和创造性也有待进一步提升。为此百果园公司拟推出店长持股计划，一方面可从根本上改变店长的从业心态，调动店长的工作积极性和创造性；另一方面对稳定店长队伍、激励学生通过自己的努力尽快升任店长都将起到重要的推动作用。

（7）企业用人饱和、受市场冲击以及企业自身的转型升级都会对专业的建设与发展带来很大影响，如何控制风险是我们在诊断过程中必须考虑的问题。市场营销专业一方面紧跟市场，与企业同步转型升级；另一方面不断提升自己服务其他企业和整个行业的能力。另外，为企业提供所需的毕业生只是校企合作的初级阶段，市场营销专业还要有能力与企业一起研制职业资格标准，为企业提供技术、管理与培训服务，进而使校企合作与专业建设向更深层次发展。

（六）支撑本专业现有人才培养的条件

1. 校企双主体办学从体制和机制上保障了本专业人才培养

市场营销专业与百果园公司合作，成立百果园学院这个校企双主体办学的特色专业学院，由校企双方共同组成管理团队负责特色专业学院的运营与管理。百果园学院实行理事会领导下的院长负责制。理事会负责学院发展规划、专业设置、招生计划和重大建设项目、人才培养方案的制定，负责学院院长及相关项目负责人的推荐和考评以及其他重大事项。百果园学院设院长一人，由企方人力资源总监担任；执行院长一人，由校方管理学院院长担任。院长与执行院长负责百果园学院日常教学的组织与实施以及其他行政工作。管理团队组成如下：

理事长：阚雅玲（广州番禺职业技术学院管理学院院长）

副理事长：徐艳林（深圳市百果园实业发展有限公司总经理）

理事：谭福河（广州番禺职业技术学院管理学院副院长）

胡子瑜（广州番禺职业技术学院管理学院副院长）

门洪亮（广州番禺职业技术学院管理学院市场营销教研室主任）

熊自先（深圳市百果园实业发展有限公司人力资源总监）

陈修历（深圳市百果园实业发展有限公司人力资源部副经理）

刘　飞（深圳市百果园实业发展有限公司广州综合管理部经理）

百果园学院院长：熊自先（深圳市百果园实业发展有限公司人力资源总监）

百果园学院执行院长：谭福河（广州番禺职业技术学院管理学院副院长）

百果园学院教研室主任：门洪亮（广州番禺职业技术学院管理学院市场营销教研室主任）

校企双方签订了《广州番禺职业技术学院与深圳市百果园实业发展有限公司共建百果园学院框架协议》，对合作内容、运行机制、招生与招工、专业建设、师资队伍建设、实训基地建设、产学研合作、双方权利与义务等达成了共识，在此基础上双方又签订了《现代学徒制联合培养协议》，对现代学徒制试点内容、工作机制、招生与招工、日常教学管理、毕业与就业、办学费用结算等进行了约定。

2. 合作企业大规模快速发展保障了在较长时间内能够持续提供具有教育价值的学徒岗位

市场营销专业选择零售行业多个大型企业作为合作伙伴，如百果园公司、葆扬投资、华好集团等，这些企业在较长时间内能够持续提供具有教育价值的学徒岗位。百果园公司就是国内规模最大的果品连锁专卖企业，全国有 1 500 余家直营专卖店，员工规模近 10 000 人，近 4 年公司门店数量增长了 4 倍。公司业务覆盖了果品流通的全产业链，计划到 2020 年门店数量达到 5 000 家，到 2030 年门店数量达到 10 000 家，力争成为全球规模最大的果品连锁销售企业，成为世界果业第一品牌。发展规模如此之大、发展速度如此之快的企业在未来十多年的时间里，为我们高职院校相关专业的发展提供了稳定、可靠的“职业店长”学徒岗位，确保了招生与人才培养的可持续性。而公司优秀的企业文化、完善的员工生涯规划与成才计划及培训体系则是我们选择其作为现代学徒制试点合作伙伴最为关键的要素，因为这样的企业和学徒岗位具备很强的教育功能，不像有些企业只将学生作为廉价劳动力，培养的只是很快被机器所取代的简单操作技能。合作企业有这样的发展速度和规模，能切实地解决本专业学生实训、实践及学徒和就业岗位问题。

3. 企业提供的科学且有竞争力的职业发展通道保障了学生的可持续发展

现代学徒制的学生进入百果园门店进行岗位学习的定位是储备干部，通过“校企双主体育人，双导师教学”，企业承诺现代学徒制学员起步工资为 2 900 元/月（企业免费提供住宿），经过两年培养，90% 以上的学生成为合格的职业店长。60% ~70% 的店长月收入达到 5 000 ~6 000 元，月收入较高的店长可达 2 万元。番职院自 2012 年与百果园公司合作以来，共向企业输送近 500 名学生，在企业工作满一年升任店长的比例高达 90%，为企业的迅猛发展提供了人才支持。图 5 –7 所示为百果园公司的员工职业生涯规划与对应的培训体系，目前百果园公司的总部或区域分公司的管理人员基本上都是从内部一步步提拔上来的，因为这样的员工才更认同公司的文化、公司的管理体制。这就为现代学徒制学生的职业发展提供了比较清晰的发展路径和广阔的发展空间。

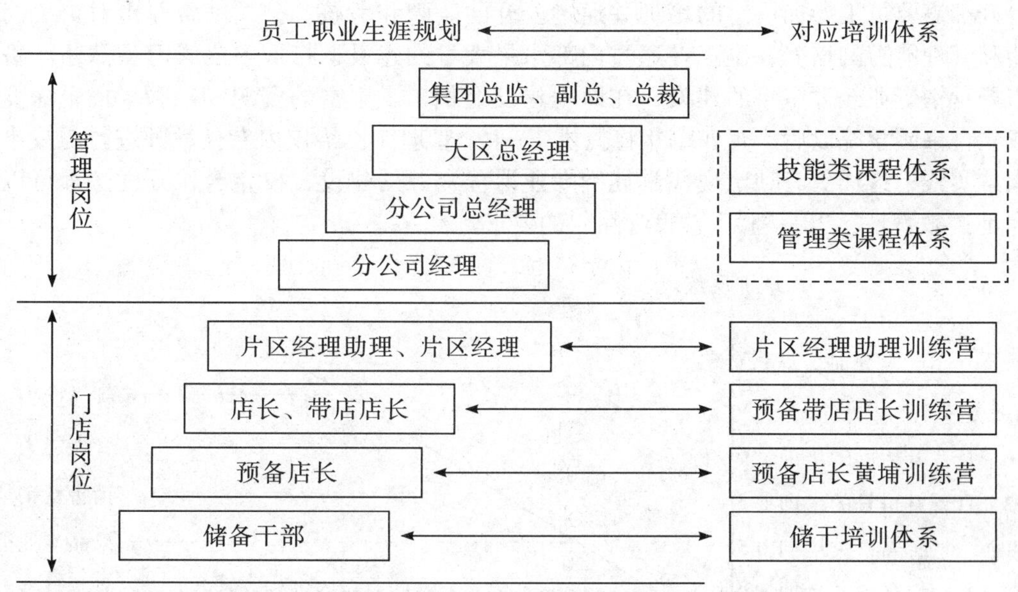

图5－7　百果园公司员工职业生涯规划与对应培训体系图

4．校企互聘共用的师资队伍，保障了对学生的双导师培养

校企有机融合的双师队伍，主要从以下几个层面去构建。一是校方聘请4名企业的高级管理人员，包括总经理、运营总监、人力资源总监、综合部经理为校方的客座教师和兼职教师，企方聘请校方的10位专业骨干教师担任企业的管理顾问和培训讲师，在企方人力资源总监的带领下共建课程资源。二是校方的市场营销专业每学期派出1~2名专任教师到百果园公司进行为期至少6个月的企业实践，目前已派出5位专任教师，实践内容和环节包括进行为期2周的门店岗位工作、参加公司阶段性培训（新员工入职培训、班长培训、店助培训、副店培训、后备店长培训、精英店长黄埔训练营等各项培训）、参加每个月的公司绩效大会以了解公司最新的战略规划及视频业务培训、列席店长片区经理或部门经理的工作会议、与企业相关人员共同完成具体的工作任务。通过这一系列实践环节，可以极大地提升校内专任教师的行业企业认知度，提高教师的专业素养，以便更好地为学徒制学生提供更为专业的符合企业实际需求和学徒制学生职业成长的知识和技能。三是构建双导师制、双辅导员制、双任课教师制，做到对学生的指导及辅导等各项工作尽量及时、周到、全面。四是建立“导师—师傅—分队长”三级管理制，首先是选派校方2名骨干教师、企方3名高级管理人员担任导师，每人负责7~8名学生，要求每月至少现场指导一次，集中解决学生的各项问题；指定门店一对一帮带师傅，即指定学徒所在门店的店长或其他符合条件的工作人员担任学徒的师傅，进行全方位、全天候实时的岗位指导；每8名学徒选出1名小队长，负责小组内的互动、学习活动组织等工作。五是建立优秀师傅、优秀学徒评选奖励制度，激励师傅指导到位，激励学徒用心学习成长。

5．企业完备的课程及培训体系能有效与校内专业课程进行融合

百果园公司针对不同岗位设有相应的内部培训课程（如图5－8所示），每一个职位

的晋升都需要员工参加一定的培训并通过公开的竞聘和考核。公司非常注重对员工岗位技能和管理能力的培养，也正在通过内部水果大学的建设，打造一支学习型队伍。番职院市场营销专业经过多年的建设，在课程建设上积累了丰富的资源和经验。校企深度合作成立百果园学院以后，企业每年将提供3~4个管理岗位给校内专任教师进行至少半年的岗位实践，这样更有利于现代学徒制专业课程资源的建设，校企合作开发课程可以充分满足“教育性”“高等性”“职业性”的要求。

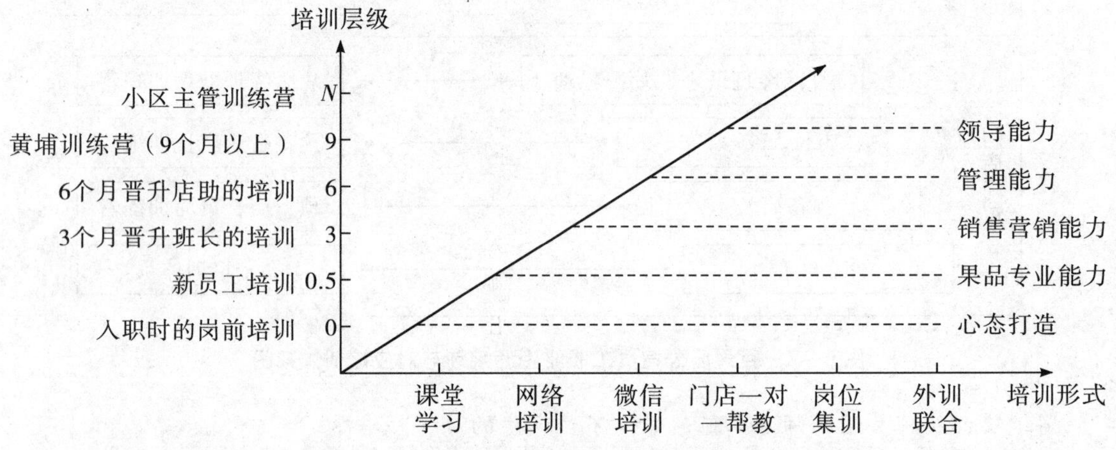

图5-8　百果园公司员工发展与教育培训体系

6. 校内实训基地建设为市场营销专业实践教学环节提供了有力保障

市场营销专业在校内不仅建有模拟的商务谈判实训室、ERP实训室、营销仿真实训室、职业店长特色实训室，还建有工商模拟市场、校园超市、创业产业园、电子商务工作室等生产性实训基地，充分保证了实践教学环节的有序有效进行。具体如表5-12所示。

表5-12　市场营销专业校内生产性实训基地

序号	实训基地	占地面积/平方米	投资金额	实训基地功能
1	工商模拟市场（开店）实训基地	1 000	10万元/年	生产性实训基地：每年满足1 000余名学生实战型实践课程“开店”的需要，让学生通过组建企业、经营商品这个真实的项目切实培养市场经济的意识和企业经营管理的能力
2	创业产业园	2 500	242万元	生产性实训基地：可同时满足500人实训，含跳蚤市场实训、仓储配送中心实训、网上开店实训、经营管理实训、连锁经营实训，成为学生创业实践基地，是一批中小企业的“孵化器”

续上表

序号	实训基地	占地面积/平方米	投资金额	实训基地功能
3	校园超市	150	20 万元	生产性实训基地：满足学生门店运营与管理等职业店长相关课程的实战型项目的实训需要，由学生自主经营、自主管理、自负盈亏
4	电子商务工作室	100	10 万元	生产性实训基地：以项目组为单位，在企业教师的指导下，完成企业真实的电子商务项目

7. 广东省创新强校工程及番职院的重点专业群建设为市场营销专业建设提供了发展的先机

番职院 2013 年年底启动的第一批重点专业群建设，经过充分的论证，以市场营销专业为主要专业的工商管理专业群建设方案 2014 年顺利通过立项，学校也给予政策、资金等全方位的支持。在该方案中，市场营销专业提出了“一体两翼”的建设与发展思路，通过校企合作平台建设，为市场营销专业提供广阔的专业发展支持，通过零售行业数据中心和零售行业员工职业发展研究与支持中心的建设，提升专任教师对行业、企业的动态研究能力，为专任教师服务行业、企业、专业和学生提供发展平台，从而为现代学徒制市场营销专业的人才培养提供强有力的支持和保障。

四、专业建设目标

（一）国内外同类专业建设的标杆以及本专业与其的差距

1. 国内比较

国内部分高职院校市场营销专业开设得比较早，比如无锡商业职业技术学院在 20 世纪 80 年代就已经开设此专业。但大部分高职院校市场营销专业的人才培养定位并不清晰，基本上是培养所谓的“营销通才”，就像“万金油”一样，好像哪个行业哪家企业都能用得上，但实际上职业能力突出、职业发展比较好的人才少之又少。近几年部分高职院校的市场营销专业或借助学校的行业背景，或借助区域经济的行业优势，均取得了较大的发展。如山东商业职业技术学院借助山东省商业集团有限公司的支持，在校企合作、专业建设上取得了较大的发展，于 2013 年牵头开展教育部市场营销专业资源库的建设；无锡商业职业技术学院 2008 年就被确定为江苏省示范高职院校重点建设专业，2009 年获江苏省特色专业建设立项，2013 年成为中央财政支持的高等职业院校提升专业服务产业能力项目建设专业，其教学团队也于 2010 年成为全国市场营销专业的国家教学团队；广东农工商职业技术学院的市场营销专业获评广东省示范性专业，与广州市广百股份有限公司合办广百学院，开展校企合作卓有成效。现确定以下两所院校为番职院市场营销专业建设的主要标杆。

表 5－13 市场营销专业建设标杆及相关成果指标一览表

序号	学校名称	建设成果主要指标
1	北京工业职业技术学院	1. 国家级精品课程 2 门、国家共享资源课程 2 门 2. 国家市场营销特色专业教学资源库建设单位 3. 国家综合改革试验区重点建设专业 4. 国家“十二五”规划教材 3 种 5. 国家级优秀教学团队 1 个 6. 首届海峡两岸市场调查与分析大赛二等奖 2 项，最佳组织奖 1 项
2	无锡商业职业技术学院	1. 国家重点建设专业 2. 江苏省特色专业 3. 国家教学成果二等奖，江苏省教学成果一等奖 4. 市场营销国家优秀教学团队 5. 2014 年率先在全国商科专业试点现代学徒制 6. 国家重点建设实训基地——现代商贸实训基地

相较于上述两所高职院校，番职院市场营销专业的差距主要表现在以下几个方面。

一是先天优势不足。番职院是一所缺乏行业背景的高职院校，在开设专业时只能根据区域经济中的行业优势去寻找专业定位，而区域内行业企业发展的兴衰变化对校企合作的稳定性和长远性产生较大的影响。

二是专业办学历史相对较短。番职院的市场营销专业于 2006 年设立，专业建设的成果还不够雄厚，与标杆中的兄弟院校相比还有一定的差距，部分专业建设的经验需要系统地提炼、升华和固化为成果。

三是高水平师资相对不足。该专业职称高、学历高、企业经验丰富特别是科研与社会服务能力强的高水平师资相对不足，这是制约市场营销专业成为高水平专业的关键因素。

四是标志性成果还不够丰硕。番职院的市场营销专业与标杆中兄弟院校的市场营销专业相比，尚未能建设成为省级以上的重点专业或示范专业，在国家级教学资源库、国家级教学团队、国家级实训基地建设方面还未能取得突破，科研与社会服务的能力还有待提升。

2. 国际比较

（1）美国、德国营销专业建设情况。

美国是现代市场营销学的发源地，其高校教育也较为先进，值得我们借鉴和学习。德国是目前“双元制”人才培养做得比较成功的国家，其高职市场营销的教育与企业联系密切，在培养过程中注重实践过程、方法训练和能力培养。笔者在此选取美国和德国的市场营销专业建设情况进行对比（详见表 5－14）。

表 5－14　美国、德国市场营销专业建设情况一览表

国家	教师队伍	课程建设	教学内容与组织	学生培养
美国	1. 必须具有本专业的实际工作经验以及相应的职业资格证书。 2. 教师必须不断地调整他们的教学方法和内容。 3. 各州设有专门机构协调学院和企业界的联系，为教师到企业实践提供各种机会。 4. 特别注重对兼职教师教学技术的短期培训，以帮助他们掌握一定的课堂教学技能	1. 实践课程学时占总学时的 50%，甚至更多。 2. 注重在实践课程中运用科学的方法和知识解决在实践中遇到的问题。 3. 校企双方共同开发课程	1. 教师的课堂教学通常对外开放。 2. 确保教学内容的实用性和与专业发展联系的紧密性。 3. 紧密联系当前行业发展对于人才的技能需要，真正做到课程设置“实用性”和“理论性”的有机结合。 4. 顶岗实习与校内实训有机衔接，以此确保毕业生既有专业知识，又有专业技能	1. 学生培养与行业企业技能要求联系紧密。 2. 企业为学生提供一线的实训岗位和优秀实训指导教师，并通过对学生的观察选拔企业需要的人
德国	1. 有严格的师资队伍建设制度。 2. 大部分学院还把应聘者与企业界的联系能力作为重要的参考指标。 3. 企业兼职教师是具有高级技工或工程师资格的人员	1. 人才培养目标十分明确，围绕目标设置课程。 2. 理论课程与实践课程交叉开设，促进学生专业技能的提升	1. 企业需要什么，学校就教什么，学生就学什么。 2. 注重工学结合的教学方法。 3. 强调学生必须养成严格规范操作的习惯	1. 严把招生准入关，学生具有双重身份，既是学生又是“准员工”。 2. 校企双方共同成立专业委员会，企业直接参与专业建设，与学校共同制订教学计划、进行毕业考核等。 3. 校企双方通过“双元制”模式紧密融合、休戚与共

近几年我国的高职教育在理念、教学方式上基本与欧美职业教育发达的国家和地区相差不大，番职院市场营销专业与美国、德国高水平职业院校相比，关键差距主要表现在以下五个方面。

一是实施环节的问题，主要体现在高职教育理念还不能完全落实。

二是教师和学生的职业精神和职业素养还有待提高。

三是相对而言，国内的职业资格标准并不完备，而国外基于完善的职业资格标准，开展职业教育就有了非常明确的指引和导向。

四是企业缺乏对职业教育的支持和投入热情，或者说国内缺乏对于企业支持职业教育的政策保障机制。

五是学生、家长及社会对于职业教育的认同度不够高。

（2）新加坡、中国台湾地区营销专业建设情况。

新加坡、中国台湾地区的高职教育发展历史较长，有许多值得我们借鉴和学习的地方。新加坡和中国台湾地区清晰的职业教育体系为其人才培养提供了良好的基础，与地方经济、行业企业的紧密结合，使得他们的人才培养务实致用。表5－15所示为两地市场营销专业建设的基本情况。

表5－15　新加坡、中国台湾地区市场营销专业建设情况一览表

国家（地区）	教师队伍	课程建设	教学内容与组织	学生培养
新加坡	1. 需要具备5年或以上的企业工作经验或实践经验。 2. 每年需到企业锻炼，参加一线工作并协助企业解决问题	1. 根据政府人力开发的需求，研究行业、企业的人才培养。 2. 企业全程参与人才培养方案及课程的制定。 3. 制定适合企业要求的人才培养方案和课程体系	1. 课程教学始终围绕企业要求和职业资格证书进行。 2. 突出学生的参与和协作能力。 3. 注重学生的实践能力，建立“教学工厂”，课程引进真实的企业实践项目	1. 以人为本，注重“先会后懂”，培养学生的自我学习和独立思考能力。 2. 校企密切合作，企业高度参与学生的培养，通过提供真实项目和实习，全程对学生进行指导、评价。 3. 注重国际合作，为学生提供国际实习和就业机会
中国台湾	1. 具备5年的教学经验和4年以上的企业工作经验。 2. 鼓励教师建立教师社群，进行教学、学术或管理等方面的研讨和分享	1. 课程衔接市场，务实致用。 2. 注重实践能力的培养，实践学分占总学分的1/3以上	1. 把社会实践和未来工作联系起来，由企业人员担任相关课程的教学。 2. 鼓励学生参与各种国际比赛，以赛促教。 3. 提高学生的动手能力，也注重“通才”的培养	1. 生源主要来自中专和职校。 2. 企业和学校联合培养学生，以期学生能满足企业职业岗位需求。 3. 注重培养学生国际化、产业化和创新化视野

从以上情况来看，番职院市场营销专业目前的教学方式和人才培养模式与新加坡、中国台湾地区的比较相似，不过在师资建设、学生国际化视野培养方面还有一定的差距。

（二）本专业建设的关键问题和建设重点领域

番职院市场营销专业建设的关键问题是：在没有行业背景的综合性院校框架下，如何让市场营销专业走出一条可持续发展之路？如何保持并发展“国内一流”的专业地位，继而逐步实现“国内领先、有一定国际影响”？为此需要做到以下几点，方能将市场营销专业建设成为广东省品牌专业。

（1）面向零售连锁行业，满足百果园公司、葆扬投资等行业龙头企业大规模快速发展对“职业店长”的人才需要，夯实市场营销专业可持续发展的基础。

（2）进一步完善现代学徒制办学模式和人才培养模式，进一步深化课程改革，真正培养出服务于零售一线职业店长岗位的复合型、发展型、创新型营销人才。

（3）建立适合本专业的店长职业资格标准，研制和推广现代学徒制专业教学标准，扩大现代学徒制办学与人才培养模式的试点成果和实施范围。

（4）加强高学历、高职称、高素质、高水平、“双师型”师资的引进和自我培养，为品牌专业的建设提供强有力的保障。

（5）改变本专业当前社会服务以面向省内和国内其他省市教师培训为主的现状，转为以面向企业、为企业提供技术支持和管理咨询服务为主。

（6）打造国内最为专业的职业店长学院，让市场营销成为引领管理学院的龙头专业；成立店长职教集团，让市场营销成为引领省内乃至国内同类专业的品牌专业。

（7）加快与国际接轨的步伐，引进国际先进标准，探索专业国际认证，加强与境外高水平院校的师生互访互换，逐步提升国际化办学的实力与水平。

（三）本专业具体建设目标

番职院市场营销专业的具体建设目标是：通过一流院校高水平专业建设的实施，把市场营销专业建成“国内领先、有一定国际影响”的高职市场营销类品牌专业，在国内外具有一定影响力和美誉度。围绕零售连锁业“职业店长”人才培养目标和现代学徒制人才培养模式，在课程体系、课程资源、教学团队、校企合作、科学研究、社会服务等方面做出卓有成效的成绩，专业综合实力在全国处于领先位置，人才培养目标、培养模式和课程建设在国际上有一定的影响力。在此基础上，依托市场营销专业打造国内高职最为专业、最具影响力的职业店长学院，并牵头组建店长职业教育集团。把市场营销专业建成国内现代学徒制示范基地，在中国南部树立起一面高职市场营销专业建设的旗帜，满足广东省零售行业发展对市场营销专业人才的需求。

（四）建设期满后，预计产出的标志性成果

1. 成立职业店长学院和店长职业教育集团

依托市场营销专业通过现代学徒制和店长班培养职业店长积累起来的丰富经验，成立职业店长学院、组建店长职业教育集团。

2. 力争获得1项国家教学成果奖

“校企深度合作培养职业店长的探索与实践”已获2016年校级教学成果一等奖，在此基础上竞争广东省一等奖，最终冲击国家教学成果一等奖。

3. 力争获评1名国家级教学名师

市场营销专业带头人已获评广东省特支教学名师，并已获得国家万人计划教学名师的初评，争取最终获得国家级教学名师称号。

4. 力争获评1个国家级优秀教学团队

工商企业管理专业已被评为广东省优秀教学团队，市场营销专业在此基础上整合两个专业的优势资源申报国家优秀教学团队。

5. 力争获评1项以上国家级在线开放课程

重点打造“开店”“职业店长综合素质训练”及“职业店长综合技能训练”3门课程，争取获评国家在线开放课程。

6. 力争获得至少1项国家级信息化教学竞赛一等奖

2016年管理学院经学校评选已有5项作品被推荐参加广东省信息化教学大赛，在努力获得一等奖后再全力竞争国家一等奖。

7. 力争至少3种教材入选国家级或省级“十三五”规划教材

百果园职业教育联盟现代学徒制职业店长培养系列教材《岗前辅导——店长从这里起步》《销售型店长》《管理型店长》《经营型店长》《职业店长成长手册》已于2016年12月由广东高等教育出版社出版发行，同时准备申报国家“十三五”规划教材。

8. 力争获得学生技能竞赛省级及以上3项奖励

指导学生参加全国市场营销技能竞赛及“挑战杯”大赛，至少获得3项省级及以上奖励。

9. 力争获得至少1项国家级科研课题立项

围绕现代零售业和职业店长培养开展研究工作，力争获得至少一项国家级科研课题立项。

10. 力争在培训与社会服务方面取得重大突破

在已经获批的三个广东省高职院校骨干教师培训项目的基础上，扩大对社会培训的领域和项目，力争每年培训教师达1 000人次，每年技术服务到账额30万元。

番职院市场营销专业的具体建设目标如表5-16所示。

表5-16 市场营销专业建设预期标志性成果

分项任务	标志性成果	成果级别
人才培养机制	校企协同育人平台	省级1项
	现代学徒制市场营销专业示范基地	国内一流
	店长职业教育集团	国内一流
	职业店长学院	国内一流
教学改革	教学成果奖	市级培育2项，省级1项，力争国家级1项
	现代学徒制市场营销专业教学标准	省级1项
创新创业教育	大学生创新创业训练计划项目	省级3项
	大学生“挑战杯”等创新创业竞赛	省级3项，力争国家级1项
学生成长与发展	高职院校职业技能比赛	省级3项，力争国家级1项
质量保证	专业诊断与年审	
	毕业生就业跟踪调查	

续上表

分项任务	标志性成果	成果级别
激励和约束机制	高职教育教学改革与实践项目	省级 1 项
	高层次技能型兼职教师项目	省级 3 人
专业带头人	教学名师	国家级 1 人
	专业领军人才	省级 1 人
教学团队	优秀教学团队	省级，力争国家级
	“千百十工程”人才培养对象	省级 1 人
	信息化教学大赛	省级 2 项，力争国家级
	微课竞赛	省级 2 项
优质教学资源	精品在线开放课程	力争国家级 1 项
	精品资源共享课程	省级 2 项
	规划教材或精品教材	国家级或省级 3 种
校内实践教学基地	校内实践教学基地建设项目	省内一流
	职业能力培养虚拟仿真中心	省内一流
校外实践教学基地	广东省大学生校外实践教学基地	省级 1 项
社会服务	骨干教师国家级培训或省级培训项目	国家级培训或省级培训 2 项
	科研成果	省级 1 项
	零售行业研究与服务中心	国内一流
国际视野人才培养	海外院校学生研习基地（百果园学院）	国内一流，国际影响
	海外店长班	国内一流，国际影响
	开展国际零售职业资格培训与认证	国内一流，国际影响
国内合作交流	百果园学院连锁学院	国内一流
	店长职业资格培训与认证	国内一流

五、具体建设内容及主要措施

（一）建设内容

1. 将市场营销专业建设成为现代学徒制人才培养示范基地

积极探索校企双主体办学以企业为主导成立专业学院的办学模式，构建“招工即招生”“入校即入厂”，以“在岗学习为本位”“工学交替”“双导师培养”的人才培养模式，将百果园学院市场营销专业建设成为现代学徒制人才培养模式的示范基地。

2. 成功研制并发布现代学徒制市场营销专业教学标准

全面完成广东省教育厅委托的“现代学徒制市场营销专业教学标准研制”项目，发

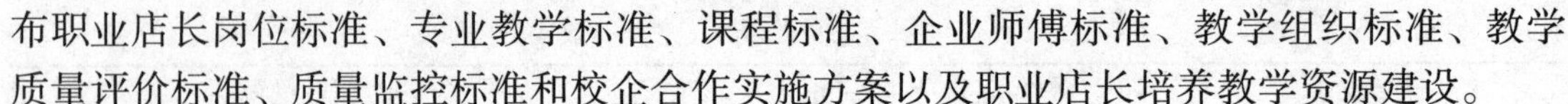

布职业店长岗位标准、专业教学标准、课程标准、企业师傅标准、教学组织标准、教学质量评价标准、质量监控标准和校企合作实施方案以及职业店长培养教学资源建设。

3. 建成立体化、多样性的市场营销专业教学资源库

建立满足“职业店长”职业发展和职业成长的市场营销专业教学资源库，包括“开店”“店长职业素养”“销售型店长”“管理型店长”“经营型店长”“店长综合技能训练”“店长创业创新能力”等课程的教材、案例库、教师手册、学生手册、试题库、多媒体资源等，适应互联网多媒体时代学生碎片化、移动式、交互式的学习方式。

4. 建成国内高职院校首个“零售行业研究与服务中心”

与中国连锁经营协会、零售行业龙头企业合作成立高职院校首个“零售行业研究与服务中心”，为相关行业企业提供专业的技术服务与支持，同时围绕店长职业资格标准的研制构建店长人才培养与服务平台。

5. 牵头建成“职业店长学院”，成为广东零售行业店长人才培养基地

依据广东现代服务业发展要求，围绕现代零售行业职业店长人才培养目标，以市场营销专业为龙头，整合管理学院现有专业群，用四年的时间打造国内高职最为专业、最具影响力并有特色的职业店长学院，成为广东零售行业店长人才培养基地。

6. 牵头行业、企业和相关院校组建连锁型“店长职业教育集团”

在百果园职教联盟的原有基础上，联合行业协会、零售连锁龙头企业、高等职业院校等，以输出品牌、教学标准和资源等方式成立连锁型“店长职业教育集团”，为现代零售业培养职业店长。

7. 建设成为我国台湾等地区的研习基地和其他国家的海外研习基地

通过建设海外店长班以及引入国外质量保证体系认证等途径，加强同我国香港、澳门、台湾地区以及其他国家的交流与合作，努力将百果园学院以及店长职业教育集团建设成为相关院校的海外研习基地，并通过质量保证体系的认证持续提升职业店长人才的培养水平。

（二）建设举措

1. 全面升级校企合作办学模式、人才培养目标与人才培养模式、课程建设与实训基地建设模式及师资培养模式，持续改进和提升人才培养质量

围绕现代零售业，深化产教融合、校企合作，与核心紧密型合作企业全面实施双主体办学，以企业为主导，基于“职业店长”全面升级各合作企业的人才培养目标；推广已有的“现代学徒制”试点成果，全面升级人才培养模式；在以“职业店长”培养核心课程建设的现有基础上，以企业为主导更新完善课程教学资源的开发、建设与实施；在以“学校为主导”全面培养教师职业教育教学理念、方法的原有基础上，依托核心紧密型合作企业，以“企业为主导”培养懂行业、懂企业的“双师型”教师。基于市场营销专业人才培养不能脱离“市场”这一特性，在完善校内市场、商场等生产性实训基地的基础上，让学生有充分的时间走入真实的市场，以企业在岗学习为本位，切实培养学生作为店长应有的职业素养和职业能力。

2. 研制和发布现代学徒制市场营销专业教学标准和教学资源，扩大现代学徒制的办学与人才培养模式的试点成果和实施范围

市场营销专业继续推行“店长班”现代学徒制的办学模式和人才培养模式，完成广东省职业教育专业教学标准研制项目——“现代学徒制高职市场营销专业教学标准”，建设和完善职业店长教学资源建设，通过广东省教育厅验收后，正式发布市场营销专业现代学徒制岗位工作标准、专业教学标准、课程标准、企业师傅标准、教学组织标准、教学质量评价标准、质量监控标准及相应实施方案。在此基础上向其他合作企业扩大现代学徒制的办学与人才培养模式的实施范围，与条件成熟的葆扬投资、千千氏等企业共同开展现代学徒制的人才培养，推广百果园店长班的试点成果，进一步完善现代学徒制人才培养模式和店长人才培养的课程体系与课程开发工作。

3. 以“服务、创新、专业、发展”为宗旨，大力加强教师发展中心与专业师资队伍建设

为服务市场营销专业的建设与发展，应大力加强管理学院教师发展中心建设，进一步探索教师发展长效机制，建立常态化的教师交流平台，提升教师教学、科研、社会服务与文化传承能力，进而提高教师教学能力以及自我学习与协作发展的水平，促进教师专业发展。主要围绕教学观念与文化传播，运用现代教育思想和教学手段，实现教学管理现代化；围绕教学与课程研究，形成多项教学研究领域的相关成果；围绕教学培训与指导，形成“新教师培训站”“骨干教师训练营”“职业发展咨询室”“名师工作室”等多个教师发展工作坊以及教学午餐会、教学沙龙、教师俱乐部、教学竞赛等机制化、常态化、长效化的教学交流项目；特别围绕教师到企业锻炼、承担企业相关项目和任务以及校企“一对一”培养等方式扶持和培养一批骨干教师、优秀教师、高职教育领军人才以及教学名师，打造理论扎实、经验丰富的“双师型”教学团队。

4. 牵头成立“零售行业研究与服务中心”，提升市场营销专业科研与社会服务水平

不断强化专业带头人、教研室主任、中青年骨干教师的科研意识与科研能力，围绕专业培养学术带头人与研究团队，形成适应人才培养需求的研究体系，形成有一定社会服务能力和社会影响力的研究成果。建设期间，科研方面的重点工作：一是联合校内外机构共建“零售行业研究与服务中心”，搭建教师科研平台；二是重点培育以教师发展中心为平台的教师成长研究，以百果园职业教育联盟为平台的流通行业数据研究和店长人才发展研究，以创业教育中心为平台的小微企业发展研究等项目；三是加大全体教师，特别是专业带头人、教研室主任、中青年骨干教师的科研能力培训，支持教师通过挂职锻炼、社会兼职、访学、参加高层次学术会议等形式提升科研水平；四是在做好现有三个广东省骨干教师省级培训项目的基础上，主动面向行业企业开展技术服务、成果转化、企业员工培训工作，力争每年培训 1 000 人次，每年技术服务到账额 30 万元。

5. 以市场营销专业为龙头，整合现有专业群，与行业协会及行业领先企业合作，建设国内一流的职业店长培养学院

以市场营销专业为龙头，整合管理学院现有专业群中的工商企业管理、连锁经营管理、电子商务和物流管理等专业，与广东省连锁经营协会和中国连锁经营协会合作，在零售连锁企业中找寻除现有的果品、小百货外的其他合作企业，重点在化妆品等美容业领域寻求合作机会，培养职业店长。通过行业、企业与学校优化资源配置，创新线下与线上职业店长人才培养模式，共同培养经济社会发展所需要的现代零售业的高层次技术

技能型人才，建设中国高职第一家“职业店长学院”，成为广东地区零售连锁业的人才培养与储备基地。

6. 组建“店长职业教育集团”，探索连锁化、集群化、校企合作、校校合作的市场营销专业办学模式

在建设百果园学院、百果园职教联盟的现有基础上，联合行业协会、零售连锁龙头企业、高等职业院校等，以输出品牌、教学标准、教学资源、管理模式等方式成立连锁型职业教育集团，服务现代零售业的转型升级。以现代学徒制为抓手，为现代零售业培养职业店长，逐步形成联盟成员的互利共生机制，构建集群化与连锁化的办学模式。我们通过职业教育集团配合企业的发展战略为它开设连锁学院，这不仅需要解决校企深度合作的问题，还要解决高职院校专业建设“单兵作战”的问题，进而实现深度的“校校合作”。

7. 加强国际交流与合作，引进国际先进标准，探索专业国际认证，加强与境外高水平院校的师生互访互换

建设高水平市场营销专业，在国际交流方面的重点工作任务：一是建设国际交流服务工作室，完善服务条件与服务内容，打通与学生、教师及相关方面沟通的渠道；二是选派师资参与国际交流活动，提高教师的国际化办学意识与能力；三是引入境外教师来校讲学或兼职授课；四是进一步做好与韩国金泉大学等伙伴院校的合作；五是积极开展联合竞赛、短期研修、夏令营等多种形式的学生交流活动，在条件具备的情况下，探索深层次的联合办学；六是对接境外店长人才培养标准，尝试开设国际化店长培养项目，并探索专业国际认证。

8. 建构基于现代学徒制培养模式的网络化、社区化学习交流平台，完善职业店长终身教育服务体系

充分利用广东省教育厅即将建立的“现代学徒制”共享平台，结合零售行业的特点及零售行业服务工作的特性，与社区共建职业店长学习基地和学习平台，开发网络支持系统，完善学校、企业、社区三方教学资源协调机制，在提升教学效率的同时，服务社区，传承优秀商业文化。企业可通过此平台进行现代学徒制岗位发布，学生和社会人员可自主选择现代学徒制岗位，学校根据企业发布岗位和学员选择岗位的情况组班。同时，学生学籍管理、学分学习与实践成果互认、考核评价体系也可在此平台上操作，在此基础上建立现代学徒制学分银行，完善职业店长终身教育服务体系。

（三）进度安排（见表5－17）

表5－17　市场营销专业建设进度安排

<table>
<tr><th colspan="2" rowspan="2">建设内容</th><th colspan="4">建设进度</th></tr>
<tr><th>2016—2017年</th><th>2017—2018年</th><th>2018—2019年</th><th>2019—2020年</th></tr>
<tr><td>教育教学改革</td><td>人才培养机制</td><td colspan="4">目标：深化校企合作，构建协同育人机制，找准人才培养定位，面向行业企业探索和实践“0＋2”“1＋2”现代学徒制人才培养模式，适当扩大培养规模；面向管理学院继续开展百果园订单班、名创订单班、骏和订单班等人才培养</td></tr>
</table>

续上表

<table>
<tr><th colspan="2" rowspan="2">建设内容</th><th colspan="4">建设进度</th></tr>
<tr><th>2016—2017 年</th><th>2017—2018 年</th><th>2018—2019 年</th><th>2019—2020 年</th></tr>
<tr><td rowspan="6">教育教学改革</td><td>人才培养机制</td><td>要点：①现代学徒制规模适当扩大到 100 人；②现代学徒制教学组织与运行；③订单培养跟踪指导；④行业企业专业调研；⑤召开专业指导委员会，进一步明确专业人才培养定位；⑥校企共同制定人才培养方案；⑦申报广州市特色学院</td><td>要点：①保持现代学徒制现有的招生规模；②2015 级现代学徒制毕业生跟踪调查；③订单班跟踪指导；④行业企业专业调研；⑤召开专业建设研讨会，构建行业企业共同参与的协同育人平台；⑥校企共同制定人才培养方案；⑦建设职业店长学院</td><td>要点：①保持现代学徒制现有的招生规模；②2016 级现代学徒制毕业生跟踪调查；③实施“1 + 2”现代学徒制人才培养；④订单班跟踪指导；⑤行业企业专业调研；⑥召开专业建设研讨会；⑦申报省级协同育人平台</td><td>要点：①保持现代学徒制现有的招生规模；②2017 级现代学徒制毕业生跟踪调查；③订单班跟踪指导；④行业企业专业调研；⑤申报校级教学成果奖</td></tr>
<tr><td rowspan="2">教学改革</td><td colspan="4">目标：探索面向零售行业培养创新型、复合型、应用型的职业店长人才，从而解决商科专业缺乏专业背景的困境和难题，拔高人才培养的层次；通过现代学徒制解决零对接，切实满足企业、学校、教师、学生等多方发展要求；深化翻转课堂改革，让课堂活起来、动起来；建立和完善人才培养的质量保障体系，做好人才培养的过程管理和全方位考核评价；研制现代学徒制市场营销专业教学标准并推广应用</td></tr>
<tr><td>要点：①完成现代学徒制市场营销专业教学标准研制；②申报校级教学成果奖</td><td>要点：申报省教学成果奖</td><td>要点：申报国家教学成果奖</td><td>要点：申报校级教学成果奖</td></tr>
<tr><td rowspan="2">创新创业教育</td><td colspan="4">目标：通过构建创新创业课程体系，将学生的创新意识和创新思维养成融入专业教学的全过程；以大学生创新创业竞赛为平台，对有意愿、有潜质进行创业的学生进行专项培养</td></tr>
<tr><td>要点：构建融合创新创业教育的课程体系，经校企双方论证</td><td>要点：调整、优化课程体系，制定符合行业企业特色的创新创业教育课程体系</td><td>要点：经过调研、专家论证，进一步优化课程体系</td><td>要点：更新课程体系和课程内容</td></tr>
<tr><td>学生成长与发展</td><td colspan="4">目标：通过参加职业技能竞赛，打通第一课堂和第二课堂，建立有效链接，培养学生的实践能力、创新能力、创业能力、职业精神和职业素养，提供学生岗位胜任能力和社会竞争力</td></tr>
</table>

续上表

<table>
<tr><th colspan="2" rowspan="2">建设内容</th><th colspan="4">建设进度</th></tr>
<tr><th>2016—2017 年</th><th>2017—2018 年</th><th>2018—2019 年</th><th>2019—2020 年</th></tr>
<tr><td rowspan="3">教育教学改革</td><td>学生成长与发展</td><td>要点：①参加省级比赛并获奖 1 项；②以“第二课堂”为平台，选拔、训练学生</td><td>要点：①构建柔性指导团队（企业人员、教师、历届获奖团队成员）；②构建竞赛与专业课程教学相融通的课程体系；③参加省级及以上比赛并力争获奖</td><td>要点：参加省级及以上比赛并力争获奖（省级 2 项，国家级 1 项）</td><td>要点：参加省级及以上比赛并力争获奖（省级 2 项，国家级 1 项）</td></tr>
<tr><td rowspan="2">质量保证</td><td colspan="4">目标：每年开展专业诊断与年审工作，持续性地进行改进；将对毕业生的持续跟踪调查结果反馈到人才培养方式设计、课程设置、课程教学等各个环节，不断进行品质管理循环（PDCA）改进</td></tr>
<tr><td>要点：①专业年审；②教学督导；③毕业生培养质量跟踪</td><td>要点：①专业年审；②教学督导；③毕业生培养质量跟踪</td><td>要点：①专业年审；②教学督导；③毕业生培养质量跟踪</td><td>要点：①专业年审；②教学督导；③毕业生培养质量跟踪</td></tr>
<tr><td rowspan="2">教师发展</td><td rowspan="2">激励和约束机制</td><td colspan="4">目标：①建立将专业建设、课程改革、实训基地建设、校企合作、企业实践、导师工作、科研等纳入教师教育教学工作量的长效激励机制。②完善激励和约束机制，促进专业带头人提升专业水平及行业影响力，对普通教师实施“学历教育 + 企业实践”的培养办法；出台兼职教师培训和管理办法，要求兼职教师在提高教学能力的同时，联合学校和企业做教学研究项目；促进教学团队的专业教学及科研水平整体提高。③每年安排 2 ~ 4 名专任教师到企业实践锻炼。④申报高职教育教学改革与实践项目 1 项，高层次技能型兼职教师项目 2 人</td></tr>
<tr><td>要点：①参照学校标准，拟定专业带头人和骨干教师的标准和要求；②拟定专任教师到企业锻炼的管理办法，形成了专任教师到企业实践的运行机制、考核机制等；③申报校级高职教育教学改革与实践项目 1 项</td><td>要点：①探讨建立将专业建设、课程改革、实训基地建设、校企合作、企业实践、导师工作、科研等纳入教师教育教学工作量的长效激励机制；②保障 2 ~ 4 位专任教师到企业实践，并完成相应的考核目标；③申报市级教学改革项目 1 项</td><td>要点：①建立将专业建设、课程改革、实训基地建设、校企合作、企业实践、导师工作、科研等纳入教师教育教学工作量的长效激励机制；②保障 2 ~ 4 位专任教师到企业实践，并完成相应的考核目标；③申报省级教学改革项目 1 项</td><td>要点：①完善教学工作量的激励和管理机制；②保障 2 ~ 4 位专任教师到企业实践，并完成相应的考核目标；③申报省级教学改革项目 1 项，力争申报国家级教学改革项目；④申报高层次技能型兼职教师 3 人（省级）</td></tr>
</table>

续上表

<table>
<tr><th colspan="2" rowspan="2">建设内容</th><th colspan="4">建设进度</th></tr>
<tr><th>2016—2017 年</th><th>2017—2018 年</th><th>2018—2019 年</th><th>2019—2020 年</th></tr>
<tr><td rowspan="4">教师发展</td><td rowspan="2">专业带头人</td><td colspan="4">目标：①及时跟踪产业发展趋势和行业动态，准备把握专业建设与教学改革方向，带领专业建设朝新的高度和层次迈进；②专业带头人到国内其他省市或国外其他国家学习、交流、研讨5次以上，提升专业带头人把握行业整体发展的能力，培养专业带头人的资源整合能力；③参加国内4次以上的研修、交流活动并到相关示范高职院校进行调研，开展专业建设、教学改革等工作，提升专业带头人的职教理论水平和专业建设能力；④培养国家级教学名师1人，省级专业领军人才1人，“千百十工程”人才培养对象1人</td></tr>
<tr><td>要点：①在现有教师中培养专业带头人1名；②参加国内1次以上的研修、交流活动并到相关示范高职院校进行调研；③主持院级教研或科研项目1项或参与市级以上教研或科研项目1项；④发表科研或教研论文1篇或主编专业教材1种</td><td>要点：①专业带头人到境外学习、交流、研讨1次；②参加国内2次以上的研修、交流活动并到相关示范高职院校进行调研；③参与市级以上教研或科研项目1项；④发表科研或教研论文1篇或主编专业教材1种；⑤联系1家关系紧密的企业，开展1项企业咨询服务</td><td>要点：①专业带头人到境内外学习、交流、研讨2人次以上，提升专业带头人把握行业整体发展的能力；②参加国内2次以上的研修、交流活动并到相关示范高职院校进行调研；③主持市级以上教研或科研项目1项；④发表科研或教研论文1篇或主编专业教材1种；⑤开展1项社会服务；⑥培养国家级教学名师1人</td><td>要点：①专业带头人到境内外学习、交流、研讨2人次以上，提升专业带头人把握行业整体发展的能力；②参加国内2次以上的研修、交流活动并到相关示范高职院校进行调研；③主持市级以上教研或科研项目1项；④发表科研或教研论文1篇或主编专业教材1种；⑤开展1项社会服务</td></tr>
<tr><td rowspan="2">教学团队</td><td colspan="4">目标：①打造一支由“行业专家＋专任教师＋企业技术骨干＋科研院所研究人员”组成的集教学、科研、培训、服务于一体的专业教学团队，校企共建“专兼结合、双师素质”的教师队伍；②建立兼职教师资源库；③争取获评优秀教学团队（省级，力争国家级）；④引进1～2名科研能力强、专业能力强的高学历、高职称专任教师；⑤争取获得教师信息化或微课大赛奖项（省级2项，力争国家级1项）</td></tr>
<tr><td>要点：①引进具有2年行业工作经历或中级职称并具有硕士学位的骨干教师1名；②选择1～2名教师到紧密型合作企</td><td>要点：①选择1～2名教师到紧密型合作企业进行不少于半年的锻炼；②参加短期培训5人次；③参加专业调研、交流、研</td><td>要点：①引进具有博士学位的骨干教师1名；②选择1～2名教师到紧密型合作企业进行不少于半年的锻炼；③参加短期培</td><td>要点：①选择1～2名教师到紧密型合作企业进行不少于半年的锻炼；②参加短期培训5人次；③参加专业调研、交流、</td></tr>
</table>

续上表

<table>
<tr><th colspan="2" rowspan="2">建设内容</th><th colspan="4">建设进度</th></tr>
<tr><th>2016—2017 年</th><th>2017—2018 年</th><th>2018—2019 年</th><th>2019—2020 年</th></tr>
<tr><td>教师发展</td><td>教学团队</td><td>业进行不少于半年的锻炼；③参加短期培训 5 人次；④参加专业调研、交流 5 人次；⑤引进紧密型合作企业的 2 名管理人员担任兼职教师，并参加专业研讨</td><td>讨 5 人次；④选派 2 名教师去境外学习考察，了解零售职业资格证书体系、现代学徒制等；⑤引进紧密型合作企业的 2 名管理人员担任兼职教师，并参加专业研讨，参加职业教学方法和能力培训</td><td>训 5 人次；④参加专业调研、交流、研讨 5 人次；⑤选派 2 名教师去境外学习考察，了解零售职业资格证书体系、现代学徒制等；⑥建立动态的企业兼职教师数据库</td><td>研讨 5 人次；④选派 2 名教师去境外学习考察，了解零售职业资格证书体系、现代学徒制等；⑤培养省级专业领军人才或“千百十工程”人才培养对象 1 人</td></tr>
<tr><td rowspan="2">教学条件</td><td rowspan="2">优质教学资源</td><td colspan="4">目标：① 1 门课程获评国家级精品在线开放课程；② 2 门课程获评省级精品在线开发课程；③ 3 种教材获评省级或国家级“十三五”规划教材或精品教材；④专业核心课程全部使用校企合作开发的职业店长教材；⑤与境外高校共同开发 2 ~ 3 门海外店长班课程；⑥现有课程融入国外零售职业标准，升级课程内容；⑦联合企业共建知鸟微课平台，开发 50 个左右的微课资源，现代学徒制 80% 的课程通过微课平台实现教学</td></tr>
<tr><td>要点：①开展“销售型店长”“管理型店长”“经营型店长”校级资源课程建设；②开展“市场营销”省级精品在线开放课程申报；③把国家精品课程“工商模拟市场实训”升级改造为符合职业店长能力培养系列课程——“开店”；④编写出版 6 种职业店长系列教材；⑤与境外高校研讨海外店长班的课程、教材内容；⑥翻译英国零售职业标准资料，逐步将之融入职业店长教材和课程内容；⑦尝试开发 10 个主题的微课程</td><td>要点：①积极申报 2 门职业店长课程为省级精品资源共享课程；②建成“市场营销”省级精品在线开放课程；③与境外高校共同开发 2 种海外店长班使用的教材；④改造现有教材内容，加入国外零售职业标准的相关内容；⑤与企业联合开发职业店长相关主题的 20 个微课；⑥现代学徒制 50% 的课程内容通过微课平台教学</td><td>要点：①申报“开店”课程为国家精品在线开放课程；②建成 2 门省级精品在线开放课程；③升级更新已有的 6 种教材内容，编写出更加符合新时代行业企业需求的教材；④编写 2 种省级或国家级“十三五”规划教材或精品教材；⑤与企业联合开发职业店长相关主题的 20 个微课；⑥更新已有微课内容；⑦提高微课使用效率</td><td>要点：①力争把“开店”课程建设成国家精品在线开放课程；②丰富完善已建课程的资源；③提高精品在线开放课程的利用率；④编写 1 种国家“十三五”规划教材或精品教材；⑤进一步更新教材内容；⑥现代学徒制 80% 的课程内容通过微课平台教学；⑦进一步更新微课内容，并面向更多受众推广已有微课</td></tr>
</table>

续上表

<table>
<tr><th colspan="2" rowspan="2">建设内容</th><th colspan="4">建设进度</th></tr>
<tr><th>2016—2017 年</th><th>2017—2018 年</th><th>2018—2019 年</th><th>2019—2020 年</th></tr>
<tr><td rowspan="4">教学条件</td><td rowspan="2">校内实践教学基地</td><td colspan="4">目标：①进一步升级完善现有的实训条件和设备；②完成第三实训大楼市场营销特色实训室的建设及环境布置；③校内实践教学基地建设项目达到省内一流水平；④职业能力培养虚拟仿真中心达到省内一流水平</td></tr>
<tr><td>要点：①升级、完善现有校内实训基地的软件和设备；②完成第三实训大楼市场营销特色实训室的建设及环境布置</td><td>要点：申报省级校内实践教学基地建设项目 1 项</td><td>要点：更新、完善实训条件</td><td>要点：建成省级职业能力培养虚拟仿真中心（职业店长特色实训中心）</td></tr>
<tr><td rowspan="2">校外实践教学基地</td><td colspan="4">目标：①校企共同制定校外实践教学的教学方案；②加强现有 5～10 个市场营销专业校企实训基地的建设；③新增 3～5 个紧密型校外实践教学基地；④建成广东省大学生校外实践教学基地——深圳市百果园实业发展有限公司市场营销专业校外实践教学基地</td></tr>
<tr><td>要点：①校企共同制定校外实践教学的教学方案；②加强现有 5～10 个市场营销专业校企实训基地的建设；③开展广东省大学生校外实践教学基地——深圳市百果园实业发展有限公司市场营销专业校外实践教学基地的建设工作</td><td>要点：①校企共同制定校外实践教学的教学方案；②新增 2～3 个紧密型校外实践教学基地，签署协议；③建成广东省大学生校外实践教学基地——深圳市百果园实业发展有限公司市场营销专业校外实践教学基地</td><td>要点：①校企共同制定校外实践教学的教学方案；②新增 1～2 个紧密型校外实践教学基地，签署协议</td><td>要点：①校企共同制定校外实践教学的教学方案；②规范现有校外实训基地的实践管理、指导教师管理、学生管理等</td></tr>
<tr><td rowspan="2">社会服务</td><td rowspan="2">社会服务</td><td colspan="4">目标：①每年开展省级培训项目 2 项以上；②为企业提供咨询服务；③联合企业开展职业店长培训和资格认证项目；④指导 3～5 所院校开设百果园学院连锁学院；⑤指导 3～5 个院校进行现代学徒制人才培养</td></tr>
<tr><td>要点：①组织 1～2 个省级培训项目；②与行业企业、协会、资深专家一起开展职业店长关键能力和技能的提炼，研发</td><td>要点：①组织 2 个省级培训项目；②面向学校、社会、行业企业开展职业店长专项培训；③联合企业、行业协会开展店</td><td>要点：①组织 2 个省级培训项目；②面向学校、社会、行业企业开展职业店长专项培训；③联合企业、行业协会开展店</td><td>要点：①组织 2 个省级培训项目；②面向学校、社会、行业企业开展职业店长专项培训；③联合企业、行业协会开展店</td></tr>
</table>

续上表

<table>
<tr><th colspan="2" rowspan="2">建设内容</th><th colspan="4">建设进度</th></tr>
<tr><th>2016—2017 年</th><th>2017—2018 年</th><th>2018—2019 年</th><th>2019—2020 年</th></tr>
<tr><td>社会服务</td><td>社会服务</td><td>出专项培训资源；③引入国外零售职业标准或职业店长标准；④初步构建校企协同育人平台；⑤新开设百果园学院连锁学院 1 所；⑥指导相关院校专业建设、课程建设、教材建设、实训室建设和实践教学不少于 2 次；⑦指导 1 所以上院校开展现代学徒制人才培养</td><td>长职业资格标准的研发；④申报省级校企协同育人平台项目；⑤新开设百果园学院连锁学院 1 所；⑥指导相关院校专业建设、课程建设、教材建设、实训室建设和实践教学不少于 2 次；⑦指导 1 所以上院校开展现代学徒制人才培养</td><td>长职业资格培训和认证；④开展省级协同育人平台项目建设；⑤新开设百果园学院连锁学院 1 所；⑥指导相关院校专业建设、课程建设、教材建设、实训室建设和实践教学不少于 2 次；⑦指导 1 所以上院校开展现代学徒制人才培养</td><td>长职业资格培训和认证；④建成省级协同育人平台；⑤新开设百果园学院连锁学院 1 所；⑥指导相关院校专业建设、课程建设、教材建设、实训室建设和实践教学不少于 2 次；⑦指导 1 所以上院校开展现代学徒制人才培养</td></tr>
<tr><td rowspan="2">对外交流与合作</td><td rowspan="2">国际视野人才培养</td><td colspan="4">目标：①吸引境外高校师生到百果园学院和校外实践基地进行研习和实践，把百果园学院建成其海外研习基地；②开设海外店长班，与企业、境外高校联合培养具备国际视野的职业店长人才；③新增 1 ~ 2 所境外合作院校；④引进国外零售职业标准；⑤增加在校生境外交流研习的次数；⑥专业带头人、专任教师境外学习、研修、交流达到 15 人次以上</td></tr>
<tr><td>要点：①接收台湾树德科技大学师生来百果园学院实践基地进行研习；②联合境外高校、企业开展海外店长班的研讨；③初步制定海外店长班人才培养方案和培养模式；④调研、考察相关海外院校，洽谈联合办学、学生互访、专任教师交流等事宜；⑤国外职业标准研究、资料翻译；⑥境外考察交流</td><td>要点：①增加到百果园学院研习的境外高校数量；②开展海外店长班的人才培养工作；③联合境外高校、企业共同开发海外店长班的相关课程资源；④新增 1 ~ 2 所境外合作院校，确定合作框架；⑤安排专任教师到境外学习零售职业标准相关的内容、操作；⑥合作开发与国际接轨的店长职业资格标准</td><td>要点：①适当扩大海外店长班的规模；②完善海外店长班相关课程资源；③与境外合作院校开展学分互认、课程共建；④联合开展海外店长人才培养；⑤安排专任教师到境外学习零售职业标准相关的内容、操作；⑥合作开发与国际接轨的店长职业资格标准；⑦开展国际职业资格认证的前期工作</td><td>要点：①把百果园学院建设成为境外高校海外研习基地；②跟踪海外店长班学生学习、实习、就业的情况，进一步改进人才培养模式；③安排专任教师到境外学习零售职业标准相关的内容、操作；④合作开发与国际接轨的店长职业资格标准；⑤开展国际职业资格认证</td></tr>
</table>

续上表

<table>
<tr><td colspan="2" rowspan="2">建设内容</td><td colspan="4">建设进度</td></tr>
<tr><td>2016—2017 年</td><td>2017—2018 年</td><td>2018—2019 年</td><td>2019—2020 年</td></tr>
<tr><td rowspan="2">对外交流与合作</td><td rowspan="2">国内合作交流</td><td colspan="4">目标：①新增 10 家以上单位加入百果园职业教育联盟；②在百果园职业教育联盟的基础上，联合企业、院校、协会组建“店长职业教育集团”；③每年调研 2 所以上院校；④派出专业学生到其他院校交流、研习；⑤联合店长职业教育集团内单位开展店长职业资格研究和培训</td></tr>
<tr><td>要点：①召开百果园职教联盟年会；②在联盟内推广专业教学标准；③联合开展研究项目；④新增 3 家联盟成员；⑤辅导 1 所院校开设百果园学院连锁学院；⑥指导 1 所院校开展现代学徒制人才培养</td><td>要点：①召开百果园职教联盟年会；②在联盟内推广应用专业教学标准；③联合开展研究项目；④新增 3 家联盟成员；⑤辅导 1 所院校开设百果园学院连锁学院；⑥指导 1 所院校开展现代学徒制人才培养</td><td>要点：①召开百果园职教联盟年会；②在联盟内推广应用专业教学标准；③联合开展研究项目；④新增 3 家联盟成员；⑤辅导 1 所院校开设百果园学院连锁学院；⑥指导 1 所院校开展现代学徒制人才培养；⑦百果园职教联盟升级为店长职业教育集团</td><td>要点：①召开百果园职教联盟年会；②在联盟内推广应用专业教学标准；③联合开展研究项目；④新增 3 家联盟成员；⑤辅导 1 所院校开设百果园学院连锁学院；⑥指导 1 所院校开展现代学徒制人才培养；⑦联合店长职业教育集团内单位面向社会、行业、企业开展店长职业资格培训和认证</td></tr>
</table>

（四）保障措施

1. 组织保障

为了确保一流院校高水平专业建设工作科学、有序、高效地进行，番职院成立了以校领导为核心的工作小组，本项目组也成立了由管理学院院长、管理学副院长、市场营销专业带头人、教研室主任等为主的项目建设小组，在学校、二级学院的统一领导和部署下开展项目建设的相关工作，确保项目的顺利开展。

2. 管理保障

管理学院经历过国家示范校建设、广东省示范重点专业建设，在项目的组织管理上积累了丰富的经验，制订了详细的项目计划，多方面加强保障，完全能确保项目的顺利开展和完成。

3. 人员保障

市场营销教学团队是一支结构合理、有想法、愿做事、能协作、行动快的队伍，形成了比较好的梯队，通过管理学院教师发展中心的平台，每位教师在发展中都能得到支持和引领，可以充分保证建设任务的完成。

市场营销专业建有一个相对稳定的企业兼职教师库，在实践教学方面能提供全方位的支持。同时，在专业建设上，由行业协会、企业高管、专家等组成了专业指导委员会，能给专业建设提供非常明确的方向指引和指导。

4．经费保障

本项目建设资金可以通过广州市信息化建设项目、广州市财政专项、学校自筹资金等渠道得以部分落实，加上广东省财政品牌专业建设项目的支持，预期在建设期间随着建设进度的不断推进，资金将逐步到位，能够保证项目建设的资金需求。

（五）预期效益或标志性成果

1．进一步提升专业的影响力

项目的建设，可以促使专业的知名度和美誉度得到进一步提升，尤其是能在校企深度合作、现代学徒制人才培养领域树立一面公认的旗帜，成为现代学徒制人才培养的示范基地，在国内甚至国际上形成重要影响力。预期拥有1~2名在全国有影响力的专业带头人或名师，培养2~4名杰出青年教师，市场营销专业教学团队具备国家级优秀教学团队水准。

2．建成独特的职业店长课程资源

建成专门面向零售业培养职业店长的课程体系和课程资源，引进国外职业资格标准和质量评价标准；通过立体化课程资源的建设，打造适应新时期学生碎片学习、移动学习、自主学习的课程资源。

3．拓宽国际化视野

本项目通过与企业、境外高校联系开展海外店长班，专业实训基地接收境外高校学生研习等国际化合作办学项目的建设，拓宽专业建设的国际化视野，并提升其水准，有利于优化人才培养的层次。

4．构建一个深度校企合作的平台

本项目通过职业店长学院、百果园学院连锁学院、店长职业教育集团的建设，联合协会、零售业龙头企业、优秀院校等资源，以市场营销专业教学标准的推广和应用为推手，面向社会、行业企业开展职业店长职业资格的培养和培训工作，以此为抓手，带动科研、社会服务、专业教师社会化、专业建设、校企合作等多方面的协同发展。

5．标志性成果（见表5-18）

表5-18　专业建设预计实现标志性成果

级别	成果名称及数量	主要责任人	备注
国家级	高职教育教学改革与实践项目1项	谭福河、何　霞	至少实现5项
	国家优秀教学成果奖1项	阚雅玲、何　霞	
	“挑战杯”创新创业竞赛获奖1项	何　霞、丁玉红	
	高职院校技能大赛1项	李　霞、蒋　勇	
	规划教材或精品教材1种	门洪亮、王书暐	

续上表

级别	成果名称及数量	主要责任人	备注
国家级	国家教学名师 1 人	阚雅玲	
	国家级科研项目 1 项	阚雅玲、何　霞	
	国家级优秀教学团队 1 项	阚雅玲、张晓青	
	国家级资源共享课程或在线开放课程 1 门	何　霞、门洪亮	
	教师信息化教学竞赛或微课竞赛获奖 1 项	占　挺、丁玉红	
	国家级培训项目 1 项	阚雅玲	
省级	校企协同育人中心	阚雅玲、门洪亮	至少实现 10 项
	广东省优秀教学成果奖 1 项	阚雅玲、张晓青	
	广东省省级优秀教学团队 1 个	阚雅玲、张晓青	
	广东省高职教育教学改革与实践项目 1 项	阚雅玲、门洪亮	
	广东省现代学徒制专业教学标准研制项目 1 项	阚雅玲、门洪亮	
	大学生创新创业训练计划项目 2 项	李引霞、占　挺	
	大学生“挑战杯”等创新创业竞赛 2 项	丁玉红、何　霞	
	高职院校技能大赛 2 项	李　霞、杨问芝	
	高层次技能型兼职教师项目 3 人	阚雅玲、门洪亮	
	教师信息化大赛或微课比赛等获奖 2 项	占　挺、丁玉红	
	精品资源共享课程 2 门	张晓青、门洪亮	
	规划教材或精品教材 2 种	门洪亮、丁玉红	
	职业能力培训虚拟仿真中心	门洪亮、何　霞	
	大学生校外实践教学基地 1 项	门洪亮、何　霞	
	省级科研项目 1 项	何　霞、张晓青	
独创	现代学徒制人才培养示范基地	门洪亮、张晓青	至少实现 3 项
	零售行业研究与服务中心	何　霞、丁玉红	
	百果园学院连锁学院	阚雅玲、门洪亮	
	职业店长学院	阚雅玲、谭福河	
	店长职业教育集团	阚雅玲、谭福河	
	海外店长班	谭福河、门洪亮	
	海外院校学生研习基地（百果园学院）	谭福河、门洪亮	

（六）辐射带动

（1）在职业店长学院的建设中，充分发挥市场营销专业的龙头作用，引领其他专业在专业建设、人才培养、课程建设、实践基地建设、校企合作等各方面向纵深发展。

（2）通过专业教学标准的研制、现代学徒制人才培养的实践，将项目建设经验和成果公开发表或出版，同时通过在全国开设百果园学院连锁学院进行推广、应用，为商科专业如何开展校企深度合作、人才培养提供成功经验的借鉴。

（3）通过广东省师资培训项目、国家师资培训项目、教师外出讲学、接待兄弟院校来访等环节做专业建设等方面的经验介绍，展现项目建设成果。

（4）通过店长职业教育集团的建设，促使商科专业联合发展，面向学院、社会为行业企业培养职业店长，起到辐射带动作用。

第六部分
培育教学成果

高等教育国家级教学成果奖作为与国家科技三大奖同级别的国家级奖励，代表了我国高等教育教学工作的最高水平，已经成为高等教育战线的一个品牌。教学成果，是指反映教育教学规律，具有独创性、新颖性、实用性，对提高教学水平和教育质量，实现培养目标产生明显效果的教育教学方案、教学改革和研究成果。

一名优秀的高职骨干教师应该有意识地将自己和团队多年的教学研究与实践探索培育成教学成果，这一方面可以提升教师自身教学改革与实践的效果，另一方面也能传播教学改革与实践的成果。若能参评并获得校级、省级和国家级教学成果奖则是对自己和团队的莫大认可，同时也能为自己所在的学校争得荣誉，并为高职教育事业做出贡献。

有人说国家教学成果奖像四年一次的奥运会，我倒觉得它更像是用我们多年养殖成的一颗颗珍珠串起的一条精美的项链。那到底是该先有珍珠还是先有那条线呢？我的观点是当然要先有一条主线，否则临时将各种业绩拼凑起来，往往让人觉得那是一份大而全、宽而散的工作总结。以我2014年作为负责人获得国家教学成果二等奖的“商科学生‘实战型、体验式、网络化’技能与素质并进的课程创新与实践”为例，这个成果的类型属于“课程的创新与实践”，主线则是10年前就确定的“高素质与强技能并进”，而这个教学成果的创新与特色就是“实战型、体验式、网络化”。有了这条主线，10多年来，我们团队不曾偏离主题，紧紧围绕“高素质、强技能”开发相关课程、进行课题研究、撰写相关论文、编写教材和专著、指导学生成长成才，与此同时，团队里的教师也获得了很好的发展，取得各种成绩，形成了一颗又一颗璀璨的珍珠。在申报教学成果奖时，我们团队将这些珍珠再次打磨，精心串起，就形成了一条精美的项链。所以那条主线很重要。如何去找寻呢？遵循高职教育的规律，找出制约人才培养的难点问题进行突破，你就会找到那条主线，然后沿着这条主线持续不懈地努力。

任君庆等在其《2014年国家职业教育教学成果奖特征分析》一文中，给出了职教类2014年国家级教学成果奖获奖成果主题分布，如表6－1所示。

表6－1　2014年国家级教学成果奖获奖成果主题分布（职教类）

成果主题	获奖成果		特等奖		一等奖		二等奖	
	数量/项	比例/%	数量/项	比例/%	数量/项	比例/%	数量/项	比例/%
人才培养	158	35.3			18	3.99	140	31.04
教学基本建设	119	26.39	1	0.22	11	2.44	107	23.73
专业教学改革	51	11.31			2	0.44	49	10.86
实践教学	38	8.43			6	1.33	32	7.10
校企合作	23	5.10			5	1.11	18	3.99
素质教育	19	4.21			3	0.67	16	3.55
创业创新教育	11	2.44			0	0.00	11	2.44
教学质量保障	11	2.44			0	0.00	11	2.44
办学模式	8	1.77			2	0.44	6	1.33
其他	13	2.88			3	0.67	10	2.22
合计	451	100	1	0.22	50	11.09	400	88.69

158项以人才培养为主题的获奖成果中，关于人才培养模式的成果有99项，占该主题获奖成果的62.66%，其余59项成果多是关于人才培养体系建设的实践，或从宏观角度探讨各专业人才培养。119项以教学基本建设为主题的获奖成果又可以细分为课程建设、专业建设、实训基地建设、教学资源建设及师资队伍建设等内容。其中，课程建设49项，专业建设25项，实训基地建设17项，教学资源建设16项（教学资源建设中有1项成果为特等奖项目），师资队伍建设12项。

除上述两大主题外，获奖成果还分布于专业教学改革、实践教学、校企合作、素质教育、创业创新教育、教学质量保障、办学模式及其他等主题，充分展示了职业教育不同于普通教育的特色，特别是在校企合作体制机制、实践教学模式创新与体系建立、创业创新教育等方面进行了大量的探索与实践，这也反映了职业院校近年来的改革与发展成效。此外，在451项获奖成果中，240项成果以具体专业或课程作为载体，占53.22%，充分体现了教学成果奖重视教学改革与实践的导向。

下面，笔者以参评2014年国家教学成果奖为例，以倒叙的形式展现教学成果的培育。

一、了解评奖条件和要求

1. 成果内容

2014年职业教育国家级教学成果奖重点奖励具有创新性且推广应用效果好的成果。各单位组织推荐的成果应针对目前职业教育教学改革与实践中存在的问题，提出有效解决办法，实施效果显著，具有创新性和应用推广效果。

（1）在转变教育思想、更新教育观念，落实立德树人根本任务，全面推进素质教育，加强和改进公共基础课教学，推进专业建设和课程改革，改进教学方法、推进信息化教学等方面具有创新性和推广价值的成果。

（2）在组织教学工作、推动教学改革及教学科学管理，加强教学基本建设，改革教学质量评价模式等方面具有创新性和推广价值的成果。

（3）在改革人才培养模式，推进产教融合、校企合作，增强学生就业和创业能力，促进教育教学与行业企业实际需求相吻合等方面具有创新性和推广价值的成果。

2．成果要求

申报2014年职业教育国家级教学成果奖的教学成果应符合《教学成果奖励条例》规定的有关条件。

特等奖教学成果应在职业教育教学理论上有重大创新，在职业教育教学改革实践中取得特别重大突破，对提高教学水平和教育质量、实现培养目标有突出贡献，在国内处于领先水平，在全国产生重大影响，并经过不少于4年的教育教学实践检验。

一等奖教学成果应在职业教育教学理论上有创新，对职业教育教学改革实践有重大示范作用，对提高教学水平和教育质量、实现培养目标产生重大成效，在全国或者省（自治区、直辖市）内产生较大影响。

二等奖教学成果应在职业教育教学理论或者实践的某一方面有重大突破，在提高教学水平和教育质量、实现培养目标等方面取得显著成效。

实践检验的起始时间，应从正式实施（包括正式试行）教育教学方案的时间开始计算，不含研讨、论证及制定方案的时间。成果为教材（包括电子教材）、著作等出版物的，从正式出版的时间开始计算。截止时间为推荐参评2014年职业教育国家级教学成果奖的时间。

已经获得过国家级教学成果奖的成果，在内容相同而没有特别创新的情况下不得再次申报。

与上述要求相对应，本届职业教育国家级教学成果奖评审标准具体包括科学性（25分）、实效性（30分）、创新性（25分）和示范性及推广性（20分）四个指标。科学性要求成果要坚持国家教育方针，贯彻立德树人教育宗旨，推动实施素质教育；要遵循职业教育发展规律、职业学校教学规律、职业学校学生成长规律；成果内容要具有内在逻辑性、系统完整性；申报材料对成果有关内容总结、凝练要到位、得当。实效性要求成果要针对教学改革与实践中的实际问题，提出有效解决办法，要有完整的实施方案和规范的实施过程，对提高教学水平和教育质量、实现培养目标具有明显效果。创新性要求成果要在职业教育教学领域体现出理论创新、方法创新、模式创新或实践创新。示范性及推广性要求成果要在实施过程中产生积极影响，在一定范围内具有示范效果；成果具有可推广性和预期前景，如成果方案的设计思路、工作目标、推进措施、评价方式对同类职业院校具有借鉴价值等。

3．成果形式

职业教育国家级教学成果的主要形式为有关教育教学研究成果的实施方案、研究报告、教材、课件（软件）、论文、著作等。

二、准备申报材料的关键

在准备国家教学成果奖申报材料过程中，无论是省教育厅还是番职院的领导和专家都给出了很好的意见和建议，我们成果组在研讨过程中找到了准备申报材料的关键。

1. 认真解读教育部相关文件要求，做好成果申报的“总体设计”

文件指定提交材料有：《国家级教学成果奖推荐书》（含指定附件，指定附件包括教学成果总结）、《国家级教学成果奖鉴定书》、成果佐证材料、反映成果的视频光盘。

（1）《国家级教学成果奖推荐书》（以下简称《推荐书》）是教学成果奖申请、推荐、评审、批准的主要依据，必须严格按规定的格式、栏目及所列标题如实、全面填写。

（2）教学成果总结要与《推荐书》形成良好的衔接和互补，同时要避免长篇幅的理论描述和泛泛而谈，要找准落脚点。撰写时支撑成果的各个切入点或要素最好提炼出小标题，精练明了，文字阐述中重要的语句可用加粗进行标记。字数不超过5 000字。

（3）《国家级教学成果奖鉴定书》应由广东省教育厅组织鉴定。

（4）成果佐证材料：如反映成果水平的论文、教材、获奖等材料，可在单位的网站上展示，并在《推荐书》的附件目录中提供相应网址和展示材料目录，供专家在评审中查阅参考。

（5）反映成果的视频光盘（一等奖）：片长不超过15分钟（附解说词）。

2. 高水平完成成果申报材料，体现创新和示范作用

“高水平”主要体现在理论、实践、成效、影响力四个方面，具体标准为：

（1）应当在教育教学理论上有重大创新（特等奖），或有创新（一等奖），或在教育教学理论的某一方面有重大突破（二等奖）。

（2）在教育教学改革实践中取得特别重大突破（特等奖），或对教育教学改革实践有重大示范作用（一等奖），或者实践的某一方面有重大突破（二等奖）。

（3）对提高教学水平和教育质量、实现培养目标有突出贡献（特等奖），或对提高教学水平和教育质量、实现培养目标产生重大成效（一等奖），对提高教学水平和教育质量、实现培养目标产生显著成效（二等奖）。

（4）在国内处于领先水平，在全国产生重大影响（特等奖），或在全国或者省（自治区、直辖市）域内产生较大影响（一等奖）。

3. 重视成果培育的全过程，关注“实践时间”的要求

成果培育的全过程包括方案设计、论证、研究和实践。其中实践检验时间的要求为：成果应经过2年以上教育教学实践检验（特等奖和一等奖的成果一般应经过不低于4年的教育教学实践检验），实践检验的起始时间，应从正式实施（包括试行）教育教学方案的时间开始计算，不含研讨、论证及制定方案的时间。

4. 丰富且过硬的成果支撑材料

成果支撑材料包括论文、专著、教材、获奖以及教学成果应用及效果证明材料（实

证研究数据）、媒体的报道等。

5. 做好“远程会议答辩”准备（一等奖）

评审工作分为网上公示各省推荐结果、网络评审和远程会议答辩评审三个阶段。网上公示时间为90天。网络评审采取打分排序的方式，由此产生进入会议答辩评审的成果。会议答辩评审采取全体会议评审专家投票的方式确定获奖成果：二等奖须有参加投票专家的1/2及以上同意，一等奖须有参加投票专家的2/3及以上同意，特等奖须有参加投票专家的3/4及以上同意，投票须有4/5及以上评审专家参加方有效。

6. 其他要求

（1）成果的主要完成人应直接参加成果的方案设计、论证、研究和实施全过程，并做出主要贡献。成果的主要完成单位应为成果主要完成人所在单位，并在成果的方案设计、论证、研究和实践的全过程中做出主要贡献。

（2）已获得过高等教育国家级教学成果奖的成果，在内容基本相同或没有特别创新的情况下不得重复申报。

（3）成果曾获奖励情况：指省、自治区、直辖市政府，国务院有关部门，中国人民解放军设立的教学奖励；经登记常设的社会力量设立的教学奖励，但不包括商业性的奖励。

（4）成果起止时间：起始时间指立项研究、开始研制日期，完成时间指成果开始实施（包括试行）或通过验收、鉴定的日期。

（5）成果主要内容：是考核、评价该成果是否符合获奖条件的主要依据。成果简介要求500字以内。凡涉及该项成果实质内容的说明、论据及实验结果等，均应直接叙述，不要采取“见附件”的表达形式。

（6）创新点：是成果详细内容在创新性方面的归纳与提炼。应简明、准确、完整地阐述，每个创新点的提出须是相对独立存在的。字数不超过600字。

（7）应用情况：应就成果的应用、推广情况及预期应用前景进行阐述，或就成果在国内外公开发行的书刊中的评价及引用情况进行阐述。

三、国家级教学成果奖推荐书

下面以笔者2014年作为负责人获得国家教学成果二等奖的教学成果——“商科学生‘实战型、体验式、网络化’技能与素质并进的课程创新与实践”为例，展现《国家级教学成果奖推荐书》的撰写。

2014年职业教育国家级教学成果奖推荐书

成　果　名　称　商科学生"实战型、体验式、网络化"技能与素质并进的课程创新与实践

成　果　完　成　人　阚雅玲、吴强、郭立国、张晓青、占挺、胡子瑜、谭福河、门洪亮

成果完成单位　广州番禺职业技术学院

推荐单位名称及盖章　广东省教育厅

推　荐　时　间　2014 年 3 月 10 日

成果所属类别　教学改革

代码	2	6	2	0	2	
序号	Z	4	4	0	1	4

编号

中华人民共和国教育部　制

一、成果简介

<table>
<tr><td rowspan="11">成果曾获奖励情况</td><td>获奖时间</td><td>获奖种类</td><td>获奖等级</td><td>奖金数额/元</td><td>授奖部门</td></tr>
<tr><td>2008 年 1 月 12 日</td><td>通用管理能力精品课程（省级）</td><td>其他</td><td>5 000</td><td>广东省教育厅</td></tr>
<tr><td>2008 年 9 月 29 日</td><td>工商模拟市场实训精品课程（国家级）</td><td>其他</td><td>10 000</td><td>教育部</td></tr>
<tr><td>2010 年 7 月 7 日</td><td>职业规划与成功素质训练精品课程（国家级）</td><td>其他</td><td>10 000</td><td>教育部</td></tr>
<tr><td>2012 年 1 月 12 日</td><td>职业规划与成功素质训练精品视频公开课（省级）</td><td>其他</td><td>5 000</td><td>广东省教育厅</td></tr>
<tr><td>2012 年 1 月 12 日</td><td>ERP 沙盘模拟实训精品资源共享课程（省级）</td><td>其他</td><td>5 000</td><td>广东省教育厅</td></tr>
<tr><td>2013 年 10 月 13 日</td><td>“职业规划与成功素质训练（培养创新能力）”在全国职业院校信息化教学设计大赛中获奖</td><td>一等奖</td><td>0</td><td>教育部</td></tr>
<tr><td>2013 年 10 月 13 日</td><td>“工商模拟市场实训（企业组建）”在全国职业院校信息化教学设计大赛中获奖</td><td>二等奖</td><td>0</td><td>教育部</td></tr>
<tr><td>2013 年 10 月 29 日</td><td>工商模拟市场实训精品资源共享课程（国家级）</td><td>其他</td><td>10 000</td><td>教育部</td></tr>
<tr><td>2013 年 12 月 20 日</td><td>职业规划与成功素质训练精品资源共享课程（国家级）</td><td>其他</td><td>10 000</td><td>教育部</td></tr>
<tr><td>2014 年 1 月 15 日</td><td>“以课程研发与建设为抓手打造高质量工商管理专业群的创新与实践”教学成果</td><td>一等奖</td><td>30 000</td><td>广东省人民政府</td></tr>
<tr><td>成果起止时间</td><td colspan="5">起始：2002 年 11 月
完成：2010 年 7 月</td></tr>
<tr><td>主题词</td><td colspan="5">实战型；体验式；网络化；高素质；强技能；课程</td></tr>
</table>

续上表

1. 成果简介（要求500字以内）

（1）根据“高素质、强技能”人才培养目标，针对商科专业传统实训难以培养学生强技能，综合素质教育又难以聚焦和落地等问题，2002年首创了“实战型”综合实践课程——“工商模拟市场实训”和“体验式”综合素质课程——“职业规划与成功素质训练”，近年来运用翻转课堂教学模式，通过“网络化”实现线上和线下课程的进一步开发和运用。

（2）“工商模拟市场实训”和“职业规划与成功素质训练”分别于2008年和2010年建成国家级精品课程，2013年全部建成国家精品资源共享课程，并在全国职业院校信息化教学设计大赛中分别获得一等奖和二等奖。这2门课程创造性地在课程的内容、组织、实施、方法和评价等方面进行研发，对商科综合实践教学理论、综合素质教育理论及教学模式进行构建和创新。

（3）这2门课程的研发为专业群其他专项技能和专项素质课程的开发提供了示范，共建成15门精品课程、34门网络课程、130个微课程；依托30项教学改革课题开发专著1部、教材24种，发表相关论文46篇。

（4）使用该教学成果的学生在专业技能大赛中获国家、省、市大奖60余次，就业岗位不断优化，就业质量稳步提高，并实现以创业促就业。成果组教师不断成长，获国家级、省级奖励50余次，并为中高职院校教师、企业员工提供培训140余次，共培训人数近20 000人。《中国教育报》等新闻媒体对成果进行了100余次报道，目前全国有40余所学校已开设上述2门课程。

2. 成果主要解决的教学问题及解决教学问题的方法（要求600字左右）

解决的教学问题：

（1）商科学生的传统实训大多是走出去参观或网上模拟等方式，高职教育规律决定必须要解决生产性实训以培养学生强技能的问题。

（2）“综合素质是个筐，什么东西都能装”，用人单位要求必须解决素质教育落地、聚焦以及传统说教的教学方式改革问题。

（3）必须解决信息化时代如何适应学生学习方式的问题，满足商科学生对学习的内容、方式、空间和时间的要求。

解决问题的方法：

（1）自主研发商科学生的“实战型”综合实践课程——“工商模拟市场实训”。

2000年依据建构主义学习理论，校企合作为学生创设在校师生万余人的真实市场，让千余名商科学生组建百余个校内临时企业，自主经营，自负盈亏，完成企业成立与生产经营全过程的工作任务，进行实战型训练，以此研发出“工商模拟市场实训”综合实践课程并进行10余年的实践和完善。

（2）自主研发“体验式”综合素质课程——“职业规划与成功素质训练”。

2002年运用体验式学习理论，在对企业广泛调研并与之深度合作的基础上，确定了以职业规划为起点，以就业能力为落脚点，中间有进取心、诚信等10项素质分5个学期层层递进持续训练的素质教育课程体系，并改革教学组织形式及学习策略，实现“体验式”教学。

（3）运用翻转课堂和“网络化”教学，持续改进教学质量。

围绕上述2门综合实践与综合素质课程，配套开发专项技能与专项素质课程，通过推进信息化教学，建设和运用网络课程、精品课程、资源共享课程、微课程，将翻转课堂教学模式运用到高职商科教学中，持续改进人才培养质量。

3. 成果的创新点（要求600字左右）

（1）对商科“实战型”综合实践教学理论和教学模式进行了创新。

2002年首创商科学生“实战型”综合实践课程“工商模拟市场实训”，创造性地在学生要完成的

续上表

真实项目和任务的内容设计、生产性实训基地（真实市场）的构建运作、课程三年三次循环递进的安排组织、校企双方教师及学生共同的课程评价等方面进行研发，让学生通过组建企业、经营商品真正培养市场经济的意识和企业经营管理的能力，破解了商科学生生产性、综合性实践难题，对商科实战型综合实践教学理论、教学模式进行了创新。

（2）对大学生素质教育理论和教学模式创新，促进学生可持续发展。

2002 年首创综合素质课程“职业规划与成功素质训练”，开发以职业规划为起点、以就业能力为落脚点，中间有进取心、诚信等 10 项综合素质需强化训练的课程内容体系，探索“大班授课、小班研讨、项目训练”的新型教学组织形式；探索出“成功故事启迪、成功素质测试、成功案例学习、成功方法运用、成功素质训练、成功收获分享”六步体验式学习策略，提高了教学质量，促进了学生的可持续发展。

（3）运用翻转课堂与微课程的教学模式，持续改进教学质量。

围绕上述 2 门“高素质、强技能”综合素质与综合实践课程的研发，进行专项技能及专项素质的课程建设并形成 15 门精品课程、34 门网络课程、130 个微课程，为使这些课程有效运用并满足学生信息化学习方式的要求，创造性地将翻转课堂教学理念和教学模式以及微课程的开发与运用引入课程教学中，对持续改进和提高教学质量产生重大成效。

4．成果的推广应用效果（要求 600 字左右）

（1）本校工商管理系 6 个商科专业每年约 1 800 名学生学习“职业规划与成功素质训练”和“工商模拟市场实训”课程。2012 年、2013 年第三方对我校毕业生的调查显示，这 2 门课程被学生选为对人生成长最有帮助的课程。

（2）学生在全国“挑战杯”创新创业大赛及专业技能大赛中获国家、省、市大奖 60 余次。就业率近年来保持在 99% 以上，毕业生薪酬稳步增加，就业岗位不断优化。在对用人单位的调查中，我校商科专业群毕业生的评价满意率为 92% 。

（3）研发与建设的课程均通过精品课程、资源共享课程为校内外人员提供学习平台。其中“工商模拟市场实训”网络课程访问率为 20 万余次，在全校 199 门网络课程中排名第 1，“职业规划与成功素质训练”访问率排名第 6。

（4）“高素质、强技能”课程吸引了包括广东电视台的报道在内 10 余项电视报道和包括《中国教育报》的 100 余项报纸及网络报道，这使得该成果得以在全国迅速推广和应用。2004 年《中国教育报》以《换一种方式让学生体验市场——广州番禺职业技术学院创新实训教学模式小记》为题报道“工商模拟市场实训”课程。2011 年《中国教育报》以《生涯规划成为素质提升的利器》为题长篇报道“职业规划与成功素质训练”课程。

（5）课程创新与实践促使成果组教师不断成长，获国家级、省级奖励 50 余次，并为中高职院校提供师资培训 80 余次，共培训教师 10 000 余人，推广课程创新与实践经验。同时还接收了广州铁路职业技术学院等 50 余所学校的师生参加我校课程实训或学习观摩特色课程。据不完全统计，现在全国有中山职业技术学院、北京理工大学等 40 余所学校在学习我们的课程后开设了这 2 门课程。课程还吸引了企事业单位的员工前来学习或邀请成果组前去培训，成果组为美的集团有限公司、英国驻广州总领事馆、中国邮政储蓄银行广东省分行等企事业单位进行 60 余次共 8 000 余人的培训。

二、主要完成人情况

<table>
<tr><td>第（一）完成人姓名</td><td>阚雅玲</td><td>性别</td><td>女</td></tr>
<tr><td>出生年月</td><td>19××年××月</td><td>最后学历</td><td>硕士研究生</td></tr>
<tr><td>参加工作时间</td><td>19××年××月</td><td>职业院校教龄</td><td>14 年</td></tr>
<tr><td>专业技术职称</td><td>教授/高级经济师</td><td>现任党政职务</td><td>管理学院院长</td></tr>
<tr><td>工作单位</td><td>广州番禺职业技术学院</td><td>办公电话</td><td>020－××××××××</td></tr>
<tr><td>现从事工作及专长</td><td>工商管理教学、管理与研究</td><td>移动电话</td><td>×××××××××××</td></tr>
<tr><td>电子信箱</td><td>kanyl@ gzpyp. edu. cn</td><td>邮政编码</td><td>511483</td></tr>
<tr><td>详细通信地址</td><td colspan="3">广州市番禺区市良路1342号广州番禺职业技术学院管理学院</td></tr>
<tr><td>何时何地受何种省部级及以上奖励</td><td colspan="3">1. 本人负责的“工商模拟市场实训”课程2008年获评国家级精品课程，2013年获评国家精品资源共享课程。
2. 本人负责的“职业规划与成功素质训练”课程2010年获评国家级精品课程，2013年获评国家精品资源共享课程。
3. 2009年参加“基于职业发展的高职素质教育体系构建与实践”获第六届国家教学成果二等奖。
4. 2008年获评为“广东省教学名师”，2012年获评为“南粤优秀教师”。</td></tr>
<tr><td>主要贡献</td><td colspan="3">1. 主持国家级精品课程和国家精品资源共享课程“工商模拟市场实训”的研发与建设工作。
2. 主持国家级精品课程和国家精品资源共享课程“职业规划与成功素质训练”的研发与建设工作。
3. 组织工商管理专业群的广东省示范校重点专业建设工作。
4. 组织工商管理类专业课程开发及教学方法微课程改革。
5. 组织管理学院信息化教学及翻转课堂教学模式的培训与推广工作。
6. 著有《工商管理类专业综合实训教程——工商模拟市场》，主编国家“十一五”规划教材《大学生成功素质训练》及主持《管理基础与实务》《人力资源管理实务》《现代人力资源管理》等6种教材的建设。
7. 主持省级、市级教学改革课题8项，在《中国职业技术教育》《职业技术教育》等核心期刊共发表教学改革论文18篇。
8. 组织工商管理专业群校内实训基地特别是创业产业园的建设。
9. 负责工商企业管理专业教学团队建设及专业群师资培养工作。
10. 负责“管理基础与实务”校级精品课程的开发与建设。
11. 组织工商管理专业群校外实训基地建设。
12. 作为指导教师指导学生参加技能竞赛多次获奖。
13. 对外讲学宣传推广课程与专业建设成果70余次，培训了近万人。

本人签名：阚雅玲

2014年3月1日</td></tr>
</table>

续上表

第（二）完成人姓名	吴强	性别	男
出生年月	19××年××月	最后学历	硕士研究生
参加工作时间	20××年××月	职业院校教龄	10年
专业技术职称	副教授	现任党政职务	工商管理专业带头人
工作单位	广州番禺职业技术学院	办公电话	020－××××××××
现从事工作及专长	工商管理类专业教学 及创新管理研究	移动电话	×××××××××××
电子信箱	wuq@ gzpyp. edu. cn	邮政编码	511483
详细通信地址	广州市番禺区市良路1342号广州番禺职业技术学院管理学院		
何时何地受何种省部级及以上奖励	1．本人负责的“通用管理能力”课程2008年获评广东省精品课程。 2．2012年获评广东省高校“千百十工程”省级培养对象。 3．2011年获评全国职业核心能力优秀教师。 4．2010年获得全国职业核心能力教学大赛一等奖（自我学习能力单元）。 5．2010年获评教育部高等学校高职高专工商管理类专业教学指导委员会颁发的“优秀双师型教师”。		
主要贡献	1．主持的“通用管理能力”课程2008年获评广东省级精品课程（负责人）。 2．参与研发与建设的“职业规划与成功素质训练”课程2010年获评国家级精品课程，2013年获评国家精品资源共享课程（排名第3）。 3．参与研发与建设的“工商模拟市场实训”课程2008年获评国家级精品课程，2013年获评国家精品资源共享课程（排名第2）。 4．主持的“基于就业质量提升的职业核心能力课程与教学研究”获得广州市第九届教学成果奖一等奖（负责人）。 5．2014年参加“以课程研发与建设为抓手打造高质量工商管理专业群的创新与实践”获广东省教学成果一等奖（排名第2）。 6．2008年获评“全国优秀双师型教师”以及“通用管理能力优秀教师”，2011年获评“全国职业核心能力优秀教师”。 7．2008年获得全国首届职业核心能力课程教学大赛一等奖，2011年获得广州高职院校实训课程设计大赛一等奖，2013年获得广东省首届创业教学大赛三等奖。 8．主持省级、市级教研教改课题3项，参与其他省部级课题8项；共发表科研论文16篇，其中在核心期刊上发表的有7篇；编著教材8种。 9．2009年工商企业管理专业成为广东省示范性建设项目（负责人之一），2012年工商企业管理专业成为广东省高职教育重点培育专业（负责人之一），积极推进工商企业管理专业校外实训基地建设。 10．作为主讲老师多次参与全国职业核心能力师资培训、全国通用管理能力师资培训、企业职工培训活动，累计培训人数超过800人次。 11．指导学生参加校级、省级、国家级技能大赛，获得奖项超过15项，其中国家级3项、省级7项。 本人签名：吴强 2014年3月1日		

续上表

<table>
<tr><td>第（三）完成人姓名</td><td>郭立国</td><td>性别</td><td>男</td></tr>
<tr><td>出生年月</td><td>19××年××月</td><td>最后学历</td><td>硕士研究生</td></tr>
<tr><td>参加工作时间</td><td>19××年××月</td><td>职业院校教龄</td><td>14 年</td></tr>
<tr><td>专业技术职称</td><td>副教授</td><td>现任党政职务</td><td>专业带头人</td></tr>
<tr><td>工作单位</td><td>广州番禺职业技术学院</td><td>办公电话</td><td>020－××××××××</td></tr>
<tr><td>现从事工作及专长</td><td>工商管理教学</td><td>移动电话</td><td>×××××××××××</td></tr>
<tr><td>电子信箱</td><td>Lgguolg@126.com</td><td>邮政编码</td><td>511483</td></tr>
<tr><td>详细通信地址</td><td colspan="3">广州市番禺区市良路 1342 号广州番禺职业技术学院管理学院</td></tr>
<tr><td>何时何地受何种省部级及以上奖励</td><td colspan="3">1. 本人负责的“ERP 沙盘模拟实训”课程 2012 年获评广东省精品资源共享课程。
2. 2009 年获评首届全国大学生创业大赛省赛优秀指导教师。
3. 2010 年获评首届全国大学生创业大赛国赛优秀指导教师。
4. 2010—2013 年，连续 4 年被选为全国大学生管理决策模拟大赛国赛优秀指导教师。</td></tr>
<tr><td>主要贡献</td><td colspan="3">1. 主持开发与建设的“ERP 沙盘模拟实训”课程 2012 年获评广东省精品资源共享课程（负责人）。
2. 主持开发与建设的“ERP 沙盘模拟实训”课程 2010 年获评广州市精品课程（负责人）。
3. 参与研发与建设的“工商模拟市场实训”2008 年获评国家级精品课程（排名第 3）。
4. 2014 年参加“以课程研发与建设为抓手打造高质量工商管理专业群的创新与实践”获广东省教学成果一等奖（排名第 3）。
5. 主持的“市场调查与预测”课程 2010 年获评校级精品课程（负责人）。
6. 负责工商管理专业群所有校内实训基地的开发与建设。
7. 2008—2014 年，指导学生参加各项赛事累计获得 24 项省级及国家级比赛特等奖、一等奖、二等奖、三等奖。
8. 主持校级课题 1 项，发表论文 14 篇，其中在核心期刊发表的有 5 篇，编著教材 1 种。

本人签名：郭立国

2014 年 3 月 1 日</td></tr>
</table>

续上表

<table>
<tr><td>第（四）完成人姓名</td><td>张晓青</td><td>性别</td><td>女</td></tr>
<tr><td>出生年月</td><td>19××年××月</td><td>最后学历</td><td>本科</td></tr>
<tr><td>参加工作时间</td><td>19××年××月</td><td>职业院校教龄</td><td>27 年</td></tr>
<tr><td>专业技术职称</td><td>副教授</td><td>现任党政职务</td><td>市场营销教研室主任</td></tr>
<tr><td>工作单位</td><td>广州番禺职业技术学院</td><td>办公电话</td><td>020－××××××××</td></tr>
<tr><td>现从事工作及专长</td><td>市场营销教学与研究</td><td>移动电话</td><td>×××××××××××</td></tr>
<tr><td>电子信箱</td><td>zhangxq@ gzpyp. edu. cn</td><td>邮政编码</td><td>511483</td></tr>
<tr><td>详细通信地址</td><td colspan="3">广州市番禺区市良路 1342 号广州番禺职业技术学院管理学院</td></tr>
<tr><td>何时何地受何种省部级及以上奖励</td><td colspan="3">1. “2011 年广东省营销师大赛”二等奖（第一指导教师）。
2. “2012 年广东省营销师大赛”二等奖（第二指导教师）。
3. 2012 年广东省商业教学指导委员会“高铁杯”优秀论文二等奖。
4. 2013 年广东省商业教学指导委员会“SKG 杯”优秀教材二等奖。
5. 2014 年参加“以课程研发与建设为抓手打造高质量工商管理专业群的创新与实践”获广东省教学成果一等奖</td></tr>
<tr><td>主要贡献</td><td colspan="3">1. 主持的“推销实务”课程 2010 年获评国家工商管理教学指导委员会精品课程，2009 年获评广州市级精品课程。
2. 主持的“市场营销”课程获评 2010 年广州市级精品课程。
3. 参加建设“工商模拟市场实训”“职业规划与成功素质训练”课程并组织在市场营销专业实施。
4. 2013 年主持的“推销实务”获评广州番禺职业技术学院精品资源共享课程。
5. 2013 年在上海财经大学出版社出版《现代推销技术》（独立编著）、《现代物流技术》（第一主编），2010 年在地质出版社出版《现代推销实务》（独立编著），2008 年在中国财政经济出版社出版《商务谈判》（主编），2007 年在大连理工大学出版社出版《推销实务》（主编），2006 年在武汉理工大学出版社出版《现代物流概论》（主编，该书获评国家“十一五”规划教材）。
6. 2013 年主持的“高职院校商业类专业政行企校合作育人模式研究”获得广东高职教育商业类专业教学指导委员会重点课题立项，2012 年主持番禺区经贸局横向课题“番禺区金融情况及营销环境调研”，2012 年主持的“高职政校企合作模式研究”获评广州市教学改革立项课题和广州番禺职业技术学院“十二五”规划重点课题，2009 年主持“高职市场营销职业能力分析与课程体系研究”。
7. 在省级以上刊物发表论文 15 篇，其中在核心期刊发表的有 3 篇；指导学生参加“2011 年广东省营销师大赛”获得二等奖（第一指导教师），指导学生参加“2012 年广东省营销师大赛”获得二等奖（第二指导教师），指导学生参加“2012 广州市营销技能大赛”获一等奖（第二指导教师），指导学生参加“2012 广州市营销技能大赛”获二等奖（第一指导教师），指导学生参加“2012 广州市营销技能大赛”获二等奖。
8. 全面负责市场营销专业建设，并在 2009 年将该专业建设成为广州市示范建设专业。

本人签名：张晓青

2014 年 3 月 1 日</td></tr>
</table>

续上表

第（五）完成人姓名	占挺	性别	男
出生年月	19××年××月	最后学历	本科
参加工作时间	20××年××月	职业院校教龄	6年
专业技术职称	讲师	现任党政职务	创业管理教研室主任
工作单位	广州番禺职业技术学院	办公电话	020－×××××××××
现从事工作及专长	电子商务及创业管理教学研究	移动电话	×××××××××××
电子信箱	zhant@ gzpyp. edu. cn	邮政编码	511483
详细通信地址	广州市番禺区市良路1342号广州番禺职业技术学院管理学院		
何时何地受何种省部级及以上奖励	1. 参赛作品“工商模拟市场实训——企业组建”获2013年全国职业院校信息化教学大赛二等奖。 2. 参赛作品“工商模拟市场实训——企业组建”获2013年全国职业院校信息化教学大赛广东高职组选拔赛三等奖。 3. 指导学生参加第十二届“挑战杯”广东大学生课外学术科技作品竞赛获二等奖。 4. 参与“以课程研发与建设为抓手打造高质量工商管理专业群的创新与实践”2014年获广东省教学成果一等奖。		
主要贡献	1. 每年牵头负责工商模拟市场实训基地的建设以及工商模拟市场网络课程的资源更新。 2. 参加国家精品课程“工商模拟市场实训”的课程研发与建设。 3. 负责的“工商模拟市场实训——企业组建”获2013年全国职业院校信息化教学大赛二等奖。 4. 参加创业产业园实训基地的建设以及创业管理专业建设。 5. 主持的“网络美工与网络广告设计”课程获评2011年广州番禺职业技术学院网络课程；主持的“网店经营管理”课程获评2012年广州番禺职业技术学院网络课程，2013获得广州市多媒体教育软件评奖活动网络课程高职组一等奖。 6. 2010年参与编写由清华大学出版社出版的《电子商务实务》，2011年参与编写由东北师范大学出版社出版的《大学生职业生涯规划》，2012年参与编写由华南理工大学出版社出版的《电子商务教程》。 7. 2012年指导的“悠乐园农场”创业项目和2013年指导的“EYE视觉营销”创业项目均入选省级大学生创新创业训练计划项目立项建设项目。 8. 主持省团委课题1项，校级课题1项；排名第2参与广东省创业教学指导委员会课题2项，参与横向课题3项；在省级刊物发表科研论文8篇。 9. 指导学生参加校级、省级技能大赛，获得奖项5项，其中省级奖项1项。 本人签名：占挺 2014年3月1日		

续上表

<table>
<tr><td>第（六）完成人姓名</td><td>胡子瑜</td><td>性别</td><td>女</td></tr>
<tr><td>出生年月</td><td>19××年××月</td><td>最后学历</td><td>硕士研究生</td></tr>
<tr><td>参加工作时间</td><td>19××年××月</td><td>职业院校教龄</td><td>13 年</td></tr>
<tr><td>专业技术职称</td><td>讲师</td><td>现任党政职务</td><td>管理学院副院长</td></tr>
<tr><td>工作单位</td><td>广州番禺职业技术学院</td><td>办公电话</td><td>020－××××××××</td></tr>
<tr><td>现从事工作及专长</td><td>物流管理教学与研究</td><td>移动电话</td><td>×××××××××××</td></tr>
<tr><td>电子信箱</td><td>huzy@ gzpyp. edu. cn</td><td>邮政编码</td><td>511483</td></tr>
<tr><td>详细通信地址</td><td colspan="3">广州市番禺区市良路 1342 号广州番禺职业技术学院管理学院</td></tr>
<tr><td>何时何地受何种省部级及以上奖励</td><td colspan="3">1. 2011 年荣获“广州市优秀教师”称号。
2. 荣获 2009—2010 学年度“教学设计比赛”一等奖。
3. 荣获“环众杯”2011 年广东省物流创新设计大赛“最佳指导老师”称号。
4. 2013 年荣获广东省人力资源与社会保障厅主办的“中诺思杯”物流师竞赛二等奖。
5. 2011 年论文《产业转移背景下物流高技能人才培养模式研究》获广东省高职高专院校物流教学研究优秀论文三等奖。</td></tr>
<tr><td>主要贡献</td><td colspan="3">1. 参与建设“工商模拟市场实训”“职业规划与成功素质训练”课程并组织在物流管理专业实施。
2. 全面负责物流实训基地及物流管理专业的建设。
3. 参加工商模拟市场实训基地及创业产业园的建设。
4. 2011 年作为主要的策划者和组织者完成了 2011 广州市市属高职院校物流管理职业技能竞赛赛事的筹备和开展工作。
5. 2011 年“生产运作管理实务”、2012 年“企业物流管理实务”课程获评院级精品课程（负责人）。
6. 参与市级教育科学规划课题 1 项，发表科研论文 7 篇，其中在核心期刊发表的有 3 篇；作为主编或副主编参与 4 种教材的编写。
7. 主持或参与横向课题 5 项，科研经费共计 15 万元。
8. 作为主讲教师多次参与技能竞赛培训、企业职工培训活动，累计培训人数超过 200 人，为企业提供 5 项技术服务。
9. 指导学生参加市级、省级技能竞赛，获得奖项 9 项。
10. 全面负责管理学院教学管理工作。

本人签名：胡子瑜

2014 年 3 月 1 日</td></tr>
</table>

续上表

<table>
<tr><td>第（七）完成人姓名</td><td>谭福河</td><td>性别</td><td>男</td></tr>
<tr><td>出生年月</td><td>19××年××月</td><td>最后学历</td><td>博士研究生</td></tr>
<tr><td>参加工作时间</td><td>20××年××月</td><td>职业院校教龄</td><td>4年</td></tr>
<tr><td>专业技术职称</td><td>副教授</td><td>现任党政职务</td><td>创业教育中心主任</td></tr>
<tr><td>工作单位</td><td>广州番禺职业技术学院</td><td>办公电话</td><td>020－×××××××××</td></tr>
<tr><td>现从事工作及专长</td><td>教师/创业教育教学与管理</td><td>移动电话</td><td>×××××××××××</td></tr>
<tr><td>电子信箱</td><td>tanfh@ gzpyp. edu. cn</td><td>邮政编码</td><td>511483</td></tr>
<tr><td>详细通信地址</td><td colspan="3">广州市番禺区市良路1342号广州番禺职业技术学院管理学院</td></tr>
<tr><td>何时何地受何种省部级及以上奖励</td><td colspan="3">1.《创业家的社会角色：表现、冲突与调适》一书2010年获宁波市第三届青年社会科学优秀成果二等奖（第一作者）。
2. 2008年获评广东省第六届“挑战杯”优秀指导教师。
3.“我国开发区企业化经营模式下公共治理对策研究”课题2007年获广东省科学技术进步奖三等奖（作者排名第五）。
4.《基于企业平台的实践教学探索》一书2006年获广东省高校科研成果三等奖（第一作者）。</td></tr>
<tr><td>主要贡献</td><td colspan="3">1. 教学管理：担任学校创业教育中心主任，完善了创业管理专业（方向）的人才培养方案，形成了以创业项目为引领、以课程群建设为依托、以机会和条件为保障的创业型人才教学模式；主持创业园建设项目，完成了相关制度建设及项目遴选工作，使得园区运营步入正轨；争取到广州市创业培训定点机构资格，成功举办广州市首届SYB网络创业培训班，初步实现了校内教学与政策的对接；同广州市人力资源和社会保障局合作开发小微企业经营管理能力系列教材，打开了专业教育与社会服务的衔接渠道；积极推动校园创业文化建设与创新创业人才培养体系建设工作，在校园活动、师资培养、制度建设等方面取得一定成绩。
2. 参与编写教材：《人力资源管理》（副主编）、《市场营销案例与实务》（参与编写）、《经济学基础》（主编）、《网络营销》（参与编写）。
3. 指导学生项目：指导学生参加“大众码汉字输入技术”“番职联盟”“智能识别技术工作室”“关于粤鄂两省农村垃圾处理意识的调查报告”等创新创业项目获得省级奖项。
4. 主持或参与课题：“宁波市民营科技创业家成长研究”“高职院校学生职业迁移能力培养研究”“创业教育类专业（方向）人才培养方案研究”等多项课题研究。
5. 社会服务：多次参与对外培训，作为广州市职业能力培训指导专家委员会成员，多次参与广州市职业能力培训项目的论证与评估工作。
6. 发表科研论文：在商业研究等核心期刊公开发表《创业金融政策多样化与碎片化研究》等论文12篇。

本人签名：谭福河

2014年3月1日</td></tr>
</table>

续上表

第（八）完成人姓名	门洪亮	性别	男
出生年月	19××年××月	最后学历	硕士研究生
参加工作时间	19××年××月	职业院校教龄	8年
专业技术职称	讲师	现任党政职务	无
工作单位	广州番禺职业技术学院	办公电话	020－××××××××
现从事工作及专长	连锁经营管理教学与研究	移动电话	×××××××××××
电子信箱	menhl@ gzpyp. edu. cn	邮政编码	511483
详细通信地址	广州市番禺区市良路1342号广州番禺职业技术学院管理学院		
何时何地受何种省部级及以上奖励	1. 2006年指导学生参加广东省大学生“挑战杯”竞赛获银奖。 2. 2007年指导学生参加广东省大学生“挑战杯”竞赛获铜奖。 3. 2012年指导学生参加广东省职业技能竞赛营销师大赛（学生组）获二等奖。		
主要贡献	1. 主持院级精品课程“连锁门店运营与管理”的研发与建设工作。 2. 主持院级优质课程“终端营销实战”的研发与建设工作。 3. 主持院级网络课程“客户服务与管理”的研发与建设工作。 4. 承担广东省示范校重点专业工商管理专业群连锁经营管理专业的建设工作。 5. 负责完成《市场营销综合技能实训》校本教材的编写工作。 6. 参与《市场调查与预测》《分销渠道管理》《电子商务概论》《网上银行与网络金融服务》4种教材的编写。 7. 主持教学改革课题1项，参与教学改革课题3项。 8. 主持并完成广州市番禺区厂商会横向调研项目2项。 9. 负责连锁经营管理专业校内实训基地（连锁实训超市）的建设和运营工作。 10. 负责连锁经营管理专业校外实训基地的建设工作。 11. 指导学生参加技能竞赛多次获奖。 本人签名：门洪亮 2014年3月1日		

三、主要完成单位情况

第一完成单位名称	广州番禺职业技术学院	主管部门	广州市教育局
联系人	余明辉	联系电话	×××××××××××
传真	020－××××××××	电子信箱	yumh@ gzpyp. edu. cn
通信地址	广州市番禺区市良路1342号	邮政编码	511483
主要贡献	1. 学校成立了以工商管理系系主任为组长的课程研发与专业建设领导小组，负责指导各专业的网络课程、精品课程以及专业建设。 2. 将课程研发的成果及时总结、转化、应用和推广到工商管理专业群的教学中，通过实践进行检验和完善。 3. 启动“青蓝工程”，重点培养青年教师，提高教师的职业能力与专业建设水平；对于在课程研发与建设中取得显著成绩的教师予以奖励。 4. 定期召开课程建设与专业建设研讨会，提升理论水平；积极开展校企合作、“工学结合”的教研与实践活动，为专业建设与课程建设提供良好平台。 5. 在政策支持下，重点建设工商管理类专业校内外实训基地及创业产业园。 6. 以创业管理专业为基础成立创业教育中心，为工商管理专业群的创业教育提供了最有力的支持。 7. 成立了由政校企三方19位专家组成的创业教育指导委员会。 8. 支持建设完成创业产业园，与广州市人力资源和社会保障局签订共建创新创业孵化苗圃协议，创业教育中心通过了广州市创业培训定点机构认定评审。 9. 鼓励和支持学生参加各种技能竞赛活动。 10. 接待其他学校学习的教师，推广课程与专业建设成果；支持教师对外讲学并组织校内外研讨会推广课程与专业建设成果。 单位盖章 2014年3月1日			

四、推荐、评审意见

<table>
<tr><td>推荐意见</td><td>该成果符合《教学成果奖励条例》和教育部 2014 年职业教育国家级教学成果奖文件规定的有关条件，材料齐全。成果创造性地提出了商科学生“实战型”综合实践教学理论及“体验式”综合素质教育理论，并运用“网络化”实施颠倒课堂教学模式，在提高人才培养质量方面成效显著，产生了重大影响，具有重要的推广应用价值和示范作用。
同意推荐该成果参评 2014 年职业教育国家级教学成果奖。

推荐单位公章

年　月　日</td></tr>
<tr><td>评审意见</td><td>职业教育国家级教学成果奖评审委员会主任委员

签字：

年　月　日</td></tr>
<tr><td>审定意见</td><td>国家级教学成果奖励领导小组组长

签字：

年　月　日</td></tr>
</table>

编者注：“颠倒课堂”与“翻转课堂”同指一意，文献中最早翻译为“颠倒课堂”，后来改为“翻转课堂”。

四、成果总结报告的撰写

下面以笔者 2014 年作为负责人获得国家教学成果二等奖的“商科学生‘实战型、体验式、网络化’技能与素质并进的课程创新与实践”为例，展现《国家级教学成果总结报告》的撰写。

“商科学生‘实战型、体验式、网络化’技能与素质并进的课程创新与实践”教学成果总结报告

成果完成单位：广州番禺职业技术学院

成果完成人：阙雅玲、吴强、郭立国、张晓青、占挺、胡子瑜、谭福河、门洪亮

广州番禺职业技术学院是全国首批28所高职示范院校之一，商科类专业主要设在工商管理系，该专业群包含工商企业管理、物流管理、市场营销、电子商务、连锁经营管理和创业管理6个专业。经过20年的发展，我校商科类专业已取得丰硕成果，共建成15门国家级、省级、市级、校级精品课程和精品资源共享课程，34门网络课程；后期运用翻转课堂教学模式，开发运用130门微课程持续提高教学质量；相关成果获得广东省第七届高等教育教学成果一等奖。

一、成果解决的主要问题及解决问题的方法

1. 成果解决的主要问题

（1）商科学生的传统实训大多是走出去参观或虚拟实训等方式，高职教育规律决定必须要解决生产性实训以培养学生强技能的问题。

（2）“综合素质是个筐，什么东西都能装”，用人单位要求必须解决素质教育落地、聚焦以及传统说教的教学方式改革问题。

（3）必须解决信息化时代如何适应学生学习方式的问题，满足商科学生对学习的内容、方式、空间和时间的要求。

2. 解决问题的方法

（1）自主研发商科学生的“实战型”综合实践课程“工商模拟市场实训”。

2002年依据建构主义学习理论，校企合作为学生创设在校师生万余人的真实市场，让千余名商科学生组建百余个校内临时企业，自主经营，自负盈亏，完成企业成立与生产经营全过程的工作任务，进行实战型训练，以此研发出“工商模拟市场实训”综合实践课程并进行10余年的实践和完善。

（2）自主研发“体验式”综合素质课程“职业规划与成功素质训练”。

2002年运用“体验式”学习理论，在对企业广泛调研并与之深度合作的基础上，确定了以职业规划为起点，以就业能力为落脚点，中间有进取心、诚信等10项素质分5个学期层层递进持续训练的素质教育课程体系，并改革教学组织形式及学习策略，实现“体验式”教学。

（3）运用翻转课堂和“网络化”教学，持续改进教学质量。

围绕上述2门综合实践与综合素质课程，配套开发专项技能与专项素质课程，通过推进信息化教学，建设和运用网络课程、精品课程、资源共享课程、微课程，将翻转课堂教学模式运用到高职商科教学中，持续改进人才培养质量。

成果解决教学问题的方法路径如图6－1所示。

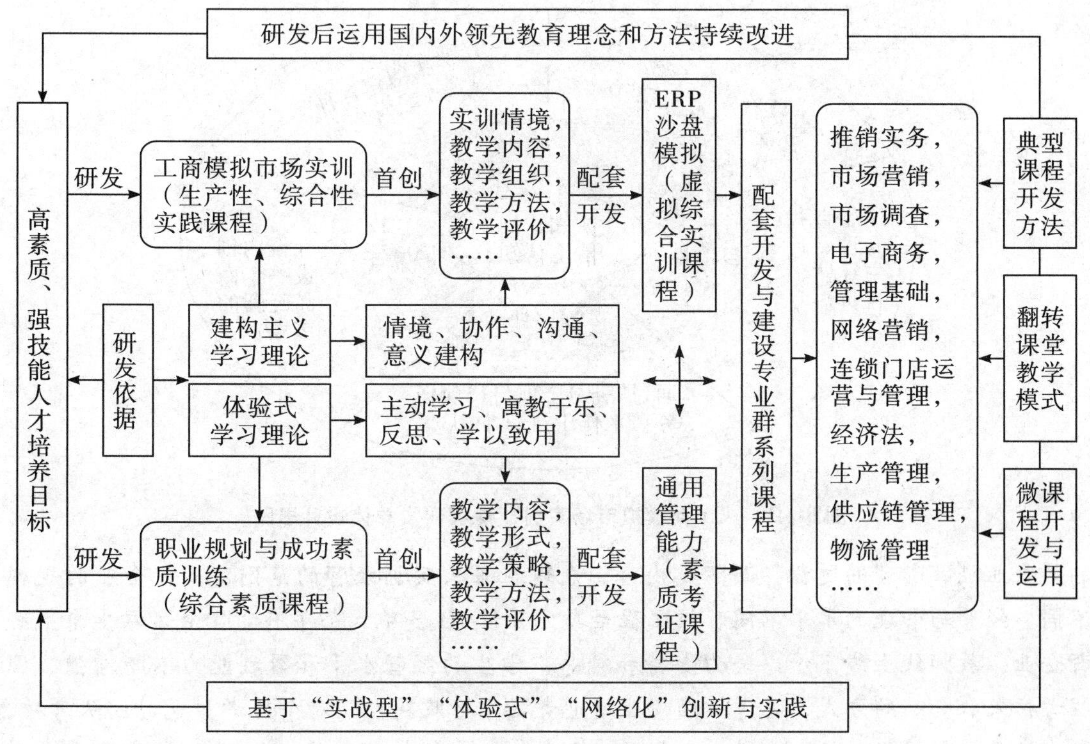

图6－1　成果解决教学问题的方法路径图

二、“实战型”综合实践课程——“工商模拟市场实训”课程创新与实践

1. 课程研发的总体设计思路

众所周知，自然科学的实验大多能在实验室完成，但商科的实验却很难进行。因为我们既难以给学生一笔资金，让他们去投资，也无法给学生一个企业，让他们去经营、去管理，甚至很难让他们走向市场，去感受市场经济的规律以及市场运行的规则。为此，2002年我们依据“认知建构、情境认知”等理论，研发出“工商模拟市场实训”课程，并进行了10多年的实践与完善。该课程就是在校内创建一个市场，按照“情境性、协作性、共享性、自主性和探究性”进行教学设计，让学生通过“实战”成立自己的企业，自主投资、竞争、合作、经营、管理，并提供线上线下的学习资源和课程辅导，培养和提高学生的市场经济意识和企业经营管理能力。“工商模拟市场实训”课程研发总体设计思路如图6－2所示。

2. 课程总体及内容研发

“工商模拟市场实训”按照教学计划安排，每年11月份学校与企业合作在校园构建一个由全校师生组成的万余人的市场，让商科类千余名学生通过“组建各种企业、经营各种商品”这个“实战”项目完成模拟企业成立、市场调查、资金筹集、企业注册、摊位投标、摊位策划、营销策略、采购进货、广告宣传、市场开业、商品经营、企业管理、财务核算、照章纳税、总结完善等15项任务，切实培养学生的市场经济意识、创业创新能力以及商品经营和企业管理的能力。该课程分3年层层递进地开设3次，每一次重复

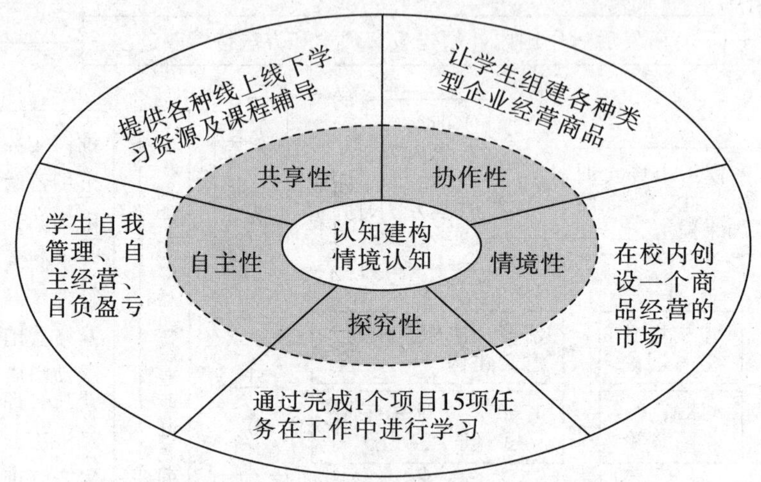

图6－2 “工商模拟市场实训”课程研发总体设计思路

的是企业经营管理的过程，而不是内容，表现在每次实训经营的范围不同、企业的规模不同、经营与管理的水平不同。该课程至今已开设10多年，每年有200余名学生自主经营企业，教师线上线下予以全力支持和辅导，学生的经营水平和盈利能力不断增强。课程考核采取全新的方式，既考核经营业绩也考核学习收获，既对个人考核也对团队考核，既有校企双方教师考核也有学生自评与互评。“工商模拟市场实训”课程总体及内容研发具体过程如图6－3所示。

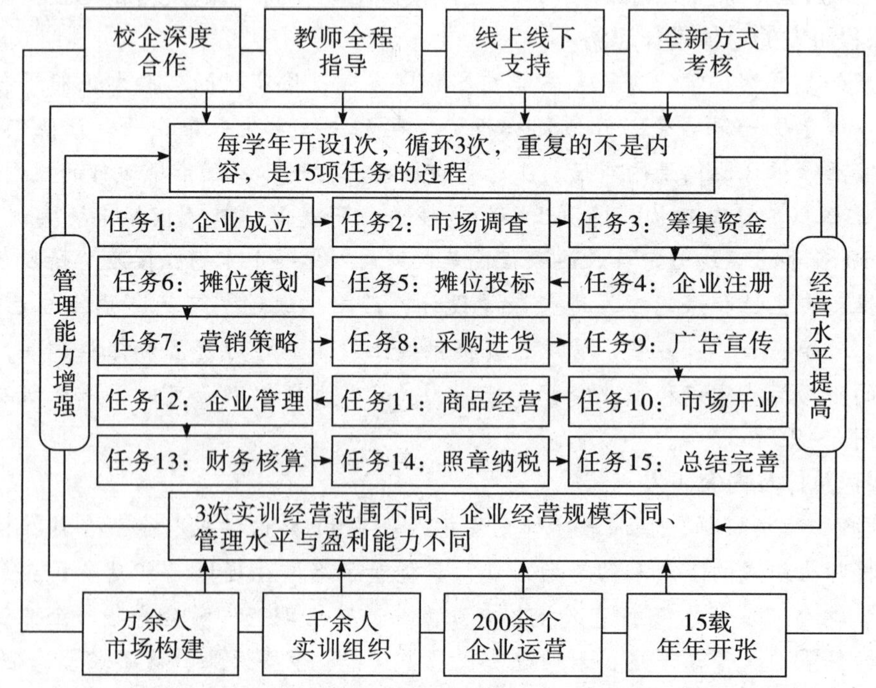

图6－3 “工商模拟市场实训”课程总体及内容研发示意图

3. 教学组织形式及策略研发

该课程是以项目为载体，以工作任务为驱动，将理论与实践有机结合，让学生在完成任务的过程中掌握知识和技能。它是在教师的指导下，学生自主去寻找得到这个结果的途径，并进行成果展示和自我评价。为此我们按照“资讯—决策—计划—实施—检查—评价”这一完整的行动模式对教师的教学组织和学生的自主学习过程、内容和方式进行研发，按照“以学生为中心”的教学理念对教学方法进行设计。“工商模拟市场实训”教学组织形式及策略研发具体过程如图 6-4 所示。

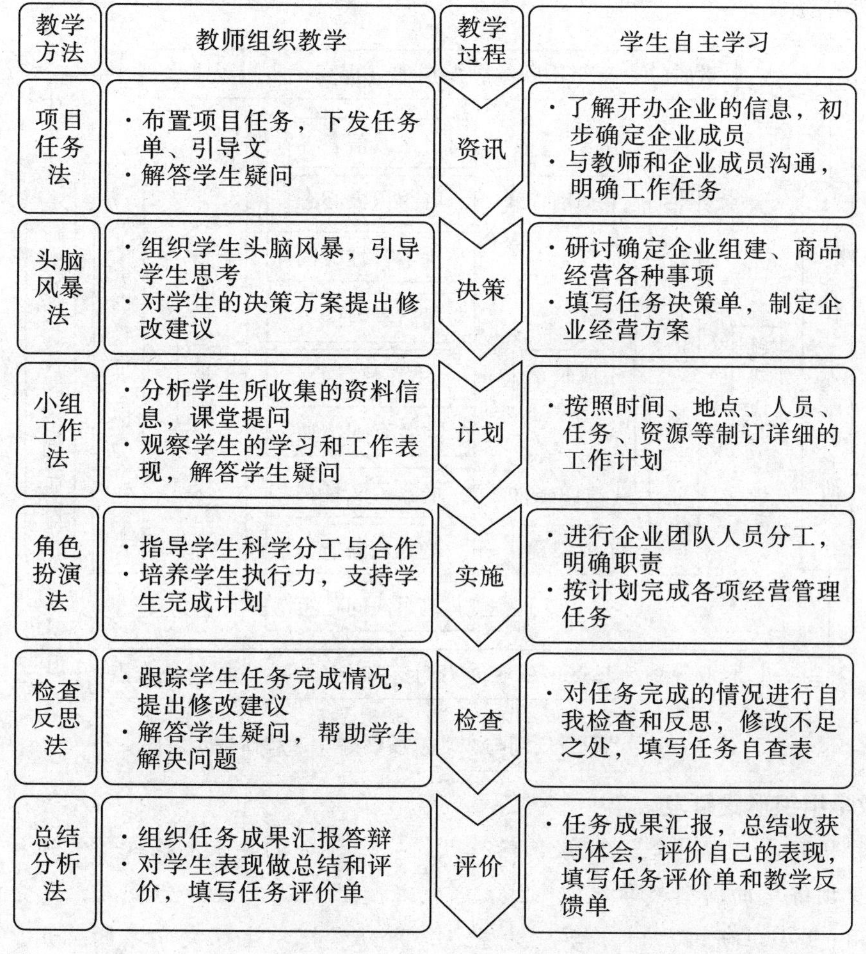

图 6-4 “工商模拟市场实训”教学组织形式及策略研发示意图

三、“体验式”综合素质课程——“职业规划与成功素质训练”课程创新与实践

“综合素质是个筐，什么东西都能装”，用人单位要求必须解决素质教育落地、聚焦以及传统说教的教学方式改革问题。为此在对企业广泛调研并与之深度合作的基础上，运用体验式学习理论，2002 年我们研发出了“职业规划与成功素质训练”课程，并进行了 10 余年的实践与完善。

1. 课程总体及内容研发

在广泛调研的基础上，与企业合作研发出12项素质作为大学生职场成功的必备要素及课程体系的主要内容。这一体系是以学生职业规划为起点，以就业能力为落脚点，中间有10项素质需要长期训练，它们是：增强个人进取心、建立诚信素养、培养积极心态、科学管理时间、提高学习能力、培养自信心、学会有效沟通、培养团队精神、培养创新能力、提高解决问题能力。该课程分设于5个学期，按照规划篇、基础篇、成长篇、成熟篇和就业篇层层递进开设，并通过线上线下课程研发、翻转课堂教学改革来持续改进和提升教学质量。“职业规划与成功素质训练”课程研发具体过程如图6－5所示。

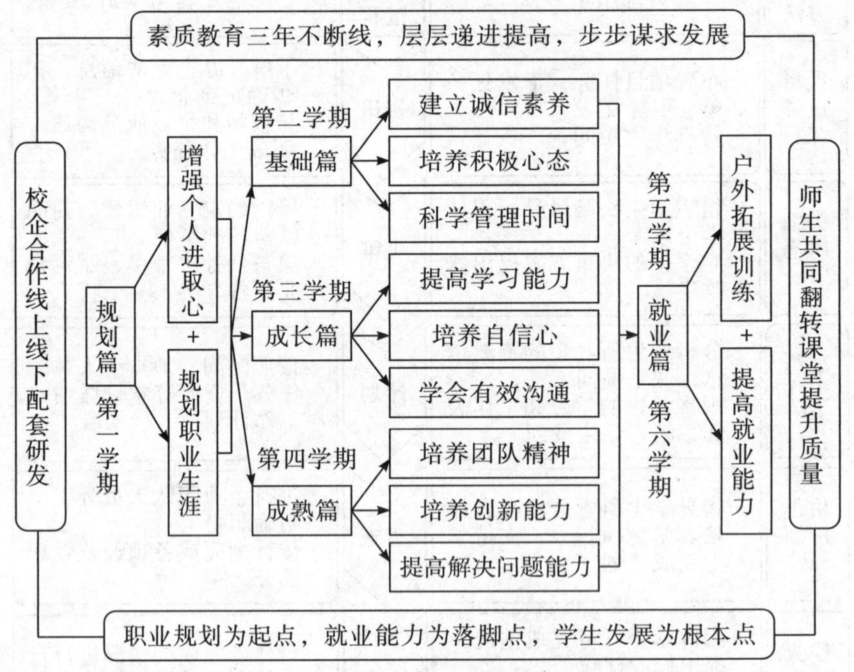

图6－5 “职业规划与成功素质训练”课程研发示意图

2. 教学组织形式研发

该课程按照“工学结合”“‘教、学、做’一体化”的要求，探索“大班授课、小班研讨、项目训练”的新型教学组织形式。“大班授课”以“教”为重点，充分发挥名师教授的作用；“小班研讨”以“学”为重点，充分发挥学生探究学习的作用；“项目训练”以“做”为重点，充分体现“工学结合”的要求。“大班授课、小班研讨、项目训练”是教学组织中的三种形式，其间并无确定的顺序关系，有的课程需要先大班、后小班、再训练；有的课程也会打乱这一顺序，先项目、后讨论、再讲授。“大班授课、小班研讨、项目训练”的教学组织形式具体如图6－6所示。

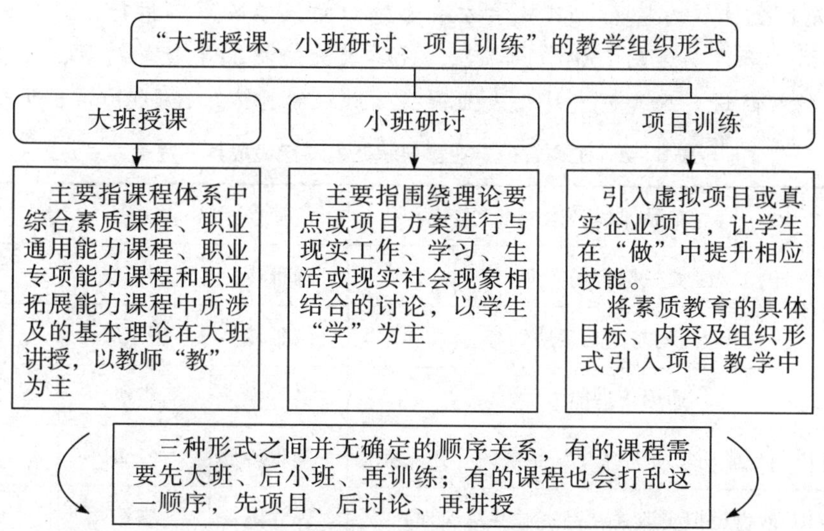

图6－6　“大班授课、小班研讨、项目训练”的教学组织形式示意图

3. 学生学习策略研发

“知易行难”是这一课程的难点，为此我们研发出“体验式”学习的“六步走”策略。所谓“体验式”学习，就是让学生主动亲历或虚拟亲历某件事并获得相应的认知和情感的活动。它是一个非常不同于说教式教学方式的学习训练，它使学生在综合素质训练中通过对身心的挑战、游戏与模拟练习、团队训练、共同分享、冥想反思、互动交流等实现主动学习、寓教于乐与学以致用，并能解决学习和生活中的问题。“体验式”学习“六步走”策略的具体步骤如图6－7所示。

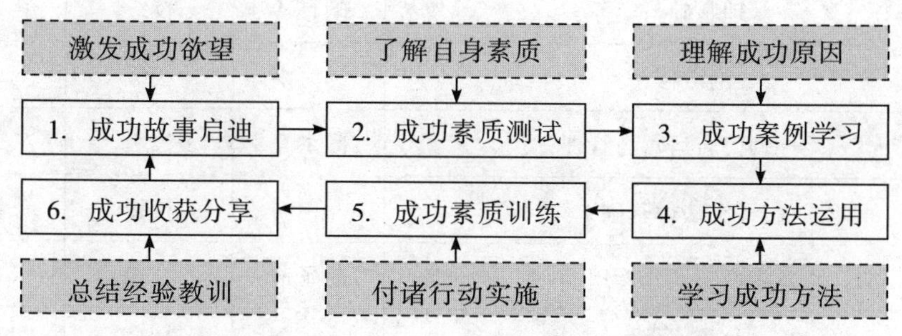

图6－7　“体验式”学习“六步走”策略示意图

四、配套开发专业群其他课程，并运用翻转课堂和“网络化”教学，持续改进教学质量

围绕上述2门综合素质与综合实践课程的创新与实践，配套开发出专业群其他专项技能和专项素质课程。在10多年的发展中，我们主要依据“工学结合、工学交替”的高职教育理念，通过校企合作采用基于工作过程和项目化等课程开发方法完成了课程的改造升级。现已建成15门精品课程，34门网络课程。工商管理专业群课程研发与建设成果具体如表6－2所示。自2010年国家终止精品课程的评选后，成果组启动了新一轮以

"深入、领先、全员"为特色、以教学方法为核心的教学改革，推行信息化教学及翻转课堂教学模式，开发与运用130个微课程，此举大大地提高了教学质量，使课程研发与建设获得了持续改进。配套开发建设专业群核心课程的具体路径如图6－8所示。

表6－2　工商管理专业群课程研发与建设成果一览表

序号	精品课程名称	负责人	级别	时间
1	工商模拟市场实训	阚雅玲	国家级	2008年
2	职业规划与成功素质训练	阚雅玲	国家级	2010年
3	通用管理能力	吴　强	省级	2008年
4	职业规划与成功素质训练（精品视频公开课程）	阚雅玲	省级	2012年
5	ERP沙盘模拟实训（精品资源共享课程）	郭立国	省级	2012年
6	推销实务	张晓青	市级	2009年
7	ERP沙盘模拟实训	郭立国	市级	2009年
8	市场营销	张晓青	市级	2009年
9	工商模拟市场实训（网络课程）	阚雅玲	市级一等奖	2010年
10	市场调查与预测	郭立国	校级	2009年
11	电子商务	王剑峰	校级	2009年
12	管理基础与实务	阚雅玲	校级	2010年
13	网络营销	汤海洪	校级	2010年
14	连锁门店运营与管理	门洪亮	校级	2011年
15	经济法律基础	邓白君	校级	2011年
16	生产与运作管理	胡子瑜	校级	2010年
17	供应链管理	盛　鑫	校级	2009年
18	企业物流管理实务	胡子瑜	校级	2010年
19	20门优质课	阚雅玲等	校级	2010—2011年
20	34门网络课程	阚雅玲等	校级	2009—2012年

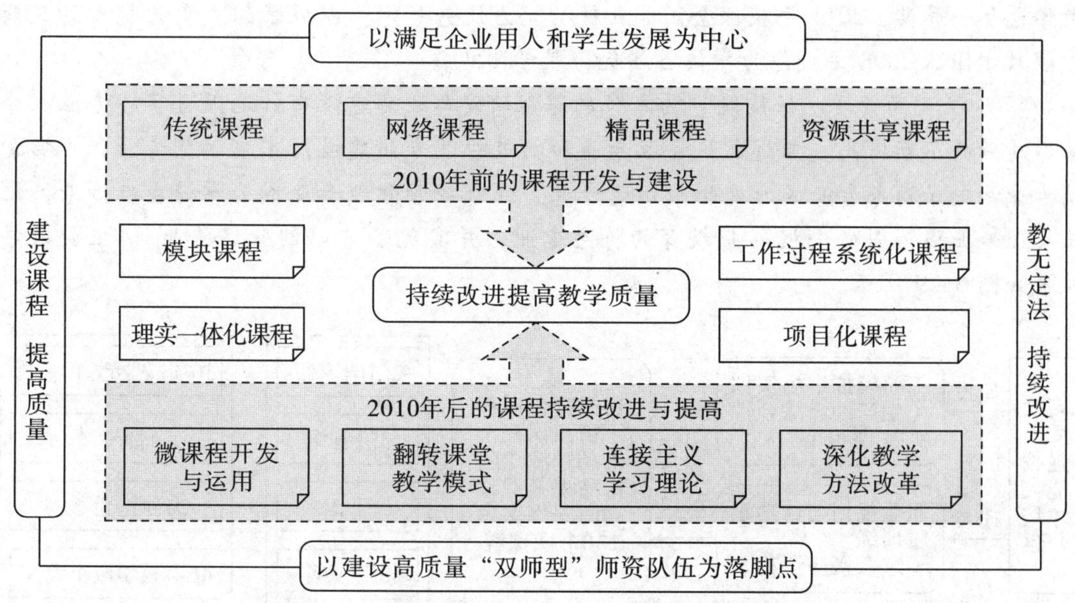

图6－8　配套开发建设专业群核心课程路径示意图

五、形成的主要标志性成果及在本校的运用效果

（1）2002年首创“工商模拟市场实训”课程，2005年建成网络课程，2006年建成广东省精品课程，2008年建成国家精品课程，2013年建成国家精品资源课程。

（2）2002年首创“职业规划与成功素质训练”课程，2007年建成网络课程，2010年建成国家精品课程，2012年建成广东省精品视频公开课程，2013年建成国家精品资源课程。

（3）围绕这2门课程的研发，配套建设专业群相关课程，共建成15门精品课程、34门网络课程、130个微课程；依托30项教学改革课题研究，开发专著1部、其他教材24种，发表相关论文46篇。近年来推行信息化教学，运用翻转课堂教学模式持续改进教学质量，并在全国职业院校信息化教学设计大赛中荣获一、二等奖。

（4）本校工商管理系6个商科专业每年约1 800名学生学习“职业规划与成功素质训练”和“工商模拟市场实训”课程。2012—2013年第三方对我校毕业生的调查显示，这2门课程被学生选为对人生成长最有帮助的课程。

（5）学生在专业技能大赛中获国家、省、市大奖60余次。近年来，毕业生的就业率一直稳定在99%及以上的水平。2010年将工作重点从就业数量转向就业质量，目前商科毕业生薪酬稳步增加，就业岗位不断优化。2012—2013年第三方对我校毕业生的调查显示，工商管理系毕业生对母校满意度为100%，推荐率为90%。对用人单位的调查显示，企业对工商管理及其专业群毕业生的评价满意率为92%。

（6）课程研发与建设有力地促进了师资队伍水平的提高。成果负责人阚雅玲2008年获评广东省教学名师，2012年被评为南粤优秀教师。吴强老师2008年获评全国“优秀双师型教师”以及“通用管理能力优秀教师”，2008年获得全国首届职业核心能力课程教学大赛一等奖，2011 年获评全国职业核心能力优秀教师。以成果组成员为核心的工商管理教学团队 2008 年被评为学校首届优秀教学团队。

（7）以“高素质、强技能”为本位的课程研发与配套建设有效地促进了各专业人才培养质量的不断提高。工商企业管理专业和物流管理专业建成广东省示范专业，市场营销专业和电子商务专业成为广州市示范专业，连锁经营管理专业成为学校重点专业，创业管理专业成为引领全校创业教育的特色专业，并实现了“以创业促就业”。主要教学成果如图 6－9 所示。

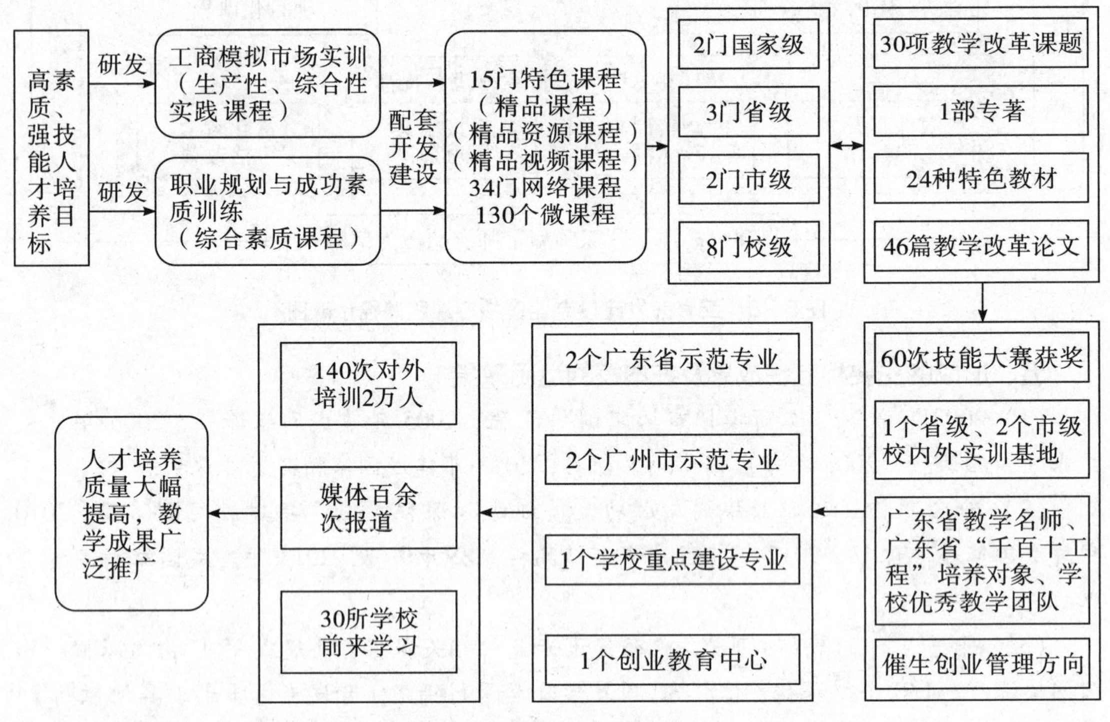

图 6－9　主要教学成果展示图

六、成果的主要创新点

1. 对商科“实战型”综合实践教学理论进行创新，切实培养学生的强技能

2002 年首创商科学生“实战型”综合实践课程“工商模拟市场实训”，创造性地在学生要完成的真实项目和任务的内容设计、生产性实训基地（真实市场）的构建运作、课程 3 年 3 次循环递进的安排组织、校企双方教师及学生共同的课程评价等方面进行研发，让学生通过组建企业、经营商品真正培养市场经济的意识和企业经营管理的能力，破解了商科学生生产性、综合性实践难题，对商科实战型综合实践教学理论进行了有效创新。

2. 对大学生素质教育理论和教学模式进行创新，促进学生可持续发展

2002 年首创综合素质课程“职业规划与成功素质训练”，开发以职业规划为起点、以就业能力为落脚点，中间有进取心、诚信等 10 项综合素质强化训练的课程内容体系，

探索“大班授课、小班研讨、项目训练”的新型教学组织形式，探索出“成功故事启迪、成功素质测试、成功案例学习、成功方法运用、成功素质训练、成功收获分享”六步“体验式”学习策略，破解了大学生综合素质教育的课程设计与实施难题。

3．运用翻转课堂与微课程的教学模式，持续改进教学质量

围绕上述2门“高素质、强技能”综合实践与综合素质课程的研发，进行专项技能及专项素质的课程开发与建设，形成15门精品课程、34门网络课程、130个微课程，为使这些课程有效运用并满足学生信息化学习方式的要求，创造性地将翻转课堂的教学理念和教学模式以及微课程的开发与运用引入课程教学中，对持续改进和提高教学质量产生重大成效及示范作用。

七、成果在国内推广情况

（1）研发与建设的课程均通过精品课程、资源共享课程为校内外人员提供学习平台。其中“工商模拟市场实训”网络课程访问率为20余万次，在全校199门网络课程中排名第1，“职业规划与成功素质训练”访问率排名第6。

（2）高素质、强技能课程吸引了包括广东电视台的报道在内的10余项电视报道和包括《中国教育报》的报道在内的100余项报纸及网络报道，这使得该成果得以在全国迅速推广和应用。2004年《中国教育报》以《换一种方式让学生体验市场——广州番禺职业技术学院创新实训教学模式小记》为题报道“工商模拟市场实训”课程。2011年《中国教育报》以《生涯规划成为素质提升的利器》为题长篇报道“职业规划与成功素质训练”课程。

（3）课程创新与实践获得国内同行的广泛认可，为中高职院校提供80余次总培训人数达10 000余人的师资培训，推广课程研发与建设经验。同时，还接收了广州铁路职业技术学院等50余所学校的师生参加我校课程实训或学习观摩特色课程。据不完全统计，现在全国有中山职业技术学院、北京理工大学等40余所学校在学习我们的课程后开设了这2门课程。

（4）“实战型、体验式、网络化”的素质与技能提升课程还吸引了企事业单位的员工前来学习或邀请成果组前去培训，成果组为美的集团有限公司、英国驻广州总领事馆、中国邮政储蓄银行广东省分行等企事业单位提供了60余次共8 000余人的培训。

五、成果鉴定意见

根据《教育部关于开展2014年国家级教学成果奖评审工作的通知》，2014年2月23日，广东省教育厅组织省内外7位专家（马树超、俞仲文、丁金昌、刘洪宇、王成方、李海东、汪治）对“商科学生‘实战型、体验式、网络化’技能与素质并进的课程创新与实践”教学成果进行了鉴定。专家组听取了项目汇报，查阅了相关资料，进行了认真的质询，经充分讨论，形成了如下鉴定意见。

国家级教学成果奖鉴定书

成果名称	商科学生“实战型、体验式、网络化” 技能与素质并进的课程创新与实践
成果第一完成人及其他完成人姓名	阚雅玲、吴强、郭立国、张晓青、 占挺、胡子瑜、谭福河、门洪亮
成果第一完成人 及其他完成人 所在单位名称	广州番禺职业技术学院
组织鉴定部门名称	广东省教育厅
鉴定组织名称	《商科学生“实战型、体验式、网络化” 技能与素质并进的课程创新与实践》鉴定专家组
鉴定时间	2014 年 2 月 23 日

鉴定意见：

根据《教育部关于开展2014年国家级教学成果奖评审工作的通知》，2014年2月23日，广东省教育厅组织省内外专家对该成果进行了鉴定。专家组听取了项目汇报，查阅了相关资料，进行了认真的质询，经充分讨论，形成了如下鉴定意见：

1. 该成果针对商科学生传统实训难以培养强技能，而综合素质教育又难以聚焦和落地等问题，依据建构主义和体验式学习理论，首创了综合实践课程“工商模拟市场实训”和综合素质课程“职业规划与成功素质训练”，并运用颠倒课堂教学模式，实现线上和线下课程的进一步开发和运用。该成果对商科综合实践教学理论以及大学生综合素质教育理论有重大创新。

2. 该成果创新了“实战型、体验式、网络化”的商科专业教学模式，破解了商科学生生产性、综合性实践难题以及大学生综合素质教育的课程设计与教学策略等方面难题，并将信息化教学在课程开发与实践中有效运用，对教学水平和教育质量的提高产生重大成效，在商科学生技能培养与素质教育教学实践方面起到了重大的示范作用。

3. 该成果在国内处于领先水平，并在职业院校、本科院校以及企事业单位进行了有效的推广和使用，新闻媒体对其有重要报道，在国内产生很大影响。

专家组一致同意通过该成果的鉴定。

鉴定组织负责人：[签名]

2014年2月23日

组织鉴定部门意见：

该成果符合《教学成果奖励条例》和教育部2014年职业教育国家级教学成果奖文件规定的有关条件，材料齐全。成果创造性地提出了商科学生“实战型”综合实践教学理论及“体验式”综合素质教育理论，并运用“网络化”实施颠倒课堂教学模式，在提高人才培养质量方面成效显著，在国内产生了重大影响，具有重要的推广应用价值和示范作用。

同意推荐该成果参评2014年职业教育国家级教学成果奖。

盖　章　　　　填写人签字：

年　月　日

鉴定成员姓名	在鉴定组织中担任的职务	工作单位	现从事专业	专业技术职务	职务	签字
俞仲文	组长	广东岭南职业技术学院	职业技术教育	研究员	院长	
马树超	组员	上海市教育科学研究院	职业技术教育	研究员	副院长	
丁金昌	组员	温州职业技术学院	职业技术教育	教授	院长	
刘洪宇	组员	长沙民政职业技术学院	职业技术教育	教授	常务副院长	
王成方	组员	浙江金融职业学院	职业技术教育	研究员	总督学	
李海东	组员	广东省教育研究院	职业技术教育	教授	职业教育研究室主任	
汪治	组员	深圳职业技术学院	工商管理	教授		

六、佐证材料的准备

无论是教学成果推荐书还是成果总结报告都有严格的字数限制，难以全面、深入、细致地展现教学成果的全貌，因而放在自建网站上的佐证材料就变得非常重要。"商科学生'实战型、体验式、网络化'技能与素质并进的课程创新与实践"以附件的形式共提供12大项佐证材料，以下呈现的是材料的清单，在网站上还需要附上扫描文件等进行佐证。

附件1：2002—2010年形成的标志性成果8项（此附件表明该成果的主要内容、形成的时间以及经过实践检验的时间）

附件2：精品课程、资源共享课程与网络课程建设网站（15门国家级、省级、市级、校级精品课程和34门网络课程）

附件3：成果组教师公开发表的教学研究教学改革论文（46篇与成果有关的教学改革论文）

附件4：成果组教师公开出版的专著和教材（25部专著和教材）

附件5：成果组教师教学研究教学改革课题（30项与成果相关的教学改革课题）

附件6：成果组教师获奖情况（40余项国家、省、市奖励）

附件7：成果组教师指导学生技能竞赛获奖情况（60项国家、省、市奖励）

附件8：媒体百余次对特色课程的报道（电视、报纸、网络等报道）

附件9：成果组教师对外讲学推广成果（60余次共计8 000余人的培训）

附件10：与该成果相关的130个微课程

附件11："工商模拟市场实训"课程研发方案

附件12："职业规划与成功素质训练"课程研发方案

七、成果录像的拍摄

只有申报国家级教学成果一等奖需要拍摄成果录像，虽然我们最终未能拿到一等奖，但当初我们申报时还是做了非常精心的准备。成果录像要求15分钟以内，时间很短，需要承载的东西很多。为拍好这一直观、形象体现教学成果的录像，我们事先拟定了如下脚本，进而使拍摄及后期的剪辑都非常顺利，并取得了非常好的录像成果。现将脚本呈现于此，希望能给大家以启示。

“商科学生‘实战型、体验式、网络化’技能与素质并进的课程创新与实践”教学成果录像脚本

片头：播放PPT1[①]（写清成果名称及成果完成单位和成果完成人即可，不需要加其他片头，设计美观简洁即可）

第一幕：开场白（1分钟）

人物：阚雅玲及成果组全体成员

背景：罗马广场旁的绿地青山

台词：

阚雅玲：尊敬的专家，您好！我是成果负责人阚雅玲，非常感谢您观看我们的视频。接下来我们向您呈现的或许不是宏大的场面、宽广的视角，但一定是成果组教师的真情叙说和教学改革聚焦。我们希望能以一线教师在职业教育中面临的挑战和困惑、改革与对策、成果与运用向您汇报，渴望得到您的指导。这些是我们团队的成员（镜头切换，以下人员站一起，每个人出镜时可以自然活跃、有个性一些）。

吴强：我是吴强，协助阚老师做整个专业群课程的总体研发与建设。

郭立国：我是郭立国，主要负责工商企业管理专业的课程研发与建设。

张晓青：我是张晓青，主要负责市场营销专业的课程研发与建设。

占挺：我是占挺，主要负责电子商务专业的课程研发与建设。

胡子瑜：我是胡子瑜，主要负责物流管理专业的课程研发与建设。

谭福河：我是谭福河，主要负责创业管理专业的课程研发与建设。

门洪亮：我是门洪亮，主要负责连锁经营管理专业的课程研发与建设。

第二幕：挑战和困惑（用PPT2的标题作为两幕之间的过渡）（不到2分钟）

人物：阚雅玲

背景：（1）学校的校名碑，进入校园后的山水、楼宇再加上我讲课的镜头（临时拍或看学校宣传片中有没有，我讲课的镜头可以在以往的录像中找）（20秒）。

（2）制作微课程：学生说的话、领导说的话、用人单位说的话、同行说的话、高职教育规律、人才培养目标、“高素质、强技能”的解释（80秒）。

（这是根据PPT3～PPT8做的一小段微课程，可使用永奕微课争霸作品的风格。）

台词：

阚雅玲：（背景1播放20秒，阚雅玲做如下旁白）我是在特大型企业工作了10年后，于2000年怀揣着儿时便有的成为一名教师的梦想，来到广州番禺职业技术学院的。开始职业生涯转折的我满腔热情、信心满满，然而现实却给我出了一个又一个难题。

---

① 成果组为配合拍摄录像准备了一系列共43个PPT，即PPT1～PPT43。

（背景 2 播放 80 秒，阚雅玲做如下旁白）

学生说：阚老师您讲得很好，可讲得再好，您丰富的企业经验、销售与管理技巧、全面综合的素质也不会就直接变成我们的，我们需要练啊！

领导和我说：小阚你讲得好很重要，但更重要的是让学生学得好。

用人单位说：一个人的成功 15% 取决于专业知识，85% 取决于综合素质，你是专业课老师，我们也希望你们能在学生素质培养上多下功夫。

前辈说：你在高职做工商管理专业的老师是没有前途的，这个专业虽然备受学生和家长欢迎，但它不会成为高职主流专业。原因就是你们开不出符合高职教育规律的“高素质、强技能”课程。

从此，我开始明白：要想成为一名合格的高职教师，首先要认识高职教育的规律，按照“高等性、职业性、教育性”的规律办事，也就是说如果我们不能解决“实践性”“教育性”“和中职相区别”的问题，工商管理这类专业就没有存在的必要。所以我们必须要研发出“高素质、强技能”的课程，并带领团队实现专业乃至专业群人才培养的目标。

第三幕：改革和对策（用 PPT9、PPT10 作为两幕之间的过渡）（4 分钟）

人物：阚雅玲等师生

背景：（1）拍摄阚雅玲讲话及其发表的论文的镜头（15 秒）。

（2）播放 PPT11“工商模拟市场实训课程研发总体设计思路”（10 秒）。

（3）从原课程总体设计中的“学做小老板”录像中截取最有代表性的一部分（前 60 秒用录像中的台词，后 30 秒用原录像，阚雅玲旁白自己的台词）（共 90 秒）。

（4）播放 PPT12 ~ PPT25（15 秒）。

（5）拍摄阚雅玲讲话并交替播放 PPT26（30 秒）。

（6）根据台词选择大场面的“学做小老板”录像（30 秒）。

（7）学生和企业的评价录像（在工模精品课评价录像中寻找）（50 秒）。

台词：

（1）（背景 1 播放 15 秒）阚雅玲在录像中讲如下内容：2000 年我们先啃硬骨头，一马当先地在国内提出要改革工商管理类专业“走出去参观、请进来讲座”或网上虚拟实训等传统实践方式。

（2）（背景 2 播放 10 秒，阚雅玲做如下旁白）我们依据认知建构、情境认知等学习理论，本着情境性、协作性、探究性、自主性、共享性原则，研发出了“工商模拟市场实训”综合实践课程。

（3）（背景 3 播放前 90 秒用“学做小老板”录像中的台词，后 30 秒用以下台词）您现在看到的是 2004 年广州电视台为我们免费拍摄的 20 分钟的“学做小老板”新闻报道中的场景。“工商模拟市场实训”是每年的 11 月初在学校构建一个由全校师生组成的万余人的市场，让工商管理专业群的千余名学生通过“组建各种企业、经营各种商品”这个真实的项目完成以下 15 项任务。

（4）（背景 4 播放 15 秒，阚雅玲做如下旁白）企业成立、市场调查、资金筹集、企业注册、摊位投标、摊位策划、营销策略、采购进货、广告宣传、市场开业、商品经营、企业管理、财务核算、照章纳税、总结完善等。

(5)（背景5播放30秒）阚雅玲在录像中讲如下内容：该课程是基于工作过程系统化的课程，分3个学期开设3次，每一次重复的是企业经营管理的过程，而不是内容，表现在每次实训经营的范围不同、企业的规模不同、经营与管理的水平不同。课程指导教师线上线下全力支持，学生经营水平和盈利能力不断增强。课程考核采取全新的方式，既考核经营业绩也考核学习收获，既对个人考核也对团队考核，既有老师考核也有学生自评和互评。

(6)（背景6播放30秒）15年了，每年的11月，我们都要搭建200多个摊位，构建在校师生万余人的市场，要组织千余人的实训，每一年的市场安全问题让我们如履薄冰、市场管理让我们千辛万苦、学生辅导让我们充满挑战……但看到每一年的市场启动仪式，学校的全部领导都前来剪彩，往届毕业生都回到母校重温当年的激情，当我们听到学生和企业的评价时，再辛苦我们都觉得值了。

(7)（背景7）播放学生和企业的评价（30秒以内）。

第四幕：职业规划与成功素质训练（用PPT27作为两幕之间的过渡）（4分钟）

人物：阚雅玲、吴强、占挺等

背景：(1) 拍摄阚雅玲在镜头前讲话20秒。

(2) 播放PPT28 ~ PPT34：企业综合素质调查数据图（20秒）。

(3) 播放PPT35："职业规划与成功素质训练"课程研发示意图（40秒）。

(4) 播放PPT36："大班授课、小班研讨、项目训练"的教学组织形式（25秒）。

(5) 阚雅玲上大班课的镜头（找出以往的录像采集几个镜头即可）（5秒）。

(6) 吴强带小班研讨的镜头（找出以往的录像采集几个镜头即可）（5秒）。

(7) 学生进行项目训练的镜头（找出以往的录像采集几个镜头即可，也可采用拓展的照片）（5秒）。

(8) 拍摄阚雅玲讲话和PPT37"'六步走'学生学习策略"（40秒）。

(9) 阚雅玲在镜头中讲话（20秒）。

(10) 采访几个学生，好好策划一下，让学生说些心里话，内容包括对课程的评价、对老师的评价等；或找一些佐证，以合适的形式表现出来（不能超60秒）。

台词：

(1)（背景1）阚雅玲在镜头前讲述如下内容："工商模拟市场实训"这一综合实践课程的成功研发，给了我们极大的信心，下一个目标我们就是要开发综合素质课程。人们说"综合素质是个筐，什么东西都能装"，因此，如何让素质教育聚集、落地是我们必须要解决的问题。

(2)（背景2，阚雅玲旁白）为此我们在珠江三角洲地区调查了80个企业，我们关心的问题也都一一找到了答案。在此基础上，与企业合作研发出12项素质作为大学生职场成功的必备要素及课程体系的主要内容。

(3)（背景3，阚雅玲旁白）这一课程体系以大学生职业规划为起点，以大学生就业能力为落脚点，中间有10项素质需要长期训练，它们是：增强个人进取心、建立诚信素养、培养积极心态、科学管理时间、提高学习能力、培养个人自信、学会有效沟通、培养团队精神、培养创新能力以及提高解决问题能力。该课程分设于5个学期，按照规划篇、基础篇、成长篇、成熟篇和就业篇开设，并通过线上线下课程研发、翻转课堂教学改革来持续改进和提升教学质量。

（4）（背景4，阚雅玲旁白）我们还研发了该课程的教学组织形式，即“大班授课、小班研讨、项目训练”，这三种形式之间并无确定的顺序关系，有的课程需要先大班、后小班、再训练；有的课程也会打乱这一顺序，先项目、后讨论、再讲授。

（5）（背景5）“大班授课”以“教”为重点，充分发挥名师教授的作用。

（6）（背景6）“小班研讨”以“学”为重点，充分发挥学生探究学习的作用。

（7）（背景7）“项目训练”以“做”为重点，充分体现“工学结合”的要求。

（8）（背景8，阚雅玲在镜头前讲第一句，后面展示PPT37）“知易行难”是这一课程的难点，为此我们研发了“六步走”学习策略。这六步中的每一步，无论是成功故事启迪还是成功案例学习，无论是成功素质测试还是成功素质训练，都从学生、企业和社会的实际出发，结合工商管理专业群的岗位特点，选择最具代表性的内容作为教学和实践的重要组成部分，让学生明白如何才能在企业成功做事、在社会成功做人，如何才能在学校做好充分的准备来迎接未来就业岗位和社会大课堂给他们带来的挑战。

（9）（背景9）阚雅玲在镜头中讲述如下内容：近两年麦可思公司对我校毕业生的调查报告显示，“职业规划与成功素质训练”这门课程被学生选为“对他们人生成长最有帮助的一门课”，而主讲教师阚雅玲和吴强也被选为他们最喜爱的老师。下面就来听听学生们的心声吧！

（10）（背景10）采访几个学生，好好策划一下，让学生说些心里话，内容包括对课程的评价、对教师的评价等。

第五幕：其他专业核心课程的开发与建设（用PPT38作为两幕之间的过渡）（3分钟）

人物：阚雅玲等8个成果完成人

背景：（1）拍摄阚雅玲讲话和PPT39（40秒）。

（2）拍摄吴强、郭立国、张晓青、占挺、胡子瑜、谭福河、门洪亮讲话（每人20秒，以实训场地为背景说几句自己是如何开发和建设自己的专业课程的。郭立国在ERP室拍，胡子瑜在物流实训室拍，门洪亮在超市拍，谭福河在创业产业园拍，占挺在电商工作室拍，张晓青和吴强自己选择拍摄地点，吴强和占挺可强调推行信息化教学。每人20秒的说话内容要先写好让我审核，字数要求100字以内，内容要包括课程名字、课程开发与建设方法、课程效果。拍摄当天请一定着正装，风格与我的协调一致，我着黑西装、红衬衣）。

台词：

阚雅玲：围绕上述2门“高素质、强技能”课程，我们运用项目教学、基于工作过程系统化等课程开发方法配套建设专业群其他核心课程，共建成15门精品课程、34门网络课程。后期运用颠倒课堂教学模式，开发运用130个微课程持续改进和提高教学质量。

下面就来听一听我们成果组每位教师是如何开发他们的专业核心课程的吧！

吴强：重点说通用能力课程。

郭立国：重点说ERP课程。

张晓青：重点说市场营销或推销课程。

占挺：重点说信息化教学与微课程在课程中的运用。

胡子瑜：重点说物流综合实训课程。

谭福河：重点说创业课程。

门洪亮：重点说连锁经营课程。

第六幕：成果与应用（用PPT40作为两幕之间的过渡）（2分钟）

人物：阚雅玲等

背景：（1）拍摄阚雅玲讲话和PPT41（20秒）。

（2）永奕、占挺获奖的录像、照片或奖状（10秒）。

（3）何霞获“挑战杯”二等奖的照片，郭立国、吴强等带学生参加比赛的照片（15秒）。

（4）播放PPT42“专业建设成果”（20秒）。

（5）播放PPT43“对外讲学”（15秒）。

（6）关于课程的电视、报纸或网络报道（30秒）。

（7）拍摄一张成果鉴定时的照片（10秒）。

台词：

（1）（背景1，阚雅玲在镜头前讲第一句，后面展示PPT41）十几年来，我们围绕这2门“高素质、强技能”课程的研发，配套开发建设专业群相关课程，共建成15门精品课程、34门网络课程、130个微课程；依托30项教学改革课题开发专著1部、教材24种，发表相关论文46篇。

（2）（背景2，阚雅玲旁白）近年来推行信息化教学，我们运用翻转课堂教学模式持续改进教学质量，并在全国职业院校信息化教学设计大赛中荣获一、二等奖。

（3）（背景3，阚雅玲旁白）学生在专业技能大赛中获国家、省、市大奖60余次。近年来，毕业生就业率一直稳定在99%及以上的水平。毕业生薪酬稳步增加，就业岗位不断优化。专业建设水平不断提高。

（4）（背景4，阚雅玲旁白）工商企业管理专业和物流管理专业建成广东省示范专业，市场营销专业和电子商务专业成为广州市示范专业，连锁经营管理专业成为学校重点专业，创业管理专业成为统管全校创业教育的特色专业，并实现了“以创业促就业”。

（5）（背景5，阚雅玲旁白）成果组教师不断成长，获国家、省级奖励50余次，并为中高职院校提供80余次人数总计万余人的师资培训，推广课程与专业建设经验，辐射带动全国同类专业的建设与发展。

（6）（背景6，阚雅玲旁白）“高素质、强技能”课程吸引了包括广东电视台的报道在内的10余项电视报道和包括《中国教育报》的报道在内的100余项报纸及网络报道，这使得该课程得以在全国迅速推广和应用。2004年《中国教育报》以《换一种方式让学生体验市场——广州番禺职业技术学院创新实训教学模式小记》为题报道“工商模拟市场实训课程”。2011 年《中国教育报》以《生涯规划成为素质提升的利器》为题长篇报道“职业规划与成功素质训练”。

（7）（背景7，阚雅玲旁白）在成果鉴定中专家认为该成果体现了党的十八届三中全会对职业教育提出的“立德树人，培养高素质劳动者和技能型人才”的要求。

参考文献

[1] 方展画，贺武华. 我国高职高专教育评价摭谈：兼评“中国大学排名”现象[J]. 高等教育研究，2005（1）：62－66.

[2] 纪宝成. 中国高等教育结构的战略性转变［J］. 中国高教研究，2005（12）：3－6.

[3] 周建松. 关于高职教育办学定位和办学模式的思考［J］. 中国高等教育，2005（20）：35－36.

[4] 阚雅玲. 重构课堂教学　提高学习质量［J］. 中国职业技术教育，2003（32）：49－50.

[5] 刘微. 我国教师专业化的现状［N］. 中国教育报，2002－01－04.

[6] 王仑. 职业学校教师专业能力标准［EB/OL］.（2006－08－27）. http://www.dlteacher.com/zyjy/html/2006－8/2006827122227.htm.

[7] 教育部. 教育部关于开展2014年国家级教学成果奖评审工作的通知［EB/OL］.（2013－12－30）. http://old.moe.gov.cn//publicfiles/business/htmlfiles/moe/s7058/201401/162272.html.

[8] 任君庆，王琪，王义，等. 2014年国家职业教育教学成果奖特征分析［J］. 中国高教研究，2014（12）：62－66.

[9] 黄一顺，蒋香仙. 国家级教学成果奖评奖的现状与趋势研究［J］. 中国大学教学，2013（9）：86－89.

[10] 教育部，财政部. 教育部　财政部关于支持高等职业学校提升专业服务产业发展能力的通知［EB/OL］.（2011－09－30）. http://old.moe.gov.cn//publicfiles/business/htmlfiles/moe/s6342/201407/171562.html.

[11] 广东省教育厅. 关于开展广东省高等职业教育重点专业建设工作的通知［EB/OL］.（2012－03－31）. http://www.gdhed.edu.cn//publicfiles/business/htmlfiles/gdjyt/tzgg/201204/137227.html.

[12] 范唯. 专业是高职学校的品牌和灵魂［N］. 中国青年报，2012－02－27（11）.

[13] 教育部. 教育部关于开展现代学徒制试点工作的意见［EB/OL］.（2014－08－

25). http://old. moe. gov. cn//publicfiles/business/htmlfiles/moe/s7055/201409/174583. html.

[14] 关晶，石伟平. 现代学徒制为何国际上受青睐 [J]. 职业技术，2014 (10): 20-21.

[15] 阚雅玲，徐艳林，柳二白，等. 岗前辅导：店长从这里起步 [M]. 广州：广东高等教育出版社，2016.

[16] 郝超，蒋庆斌. 高职教育项目课程的开发原则与开发方法 [J]. 中国职业技术教育，2008 (4): 36-39.

[17] 赵志群. 对高等职业教育培养目标、课程模式和课程开发方法的一些思考 [J]. 武汉职业技术学院学报，2008，7 (2): 24-27.

[18] 徐国庆. 职业教育项目课程的内涵、原理与开发 [J]. 职业技术教育，2008，29 (19): 5-11.

[19] 基于工作过程系统化课程开发 50 问 [EB/OL]. (2012-05-03). https://wenku. baidu. com/view/a25b9106b52acfc789ebc9a7. html.

[20] 何兴国. DACUM 与工作过程导向课程开发方法比较研究 [J]. 职教论坛，2012 (27): 69-71.